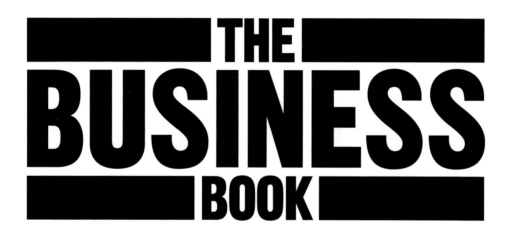

"人类的思想"百科丛书
精品书目

经济学百科

心理学百科

哲学百科

科学百科

商业百科

政治学百科

莎士比亚百科

社会学百科

文学百科

福尔摩斯百科

电影百科

历史百科

艺术百科

罪案百科

宗教学百科

天文学百科

生态学百科

数学百科

古典音乐百科

法律百科

神话百科

化学百科

更多精品图书陆续出版，
敬请期待！

"人类的思想"百科丛书

商业百科 （典藏版）

英国DK出版社 著

彭 哲 郎香香 译

电子工业出版社
Publishing House of Electronics Industry
北京·BEIJING

图书在版编目（CIP）数据

商业百科：典藏版 / 英国DK出版社著；彭哲，郎香香译. — 北京：电子工业出版社，2021.8

（"人类的思想"百科丛书）

书名原文：The Business Book

ISBN 978-7-121-41453-4

Ⅰ．①商… Ⅱ．①英… ②彭… ③郎… Ⅲ．①商业—通俗读物 Ⅳ．①F7-49

中国版本图书馆CIP数据核字（2021）第127539号

责任编辑：郭景瑶　刘　晓

印　　刷：鸿博昊天科技有限公司

装　　订：鸿博昊大科技有限公司

出版发行：电子工业出版社

　　　　　北京市海淀区万寿路173信箱　邮编：100036

开　　本：850×1168　1/16　印张：22　字数：704千字

版　　次：2021年8月第1版

印　　次：2024年3月第4次印刷

定　　价：168.00元

www.dk.com

扫码免费收听DK"人类的思想"
百科丛书导读

"人类的思想"百科丛书

　　本丛书由著名的英国DK出版社授权电子工业出版社出版，是介绍全人类思想的百科丛书。本丛书以人类从古至今各领域的重要人物和事件为线索，全面解读各学科领域的经典思想，是了解人类文明发展历程的不二之选。

　　无论你还未涉足某类学科，或有志于踏足某领域并向深度和广度发展，还是已经成为专业人士，这套书都会给你以智慧上的引领和思想上的启发。读这套书就像与人类历史上的伟大灵魂对话，让你不由得惊叹与感慨。

　　本丛书包罗万象的内容、科学严谨的结构、精准细致的解读，以及全彩的印刷、易读的文风、精美的插图、优质的装帧，无不带给你一种全新的阅读体验，是一套独具收藏价值的人文社科类经典读物。

　　"人类的思想"百科丛书适合10岁以上人群阅读。

《商业百科》的主要贡献者有Ian Marcouse, Philippa Anderson, Alexandra Black, Denry Machin, Nigel Watson等人。

目 录

让金钱运转起来
理财

交付产品
生产与生产后

INTRODUCTION

前言

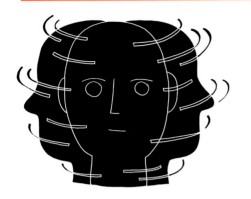

早期文明中就已有了产品和服务的交换。从那时起，人们便开始思考商业。用现代术语来说，专业生产者的出现及货币作为交易手段的使用，是个人和社会获得商业优势的方法。古埃及人、古希腊人和古罗马人都明白，要获得权力，通过商业机制创造财富是至关重要的，这是文明兴盛的基础。

早期交易者得到的教训在今天仍能引起共鸣。专业化体现了规模经济的优点——生产的产品越多，生产的成本越低。货币催生了"附加值"这一概念，即以高于成本的价格销售产品。即便在"以物易物"盛行的时代，生产者也明白，降低成本、提高产品价值十分有利。如今，企业会采用不同的技术在全球范围内进行交易。但是几千年来，商业的本质并没有太大的改变。

变革时代

对商业本身作为一项活动的研究，直到最近才出现。在英语里，"管理者"和"管理"这两个术语直到16世纪晚期才出现。1977年，阿尔弗雷德·钱德勒（Alfred Chandler）博士在其著作《看得见的手》（*The Visible Hand*）一书中，将商业史划分为两个阶段：1850年之前和1850年之后。1850年之前，地方性的家族企业在商业环境中占据主导地位。家族企业的经营规模相对较小，那时的人们对商业并没有太多思考。

19世纪中叶，铁路的发展，以及紧随其后的工业革命，使企业的规模超越了亲朋好友的范围。在这种新的、越发国际化的环境下，企业要兴盛，就必须具有与众不同的、更加严格的结构和流程。随着企业地理范围和规模的不断扩大，企业需要更高层次的合作与沟通。简而言之，企业需要管理。

生产的管理

生产是新一代管理者最初的关注点。随着制造业从个体手工业转向机械生产，随着大规模成为生产的必需条件，亨利·法约尔（Henri Fayol）等理论家对越来越有效的经营方式进行了考察。科学管理理论主要由弗雷德里克·泰勒（Frederick Taylor）提出。该理论认为完成一项任务必有"一条最佳路径"。企业由严格的规程组织而成，而工人的职责仅仅是监督和"饲喂"机械，仿佛他们也是机械的一部分。随着20世纪初生产线的出现，标准化和大规模生产成了企业的特征。

亨利·福特（Henry Ford）的T型车被视为工业化的一个重要成就。不过，福特曾说："为何每每我需要一双手，后面却总附着一个

管理的艺术，与人类起源一样古老。
——爱德华·D.琼斯（Edward D. Jones）
美国投资银行家（1893—1982）

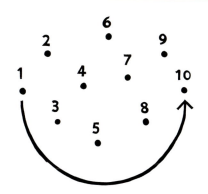

大脑？"虽然产出有了增长，但管理层和工人之间的冲突也加剧了。工人的工作条件非常恶劣，且企业忽略了工作的社会背景——它们把生产率看得比人更重要。

对人的研究

20世纪20年代出现了一种新的、对商业思想产生影响的运动——行为研究的人际关系运动（Human Relations Movement）。心理学家埃尔顿·梅奥（Elton Mayo）和亚伯拉罕·马斯洛（Abraham Maslow）的研究使企业开始认识到人际关系的价值。工人们不再被简单地视为"机器里的小螺钉"，而被当成具有独特需求的个体来对待。管理者依旧关注效率，但也认识到，若工人的社会需求和情感需求得到满足，他们的生产效率会更高。人们第一次认识到，作业设计、工作环境、团队协作、薪资和非物质奖励，对激励员工是至关重要的。

在第二次世界大战后的一段时间内，商业实践再次发生了转变。战时的创新带来了显著的技术进步，这些技术进步可以被应用到商业中来。管理者开始进行量化分析，并用计算机来帮助解决经营问题。虽然人际关系并未被遗忘，但在管理思想中，能够度量的因素再度成为关注点。

国际品牌

战后的岁月见证了跨国企业和大型联合企业的成长。这类企业涉猎广泛，业务遍及全球。媒体革命——电视、杂志、报纸的出现，

企业家精神关乎生存，孕育了创造性思维。商业并不是金融学，它关乎交易——购买和销售。
——安妮塔·罗迪克（Anita Roddick）
英国企业家（1942—2007）

使企业得以接触到新的受众，那些新出现的全球品牌因此得以成长。之前企业一直靠广告将产品告知客户，并劝说客户购买，然而，大众媒体为企业提供了一个崭新的、更加广阔的平台——营销。20世纪40年代，美国广告大师罗瑟·里夫斯（Rosser Reeves）提升了独特销售主张（Unique Selling Proposition, USP）的价值。到20世纪60年代，营销模式从简单地把产品告之客户，变成了倾听客户的需求，以及改变产品和服务来适应客户的需求。

一开始，营销遭到了批评。20世纪60年代初期，天花乱坠的产品宣传甚至比产品质量更加重要。客户对空洞的说辞越发不满。此外，日本制造商加入竞争，促使西方企业开始采纳新的商业思想：全面质量管理（Total Quality Management, TQM）和零缺陷管理（Zero Defects Management, ZDM）。在 W. 爱德华兹·戴明（W. Edwards Deming）和菲利浦·克劳士比（Philip Crosby）

等管理理论家的影响下，质量开始被认为是整个企业的责任，而不仅仅是生产线上员工的责任。很多企业将人际关系的思想和客户至上的营销模式结合起来，开始采纳日本的改善（Kaizen）哲学，即"每个人持续地改进一切"。各个层次的员工都要通过质量小组（Quality Circle）来改进流程和产品。虽然TQM不再是个时髦的词，但质量的重要性丝毫未变。当代的六西格玛（Six Sigma）就是对TQM的重述。六西格玛是一种流程改进方法，由摩托罗拉公司于1986年提出。杰克·韦尔奇（Jack Welch）在担任通用电气公司CEO期间，就采纳了这种方法。

大师和思想家

20世纪70年代，商业史本身也成了研究的一个话题。阿尔弗雷德·钱德勒博士使商业史从纯粹的描述变成了分析——钱德勒在哈佛商学院（Harvard Business School）授课时，就强调了组织能力、技

术变革和持续学习的重要性。20世纪八九十年代，管理学家，如迈克尔·波特（Michael Porter）、伊戈尔·安索夫（Igor Ansoff）、罗莎贝斯·莫斯·坎特（Rosabeth Moss Kanter）、亨利·明茨伯格（Henry Mintzberg）和彼得·德鲁克（Peter Drucker），都仿效钱德勒，鼓励企业考虑自身的环境，考虑人们的需求，保持对变革的适应能力。他们认为，企业战略的关键是：维持企业成长的条件和正确定位企业产品。不仅如此，这些大师还有别于前人——前人关注的是经营问题，而他们关注的

商业是渐进变革之源。
——杰瑞·格林菲尔德
（Jerry Greenfield）
美国商人，班杰瑞冰激凌公司
联合创始人（1951−）

是领导力本身。例如，查尔斯·汉迪（Charles Handy）的《空雨衣》（*The Empty Raincoat*）揭示了领导力的自相矛盾，承认了管理者本身的脆弱性。这些大师意识到，在商业环境中担任领导职务并非易事。

数字先锋

20世纪90年代和21世纪最初几年里，互联网飞速发展，这预示着商业新纪元的到来。早期天花乱坠的宣传，导致很多新创立的网络公司在1997−2000年的互联网泡沫中倒闭了，而成功的电子商务先锋则为创新主导的商业格局打下了基础。从诞生在车库中的高科技企业，如惠普公司和苹果公司，到当代商业环境下的网站、移动应用程序和社交媒体论坛，技术对商业的重要性与日俱增。

技术的发展使得新企业的数量激增，也使得融资变得更加容易。20世纪八九十年代，金融发展为一门独立的学科。企业合并和收购成为企业超越经营限制、实现成长的一种方式；"杠杆"同"营

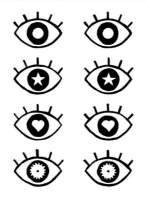

销""战略"一起成了管理学词汇。20世纪90年代末期出现了风险资本：寻求利润的投资者为小型企业提供资金。建立和经营企业的风险仍旧存在，但是技术提供的机遇、更易获得的融资，使得迈出第一步更加简单了。有了小额信贷、在线网络的支持，以及志同道合的团队提供的商业建议，企业的创业精神更甚以往。

近期的商业思想则强调多元化和社会责任。不管企业在何处经营，法律都鼓励并越来越多地要求企业雇用背景多元化的人，并以合乎伦理的方式行事。可持续、可回收、多元化和环保主义连同战略管理和风险，一起进入了商业思想。

新视野

如果商业思想发生转变，那么商业的本质也会发生转变。过去企业曾受地域的限制，而今天，机遇遍布全球。不过，全球化确实意味着商业竞争比以往更加激烈。新兴市场正在创造新机遇和新风险。2007—2008年的全球经济萧条

已经证明，在21世纪，商业的相互关联度越来越高，遇到的挑战也多于以往。创办一家企业或许更加容易了，但要使企业生存下去，需要企业家有将想法推向市场的韧劲，有将好的计划转化为盈利的商业头脑，有能维持成功的财务技巧。

持续的变革

几个世纪以来，社会、政治和技术因素迫使企业和个人创造出许多产生利润的新方法。无论是与邻村进行交易，还是靠社交网络赢利，商业思想都已经有了转变、转移和发展。这反映出了社会的欲望和需求，并为社会创造了财富。正如2008年的全球金融危机一样，有时候，企业的努力也会遭遇失败。而有的时候，企业会取得引人瞩目的成功，例如苹果公司。商业是个令人着迷的东西。它围绕着我们，每天都在影响着我们。漫步任何一条商业街，徜徉在任何一家超市，在互联网上搜索任何话题，都能体会到商业形式的多种多样。生存和盈利一直是商业的核心，它们关乎

商业自身和社会的进步。随着世界的逐步开放及企业机遇的成倍增加，人们对商业的兴趣也将更加有意义，更加令人激动。不仅如此，对具有企业家精神的人而言，商业的回报也将更加丰厚。■

商业持续地应对未来，这较其他行业更甚；商业是持续的精打细算，这是前瞻性的本能运动。
——亨利・R. 卢斯（Henry R. Luce）
美国杂志出版商（1898−1967）

START SMALL, THINK BIG

STARTING AND GROWING THE BUSINESS

小处起步，
大处着眼
企业的起步与发展

所有企业的起步都源于同一点：一个想法。如何对待这个想法，决定着企业的成败。

《企业家》杂志认为，新创立的企业中，近半数都会在创立的头三年倒闭。克服创立初期的困难并非易事。无论一个想法多么优秀，它都必须与创业精神结合在一起，而创业精神被定义为甘愿冒险的精神。如果没有创业精神，伟大的想法可能永远无法实现。然而，并非每个想法都是好主意，企业家也会犯糊涂，不经过仔细的思考、研究和详细的规划，就匆忙推出产品。对企业而言，风险是固有的，但成功的企业家不仅敢于承担风险，也有能力管理风险。

现实的主张

有一个想法是第一步，接下来要克服的障碍是融资。有些新成立的企业只需要少量本钱，少数甚至不需要本钱。但是，很多企业在其成长过程中都需要资金支持。企业家必须说服出资人，使出资人相信这个想法是靠谱的，并且相信企业家拥有技巧和知识，能把原始的概念转化成一家成功的企业。

由此可见，这个想法必须能够赢利。有时，一个想法从纸面上看非常不错，但付诸实践后才被发现无利可图。判断一个想法是否具有潜力，需要对竞争产品和相关市场进行研究。谁在争夺客户的时间和金钱？竞争者出售的是直接的竞争产品，还是可能的替代品？竞争产品在市场上的反响如何？市场有多大？

大多数市场越来越国际化、越来越拥挤，而竞争也越来越激烈。少数企业足够幸运，能够找到有利

比创业失败更糟的唯一一件事，是根本不创业。
——赛斯·高汀（Seth Godin）
美国企业家（1960－）

可图的利基市场——企业要成功，就要做一些与众不同的事，从而在市场上脱颖而出。大多数企业采取的策略是差异化策略，这意味着企业要向客户展示它们能够提供竞争者无法提供的东西——独特销售主张或情感销售主张（Emotional Selling Proposition, ESP）。

这种使企业脱颖而出的方法随处可见。在从原材料提取到售后服务的每个阶段，企业都在尝试将其产品或服务同其他企业的区分开。走进任何一家书店，你都会看到无数本书。有些书虽然涉及同一话题，但它们的设计、风格甚至尺寸（或大或小）各不相同。

企业获得优势通常取决于两点：第一个进入市场，或者在竞争中脱颖而出。例如，eBay于1995年率先进入在线拍卖市场，之后便一直占据着主导地位。类似的有，沃尔沃在印度最早发现了豪华大巴的销售机会，其豪华大巴的销售状况一直不错。相反，Facebook虽不是第一个社交网络平台，但却是最成功的，其优势是拥有更好的产

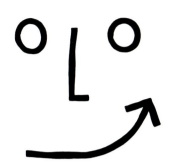

品。企业一旦建立起来，面临的挑战就会发生变化：目标变成了保持销售额，并使其得到短期或长期的成长。

变通求生

企业的长期生存取决于持久的重塑和变通，以保持其在竞争中的领先地位。在充满着变数的市场中，企业创立之初所依据的思想会随着时间的推移而变得不再适用，企业也必然会被竞争者效仿。企业经营所处的生态系统绝不会是静止的。在这种生态系统中，企业好比鲜活的生物，必须变通求生。比尔·费舍尔、翁贝托·拉戈和刘方在其合著的《颠覆巨人》一书中指出，在过去的三十年中，中国家用电器制造商海尔至少经历了三次重塑。相反，20世纪的美国巨头公司柯达对数码影像的兴起反应迟钝，最后以破产告终。

不仅如此，企业家与企业一样需要变通。大多数企业在初创时规模不大，而且一直保持着较小的规模。少数企业家甘愿或者明白如何迈出第二步：招募非亲非故的人。这是企业家向领导者转变的开始，对企业创始人提出了新的要求，需要其掌握一组新的技能。有了足够的精力、思想和激情，不断发展的企业就需要开发正式的系统、步骤和流程。简单地说，企业需要管理，创始人必须掌握授权、沟通和协作的技能，否则就必须雇用拥有这些技能的人。

拉里·格雷纳（Larry Greiner）在其论文《组织成长的演变与变革》中提到，随着企业不断成长，对企业的要求也会发生变化。格雷纳曲线显示，企业在成长初期依赖个体的主动性，而只有经验丰富的人和严密的系统，才能将特定的商业实践变为可持续的、成功的增长。与创业精神相对的专业管理，成了企业发展的关键。

有些领导者，如比尔·盖茨（Bill Gates）和史蒂夫·乔布斯（Steve Jobs），能够实现从企业创始人到领导者的转变。很多领导者都在竭力进行必要的改变，有些人尝试了，但以失败告终；也有一些人则决定将企业保持在较小的规模。

寻求平衡

企业创始人的技能与欲望的平衡，决定着企业增长的速度。为了生存，想法必须足够独特以确定其自身的利基市场，而其背后的个人和团队必须具有创业精神。个人和团队必须灵活机动地调整想法以及自身的需求来适应企业和市场压力。运气会起一定作用，但这些因素的平衡才是一家小企业能发展为大巨头的关键所在。∎

你必须证明你的思想有价值。在劝说他人为你的思想付钱的过程中，你也清除了一大堆糊涂的想法。
——蒂姆·奥莱利（Tim O'Reilly）
爱尔兰企业家（1954—）

想得到，做得到
克服创业之初的困难

背景介绍

聚焦
新创立的企业

主要事件

18世纪 "企业家"这个词被用来描述那些愿意冒险以确定的价格买入并以不确定的价格卖出的人。

1946年 阿瑟·科尔（Arthur Cole）教授撰写了《创业之道》，引发了人们对这一现象的兴趣。

2005年 小额信贷网站Kiva.com建立，其宗旨是发放小额贷款给小微企业。

2009年 Kickstarter.com等众筹网站的建立使个人能够为企业提供资金。

2013年 罗斯·莱文（Ross Levine）和约娜·鲁宾斯坦（Yona Rubinstein）的一项研究发现，很多成功的企业家在青少年时期就有激进的行为，常违反规则或惹出麻烦。

……将好的思想与伟大的商业计划相结合。

……愿意承担风险的创业精神。

克服创业之初的困难需要……

……将计划变为行动的**商业头脑**。

……应对挫折的**决心**。

创办企业的原因五花八门。有人梦想着自己当老板——将自己的爱好转化成可赢利的公司，梦想着表达他们的创新思想，通过辛勤劳动得到丰厚的回报。对一部分人而言，沃尔特·迪士尼（Walter Disney）"想得到，做得到"的信条是成立的，但追寻梦想是有风险的。追寻梦想的人必须具有创业精神，能够勇敢地放弃高薪，直面不确定的未来。其他人则需要一个推动力，裁员（以及被裁时所得

参见: 找到有利可图的利基 22~23页，风险管理 40~41页，运气（以及如何获得好运）42页，迈出第二步 43页，从企业家到领导者 46~47页，从失败中吸取教训 164~165页，小即是美 172~177页。

的一次性补偿）通常是个推手。在创业方面，企业家越来越年轻，他们在二十几岁时，可能就掌握了必要的技能，享受着自己经营冒险项目带来的兴奋与自由。

保持信仰

虽然创办企业的原因各异，但企业家承担风险的意愿是共通的。很少有企业家在第一次创业时就掌握了要领——面对困难，有继续坚持下去的毅力；面对客户、银行和出资人一次次的拒绝，能一直保持乐观。坚信自己的想法能实现是关键。在创业初期，有些企业只需要少量资金，但大多数企业都需要大量资金。企业家必须让银行家和其他出资人相信他们的想法是站得住脚的，他们拥有的技能可以将想法变为可赢利的企业，哪怕这需要一些时间。亚马逊花了六年才赢利。近年来，为新创办的企业融资更加容易了。很多政府都为有需要的企业提供贷款或者资助。拥有伟大想法的企业家也可以从风险资本家那里获得大量的资金和管理支持。孵化新企业是风险资本家的唯一目的。对于小规模的新企业以及自有资金很少的企业家，小额贷款和众筹越来越流行。

商业计划

商业计划是获得融资的关键。好的计划会对想法进行概括，详述支持该计划的市场研究，描述经营和营销活动，并进行财务预测。商业计划应勾勒出长期的发展策略，确定事情没有按计划进行时的应急措施（备选的想法或市场）。

最重要的是，好的商业计划会承认企业失败的最大原因是缺乏资金。虽然贷款得到的资金可以维持一段时间，但是最终，企业必须用收益为自身的经营融资。好的商业计划会分析未来的现金流，识别潜在的资金缺口。

克服创业之初的困难，意味着要有毅力将想法变成市场，要有能力筹集足够的资金，要有商业头脑将好的计划变成长期、可赢利的企业。■

> 企业的生存需要大量辛劳的工作，而求知若渴是成功的一半。

——温迪•谭•怀特
（Wendy Tan White）
英国企业总裁（1970—）

费尔南德斯

费尔南德斯（Fernandes）于1964年出生在吉隆坡，其父亲是印度人，母亲是马来西亚人。后来，他赴英国求学，1987年毕业于伦敦经济学院（LSE）。他曾在维京唱片公司为理查德•布兰森（Richard Branson）短暂工作，并于1992年出任华纳音乐集团东南亚区副总裁。2001年，费尔南德斯离开华纳自己创业。他抵押了住房，购买了正在艰难挣扎的亚洲航空公司（AirAsia）。亚航的品牌口号"让人人都能飞"清晰地体现了他的低成本战略。费尔南德斯接管亚航一年后，亚航便还清了1100万美元的债务，实现了盈亏平衡。费尔南德斯估计，亚航的乘客中有近一半为首次乘坐飞机。现在，亚航被誉为全球最佳的廉价航空公司。

2007年，费尔南德斯创立了途念酒店（Tune Hotels），这是一家廉价的连锁酒店，它承诺为客户提供"五星级的床铺，一星级的价格"。费尔南德斯告诫企业家，要"想人所不敢想，永不言弃"。

市场有空白，空白可有市场？

找到有利可图的利基

背景介绍

聚焦
定位策略

主要事件

20世纪五六十年代 大型企业主导着市场，它们提供可口可乐这类可以批量生产的产品。选择虽然有限，但瞄准市场新板块的产品有较大的发展余地。

20世纪七八十年代 厂商开发出新产品并向小众市场推广，这使市场划分越来越细。

20世纪90年代和21世纪初 市场的过度拥挤促使企业和品牌的定位越发激进、鲜明。

21世纪10年代 互联网的促销能力促进了利基市场的发现与保持，实现了产品"一对一"的营销和定制。

很多市场已经非常拥挤，众多销售者追逐同一群客户。

↓

对这些销售者来说，**竞争降低了利润。**

↓

市场空白——新的产品或市场——提供了**良好的前景。**

↓

但是，市场空白是否有足够的商机从而产生盈利？

↓

市场有空白，空白可有市场？

在市场上争得一席之地，抵挡住竞争，是定位策略的金科玉律。不幸的是，这些位置——市场空白——常常令人难以捉摸，找到它们的好处通常也是虚无缥缈的。

竞争虽然是一个无可争辩的现实，但它造成了经商的不易。价格有不断下降的压力，成本则在不断上升（例如为新产品的开发和营销融资），这需要不断以谋略和智慧战胜对手。相反，找到市场空白，即一小块利基市场，则不受竞争的约束，其好处显而易见：对价格的控制力增强，成本降低，利润提高。

识别出市场空白，加上一点创业精神，通常就是创立新企业所需的全部。2006年，推特（Twitter）的创始人杰克·多西（Jack Dorsey）将短消息和社交媒体结合起来，向用户提供了一项前所未有的服务。推特对大多数用户免费，其收益来自企业发布的促销推文和简介。2013年，推特的广告收入达5.82亿美元。

参见： 在市场上脱颖而出 28~31页，获得优势 32~39页，改变与改造 52~57页，波特的一般竞争战略 178~183页，好战略，坏战略 184~185页，价值链 216~217页，市场营销组合 280~283页。

然而，并不是所有的空白都有利可图。20世纪60年代生产的Amphicar就是一例。这是一种为美国消费者生产的水陆两用车，虽风靡一时，但因市场太小而难以赢利。为宠物生产的瓶装水也是如此——于1994年推出的"Thirsty Cat! And Thirsty Dog!"就未能吸引宠物主人。

可持续的利基

斯纳普（Snapple）是一家健康茶品和果汁饮料制造商。这家企业成功找到了可持续、有利可图的利基。饮料市场竞争激烈。在这个极具竞争性的市场中，很多企业都以失败告终。

将产品定位为独特的品牌使斯纳普获得了成功——斯纳普是最早一批以天然原料生产果汁和饮料的企业。斯纳普针对通勤者、学生

在拥挤的美国饮料市场上，斯纳普的定位是其获得成功的关键。斯纳普专注于健康产品，将自己塑造成了一家奇特的企业，从竞争对手那里夺得了较大的市场份额（用圆圈的大小表示）。

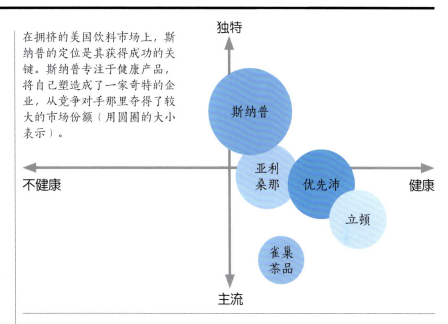

和在办公室解决午餐的员工，推出了全新的健康"便餐"饮品，将其独特的卖点与贴切的营销手法，以及一次饮尽的小瓶装结合了起来。市中心的小型商店均有售卖，消费者可以"拿起就走"。到20世纪八九十年代，这些战术形成了一个有

利可图、可持续的利基，使斯纳普在竞争中脱颖而出。1994年，斯纳普的销售额达到了6.74亿美元。

对企业来说，空白的市场能够提供较多的机会。但是，辨别哪些空白有利可图，哪些是陷阱，非常具有挑战性。20世纪90年代，"绿色"市场中一系列产品的潜力，令很多企业激动不已。但是，"绿色"市场并未实现赢利。这意味着，依据市场研究来识别市场空白存在潜在的陷阱。比如，虽然消费者对趋势或话题（如生态）持有强硬的态度或观点，但他们在购买产品时并不会考虑这些因素，尤其是成本受影响的时候。很多看似颇具吸引力的市场空白，其实是虚无缥缈的。 ■

斯纳普

斯纳普（Snapple）是"snappy"（时髦）和"apple"（苹果）的缩写组合，它于1978年由地道食品有限公司推出。其创始人是阿诺德·格林伯格、伦纳德·马什和海曼·戈登。

斯纳普因为广受欢迎而多次成为被收购的目标。1994年，地道食品被桂格燕麦以17亿美元的价格收购，但由于战略分歧，其销售量出现下滑。1997年，地道食品以3亿美元的

价格将斯纳普出售给了三弧公司。2000年9月，三弧公司又将斯纳普以14.5亿美元的价格出售给了吉百利·史威士公司。2008年5月的另一笔交易，使斯纳普成了现在的胡椒博士斯纳普公司的一部分。

斯纳普的营销口号是"用全球最优质的原料制作"，其产品遍及全球八十多个国家。

观察竞争对手的垃圾桶，就能了解其经营的方方面面

研究竞争

背景介绍

聚焦
分析工具

主要事件

20世纪50年代 哈佛大学学者乔治·史密斯和C. 罗兰·克里斯坦森提出了分析企业及竞争对手的工具。

20世纪60年代 美国管理咨询师阿尔伯特·汉弗莱领导的一项研究计划促进了SOFT分析——SWOT分析的前身的产生。

1982年 美国教授海因茨·韦里克将SWOT发展成了TOWS矩阵，以企业面临的威胁为出发点来制定策略。

2006年 日本学者开发出计算机软件，将SWOT分析与AHP（Analytic Hierarchy Process，层级分析法）结合在一起。

无论建立已久还是处在创业阶段，一家企业的竞争优势——相对于竞争者的优势，都是一个关键的战略问题。研究竞争是建立、了解并保护竞争优势的唯一途径。谁在与企业抢夺客户的时间和金钱？它们出售的是竞争性产品还是潜在的替代品？它们的产品有什么优势和劣势？在市场上的反响如何？

美国商人雷·克罗克（Ray Kroc）是麦当劳成功的幕后英雄。对克罗克而言，这需要不断观察竞争对手的垃圾桶。不过，帮助企业

参见: 在市场上脱颖而出 28~31页，获得优势 32~39页，摆脱思维的条条框框 88~89页，引领市场 166~169页，波特的一般竞争战略 178~183页，MABA矩阵 192~193页，波特的五力模型 212~215页。

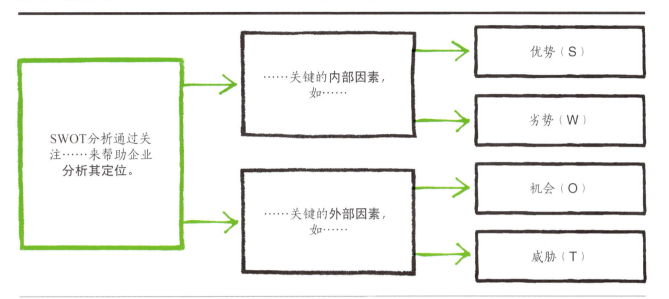

理解自身、市场和竞争对手，有更为方便的工具。

SWOT分析

在这类工具中，最流行的当属SWOT分析。1966年，美国管理咨询师阿尔伯特·汉弗莱创造了SWOT，它被用来分析企业内部的优势（S）和劣势（W），以及外部的机会（O）和威胁（T）。既可能是优势也可能是劣势的内部因素包括：管理层的经验和专长、员工的技能、产品的质量、企业的财务状况等。可能成为机会或威胁的外部因素包括：市场的成长、新技术的出现、进入市场的壁垒、海外的销售潜力、客户的人口特征和偏好的改变。

SWOT分析在各类企业中得到了广泛应用，是商业管理课程的重要内容。作为一项创新性的分析工具，SWOT能帮助管理者评估企业当前的定位，以及设想未来的定位。

一种实践工具

若SWOT分析执行得当，企业就能得到战略规划和决策方面的信息。SWOT分析可使企业认识到它相对于竞争对手的优势（或劣势）、将威胁降到最低需要怎样的变革，以及什么样的机会能让企业获得竞争优势。战略协调性的关键是确保企业的内部环境与外部环境相匹配：内部优势必须同外部机会相协调。企业应解决内部的劣势，从而将外部的威胁降到最低。

企业进行SWOT分析时，应采纳员工甚至是客户的意见——应该提供机会，采纳所有利益关联人的意见。采纳的意见越多，分析越深入，结果就越有意义。然而，这也存在一些局限性。企业虽然能够精确地判断其内部优势和劣势，但对未来事件和趋势（这会影响对机会和威胁的判断）的预测常常会出错。针对企业的活动，不同利益关联人掌握的信息不同，对企业当前的定位也有不同的看法。高级管理者对企业或许有全面的认识，但他们仍需要参考企业各个层级的人士

如果与竞争对手想的完全一样，那就死定了。
——托斯滕·海因斯（Thorsten Heins）
德国人，曾任加拿大黑莓公司CEO
（1957— ）

的不同观点。

与其他商业分析工具一样，付诸实践是SWOT分析获得成功的关键。除非将分析结果转化成构思巧妙的计划、新的流程、更佳的绩效，否则，最全面的分析也会徒劳无功。

市场图

分析企业的定位和竞争有一个更狭隘但更复杂的工具——市场图（也被称为"知觉图"）。市场图显示了市场和市场内部产品的定位，可直观地研究竞争者。市场图既可以分析企业的内部环境（帮助企业了解产品），也可以分析企业的外部环境（了解客户如何看待品牌与竞争者的关系）。

要绘制市场图，企业应识别出左右客户购买决策的因素。在服装市场，"技术"对"时尚"，"性能"对"休闲"，便是这样的因素。其他因素包括：产品价格（高对低）、产品质量（优对劣）、使用次数（耐用性对一次性）。这些配对被绘制在市场图的横轴和纵轴上。

根据市场研究或管理者的知识，分析师可以在图中展示特定市场的所有产品。每个产品的市场份额都可以用对应的图形来表示。不过，分析师通常只画简单的市场图，而忽略了市场份额的大小。

企业可以绘制多张市场图，每张图反映一组不同的变量，然后再进行分析——逐一分析和联合分析——从而得到对企业市场定位的整体认识。

找到空白

绘制市场图的目的是找到机会，使企业能在竞争中脱颖而出。在某些领域，企业具有独特的优势，而市场图能够为其提供营销方面的信息。市场图还能显示过度拥挤的市场细分，这表明竞争威胁的加剧。

对新成立的企业而言，市场图可以帮助其识别出市场上可行的空白——企业努力立足时可以得到的好位置。已经立足的企业可以将市场图与SWOT分析结合起来，判断企业是否具有优势，然后探寻其中的机会。市场图还能帮助企业了解战略（例如，重新定位一种产品，使之同竞争者的产品区分开）和战术（例如，从保守转向活跃），从而实现战略目标。

这类市场分析工具帮助新加坡高端茶铺TWG等企业找到了机会。与一般的咖啡店相比，TWG的目标客户群年龄稍长且更为富

市场图在两条坐标轴上画出了对立的产品特质。找到产品的两个主要对立因素，就很容易发现市场空白。

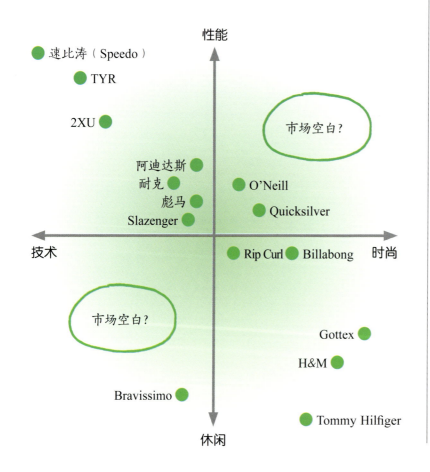

服装市场属于竞争性行业，有一系列存在细微差别的时尚品牌。速比涛的市场定位是创造高性能的技术性产品。

裕。TWG已在全球新开设了多家分店，靠的就是研究竞争对手，识别出市场空白，并据此设计出产品和服务来填补市场空白。

内部关注点

随着企业的成长，企业可能会绘制只包含自身产品的市场图。这样的市场图能帮助企业识别不同产品之间的重叠（从而决定应该放弃哪些产品，应该关注哪些研发项目），还能确保企业的营销不偏离正轨，避免发生战略偏移。例如，人们认为速比涛（Speedo）具有很高的技术性能，因此，它的营销方式就应该反映这种观点，而将速比涛作为时尚品牌进行推广会使客户产生困惑，进而导致品牌形象受损。

市场研究是市场图成功的关键。虽然比较产品的内部认知、外部认知以及竞争产品是有用的，但客户的观点才是最重要的。如果以

客户观点为依据，即便管理者有时会有不同意见，市场图也不会"出错"——无论是好是坏，它只代表了人们对品牌的看法。管理层面临的挑战是通过市场图和对企业内部优劣势的认识来制定合适的战略决策。

SWOT分析和市场图都会增进企业对自身、市场以及竞争对手的了解。同样，留意劣势可以使企业避免出现代价惨重的战略错误，如生产难以实现的产品，或者进入已经拥挤不堪的市场。了解市场的机会与威胁，了解竞争产品的相对定位和定位的变化，是战略规划取得持续成功的关键。对前进的方向进行规划，有助于了解自身的定位以及竞争者的定位。■

阿尔伯特·汉弗莱

阿尔伯特·汉弗莱出生于1926年，他曾就读于美国的伊利诺伊大学，后在麻省理工学院（MIT）获得了化学工程硕士学位。后来，他在哈佛大学获得了MBA学位。1960—1970年，汉弗莱在斯坦福研究所（现为斯坦福国际咨询研究所）工作。在此期间，他提出"利益关联人"的概念，此后，这一概念被商界领袖和政治家们所采用。汉弗莱走访了1100余家公司，采访了5000多名总裁，对公司计划失败的原因进行了研究。其研究成果之一便是SOFT分析："现在的优点是满意（Satisfactory），未来的优点是机遇（Opportunity）；当前的缺点是错误（Fault），未来的缺点是威胁（Threat）。"后来，错误被弱化成了人们更为认可的劣势（Weaknesses），满意演化成了优势（Strengths）。缩略词SWOT由此诞生。如今，SWOT分析已无处不在。

商业的奥秘是了解他人不了解的东西

在市场上脱颖而出

背景介绍

聚焦
差异化

主要事件

1933年 美国经济学家爱德华·张伯伦（Edward Chamberlin）在《垄断竞争理论》一书中，将差异化描述为这样的手段：企业将其产品和服务同竞争对手的区分开来，从而收取高于竞争对手的费用。

20世纪40年代 达彼思广告公司的前董事长罗瑟·里夫斯提出了独特销售主张的概念。

2003年 美国营销学教授菲利普·科特勒（Philip Kotler）在《营销学精选词典》中概述了独特销售主张被情感销售主张取代的必要性。

只有少数企业能在其经营领域中获得垄断地位。大多数市场会变得越来越全球化、越来越拥挤，竞争也会越来越激烈。要取得成功，企业必须与众不同——正如希腊船王亚里士多德·奥纳西斯（Aristotle Onassis）所说，要在竞争中脱颖而出，必须了解"他人不了解的东西"。

独特销售主张

面对竞争，大多数企业采取的是差异化战略。这包括为客户提供

参见: 找到有利可图的利基 22~23页, 获得优势 32~39页, 改变与改造 52~57页, 波特的一般竞争战略 178~183页, 好战略, 坏战略 184~185页, 价值链 216~217页。

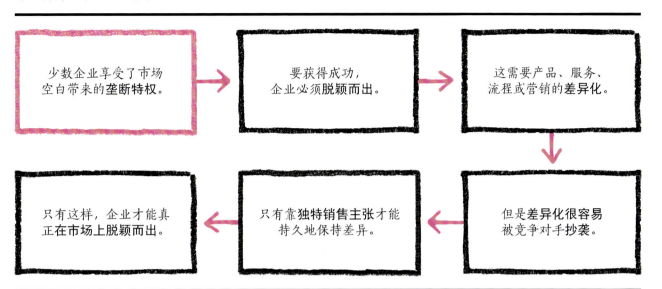

竞争对手无法提供或没有提供的东西——独特销售主张（USP）。USP的概念由美国广告商罗瑟·里夫斯于20世纪40年代提出，它体现了能以高于竞争对手的价格售出产品的关键。有形的独特销售主张难以获得、难以抄袭，这使产品变得独一无二。

企业在各个阶段——从原材料提取到售后服务，都必须将其产品和服务同竞争对手的区分开来。产品如Nespresso的咖啡机、Crocs的鞋子，以及服务提供商如途念酒店，都具有高度差异化，背后都有强大的独特销售主张。

无论以何种方式体现，独特性的主要优点都是提高客户忠诚度、增加定价的灵活性。差异化使产品和服务免于低价竞争，体现了高价的合理性，保护了利润，赋予了企业在市场上脱颖而出所需的竞争优势。

差异化的挑战

按照定义，并不是所有的产品都是独特的。差异化代价高昂、耗时长、不易实现，而功能上的差异很快就会被抄袭——"跟风"战略并不鲜见。例如，触屏技术最初由苹果公司引入手机市场，当时是iPhone的一个差异点。但到现在，大多数智能手机都具备了触屏功能。构成差异点的差异，并不会长久保持。

由于功能上的独特性难以捉摸，营销学大师菲利普·科特勒建议，企业应转而关注情感销售主张。换句话说，营销的任务是让客户与品牌产生紧密的情感联系，以使客户在竞争中感受到差异。例如，耐克和阿迪达斯的跑鞋在设计和功能上虽然有区别，但是区别并不大。然而，通过营销和品牌力，客户的认知放大了产品的差异——独特性通过品牌想象、促销和赞助得到了实现。

苹果公司结合易用的软件、精心设计的硬件，以及融合二者的用户界面，在新兴数字音乐市场中实现了差异化。产品本身——移动式音乐播放器iPod——与MP3播放

普通产品根本不存在。所有的产品和服务都是有差异的。
——西奥多·莱维特 (Theodroe Levitt)
美国经济学家 (1925–2006)

器在功能上并没有多少差异，但它与iTunes的结合创造了独特的客户体验。这种体验便是苹果公司的情感销售主张，苹果公司用"不同凡想"（Think Different）的广告对之进行了推介。

脱颖而出

英国时尚品牌Superdry是一家独具特色的企业，它已在欧洲、亚洲、美洲开设了逾三百家门店。Superdry深受日本绘画、美国复古风的国际化影响，并且融合了英式剪裁。自2004年建立以来，Superdry在竞争高度激烈的服装市场上迅速占据了领先地位。最初，该公司在英国各个大学城开设了门店，这一做法使该品牌吸引了年轻人的注意。虽然广告有限，也没有邀请名人代言，但Superdry仍旧迅速风靡了起来。它与众不同的外观迅速吸引了名流的注意（足球明星大卫·贝克汉姆穿过的夹克成了一件热销单品，贝克汉姆也成了

该品牌的非官方代言人），他们为公司提供了免费的宣传。

Superdry专注于提供剪裁时尚的服装并很注重细节（甚至包括服装的针脚）。Superdry有广泛的客户基础，下班后的办公室职员、学生、体育明星等都可以穿着它。大多数差异化战略盯准的是市场的一个细分领域，而Superdry盯准的是所有细分领域。这个品牌将时尚潮流、方便易穿、舒适有范相结合的独特风格，以及神秘却并无实义的日本文字的存在，已被证明是竞争对手难以复制的组合。

保持独特

很多企业发现，流行是差异化的敌人。Superdry服装在风靡全球的同时，其独特性和差异性也在下降。与所有企业一样，Superdry面临的挑战是，在扩张的同时保持独特——"既在人群中脱颖而出，又要迎接人群的光临"。

差异化可以发生在价值链的

任何环节。要脱颖而出，并不限于产品或服务——差异化也可以体现在改进客户体验的任一内部流程中。以瑞典家居零售商宜家（IKEA）为例，差异化靠的不仅是时尚的设计、低廉的价格，还有整体的客户零售体验。宜家的低价一部分是通过客户自行挑选、自行组装的零售模式实现的——客户的体验包括从宜家庞大的展厅和仓库中挑选产品，把产品运送回家后再自行组装。

宜家"引导"客户沿着单向、清晰的路线浏览展厅，这是独一无二的。这一战术不仅鼓励了客户自行购买，还增强了宜家的差异点——预先设计好的房间和家具陈设突出了宜家品牌的时尚风格。由于营业员的数量减少了，因此产品的价格也降低了。

同中求异

自相矛盾的是，熟悉性也可以是差异化的来源。例如，麦当劳的整套组织模式都围绕着全球同样的餐厅、几乎相同的快餐食品和相同的服务展开。这种熟悉性将麦当劳与不知名的地方餐厅区分开来，使之从不能在各个经营点保持同等品质的全球竞争者中脱颖而出。

在市场上，企业相互竞争，它们对产品独特性的宣传声势日益

时尚品牌Superdry是一家年轻的公司，它成功赢得了市场份额。因高度的差异化、复古的外观，该公司自2004年创办以来得以迅速成长。

若企业的产品符合客户的期望，且与竞争对手的产品没有重叠，那么差异化并不太重要。差异化有很高的风险。不过，如果产品非常流行，且与竞争对手的产品重叠，那么差异化是最有效的手段。

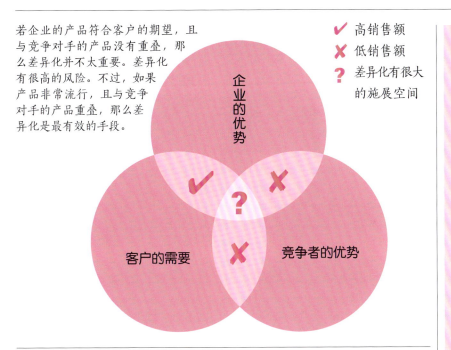

✔ 高销售额
✘ 低销售额
❓ 差异化有很大的施展空间

企业的优势

客户的需要　　　竞争者的优势

浩大，手段日益复杂。不过，客户辨别花言巧语和现实的能力也越来越强。差异不一定要看得见——有证据表明，情感销售主张足矣——企业面临的挑战是，差异点并不一定是真实、可信的。要与客户建立情感上的关联，企业需要自始至终了解差异化，并始终如一地实现差异化。颂扬企业独特性的、定义清晰的核心原则应当在每个接触点上激发客户体验——差异必须可信，只有真实确凿才是可以信赖的。

保持差异化

　　独特性——不论在功能上还是在情感上，一旦建立起来，就需要培育和保护。脱颖而出是企业员工和客户需要全身心投入的一场持久战。竞争对手之间的冲突显示，捍卫独特性可能需要诉诸法律。

　　每个行业都有领袖和追随者——将二者区分开来的是，领袖通常具有最无懈可击的差异点。企业及其产品和服务的独特性，无论特性、功能、品牌形象、服务、流程、速度，还是便利性，都必须建立起来并传达出去。保持差异化是持久成功的关键。■

罗瑟·里夫斯

　　美国广告商罗瑟·里夫斯的信条是：广告应展示产品的价值，而不是文案的高明。里夫斯曾在弗吉尼亚大学短暂就读，但因醉酒而被驱逐出校。之后，里夫斯担任过记者，做过文案工作，并于1940年加入了位于纽约的广告公司达彼思。过人的才智使他于1955年成为公司董事长。他因为重新定义了电视广告而为人称道，其中包括为巧克力糖果品牌M&M's撰写的广告语"只溶在口，不溶在手"。20世纪40年代，里夫斯提出了"独特销售主张"这一概念，并在1961年的著作《广告的现实》中对其进行了阐述。他对广告业的影响巨大，这成为他身后不朽的遗产——他开创性的领导风格，正是美剧《广告狂人》主角的灵感来源。

要想不被替代，必须永葆差异。
——可可·香奈儿（1881-1971）
法国时尚设计师

最早还是更好

获得优势

背景介绍

聚焦
竞争优势

主要事件

1988年 美国学者大卫·蒙哥马利（David Montgomery）和马尔文·利伯曼（Marvin Lieberman）撰写了《先行优势》一文，阐述了首先进入市场的优势。

1995年 Amazon.com上线，它是第一家新一代在线零售商。

1997—2000年 互联网企业遵循"争第一"的原则，纷纷涌入市场。由于预期的好处未能实现，很多企业倒闭了。

1998年 蒙哥马利和利伯曼在《先行优（劣）势》一文中对其最初的文章中的观点提出了质疑。

2001年 Amazon.com开始赢利。该公司拥有巨大的先行优势，但好的商业模式更加重要。

先行者无须面临竞争，有**成为市场领导者**的潜力……

↓

……但是，除非**市场是静止不变的**，且技术变革有限，否则先行者将面临很高的倒闭风险。

↓

后入者进入被认可的市场，并且知道**哪些错误应当避免**。

↓

在快速变化的市场中，技术革新不断推进，后入者的获益也最多。

↓

要获得优势，要么最早，要么更好。

如果要在网上购书，你会首先访问哪家网站？如果要研究这本书的作者，你会使用哪个搜索引擎？最可能的答案分别是亚马逊（Amazon）和谷歌（Google）。由此可见这两家互联网巨头的主导地位，它们的名字定义了各自的市场。

这两家公司在它们主导的市场上具有显著的优势，但它们获得优势的方法并不相同。亚马逊于1995年上线，是首家进入在线零售市场的公司，它也因此获得了先行优势，确立了品牌声誉，建立了忠实的客户基础。相反，谷歌并不是首家进入搜索市场的公司。谷歌于1998年上线，当时，一些大型公司已经主导了搜索市场，谷歌的优势源于它提供了更优质的产品——它不仅速度更快，而且生成的搜索结果比任何一家竞争对手的都准确。

首先进入市场会获得巨大的优势，但是稍后进入也有好处。关键是，要在市场上赢得竞争优势，企业要么进入得最早，要么做得更好。

市场先锋

首先进入市场的好处被称为先行优势。1988年，这一术语因为斯坦福商学院教授大卫·蒙哥马利与马尔文·利伯曼而流行起来。在1997—2000年的互联网泡沫时期，

参见：克服创业之初的困难 20~21页，在市场上脱颖而出 28~31页，成长的速度 44~45页，格雷纳曲线 58~61页，创造力与发明 72~73页，改变游戏规则 92~99页，平衡短期行为和长期行为 190~191页。

亚马逊（Amazon.com）是在线零售市场的先行者。自1995年创办以来，亚马逊就是该行业的主导者，它有着强烈的品牌认知度和忠诚的客户群。

蒙哥马利和利伯曼十年前提出的思想产生了特别的影响。很多企业受到亚马逊的鼓舞，花费数百万美元挤进互联网市场。当时公认的观点是，最早进入市场能确保企业的品牌名称成为相应细分市场的同义词，较早拥有市场主导地位会给后来的竞争者设置进入壁垒。

最终，很多新成立的互联网企业因为花销无度、过度宣传、过度延伸到需求有限的市场而走向覆灭，只有少数例外。企业发现，预期的好处并没有实现，资金迅速耗尽——很多先行一步的企业接连倒闭。

先行优势

在阵营中第一个脱颖而出无疑是有优势的，但对互联网企业而言，这种优势被夸大到了极致。

先行者通常会享受溢价，占有较大的市场份额，拥有与市场紧密相关的品牌名称。先行者比后入者有更多的时间来完善流程和系统、积累市场知识。先行者还可以占据有利的地理位置（例如在城市的商

若企业获得了先行优势（因技艺精湛或运气），并且在后入者面前保持着优势，那么先行优势就会增加。

——大卫·蒙哥马利和马尔文·利伯曼

业街占据有利位置）、雇用到有才能的员工、与主要供应商（他们或许同样热衷于进入新的市场）达成有利的条款。此外，先行者可以将转换成本融入产品，客户一旦购买产品，换用对手的产品会带来不便或需支付高昂的费用。举例而言，吉列于1901年发明了安全剃刀，并一直利用先行优势发明新产品，其"剃须套装"就将廉价的手柄和昂贵的刀片结合了起来。

市场战略

亚马逊的先行优势是多个因素的组合。在新兴的电子商务市场上，客户热衷于尝试网上购物，而亚马逊恰好利用了这种不断增强的好奇心。图书具有初次网购数额小、安全的特点，而亚马逊简洁的网页设计，使购物过程简单、愉快。快一步的销售让亚马逊得以修改、完善系统，调整网站以满足客户需求——例如，它增加了一键下单（OneClick）系统，使客户在购买时无须输入支付的细节。

亚马逊还建立了分销系统，保障其产品能够迅速、可靠地送达。虽然竞争对手会复制其分销系

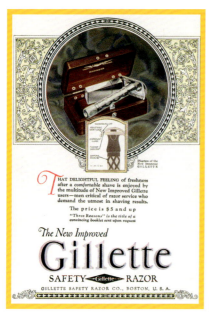

1901年，吉列发明了安全剃刀。后来，吉列推出了"剃须套装"，使客户难以换用别的品牌，巩固了其先行优势。

统，但客户已经对亚马逊信任有加，亚马逊享有的品牌忠诚度产生了巨大的情感转移成本。甚至在今天，亚马逊仍在享受信任和忠诚带来的好处，通过Amazon.com出售的图书数量，几乎是美国图书总销量的三分之一。

智能机主要制造商之间展开的"专利战"，是体现先行优势的一个例子。专利可以帮助企业保持技术上的优势。在竞争高度激烈的智能机行业，带着新技术首先进入市场会得到巨大但不长久的优势。但在客户转换成本较高的行业中，即便是短期优势，也会对收益产生巨大的影响。

1988年蒙哥马利和利伯曼发表他们最初的文章后，相关的学术研究表明市场先行者具有显著的优势，而这种优势可直接归因为进入的时机早。具有讽刺意味的是，1998年，蒙哥马利和利伯曼发表了一篇回顾性文章，题目是《先行优（劣）势》。二人放弃了早前"先行进入市场具有优势"的观点。

彼得·戈尔德（Peter Golder）和杰拉德·特里斯（Gerard Tellis）1993年的文章，以及蒙哥马利和利伯曼1998年的文章，都在他人研究的基础上对先行优势的整套概念提出了质疑。戈尔德和特里斯发现，在50类产品的500个品牌样本中，近半数的先行者都以失败告终。不仅如此，他们还发现，后入者无利可图或未能拥有主导地位的情况并不多见——事实上，二人的研究发现，先行者的失败率是47%，而快速跟进者的失败率仅为8%。

从错误中吸取教训

先行者面临的挑战，一是市场通常未经证实，先行者在没有充分了解客户需求和市场动态的情况下，便一头扎进了"黑暗"之中；二是先行者发布的产品未经检验，客户对其也并不了解。因此头一次就取得成功的先行者并不多见。大公司能够承担较早进入市场可能带来的损失，但是，小公司不久便会耗尽资金，站不住脚的商业模式会很快崩溃。

后入者能从先行者的错误中吸取教训，进入已被证实的市场，从而获得优势。后入者还能避免将巨额资金投到错误的流程或技术上。相反，先行者因为技术的陈旧、低效而积累了大量的"沉没成本"（过去的投资），随着产业的成熟，其适应能力会变差。后入者可以在技术和流程相对成熟时进入，这时的成本和风险都要更低。

后入者必须努力战胜先行者的品牌忠诚度。不过通常而言，只要有更优质的产品，能更好地满足客户的需求，就足以确保市场地位。品牌认知固然重要，但优越的技术和产品会产生关键的竞争优势。不仅如此，由于投资成本的降低，后入者通常有多余的资金进行营销，从而抵消了先行者的品牌推广优势。

例如，谷歌进入互联网搜索行业是在1998年，当时的市场主导者是雅虎（Yahoo）、Lycos和AltaVista，它们都建立了客户基础，拥有了品牌认知度。但是，谷歌从它们那里吸取的教训是，只需要创

好的艺术家靠抄袭，伟大的艺术家靠借鉴。
——史蒂夫·乔布斯

> 如果后入者可以超越先行者，企业迟些进入会更好。
>
> ——彼得·戈尔德和杰拉德·特里斯

造出更好的产品便可。谷歌认识到，互联网上的信息太繁杂，而人们希望搜索到更全面、更有意义的信息；已经进入市场的各大公司提供的搜索结果过滤系统五花八门，而谷歌选择了其中最佳的系统，运用独一无二的算法，最终获得了市场认可。

先行者的失败

在企业发展史上，先行者无法实现或保持竞争优势的例子比比皆是。就网络社交圈而言，著名的失败案例有Friends Reunited和聚友网（MySpace）。这两家企业的先行优势均不能抵挡Facebook的威力（及其产品的优越性）。类似的是，创立于1999年的eToy.com属于新一代在线零售商，但其先行优势已不足以维持公司的运营。2001年，该公司宣布破产，巧合的是，同一年，亚马逊开始销售玩具（几年后，eToys.com死而复生，现为

玩具反斗城所有）。在线服装零售商boo.com创立于1999年，但到第二年，它就面临着破产——如果基本的商业模式有问题，那么最早进入市场也难以确保成功。

尽管戈尔德和特里斯给出了证据，还有谷歌这样的案例，但先行优势仍然激发了人们的想象。最近，以网络为基础、用于智能机和平板电脑的应用市场（App市场）受到"争第一"欲望的刺激，呈现出一片繁荣的景象，这与早前的互联网企业风潮相似。发布的应用多达数千种，每个企业都想在有利可图的新细分市场中分一杯羹。但这并不能确保成功——2012年的一

项研究发现，平均而言，65%的用户在安装应用的90天之内就卸载了它。

时机就是一切

先行者不一定能得到预期的好处，时机和运气也起到了很大作用。美国商学学者费尔南多·苏亚雷斯（Fernando Suarez）和吉安维托·兰佐拉（Gianvito Lanzolla）认为，技术革新和市场发展的速度是决定先行者能否具有优势的重要因素。

二人的研究发现，发展缓慢、技术革新有限的市场会产生巨大的先行优势。他们列举了吸尘器

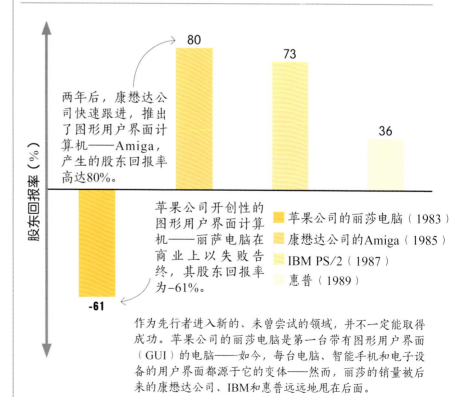

作为先行者进入新的、未曾尝试的领域，并不一定能取得成功。苹果公司的丽莎电脑是第一台带有图形用户界面（GUI）的电脑——如今，每台电脑、智能手机和电子设备的用户界面都源于它的变体——然而，丽莎的销量被后来的康懋达公司、IBM和惠普远远地甩在后面。

市场的例子，特别提到了市场长期领导者胡佛（Hoover）。在戴森（Dyson）吸尘器出现前，吸尘器市场一直不温不火，技术上的进展也十分缓慢。1908年，胡佛率先进入市场，在几十年里一直享受着先行优势——人们将胡佛的名称作为动词"to hoover"（除尘）来使用，曾是（在某些地方仍然是）这种优势的体现。

然而，在技术变革或市场迅速变化的行业，先行者通常处于劣势。第一批搜索引擎便是如此。这些企业为了跟上快速变化的步伐，在早期的技术开发上投入了过多资金。

在瞬息万变的市场中，早期的优势会迅速过时。随着市场的发展，后入者拥有尖端的技术，它们的创新点建立在市场知识、从先行者的错误中吸取的教训之上。先行者能够享受短暂的优势，但在充满变数的市场中，这种优势转瞬即逝。在智能机市场上，苹果公司虽然靠iPhone享受了巨大的先行优势，但它也会陷入先行劣势中。其竞争对手（尤其是三星），倾听客户对iPhone的意见，分析客户的需求，生产出了特性、功能受市场追捧的产品。而苹果公司则陷入先前的技术开发周期之中，对市场的反应不紧不慢，导致iPhone的销售受到了一定的影响。

客户的需求

获得优势未必总要争第一。诚然，宝洁这样的跨国企业喜欢进入能长期占据第一或第二位置的市场——但这并不是靠盲目轻率地争第一实现的。

宝洁寻求的市场在人口特征、结构方面颇具吸引力，对资本的要求较低，盈利较高。最重要的是，凡是要进入的市场，宝洁都会深入了解客户的需求。换言之，宝洁宁可进入成熟的市场，也不会率先进入新市场。

宝洁重视与客户、供应商的长期关系，它对创新的看法与小公司不同。小公司会引入具有破坏性的技术——目的是扰乱既有市场的稳定，夺取市场份额，努力获得优势。而宝洁或许注意到了相关研究，认为这样的战略只是短暂的，创新过快有蚕食掉自身的销售额、降低新产品投资回报率的风险。以一次性婴儿纸尿裤市场为例，宝洁比先行企业晚十年进入。1961年，宝洁才推出了帮宝适品牌，远远晚于强生1949年推出的Chux。那时，一次性纸尿裤还是新鲜事物，客户对它心存芥蒂。宝洁一直等到客户接受纸尿裤后才进入市场。不仅如此，宝洁耗费了5年时间来研究并解决Chux的主要问题，开

> **如果能做好，请做得更好。**
>
> ——安妮塔·罗迪克

PalmPilot于1997年被推出，它属于"快速跟进者"，仿效的是苹果公司的失败产品"牛顿"。而"牛顿"是首个进入掌上电脑（PDA）市场的产品。

发出了吸收力强、渗漏少、让婴儿更舒适的产品，它还提供了两种尺寸，并大大降低了生产成本。如今，宝洁被《福布斯》列为全球最强品牌之一，其价值高达85亿美元，全球逾百个国家的2.5亿名客户都在购买宝洁生产的纸尿裤。相比之下，Chux由于销量缩水，在20世纪70年代就被强生逐步淘汰了。

确保立足点

在现实中，进入市场越快越好是个想当然的假设。要获得优势，"合适"比时机更重要。企业是第一个、第二个还是最后一个进入市场固然重要，但更为重要的是，企业的产品或服务应当具有可持续性，企业应当有履行品牌承诺的能力。这两个因素对企业的长期发展和成功有深远的影响。

亚马逊享受了持久的先行优势，但是，仅凭先行优势并不能解释亚马逊非凡的成功。亚马逊将其先行优势转化成了可持续的竞争优势——网站不仅变得越来越好用，还提供了一系列互补产品，并不断压低成本，提供较低的价格。最值得一提的是，直到2001年亚马逊才实现赢利——在此之前，亚马逊花费了数年时间来改进产品。先行优势或许为成功奠定了基础，但良好的商业实践才是亚马逊优势的基础。

先行者无疑具有天然的竞争优势。客户的长久印象、强烈的品牌认知、高昂的转换成本、对稀缺资源的控制，以及经验上的优势，都会使企业在市场上获得强大的、长期的立足点。不过研究发现，第二个进入者及其追随者有时也具有优势地位。它们能从先行者的错误中吸取教训，提供更优越、更廉价的产品。这些优点加上高超的营销技巧，会抵消先行者的优势。要成为市场领导者，企业要么最早进入、引人瞩目，要么做得更好。让人们印象深刻的企业，如亚马逊和谷歌，不是最早的就是更好的——而被人们遗忘的企业，是毫无优势的企业。■

> 仓促之惩罚，乃欲速而不达。
> ——柏拉图
> 希腊哲学家（公元前429-公元前347）

杰夫·贝佐斯（Jeff Bezos）

1964年1月12日，杰夫·贝佐斯出生在美国新墨西哥州的阿尔布奎克。贝佐斯很小就对科学和计算机产生了兴趣。他曾在普林斯顿大学学习计算机科学和电子工程，并于1986年以最高荣誉毕业。

贝佐斯的职业生涯始于华尔街。1990年，贝佐斯成为投资公司德邵基金（D. E. Shaw）最年轻的高级总裁。4年后，他辞去了这份高薪工作，创立了在线图书零售商店Amazon.com——当时的贝佐斯刚过而立之年。贝佐斯雇用的员工不多，新公司就设在他的车库里。随着业务的发展，公司搬到了一栋小房子里。1997年，亚马逊成为上市公司；2001年，公司开始赢利。现在，贝佐斯登上了《福布斯》美国富人榜。在互联网历史上，亚马逊是全球最辉煌的成功故事之一。

把所有的鸡蛋放在一个篮子里，然后看好篮子

风险管理

背景介绍

聚焦
风险管理

主要事件

1932年 美国风险与保险协会成立。

1963年 罗伯特·梅尔（Robert Mehr）和鲍勃·海基斯（Bob Hedges）出版了《企业风险管理》一书，认为风险管理的目标是使企业的生产效率最大化。

20世纪70年代 通货膨胀和国际货币体系的变化（布雷顿森林体系的解体）增加了商业风险。

1987年 美林成为首家设置风险管理部门的银行。

2011年 美国金融危机调查委员会称，"承担的风险过多"是2008年金融危机发生的部分原因。

企业家的特点是愿意承担风险——特别是企业倒闭的风险。创立新企业的企业家尤其如此，因为近半数新企业都会在头三年里倒闭。地位已经稳固的企业面临的风险较小，但仍有新产品失败、品牌或管理者声誉受损的风险。无论风险高低，所有企业都应该留意风险并仔细地管理风险。美国商人安德鲁·卡耐基（Andrew Carnegie）就思考过这些问题。他建议，在风险管理上，最好把所有

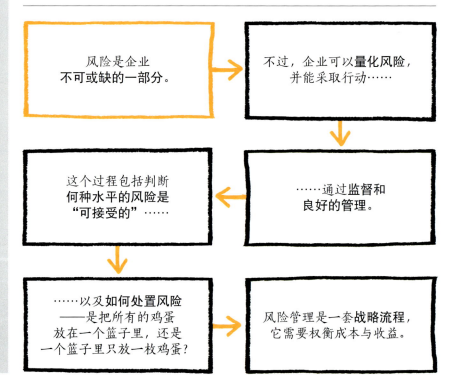

风险是企业**不可或缺的一部分**。

不过，企业可以**量化风险**，并能采取行动……

……通过监督和良好的管理。

这个过程包括判断何种水平的风险是"可接受的"……

……以及**如何处置风险**——是把所有的鸡蛋放在一个篮子里，还是一个篮子里只放一枚鸡蛋？

风险管理是一套**战略流程**，它需要权衡成本与收益。

参见: 成长的速度 44~45页，自大与报应 100~103页，谁来承担风险？ 138~145页，杠杆和风险过度 150~151页，表外风险 154页，避免自满 194~201页，应急规划 210页，情景规划 211页。

的鸡蛋放在一个篮子里，然后看好篮子。

从雷曼兄弟公司的倒闭（2008年），到英国石油公司的深海地平线钻井爆炸灾难（2010年），21世纪早期发生的事件从根本上改变了企业对风险的认知。如今，企业会考虑两个因素：风险监督和风险管理。风险监督指的是企业所有者如何掌控重大风险识别、优先等级划分，并确保对这些流程的审查不间断。风险管理指的是避免或减少风险的具体步骤和措施。

固有风险

对企业来说，风险是与生俱来的。以新创立的企业为例，它们面临的风险是客户太少、收益不足以弥补成本，此外，还有竞争者抄袭企业创意，甚至提供更好的备选产品的风险。若向银行贷款，企业会面临利率上升、偿还数额过高带来的风险。过度依赖海外贸易的新企业，还会受到汇率变化的影响。

不仅如此，新企业还有经营市场单一导致的风险。大企业可以靠多元化经营来分散风险，但小企业的成功通常源于单个创意的成功（新企业创立的开端）或者局限于单个地理区域（如本地）。市场或区域的不景气都会导致企业倒闭。新企业应留意市场的变化，找准自身定位以适应变化。

例如，社交媒体Instagram最初是一家名为Burbn的本地服务公司。面对竞争，Instagram转向了图片分享业务。如果Instagram没有对风险做出反应，或是足够"精明"去实现产品的多元化（定期增加新的特性），它可能走不到今天。风险本质上是个战略问题。企业所有者必须仔细斟酌创业初期的经营

> 可能性不大的事件永不发生，才是不可能的事。

—— 埃米尔·共伯尔（Emil Gumbel）
德国统计学家（1891-1966）

风险，新产品、新计划的风险，以及潜在的利润和损失——换言之，必须权衡行动与不行动的战略性后果。企业所有者必须量化和管理风险，这是战略上的持久挑战。虽说成功属于勇者，但是事关企业的成败，万不可将谨慎抛到九霄云外。■

英国石油公司因深海地平线钻井爆炸灾难支付了巨额罚款，美国政府对英国石油公司的安全措施和行为准则进行了长达四年的监视。

深陷深水

即便是多元化经营的大公司也会发现，权衡风险和潜在的财务回报并非易事。深海地平线是英国石油公司（BP）租用的一个离岸石油钻井平台。2010年4月20日，钻井发生了爆炸，11名工人丧生，数万桶原油倾入了墨西哥湾。

这一事件被归咎为管理层的失职、风险量化和管理的不足。官方听证会提到了"每元必争"的文化。调查这场灾难的分析师称，与风险管理相比，BP更重视财务回报。BP当时的总裁托尼·海沃德于2007年执掌公司，他认为，公司业绩糟糕的原因是过度谨慎。加上股东要求更高回报的压力越来越大，随之而来的看涨策略致使企业大幅消减成本，最终导致了风险管理的失败。

运气是汗水的股利。汗水越多，运气越佳

运气（以及如何获得好运）

背景介绍

聚焦
机会最大化

主要事件

1974年 3M公司员工亚瑟·傅莱（Art Fry）为了把书签粘到赞美诗集上，使用了同事6年前发明的一种黏合剂。这种黏合剂曾被认为有瑕疵而遭到弃用。

2009年 《哈佛商业评论》刊登了文章《"伟大的"企业是仅仅靠运气的吗？》。该文指出，在287家表现优异的企业中，只有一半可以将成功归因为其与众不同的实践或本身的特质。

2013年 音乐组合Daft Punk花费5年时间制作了歌曲《走运》。这首歌的歌名非常恰当。这首歌是行业合作、市场调研、强大的营销和宣传的结果，它在商业上的成功体现了商业计划的价值。

人们通常认为，企业无法掌控运气。但麦当劳的创始人雷·克拉克说："汗水越多，运气越佳。"这意味着运气可以被创造出来。现实情况是，上述两种情况都成立。在越发动荡、越发难以预测的全球市场上，企业要获得成功，运气必不可少。两个竞争对手一同创立企业，决定谁成功、谁失败的或许就是运气。

自创运气

考虑周全的商业计划不应该依赖运气。好的创意加上详细的市场调查和可靠的财务规划，能帮助新创立的企业应对市场的反复无常。在混乱不堪的市场上，好的计划会罗列出行动方案，使企业做好准备，免受未知事件的冲击。

此外，考虑周全的计划能够确保企业从有利的市场条件中受益。换句话说，表面上是运气，实际上

在商业上，运气的第一法则是必须坚持做正确的事。只有去做，机会才会降临。

——罗纳德·科恩
英国风险投资家（1945-）

是规划的结果。以3M公司著名的报事贴便条纸为例，发明可重复使用的胶水可以归功为运气，但将发明变成商业上的成功，则要归功为企业的远见。

由于可变因素很多，运气会对新企业的生存起到一定作用。但是，好的计划会减少企业所需要的运气。■

参见：克服创业之初的困难 20~21页，获得优势 32~39页，了解市场 234~241页，预测 278~279页。

拓宽视野，稳步推进

迈出第二步

背景介绍

聚焦
企业扩张

主要事件

1800年 法国棉花制造商让-巴蒂斯特·萨伊（Jean-Baptiste Say）使"企业家"（Entrepreneur）一词得以普及，该词源于法语动词"从事"（to undertake）一词。

1999年 中国商业巨头李嘉诚强调，视野对企业成长有重要作用，他说："拓宽视野，稳步推进。"

2011年 美国科技企业家埃里克·莱斯（Eric Ries）的《精益创业》一书，鼓励新创立的企业有效利用资源，以促进成长。

2011年 在市场相对成熟的国家，活跃的企业家人数增长了约20%，这反映出经济衰退造成的失业率。

纵观商业格局，大型企业似乎占据着主导地位。但现实情况是，小企业在数量上远远超过了大型企业。事实上，大多数企业的发展从未超出企业所有者的范围——它们在创立时规模不大，之后也一直保持着小规模。在美国，99%的企业雇用的员工少于500人。2012年，小企业（员工人数少于49人）将近500万家，而雇用员工人数超过250人的企业只有600家。

有无抱负是决定小企业是否扩张的关键因素。很多小企业的所有者并没有扩张的意愿，他们很满意企业带给他们的生活方式。不过，企业未能发展壮大的最大原因是缺乏资金。企业的扩张需要资金，但对小企业来说，获得资金并非易事。不仅如此，无限责任意味着，企业一旦倒闭，所有者的个人资产（如住房）就会有风险——很多人并不愿意承担这种风险。愿意承担风险是创业精神的重要部分，希望扩张的企业所有者必须迈出充满风险但也是至关重要的第二步。对大多数小企业的所有者而言，这需要雇用非家庭成员、学会必要的领导和管理技巧来扩大企业，管理人员、系统和流程。■

大型企业如参天大树，但大多数企业在创立之初都如小树苗一般。与保持小规模的企业相比，大型企业的不同之处在于愿意承担风险。

参见：克服创业之初的困难 20~21页，风险管理 40~41页，格雷纳曲线 58~61页，谁来承担风险？ 138~145页，小即是美 172~177页。

成就伟业非一日之功

成长的速度

背景介绍

聚焦
企业成长

主要事件

20世纪70年代 麦肯锡咨询公司的咨询师提出了MABA矩阵，它能帮助企业集团决定应该扩张哪些部门，以什么速度扩张。

2001年 欧洲工商管理学院（INSEAD）教授尼尔·丘吉尔（Neil Churchill）和伦敦商学院教授约翰·穆林斯（John Mullins）撰写了《你的公司能成长得多快？》一文，文中提出了内源融资增长率的概念。

2002年 丰田发布了成为全球最大汽车生产商的计划。8年之后，丰田召回了逾八百万辆汽车，并承认公司成长过快。

2012年 爱德华·赫斯（Edward Hess）撰写了《迈向卓越的成长：企业成长的智慧》一书，认为成长即是不断的变革。

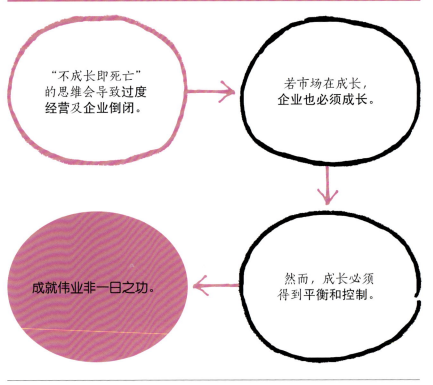

"不成长即死亡"的思维会导致过度经营及企业倒闭。

若市场在成长，企业也必须成长。

然而，成长必须得到平衡和控制。

成就伟业非一日之功。

很多新创立的企业之所以失败，主要是因为它们成长得太快，这或许令人惊讶。成长过快会导致企业为成长过度融资：它们会耗尽企业日常运营所需的资金。对管理者而言，平衡收入与支出，确保企业有足够的资金支付不断上升的成本，是个很大的挑战。

2001年，尼尔·丘吉尔和约翰·穆林斯提出了一个公式，用来计算企业仅凭内部融资进行扩张的速度，即内源融资增长率

参见: 风险管理 40~41页, 运气（以及如何获得好运） 42页, 格雷纳曲线 58~61页, 自大与报应 100~103页, 利润与现金流 152~153页, 小即是美 172~177页, MABA矩阵 192~193页。

（SFG），它能帮助管理者正确平衡资金的产生和消耗。计算SFG需要三个数值：企业得到回款之前，资金被库存占用的时间、筹集每一英镑（或美元）所需的资金、每一英镑（或美元）的销售产生的现金。

可持续成长

若应用得当，SFG公式能决定企业靠自身收益而无须通过外部融资机构的资金来维持成长的增长率。从本质上来看，SFG预测的是可持续的增长率，能帮助企业避免过度经营。丘吉尔和穆林斯认为，若市场的成长速度高于SFG，那么管理者有三种方式来利用成长的机会：加快现金流、降低成本或提高价格。

时尚品牌Superdry是一家年轻的公司，它的成长速度非同寻常。该公司于2004年在英国创立，之后迅速在全球开设了多家新店。2012年，Superdry收到多次预警，很明显，它被自身的"成功"拖累了。批评家认为，Superdry过分关注扩张，忘掉了它的时尚基础，未能按季度推出新产品。销量下滑的原因还包括：供应问题、会计上的错误，以及未能对激烈的竞争做出迅速的反应。Superdry默认了成长过快的事实，并宣布要对开设的新店进行审核。

企业成长专家爱德华·赫斯认为，成长会增加企业的价值，但是不恰当的成长会"对企业文化、控制、流程和人事造成压力，最终毁掉企业的价值，甚至导致企业在成长中死亡"。他认为，成长并不是一次战略，而是一个复杂的变革

旋涡星系不断爆炸，其命运类似于企业扩张过快后的衰落：耗尽所有能量后，它会自我坍缩，并走向衰亡。

过程，这需要正确的思路、步骤，以及有利的环境。■

若成长过快，可赢利的公司也会耗尽资金——哪怕其产品获得了巨大的成功。
——尼尔·丘吉尔和约翰·穆林斯

爱德华·赫斯

爱德华·赫斯先后毕业于佛罗里达大学、弗吉尼亚大学和纽约大学。赫斯的职业生涯始于亚特兰大富田公司，而后，他又在美国多家公司担任高管，其中就包括安达信会计师事务所。

赫斯专注于研究企业成长，值得一提的是，他揭露了"成长总是好的，且总是线性的"这一"神话"的真相。与企业"不成长即死亡"的观点相反，他认为企业更有可能"死于成长"。赫斯撰写了十本著作、逾百篇文章和案例研究报告。他现在是美国弗吉尼亚大学工商管理学教授。

主要作品

2006年 《探寻组织成长》
2010年 《成长的智慧》
2012年 《迈向卓越的成长：企业成长的智慧》

CEO的作用是让人们脱颖而出

从企业家到领导者

背景介绍

聚焦
企业成长

主要事件

1972年 拉里·格雷纳教授指出，企业成长的各个阶段都从危机开始，第一场危机是领导力的危机。

2001年 领导力和变革专家约翰·科特（John Kotter）撰写了名为《领导者应该做什么》的文章，并发表在《哈佛商业评论》上。该文区分了管理者和领导者的角色。

2008年 印度学者巴拉·查克瓦西（Bala Chakravarthy）和挪威经济学家彼得·洛朗（Peter Lorange）撰写《推进再造：企业家型管理者》一文并刊登在《企业战略杂志》上。作者在文中呼吁，要管理企业再造，管理层应具备新一代的创业精神。

随着企业不断成长，企业需要变革。

赋予企业生机需要**创业精神**，但是……

……也需要**管理规程**来支持企业的成长……

……并且，想保持**长期成长**，就需要**领导技能**。

企业创始人必须将单独决策调整为**授权**……

……完成从**企业家**到**领导者**的转变。

在创业的早期阶段，企业家最宝贵的财富是创业精神，即发现机遇的眼光和承担风险的意愿。但是，随着企业不断成长，对企业家的要求便发生了变化。协调企业的成长需要管理技能和企业运营专业知识。有些企业家能够成功变身为领导者，有些却不能。

安永会计师事务所2011年发布的一份报告指出，企业家并不循规蹈矩，他们奋发上进、坚忍顽强、激情四射、专心致志、拥有机会主义者的思维模式。另一些研究表明，企业家特立独行、不惧失

参见： 运气（以及如何获得好运）　42页，格雷纳曲线　58~61页，领导之道　68~69页，有效的领导　78~79页，培养情商　110~111页，明茨伯格的管理角色论　112~113页，价值链　216~217页。

败、被成功的激情所驱使。虽然这些发现有一些共通点，但它们都没有提到好的领导者和管理者应具备的特征：对细节的洞察力、组织能力、沟通能力、情商及授权能力。印度高管维尼特·纳亚尔（Vineet Noyar）建议，有效的领导应鼓励企业内部人士认识到他们的潜力并脱颖而出。

完成转变

加拿大商学大师亨利·明茨伯格提出，管理可以分为三类：按照信息管理、按照人员管理、按照行动管理。很多企业家很难按照信息管理——他们通常缺乏技巧，没办法像大型企业那样建立起系统和通信网络。

企业家斯泰利奥斯·哈吉-伊奥安努（Stelios Haji-Ioannou）出生在塞浦路斯，他是easy-Group的创始人，以不安于现状著称。1998年，easyGroup创立了廉价航空公司易捷（easyJet）。现在，该集团已拥有二十多家易式企业，采用的都是类似的低成本经营模式。虽然哈吉-伊奥安努表现出了战略上的天赋和细节上的眼光，但是，人们批评他缺乏领导能力，缺乏微观管理能力，缺乏授权和放手让有才能的人管理的能力。

美国的拉里·格雷纳教授认为，缺乏领导力——企业的创始人从企业家转变为领导者的能力，是企业成长过程中面临的主要危机。格雷纳提出，企业要成长，通常需要雇用职业经理人来帮助企业了解金融市场和银行等的要求，更重要的是，他们拥有管理复杂组织所需的领导技能。虽然企业家的创意很多，但是，将创意转变成成功的企业，需要管理方面的训练；使新企业超越创业精神的本源，需要领导技巧。

新创立的企业需要企业家的灵光一现，但是，企业的成长需要另一套技巧：企业家必须从单个决策者转变为一名训练有素的管理者、一名成功的领导者。不能完成转变的企业家应当让位，让专业人士接手。当然，这说起来容易做起来难。■

> 领导力的作用是产生更多的领导者，而不是更多的追随者。
> ——拉尔夫·纳德（1934-）
> 美国政治活动家

张茵

张茵是中国企业家、废纸回收巨头，她于1957年出生在中国广东。张茵意识到，中国的出口行业缺少纸质包装材料，因此，她于1985年在香港开设了一家纸制品贸易公司。

张茵从企业家迅速蜕变为知名企业的领导者。1990年，她移居洛杉矶，并在那里创办了美国中南公司。中南公司迅速成为美国纸制品出口的领军企业。1995年，张茵返回香港，与丈夫和弟弟一同创办了玖龙纸业。玖龙纸业后来成了全球最大的包装纸制造商。

2006年，在《胡润百富》杂志"百富榜"的排名中，张茵位列榜首，她也是第一位位列"百富榜"榜首的女性。2007年，张茵获得了安永会计师事务所颁发的"2007年度安永企业家奖"。

习惯的枷锁轻而不觉，待觉察时已重而难破

商业实践应不断演进

背景介绍

聚焦
中层管理

主要事件

1850年之前 小型家族企业在商业格局中占据主导地位。

19世纪五六十年代 铁路系统的扩张和工业新技术的出现，为家族企业创造了广阔的前景。

自19世纪80年代起 随着企业规模的扩大，管理的重要性与日俱增，家族企业开始雇用职业经理人。

1982年 英国经济学家诺曼·麦克雷（Norman Macrae）预测了"内部创业者"（Intrapreneurs）即具有企业家思维的管理者的未来发展趋势。

人力对于企业组织而言非常重要。不论单个企业家的创业精神，还是上万名员工的努力，建功立业都需要人力。但是，若没有管理者的促成，努力和创业精神毫无作用。组织流程的创造、执行和管理将个体的努力塑造成了一个连贯的整体——随着企业不断发展，管理层的经验对重新定义组织流程起到了重要作用。

管理层的经验既可以解放企业，也可以奴役企业。经验会被习惯的舒适性迅速打败，在越发动荡的市场上，习惯很容易导致

参见: 克服创业之初的困难 20~21页，迈出第二步 43页，改变与改造 52~57页，格雷纳曲线 58~61页，创业之初轻轻松松 62~63页，提防好好先生 74~75页，能力成熟度模型 218~219页。

> 改进产品质量的关键是企业组织的结构，而不仅仅是雇员。

——威廉·爱德华兹·戴明 (1900—1993)
美国商学教授

停滞。美国投资家沃伦·巴菲特（Warren Buffet）曾发出警告，管理层面临的危险是："习惯的枷锁轻而不觉，待觉察时已重而难破"。

中层管理

1977年，商业史学家阿尔弗雷德·钱德勒在其著作《看得见的手》中强调了中层管理的重要性。该书名是对亚当·斯密（Adam Smith）"看不见的手"这一隐喻的戏谑，而"看不见的手"指的是市场的自我调节作用。钱德勒注意到，1850年之前，家族企业在美国商业格局中占据主导地位，这些企业的通信网络十分糟糕，招募受过教育的员工的途径受限。企业只能雇用能够接受教育和训练、值得信赖的家人和朋友来打理生意，很少扩展到亲友圈之外。

不过，19世纪50年代，随着

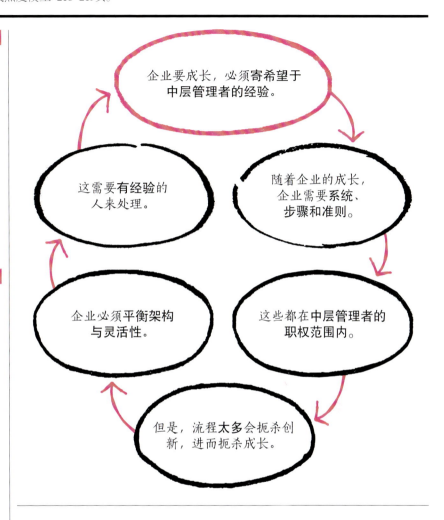

全国铁路网的扩张，企业管理的图景发生了变化。交通和通信的改进使企业突破了亲友圈，扩展到了更远的地方。企业要在新环境下壮大起来，需要更严谨的流程和架构。地理区域和企业规模的不断扩大需要新层次的协作与沟通。企业已过于庞大，凭一己之力已难以管理，于是需要一个团队的监督，这标志着职业经理人的出现和兴起。20世纪早期出现了标准化和大规模生

产，管理层的职能随之扩大，商业活动也越来越全球化。标准化则使管理学成了一门科学，管理者则成了企业组织这台机器上的一颗螺丝钉。

赋能者和企业

2007年，《哈佛管理评论》发表了美国商人迈克尔·哈默（Michael Hammer）的文章《流程审计》。在文中，哈默将管理科

学（其本质是商业流程的管理）概括为两个因素：驱动力（Enablers）和企业能力（Enterprise Capabilities）。企业能力源于高层管理，它包括文化、严密的治理机制以及战略眼光。驱动力则源于中层管理，包括设计、基础架构、流程、行为准则、责任和绩效管理。驱动力将想象变成了现实。

实现想象

哈默认为，让企业成长的强烈愿望或许源于董事会，但使愿望变成现实的则是企业的基础架构——它由中层管理者设计并实施。没有基础架构的想象，只是空想而已——它无法变成现实。对于正在成长的企业，其领导者应该了解，不论他们有多大的抱负，企业成长的一砖一瓦都是由中层管理者砌下的。

以日本酿酒公司朝日啤酒为例，该公司的一个中层管理者团队开发出了超爽啤酒（Super Dry Beer）。

超爽啤酒在日本的干啤市场上风靡一时，并因此提高了朝日啤酒的市场份额。类似的是，摩托罗拉的一个中层管理团队在不到一年的时间内（通常需要两年）成功地为客户开发出了一套新的无线数字系统，他们也因此受到了赞誉。

中层管理者处在领导者和员工之间，充当着"通信管道"。通过他们，领导者可以随时了解日常经营、人员问题。由朝日啤酒和摩托罗拉的例子可见，中层管理者通常会提出想法，并在实践中实现想法。中层管理者还提高了管理效率：中层管理者及其引入的流程降低了成本，提高了质量、速度，增强了可靠性。

让企业成长

随着企业的发展，为企业赋能的管理流程也在发展。企业在成长的最初阶段依靠的是个人的创业精神。但是，要将临时的实践变为可持续的增长，企业需要吸取经验

> 中层管理作为一项技术，使得企业组织拥有了现在的面貌。
>
> ——阿尔弗雷德·钱德勒（1918–2007）
> 美国商业史学家

教训。而管理科学的本质是将经验转化成可重复的可靠流程——将当下的问题变成今后的流程和未来的本领。

流程是管理的"原料"。要维持秩序，商业流程必不可少；流程是企业的基础架构，企业围绕流程运转，正如国家的铁路系统围绕与之对应的规则展开一样。随着企业从一家门店变为一系列连锁店，从拥有一名员工到拥有多名员工，从国内企业发展为跨国企业，商业

凯茜·琦丝敦

凯茜·琦丝敦（Cath Kidston）是英国时尚设计师、作家和企业家。她出生于1958年，曾在英国多所寄宿学校就读，并在18岁时移居伦敦。

琦丝敦曾在一家商店担任店员，后来，她与一名朋友在伦敦的国王街开设了一家复古窗帘店。1992年，她出售了这家经营五年的店铺。一年后，她开设了一家出售复古家居用品、墙纸和布料的商店。由于手头只有1.5万英镑，琦丝敦必须仔细挑选货品，将自有的

布料与墙纸同从旧货摊上买来的物件和产自东欧的布料混搭在一起。从欧洲订购的方格布被制成了羽绒被和枕头，而不是棉布床单。琦丝敦意识到，她需要即兴创作，于是她"剪碎布料并将其制成别的物件"。她保留了一些床用织物，并将其他的物件改制成了别的产品，如洗衣袋。凯茜·琦丝敦品牌就此诞生。

实践也必须发展。英国零售商凯茜·琦丝敦的发展就源于基础架构的发展和中层管理的强大。1993年，琦丝敦仅有一家门店，到2013年，它已在全球拥有了120多家分店和特许经营店。琦丝敦旗下的商店遍布欧洲和亚洲，并计划向北美洲扩张。琦丝敦以其复古的布料、墙纸和色彩明艳的废旧家具而著称。与很多单一创始人创立的新企业一样，琦丝敦最初的成长非常缓慢。一开始，公司每月的账目要花几个星期才能整理好，IT系统之间的冲突曾导致现金流预测和供应链管理出现差错。琦丝敦创立9年后才开设了第二家门店，又过了两年，才开设了第三家门店。

2010年，美国一家私人控股集团通过股权收购，拥有了琦丝敦的部分股权，琦丝敦本人则保留了20%左右的股权。随着企业不断扩张，公司由临时流程转向了更有计划的方法。琦丝敦聘请了专业管理者和咨询师来帮助公司。公司也增加了设计、采购和销售等新部门，引入了管理体系。最重要的是，中层管理者获得了开设与经营新店的经验。公司将早期错误的教训融入流程和政策中，有经验可依，新店的开设变得越来越容易了。

过度与习惯

流程和层级（如果过度的话）的危险是，它们把企业组织控制得太死。行为准则和官僚主义会令人意志消沉，会扼杀创新、阻碍成长。随着市场和技术的发展，

迈克尔·哈默在对管理科学的分析中认为，驱动力属于中层管理者的权责范畴。若能有效实施并保持下去，驱动力就能够促进企业成长，将领导者的梦想变成现实。

流程绝不能让管理者认不清机会，管理体系也绝不能限制战略的敏捷性。例如在整个20世纪90年代，摩托罗拉一直在为卫星技术投资，甚至在竞争者转向更廉价、更有效的地面基站后仍旧如此。

习惯会扭曲逻辑。瑞士保险公司泰科国际（Tyco International）的前CEO丹尼斯·科兹洛夫斯就是如此。他声称要遵守伦理行为，但其实际作为却与他的说辞背道而驰——2005年，科兹洛夫斯因公司欺诈而被定罪。习惯还会导致自大。1994年，时任三星集团会长的李健熙受到了电子产品良好业绩的鼓舞，认为采用同样的方法会在汽车市场上取得成功。但是，三星的汽车业务开展得并不顺利。2000年，雷诺拯救了三星汽车。雷诺的管理者拥有的经验（和习惯）帮助雷诺三星汽车公司在韩国汽车市场上赢得了一席之地。

企业领导者若不理会中层管理者和流程的价值，就会自食其果。中层管理者能将领导者的梦想变为现实，没有他们，很多企业会像铁路大发展之前的企业一样，注定只能由家族经营，保持较小的规模，局限在本地。而管理科学则使企业不断发展壮大。■

若你无法用流程描述正在做的事，那么你并不清楚你在做什么。
——威廉·爱德华兹·戴明

公司是鲜活的有机体；它必须不断推陈出新

改变与改造

背景介绍

聚焦
流程和产品

主要事件

1962年 美国的埃弗里特·罗杰斯（Everett Rogers）教授撰写了《创新的扩散》一书，指出创新会沿着社会体系流动。

1983年 美国商业咨询师朱利安·菲利普斯（Julien Phillips）在《人力资源管理》期刊上发表了首个变革管理模型。

1985年 在《创新与企业家精神》一书中，彼得·德鲁克认为，管理变革的最佳做法是"不断寻找变革，对变革做出响应并利用变革"。

1993年 美国变革专家达里尔·康纳（Daryl Conner）用"燃烧的平台"来描述企业墨守成规的高昂代价。

人类是有机体，会不断成长、变化并适应环境，而成功的企业也一样。1970年，美国未来学家阿尔文·托夫勒（Alvin Toffler）出版了《未来的冲击》一书。书中预测，"短时间内出现大量变化"的现象即将到来。托夫勒认为，变革的步伐会扩散到商业之中，这将迫使企业改变产品和流程，从而在竞争越发激烈的市场中保持优势。

托夫勒认为，技术的快速变化会产生影响。但在当时，人们认为他的观点太牵强附会了。然而，随着个人计算机和互联网的出现，变革的速度之快甚至超出了托夫勒的预期。托夫勒先知先觉地认为，人们将处于一种"高度短暂"的状态，花在创意、组织甚至关系上的时间会不断缩短。社交媒体网站见证了这一思想的实现，它们为人际交往的新模式提供了平台；它们还展示了创立企业、发展企业、建设

> 重塑日常生活，意味着冲出现实的边界。
> ——鲍勃·布莱克（Bob Black）
> 美国活动家（1951–）

企业的新方法。1989年，美国计算机学家阿兰·凯认为，一项创新从实验室走入日常生活需要10年。但到2006年，Twitter将这一时间缩短到了4年。现在，人们可以在网络上购买不同地方的产品，来自世界各地的客户可以立即发表评论。企业面临着改变和改造的巨大挑战。

产品和流程

20世纪60年代以来，个人和

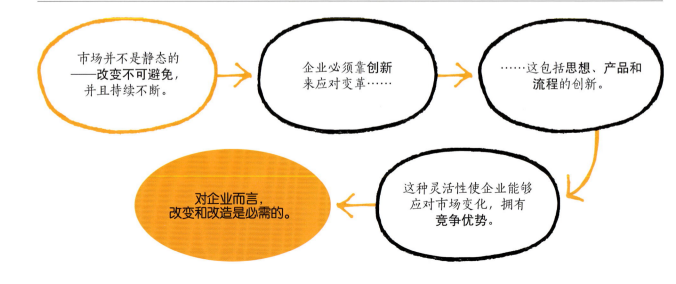

市场并不是静态的——改变不可避免，并且持续不断。

企业必须靠**创新**来应对变革……

……这包括思想、**产品和流程**的创新。

这种灵活性使企业能够应对市场变化，拥有**竞争优势**。

对企业而言，改变和改造是必需的。

参见： 获得优势 32~39页，商业实践应不断演进 48~51页，创造力与发明 72~73页，摆脱思维的条条框框 88~89页，改变游戏规则 92~99页，避免自满 194~201页。

企业的面貌都发生了翻天覆地的变化，没有哪个行业或企业能够逃脱这种变化。以唱片和电影行业为例，新技术迅速、彻底地改变了唱片和电影的消费方式。大型电影公司和唱片公司（及与之相关的供应商和生产商）要生存下去，需要较高层次的改变和改造。

改造的形式有两种：新产品和新流程。产品的改造包括产品更新和重新设计——其本质是创新和发明。从技术（从加入声音到创造"不可能"的电脑图像）、营销手段（如月卡）的改进和多厅影院的增长，到观影者人数的增加、周转时间的缩短，电影行业进行了多次自我改造。3D电影是较新的产品，其目的是防止观影者进行非法下载，同时吸引他们回到影院观影——这本身就是对旧想法的改造。

21世纪初，由于CD销量下滑，唱片业同样陷入了挣扎中。唱片公司开始重新关注现场音乐和产品。不过，数字化（如苹果公司的iPod和iTunes）让唱片业和电影业双双起死回生。将产品和流程（如苹果公司的硬件和软件）相结合的做法颇具革命性——这使得合法下载音乐和电影比非法下载更具吸引力。在2013年，苹果公司的iTunes提供了119个国家的6万部电影、3500万首歌曲。

创新的办法

改变流程需要找到新方法，这需要增加或者删除一些流程。Neflix等电影发行企业不断受到在线销售、非法流量窃取的竞争。因此Neflix推出了电视剧《纸牌屋》，且其全部剧集可供同时下载。这样做的道理是，若人们能够一次性合法购买所有剧集，盗版的风险就会大大降低。

对于Netflix来说，这种大胆的战略不仅仅是个全新的流程，它还反映了公司对整个商业模式的改造。2012年，Netflix处于快速增长阶段，其主营业务是在线流媒体服务。不过，为了推出《纸牌屋》，Netflix开始涉足影视制作。Netflix依靠制作和分销，加强了对节目内容的控制，获得了更多的利润。Netflix并不知道《纸牌屋》能否成功，但它非常清楚，要保持住早期的增长势头，必须对业

> **卓越的企业并不相信卓越——而是相信持久的改进和持久的变革。**
> ——汤姆·彼得斯（Tom Peters）
> 美国商业专家（1942–）

在唱片行业，产品改造表现为稳步使用新技术——唱片企业为了拓展市场，使用的载体从留声机、黑胶唱片、卡带、CD和MD，发展到了MP3数字音乐播放器。

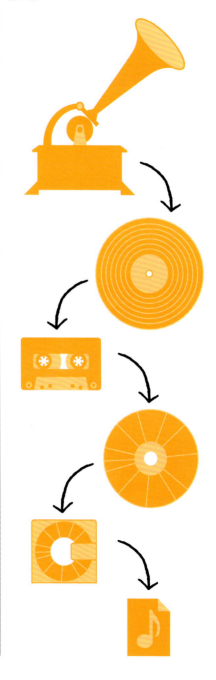

务进行改变和改造——这里的改造指的是担任电视制作人和分销商。

内部变革

企业可以从内部系统、反复出现的任务和经营活动入手进行改变和改造。这类改变和改造的依据可以是正式的流程改进框架（如全面质量管理，TQM），也可以是管理者的经验和直觉。无论如何，内部流程的改进都能使企业在降低成本的同时获得最大的利润。

麦当劳的员工只需要21秒就能做好快餐卷——准备的时间越短，就能以更少的员工服务更多的客户。马丁靴的制造商R Griggs则通过内部体系的重塑，使企业抓住了全球的销售机遇。1994年，马丁靴的风靡导致需求超出了公司的生产能力。糟糕的计划和协调

马丁靴在短短几年内就从一件利基产品变成了全球广受欢迎的产品。R Griggs是马丁靴的制造商，为了满足需求，它对流程进行了改造。

导致生产延迟、销售量受损。为了解决这些问题，公司采用了一套整合的IT系统来重塑内部体系。虽然马丁靴的系列产品随后融入了新的设计式样，但产品本身——经典的"1460"八孔皮靴——并没有改变。内部流程的改进是变革的关键，它确保了供给能够跟得上需求。

在萧条中改变

在需求停滞或需求减少的市场上，内部流程的改进更为重要。获得利润的关键是经营效率的提高，而不是利润的增长。例如，对保险公司而言，新产品的改造余地有限，企业需要靠价格进行竞争——特别是在经济萧条时期，客户对价格尤为敏感。保持利润、维持价格的关键是不断地改进流程，以更低廉的价格为客户奉上同样的产品，从而使利润增长。逐门逐户推销保险，早已被电视销售和电子商务所取代。

改造企业

三星电子是企业自我改造的一个成功范例。三星电子成立于1969年，是三星集团的子公司，其建立的目的是发掘新兴科技产业的机遇。三星电子从生产黑白电视机起步，20世纪70年代转入家用电器的生产，20世纪80年代又将生产扩展到个人计算机和半导体领域。

1986年，三星电子发布了第一款车载电话SC-100。这款产品

变革的启动者能够得到好的机遇，管理不可避免的变革。

——威廉·波拉德
美国商人（1938–）

可以说是一场灾难——由于质量太差，产品遭到了大量客户的投诉。质量不佳的名声使三星电子在早期备受打击。客户认为三星电子的产品不如优质的日本产品。

1993年6月7日，时任三星集团会长的李健熙召集高管，宣布三星电子需要自我改造。李健熙的格言"改换一切，只留妻儿"体现了他的严肃态度。李健熙认识到了市场的变化，他告诫同事，三星电子要"在1994年生产出堪比摩托罗拉的移动电话……否则三星电子将拆分移动电话业务"。有了产品和流程创新的支持，"新式管理"的首创精神应运而生，它对品质和创新的重视使三星电子获得了今天的声誉，并为三星电子未来的增长奠定了基础。然而，三星电子的转变并未完成——20世纪90年代末的亚洲金融危机迫使三星电子再次进行自我改造。这样的改造使三星电子变成了一个更关注市场、对客户更为

流程演变会产生新的工作，也会导致旧的工作消失。老式电话系统的人工总台很快就被便捷的自动交换机替代了。

友好的品牌。从这时起，三星电子的努力一直建立在不断淘汰、改变和改造的基础上。

长期生存

很少有企业能够不改变、不改造就生存下来。家乐氏玉米片、亨氏焗豆这类几十年都没有变化的产品并不多见。哪怕产品没有变化，产品制造、分销、营销的很多流程也发生了翻天覆地的变化。今天的企业与一百年甚至五十年前的企业已经大为不同，现在很多任务都已自动化，由电脑和机器人来完成。为了适应全球化市场和客户偏好的变化，促销手段也发生了变化。哪怕是知名品牌，也不能逃避改造。

真正成功的商业转变少之又少，因为这需要找到大胆的新创意、新技术和新产品，并将之商业化。成功的企业知道，改造是个持续的过程。例如，社交媒体就引发了一场市场变革，所有类型的企业都必须适应这种变化。现在，连唱片公司也认识到了YouTube这类网站的价值。

企业所处的生态系统很少会停滞不前。在这样的生态系统中，公司好比鲜活的有机体，它们必须适应环境才能生存下去。伟大的领导者明白，不做改变，就会灭亡。■

李健熙

李健熙曾是三星集团的会长。他出生于1942年1月9日，拥有日本东京早稻田大学的经济学学位，以及美国乔治·华盛顿大学的MBA学位。1968年，李健熙加入了三星集团，1987年1月，他接任了其父亲的总裁一职。

在李健熙的领导下，三星从一个韩国廉价品牌变身为国际主流品牌，并与索尼一同跻身全球享有盛名的亚洲企业之列。三星集团最负盛名的子公司当属三星电子，它是半导体、电视屏幕和移动电话的主要开发商——在很多国家，三星智能机的销量甚至超过了iPhone的销量。

在2013年《福布斯》富豪榜中，李健熙位列全球千亿富豪榜的第69位，他也是韩国最富有的人士。

若成长与进步不能持久，则成功毫无意义

格雷纳曲线

背景介绍

聚焦
企业成长

主要事件

1972年 拉里·格雷纳在《组织成长的演变与变革》一文中概括了企业成长的五个阶段以及相应的危机。

1983年 马其顿商业专家伊查克·爱迪思（Ichak Adizes）撰写了《企业的生命周期》一书。爱迪思用五条曲线描述了公司的成长。

1994年 戴维·斯托里（David Storey）教授认为，各种阶段模型都有局限性。他建议从企业类型的角度来审视企业成长，这些类型包括：失败者（Failures）、慢动者（Trundlers）和飞行者（Flyers）。

1998年 格雷纳在其1972年论文的重印版中更新了他的理论，在格雷纳曲线中加入了第六个阶段。

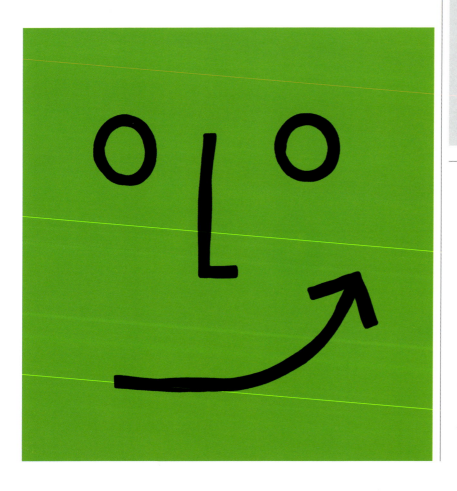

新创立的企业不仅为企业家提供了财务奖励，还提供了令其兴奋的工作场所。混乱、持续变化、不断演变的政策和程序以及所需的大量工作使环境充满了能量、主动性和创意。但是，企业的成长给人员、系统造成的压力也会越来越大，最初的兴奋也会变成挫败。

混乱期通常发生在企业创立的早期阶段。新企业在走向成熟的过程中会经历各种概念上的门槛。1972年，拉里·格雷纳用一张图表示了这些门槛，并将之称为

参见： 克服创业之初的困难 20~21页，迈出第二步 43页，成长的速度 44~45页，从企业家到领导者 46~47页，商业实践应不断演进 48~51页，创业之初轻轻松松 62~63页。

新成立的企业是个**令人兴奋的工作场所**……

……但是成长带来的**危机是不可避免的**。

这些危机是**可以预测的**，并且**可以使用**格雷纳曲线来管理。

"成长的危机"，这便是后来的格雷纳曲线。格雷纳注意到，企业迈入成长阶段后会遇到不可避免的危机。要保持增长的势头，企业需要进行较大的变革。

成长的阶段

最初的格雷纳曲线包含五个成长阶段，后来又加入了第六个阶段。第一个阶段是"通过创新成长"。在这个阶段，企业的规模较小，刺激企业成长的是创始人的热情。管理过程、沟通甚至与客户的互动通常都是非正式的、自发的。随着新员工的加入、生产的扩张、

企业需要更多的资本（可能来自银行或风险资本家），对正式体系和步骤也有了更多的需求。创始人——很可能以技术或企业家精神为导向——会发现，他们面临着第一场危机，而且随着管理责任的加重，他们已经无力处理危机。因此，第一场危机是领导力的危机：谁能引导企业走出混乱局面，解决新出现的管理问题？

第二个阶段需要领导力的变革，或许这只需要对企业内部进行重组或改换风格，放弃企业早期的随意行为，采用更正式、更严格的制度和程序。但在很多情况下，最

初的创始人既没有能力，也没有意愿担任更正式的领导职务。2002年，厨师杰米·奥利弗创立了名为"十五"（Fifteen）的连锁餐厅，这家餐厅还为经济不宽裕的年轻人提供培训机会。随着连锁餐厅的发展，奥利弗将管理工作交给了一名CEO，而他自己又做回了他最擅长的工作：当一名在商业上获得成功的知名厨师。

在职业经理人的管理下，企业的架构、预算更加正式，独立的职能部门也建立起来（如生产和销售部门），企业便在这种环境下继续成长。这是成长的第二个阶段，

格雷纳曲线显示了企业成长的六个阶段。

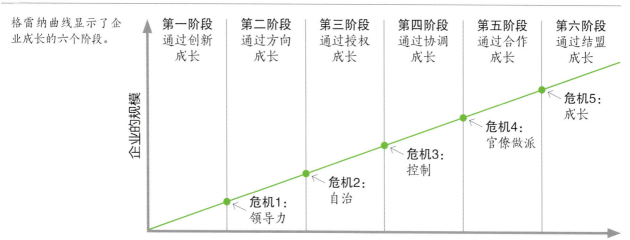

即"通过方向成长"。新加入的管理者负责把握方向，中层管理者或创始人则表现得更像是职能专家。但过不了多久，他们就会要求更大的决策自由，从而引发第二场危机：自治危机。解决自治危机，需要将中层管理者从官僚做派中解放出来，允许企业"通过授权成长"，即成长的第三阶段。高级管理者脱离了日常事务的束缚，就能将注意力转移到战略和长期成长上。

保持小规模还是成长？

在这个阶段，企业面临的或许是最严重的危机：控制危机。创始人或管理者会发现，放弃决策责任并不容易，即便是把责任交给可以信赖的董事会。如果出现这种情况，创始人可能会选择保持小规模——实质是限制企业成长，让企业留在他们的掌控范围内。

这样的决定值得称赞，并不是所有企业都可以走向世界、所向披靡的。事实上，中小型企业在商

> 可以退而求安，也可进而求长。
>
> ——亚伯拉罕·马斯洛
> 美国心理学家（1908—1970）

业格局中占据着主导地位。一些企业家创办小企业正是为了逃避公司制带来的压力、斗争和办公室炼狱。对他们而言，在这一阶段限制企业的成长是有意义的。

另一些企业家——如维珍集团的创始人理查德·布兰森，则对企业发展的早期阶段兴奋不已。但是，随着官僚式要求的增多，他开始感到厌倦。布兰森习惯在企业的初创阶段进行引导，然后再把企业交给职业经理人，从而使他可以

转向更令人激动的新项目。保持小规模并不代表企业不会遇到危机。所有企业，无论规模大小，无论是否有成长的抱负，都会面临不确定性和挑战。不过，保持小规模确实意味着企业能够避免下一个阶段："通过协调成长"。

在第四阶段，集权式管理十分常见。此时，企业的规模相对较大，且一般由总部控制。企业会指派管理过多元化大型企业的高管，也会引入标准的管理流程。

然而，引入标准的政策最终会引发下一场危机：官僚做派，即不断增多的官僚做派会阻碍经营，扼制企业的成长。

向非正式回归

第五个阶段是"通过合作成长"。自相矛盾的是，这要求企业回归创立之初的灵活机动。为了重新捕捉初创企业的协作特质，企业会引入自发性更高、鼓励团队合作的体系以及矩阵（网络）式的架构——换句话说，企业需要重新尝试精简、有创造力的经营模式。

一旦达到这个目标，接下来的一场危机就会与内部增长的极限息息相关。在股东要求不断提高收益的压力下，企业要进一步成长，就必须与互补企业进行合作。到第六阶段，企业的规模已经不小了，甚至可以说很庞大了。"通过结盟成长"意味着要靠并购、外包或合资来成长——企业应把目光放到自身能力和核心市场力之外，去寻求外部的成长。

拉里·格雷纳

拉里·格雷纳是美国南加州大学的管理学和组织学教授。他拥有堪萨斯大学文学学士学位以及哈佛商学院的MBA及博士学位。

格雷纳发表了多篇关于企业组织的成长与发展、管理咨询、战略变革等的论著。1972年，他发表了论文《组织成长的演变与变革》，这篇文章也一直被奉为经典。格雷纳还在美国和全球的多家公司及政府部门担任咨询师，他任职的公司包括可口可乐、默克集团、安盛咨询公司、时代镜报等。

主要作品

1972年 《组织成长的演变与变革》
1989年 《权力与组织发展》
1999年 《跨行业新任CEO与战略变革》

丹尼尔·埃克（Daniel Ek）是声破天（Spotify）的CEO，他与联合创始人马丁·罗伦松一起创办了这家规模庞大却又不失灵活性的企业。声破天的工作任务由小组完成，并且受到部落的监督，从而避免了格雷纳提出的成长问题。

有关联的小组被归并为部落。部落的功能是为各个小组的活动提供支持，本质上是在模仿风险资本家在孵化新企业时起到的作用。为了保持经营的小规模和灵活性，每个部落的人员不得超过100人。

声破天在成长的好处和新企业的兴奋感之间保持了平衡。不过，其创始人承认，这个体系并不是无懈可击的。随着企业整体战略的发展，即使是声破天，也无法逃脱格雷纳曲线所预测的成长危机。■

在格雷纳曲线的各个阶段，不同企业的实际增长率——按客户数量、收益或利润来计算——会发生变化。对于Facebook这样的企业，当面临授权危机、控制危机时，它们的规模已经相当庞大了。而其他企业在很多年里都会保持小规模，甚至不会跨越领导力危机的阶段。

使用格雷纳曲线

格雷纳曲线可以帮助企业创始人预测并管理不可避免的成长危机。企业家在享受令人陶醉的早期成长岁月的同时，也需要留意企业进一步发展所需的条件。企业家应尽快设置好企业架构，尽早引入正式体系和专业管理。正式体系和专业管理引入得越早，企业受到的憎恶和抵触就越少，持续增长的基础也就越牢固。就这点来说，格雷纳曲线上的各个危机可被视为自然的转变。企业必须不断定义并重新

界定经营的范围、企业的价值、整体的意图，才能克服转变和成长带来的苦痛。正如本杰明·富兰克林（Benjamin Franklin）所说："没有持续的成长和进步，改进、成就和成功这些词就毫无意义。"

大而灵活

声破天（Spotify）是一家互联网音乐流媒体服务提供商，它似乎领悟到了格雷纳曲线的真谛。声破天创立于2008年，其创始人是瑞典人丹尼尔·埃克和马丁·罗伦松。二人在企业创建之初就很清楚，他们的目标就是成长。

声破天的工作围绕着项目团队展开，这些团队被称作小组。公司是若干个小组的集合，每个小组都像新企业一样，完全自治，它们直接接触股东，并不怎么依赖其他小组。

为了应对成长中的各种危机（如自治危机和官僚做派危机），

一切成长都依赖于行动。不努力就无法获得生理或智力上的发展，而努力意味着工作。

——卡尔文·柯立芝
（Calvin Coolidge）
美国前总统（1872-1933）

若对某事深信不疑，定能不舍昼夜地工作，并且毫无工作之感

创业之初轻轻松松

背景介绍

聚焦
新创立的企业

主要事件

1923年 沃尔特·迪士尼在叔叔罗伯特的车库里开始了专业卡通的创作。

1976年 史蒂夫·乔布斯在父母的空房间里制造了最初的五十台苹果电脑。几个月之后，他将苹果电脑的生产地转移到了父母的车库里。

1978年 在印度的班加罗尔，酿酒大师基兰·玛朱达-肖在她租住房子的车库里建立了生物科技公司Biocon。

2004年 凯文·罗斯（Kevin Ross）辞去电视台的工作，创建了新闻聚合网站Digg，该网站的"办公室"就是罗斯的卧室。创建一个月后，该网站在高峰期吸引的用户便多达3800万人。

很多新创立的企业需要的是**技能**，而不是资本。

↓

对于"无足轻重"的新企业而言，带来风险的是**时间**，而不是金钱。

↓

最初的工作可以在**周末和晚上**完成，而且……

↓

……如果对正在做的事情深信不疑，就不会觉得这是工作。

创立企业需要近乎无穷的精力、坚定不移的信念，以及应对风险的韧劲。不过，互联网的商业潜力使越来越多"无足轻重"的新企业实现了腾飞。这些企业拥有的资金不多，但有很高的个人技能，其创始人肯花时间将创意变为现实。

新创立的企业要取得成功，个人的激情是关键因素。互联网企业Digg、Revision3和Milk的创始人凯文·罗斯说："若对某事深信不疑，定能不舍昼夜地工作，并且毫无工作之感。"即使是雀巢、西门子这样的国际品牌，也是在一小群人的梦想和抱负中发展起来的。这些企业家敢于面对创业的风险，是因为他们对自己的梦想深信不疑，他们有动力去实现梦想，哪怕时间长、压力大，哪怕会遭遇一连串大大小小的失败。如果人们做的是他们喜欢的事，这些风险都会被迅速遗忘。

一般来说，时间和资金是企业面临的主要壁垒。出身普通的企

参见：克服创业之初的困难 20~21页，运气（以及如何获得好运） 42页，格雷纳曲线 58~61页，改变游戏规则 92~99页，小即是美 172~177页。

惠普诞生在戴维·帕卡德（Dave Packard）的车库里。1987年，这间车库被命名为"硅谷诞生地"，成为加利福尼亚州的地标。

业家通常需要一份全职工作，以保证自身及家人的生活开销。在20世纪，若没有足够的资金，很少有人能够冒险创业。但是今天，创业变得更容易了。

小微企业家

21世纪的头5年里出现了小微企业家这一概念。小微企业家指的是用业余时间经营小企业的个人。这一概念的流行与电子商务的兴起几乎同步。而电子商务使发布商业网站、在晚间和周末管理网站成为可能。有了销售平台，如eBay和淘宝，人们无须自建网站和支付系统，创业变得易如反掌。

小微企业家出售的产品各式各样，从自制的时尚物品到古董和二手电子产品，除了花费时间，几乎没有任何风险——他们愿意承担多少风险，就付出多少资本。小微企业家的技能在于发现合适的机会。只要时间、意愿允许，企业可大可小。

对他们来说，精益创业之路已经被很多人践行过了。大型企业，如惠普和Biocon，都在创始人的车库里迈出了第一步。激情再一次成了关键。由于资金有限，企业的主要器材或是找人要来的，或是借来的；朋友和家人充当了（免费的）劳动力；睡眠时间被牺牲掉了；时间、技能和韧劲是企业的主要资源。

然而，创业的道路并不平坦，困难面前需要执着。杰夫·贝佐斯警告说："创新需要长时间忍受误解。" ■

惠普

1913年出生的比尔·休利特和1912年出生的戴维·帕卡德是密友，二人都毕业于斯坦福大学的电气工程专业。帕卡德婚后与妻子搬到了加利福尼亚州帕罗奥图市的一套公寓中，而休利特则在附近空地上的棚屋里安顿下来。公寓附带的一间车库变成了一个技术含量很低的车间。从1938年到1939年，这间车库既是家，也是智库、实验室、办公室和生产部门。在这里，休利特和帕卡德开发出了200A和200B音频振荡器，这是惠普的首批产品。

惠普被认为是第一家设立在车库中的美国科技企业。休利特和帕卡德在创办惠普时的投资仅为538美元。而现在，惠普已成为世界上规模最大的科技企业之一。2012年，惠普的销售额超过了270亿美元。而这间车库作为历史的一个里程碑，被《美国国家史迹名录》所收录。

你必须相信自己，要明白，在最糟的情况下，即使进展不顺，你也做了一件很酷的事情。

——凯文·罗斯

LIGHTING THE FIRE

LEADERSHIP AND HUMAN RESOURCES

引火

领导力和人力资源

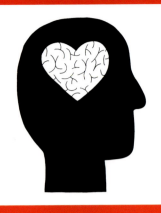

若没有领导者，新创立的小企业就不可能成长为大型跨国企业。领导者对企业充满激情，对员工鼓舞有加。驾驭人，是领导一家企业的本质。

最流行的一则商业格言说："一切商业问题都是人力问题。"管理人员并不容易。每个企业都是人的集合，每个人都有自己的理念、动力、优势和劣势。有效的领导能够包容这些差异，创造出一种文化，使每个人的才智都得到充分发挥。换言之，领导力即是挖掘他人潜力的能力。领导力也是想象未来、决定战略方向、使企业和员工为特定的愿景而努力的能力。

领导者和管理者

如史蒂夫·乔布斯所言，优秀的领导者能够"改变世界"。领导者不拘泥于传统，他们能突破思维的条条框框，采纳对其有利的奇思妙想，随心所欲地打破现状。在竞争白热化的今天，人们所称颂的领导者不仅要想得更远，表现得更聪明，比竞争对手更强，还要打破整个行业的格局，改变游戏的规则。

但是，凭一己之力获得成功的领导者并不多。领导者依赖于管理者。领导力关乎眼界，而管理则关乎流程、计划、预算、架构和人员安排——这些工作能帮助企业运转下去。1975年，亨利·明茨伯格在《管理者的工作》一文中提出了三大类管理角色：信息类（按照信息管理）、人际类（按照人员管理）和决策类（按照行动管理）。

值得一提的是，明茨伯格注意到，这些角色中没有哪个是排他的，或是有优先权的。通常，优秀的领导者能在领导力和管理权之间无缝转换，并且能根据情境，采用最适合当下时机的角色。

要使企业具备持续成功的能力，就必须将组建团队和管理人才融合起来。个人在团队中能更好地发挥才能——他们会更有效率、更具创意。团队也可以进行自我管理；个体相互扶持，努力不让团队失望。与个人相比，高效的团队需要较少的监督和引导。左右团队绩效的是团队规范，而非个人期望。

伟大的企业能够认识到团队的价值，这并不奇怪。例如，谷歌设计的工作站就让员工更容易合作。"闲逛区"配备了新潮的家具，提供了免费的食物，团队成员可以一起工作、一起社交。谷歌的领导者希望员工多互动，他们认识到，鼓励团队合作能够提高员工的工作满意度和创造力，这样一来，创新就会增加。谷歌明白，从员工

卓越的领导力包括向普通人展示如何从事优秀人才的工作。
——J. D. 洛克菲勒（J. D. Rockefeller）
美国实业家（1839–1937）

和公司的利益考虑，最好的工作场所应该像游乐场——在这里，人们可以展开想象、进行创造。

满意与挑战

创造一种支持团队合作、鼓励创新的企业文化，能帮助企业解决永恒的疑问："金钱是动力吗？"对此，大多数企业都会回答"不是"。较高的薪资会鼓励个人接受新工作，并加快进度或更加努力地工作，但是，他们很快就会忘掉金钱，转而关注其他因素——如工作满意度、工作的挑战性和管理者给予的尊重。例如，维珍航空闻名于世并不是因为它支付的薪资最高，而是因为它提供了极好的工作环境。

因此，强大的企业文化是成功的关键。依靠传统、历史和架构，企业可以建立起一种身份感——这是一种独特的人格，它由意识、信仰、故事、含义、价值、规范和语言所定义，决定了"在此行事"的方式。

对于领导者而言，管理人员同样意味着管理自己。纵观商业史，很多领导者都被成功蒙蔽，或仓促推行欠考量的计划，或孤注一掷做出灾难性的决策。患上"交易狂热症"的领导者自以为是，无视警告。而优秀、成功的领导者知道，他们必须与百战百胜的幻想做斗争，他们知道，渴求被人喜欢、渴求顺从是危险的；他们还知道，应该防止群体思维，防止自己和他人陷入"应声虫"式的惯性思维中，因为这会使决策不受质疑，在缺乏足够调查的情况下，使判断失

每个人都会经历艰难的岁月，这考验了你的决心和克服困难的定力。
——拉克希米·米塔尔
印度企业家（1950–）

误的项目继续下去；他们也知道，他们并不是管理之神，偶尔被告知"不"要比总听到"是"更有意义。

高情商

营造一种"挑战即常态"的文化，需要加强对多元化的重视。在员工背景多元的企业里，若性别、种族和年龄较为平衡，那么不同的视角意味着决策受到质疑的可能性更大。

最近的研究发现，情商是成功的领导者最重要的一个特征。丹尼尔·戈尔曼在其畅销书《情商》（1995）中描述了情商的五个方面：了解自身的情绪、管理自身的情绪、激励自己、识别并理解他人的情绪、管理各种关系。领导者若情商不高，哪怕在技术上出类拔萃、充满创意，仍有效率低下的可能。原因是，单个商人可以凭直觉生存，但是雇用他人之后，情商就成了关键。每个人都闪现火花，则是引火的意义所在。■

管理者正确行事，领导者行正确之事

领导之道

背景介绍

聚焦
组织职责

主要事件

1977年 美国的亚伯拉罕·扎莱兹尼克（Abraham Zaleznik）教授撰文发问："管理者和领导者，二者不同吗？"

1985年 沃伦·本尼斯（Warren Bennis）和伯特·纳努斯（Burt Nanus）提出了四条领导力战略，用以帮助领导者做正确的事情。

1997年 罗伯特·豪斯（Robert House）和拉姆·阿迪蒂亚（Ram Aditya）称，管理包括实施领导者的构想和指示。

1999年 美国领导力专家约翰·科特出版了《领导者应当做什么》一书。

2005年 沃伦·本尼斯出版了《重塑领导力：组织授权的战略》一书。

领导者提出企业组织的构想。

→ 在任何时候，尤其是最动荡的时期，领导者都能克服困难。

领导者支持变革和新的方法……

……管理者将之付诸实施，创造出一个稳定的新环境。

管理者正确行事，领导者行正确之事。

优秀的管理者不一定是优秀的领导者，优秀的领导者可能是糟糕的管理者。原因是，除一些共同特征——特别是调动人员（企业组织）的能力外，二者的实际工作并不相同。1985年，沃伦·本尼斯和伯特·纳努斯提出，

"管理者正确行事，领导者行正确之事"。领导者通过战略构想来"征服"周围的环境，但有效实施这些战略构想则是管理者的职责。

有效的管理是企业组织成功的关键。管理需要顾及流程、规划、预算、架构和人员安置，这些

参见: 团队的价值 70~71页, 管理的众神 76~77页, 有效的领导 78~79页, 组织团队和人才 80~85页, 培养情商 110~111页, 明茨伯格的管理角色论 112~113页。

工作使得企业组织能够继续运转。不论领导得多好, 没有管理, 企业也会缺乏组织、乱作一团。然而, 管理并不是领导——它不能引导企业朝正确的方向迈进。

果断的领导力

1990年, 约翰·科特指出, 领导力就是应对变化、为企业组织提出构想的能力, 这通常体现在动荡时期。接下来, 领导者应与企业中的其他人员沟通构想, 激励员工, 尤其是激励管理者, 使之行动起来, 带来企业所需的变革。设定议程, 让员工和管理者产生有益的变革是领导力的一种体现。

"管理得当"并不一定皆大欢喜, 受欢迎和成功很少是统一的。一些评价很高的领导者, 如通用电气的杰克·韦尔奇、苹果公司的史蒂夫·乔布斯, 以及《纽约时报》的吉尔·爱博松 (Jill Abramson), 采用的都是直接、严厉甚至是粗暴的领导风格。

面对不确定性, 领导者应勇往直前, 坚定地支持企业的构想。若现实与计划相悖, 领导者应让员工承担责任, 就雇用谁、解雇谁做出抉择, 进而发展出一套企业组织文化, 实现其战略构想。

下一代领导风格

伟大的领导者知道, 他们不可能永远掌权。雇用、训练、培养继任者, 是领导者的重要任务之一。领导有方是因为他们能确保继任者已经万事俱备, 只等接手。通用电气前CEO杰克·韦尔奇在离任的前九年就曾说: "从今以后, 选择继任者将是我最重要的决策。每天我都会花大量的时间去思考。"很多企业的做法是让领导者受到比

吉尔·爱博松是《纽约时报》的首位女性执行总编。她发现, 正如《纽约时报》前董事会主席亚瑟·苏兹伯格警告的那样, 不受欢迎是"难免的事"。

管理者更多的优待, 但这并不明智。伟大的企业认为二者同等重要: 领导者发现机遇, 管理者则将机遇变为现实。■

领导力将个人的构想提升为远见卓识, 使个人的业绩更上一层楼, 塑造出一种超越常规限制的人格。

——彼得·德鲁克
美国管理咨询师 (1909—2005)

领导力和管理的结合

葡萄牙足球教练若泽·穆里尼奥以启发式的领导风格著称。在执教期间, 他带领的各支球队夺得了多次欧洲杯冠军, 获得了十余座奖杯。他也因此跻身优秀球队管理者的行列。

成功的体育队伍好比伟大的企业组织, 它是良好的管理和良好的领导的结合。穆里尼奥在这两个方面表现得都很卓越。首次执掌切尔西足球俱乐部时, 穆里尼奥召开了一次球队会议, 敦促反对者畅所欲言, 否则就此缄口。在西班牙巴塞罗那足球俱乐部任职期间, 他在博比·罗布森和路易斯·范加尔手下担任助理教练和翻译, 并从他们二人身上学到了管理技能。在罗布森和范加尔的带领下, 穆里尼奥还学会了如何研究对手、制定战略、建设能够取胜的强队。

一人之智，难抵众人之慧
团队的价值

背景介绍

聚焦
团队合作

主要事件

1924—1932年　埃尔顿·梅奥进行了霍桑研究（Hawthorne Studies），强调群体会影响个人在工作中的行为。

20世纪30年代　梅奥的研究引发了人际关系运动。人际关系运动认为，工人的高满意度和高生产率取决于细致的管理和对群体的关怀。

20世纪40年代　亚伯拉罕·马斯洛的发现和梅奥早期的研究使企业开始认识到团队合作的价值。

21世纪　工作场所的设计从20世纪的独立工作间、封闭办公室，演变为鼓励合作的开放式布局。

> 人类喜欢有所归属。

> 团队有助于人们产生归属感，并对抗失范。

一人之智，难抵众人之慧。

> 可以将企业组织想象成团队的集合。

> 成功的团队会为新创意提供环境。

人们会抱怨惯例和熟悉，但研究发现，人们天生需要某种程度的稳定。若没有规则、规范、价值观和期望，人们就会产生焦虑感、失去归属感、感到迷惑。这被称作失范（Anomie），它也是人类自发组成群体的原因。归属于某一群体带来的惯例和熟悉能帮助人们避免失范，找到安全感和目标。

群体的存在有两个目的。组织以及组织内部的群体可被视作人类归属欲的表达。1943年，亚伯拉罕·马斯洛在《人类的动机理论》一文中指出，群体给了人们归属感。马斯洛相信，人类的需求有层级之分，一旦满足了最基本

参见: 创造力与发明 72~73页, 组织团队和人才 80~85页, 摆脱思维的条条框框 88~89页, 组织文化 104~109页, 避免群体思维 114页, 多元化的价值 115页。

的需求——生理需求, 例如饥饿和口渴, 人们就会产生下一层级的需求: 安全。若这一需求得到了满足, 就会有第三层级的需求: 归属感。若归属感也得到了满足, 人们就会通过取得成就来不断增强自尊, 最终靠自己的才智和创造力走向自我实现。

若将马斯洛的理论应用到工作场所中, 那么按组工作、增强归属感就会提高员工的工作效率。归属感的需求得到满足后, 人们就会专注其他方面, 如渴望获得成就、发挥才智。这样, 为了满足各阶段的需求而做的改变就会使企业受益。没有了失范, 团队就会成为人心所向、思想兴盛的地方。精心挑选、细致监督的团队会增强个人的安全感, 激励创新性的合作。正如美国管理专家肯尼斯·布兰查德所言: "一人之智, 难抵众人之慧。"

反过来, 为同一个项目付出努力会产生纽带, 增强个体之间的联系, 最终强化企业的共同目标。

归属之地

伟大的企业能认识到团队的价值和工作环境的重要性。思科公司(Cisco Systems)是一家互联网基础设施企业, 它创造了"互联工作场所"。这不仅给员工的工作实践和工作环境带来了极大的灵活

思科公司的工作场所可以从小团队的工作间变成举行会议的大型开放式空间。思科的目标是提供灵活的联系, 使员工获得群体归属感。

性, 也让员工感受到自己是思科大家庭的一分子。

企业的成功很少能仅靠个人的才智实现。伟大的领导者能够认识到通过团队充分发挥个人才智的价值。■

亚伯拉罕·马斯洛

美国心理学家亚伯拉罕·马斯洛出生于1908年。他成长于纽约的布鲁克林区, 并在威斯康星大学获得了学士、硕士和博士学位。马斯洛的职业生涯始于教师, 1937—1951年, 他曾在布鲁克林学院执教。后来, 马斯洛赴美国布兰迪斯大学任心理学系主任。在那里, 马斯洛遇见了自我实现思想的提出者库尔特·戈尔德斯坦(Kurt Goldstein)。马斯洛被人类"成为你自己"(语出尼采——译者注)的发展道路深深吸引。

与很多同行不同, 马斯洛关注的是精神健康积极的一面。在《人类的动机理论》一文中, 马斯洛提出了人类的需求层级理论。这一理论在今天仍然影响着社会工作、管理理论等多个领域。

主要作品

1943年 《人类的动机理论》

1954年 《动机与人格》

1962年 《存在心理学探索》

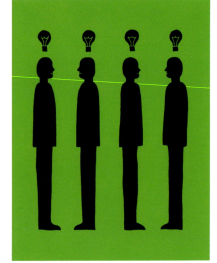

创新应扩散开并长久保持：
每人、每时、每地
创造力与发明

背景介绍

聚焦
创造力

主要事件

17世纪 波兰诗人马切伊·卡齐米·沙别乌斯基（Maciej Kazimierz Sarbiewski）将"创造力"一词用到了人类活动中。之前的一个多世纪里，人类拥有创造力的想法一直受到抵制——"创造"被用来描述上帝的行为。

20世纪70年代 企业受到了亚伯拉罕·马斯洛和弗雷德里克·赫茨伯格（Frederick Herzberg）对动机的研究的影响，开始设计岗位，让员工拥有自由创造的空间。

2010年 IBM将创造力列为领导者最令人向往的特质。

2013年 布鲁斯·努斯鲍姆（Bruce Nussbaum）在著作《创造性智慧》中指出，创造力是经济价值最重要的来源。

自由玩耍、不受拘束地发挥想象力去创造幻想并沉浸其中，是人们最宝贵的童年记忆。人类从未失掉创造力的内在乐趣，但是，成人生活的责任似乎抑制了创造力——办公室取代了游乐场。企业好比童年的游乐场，它拥有"扩散和持久"的创造力和创新性。如咨询师斯蒂芬·夏皮罗所言，企业是个令人激动的地方。谷歌、Facebook、宝洁之所以闻名，是因为它们能雇用、培养有创造力的人才，奖励想象力和发明。它们也因此吸引了成千上万的应聘者。

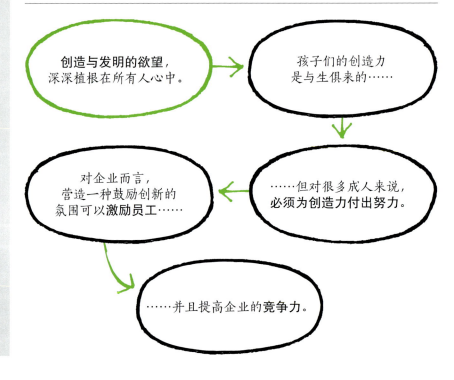

创造与发明的欲望，深深植根在所有人心中。

孩子们的创造力是与生俱来的……

……但对很多成人来说，必须为创造力付出努力。

对企业而言，营造一种鼓励创新的氛围可以激励员工……

……并且提高企业的**竞争力**。

参见: 在市场上脱颖而出 28~31页, 获得优势 32~39页, 摆脱思维的条条框框 88~89页, 改变游戏规则 92~99页。

此外, 创造力是创意的潜在源泉, 能够产生经济价值。不仅如此, 在日新月异的全球市场中, 创造力也是个人和企业的主要财富。

定义创造力

创造力包括提出创意、备选方案和可能性, 用崭新的方式考虑现状或问题。发明是将创造性的想法付诸实施。若创造力和发明成功实现, 人们就会受到极大鼓舞。创造力和发明将人们内心对自主、决心和主宰的渴望结合了起来。它们还使人们产生了一种成就感, 在亚伯拉罕·马斯洛1943年提出的"高层级的需求"中, 成就感是一个关键元素——它能让人体会到价值和自我实现。

对企业而言, 营造鼓励创新的氛围有双重好处: 既能提升员工的满意度, 也能增强企业的竞争力。追寻新发明会让员工兴奋不已, 使他们更努力, 工作更久、更

> 进行创新时要做好准备, 因为每个人都会说你疯了。
> ——拉里·埃里森(Larry Ellison)
> 美国甲骨文公司联合创始人(1944–)

有效率, 也会促使他们提出创新性的解决方案和节省成本的新流程, 以及生产出能够赢利的新产品。

企业将会获得巨大的竞争优势。IBM在2010年进行的一项调查中, 将创造力列为领导者最令人向往的特质。艾玛·希尔(Emma Hill)是Mulberry的原创意总监, 她因重振Mulberry这一时尚品牌而广受赞誉。2013年她离任时, Mulberry的股价下跌了9%。而苹果公司的史蒂夫·乔布斯则证明, "不同凡响"不仅仅是炫酷、怪异——它对员工、客户和投资者确实很重要。

培养创造力

企业面临着平衡创造力和财务审慎的挑战。不受约束的创造力很少会给企业带来商业上的成功, 但企业只有赢利才能生存下去。

对Mulberry而言, 价值观的冲突导致了希尔的离职。希尔于2007年加入Mulberry, 之后Mulberry的很多热销品都与她有关, 尤其是Alexa和Bayswater手袋。在一段时间内, 希尔主导了大量的创新和增长。2013年, 由于产品销量下滑, Mulberry的管理层认为公司需要新的创新方向——即便是创造力最强的企业, 也感到了改造的必要性。

创新性企业明白, 相比员工利益和利润, 每人、每时、每地的创造力和发明对企业的成功至关重要。■

艾玛·希尔

艾玛·希尔出生于英国。1989年, 她进入温布尔登艺术学院学习, 并在1992年从瑞文斯博艺术与传播学院毕业。2007年, 希尔在奢侈品牌Mulberry开始了她的时尚生涯——她担任了Mulberry的创意总监。Mulberry在欧洲、亚洲各国和美国、澳大利亚都设有分店。此前, 希尔曾为英国零售商玛莎百货、英国时尚设计师马克·雅各布斯和美国零售商Gap工作。

在Mulberry任职期间, 希尔发挥了手袋设计方面的创造性才智。她设计的手袋得到了模特凯特·莫斯和音乐人拉娜·德雷的青睐, 为公司带来了大量订单。为了吸引对价格敏感的客户, 希尔将产品扩大到了皮质小件上(如颜色鲜艳的卡包), 使公司产品的销量有了惊人的增长。希尔加入Mulberry时, 公司的股价仅为约1英镑; 到2013年她离职时, 公司股价已涨了10倍。2010年, 由于希尔的工作, Mulberry荣获英国时尚大奖颁奖礼的"最佳设计师品牌"奖。

逆耳之言鼓舞人心，增添情趣

提防好好先生

背景介绍

聚焦
行为管理

主要事件

1992年 印度经济学家阿比吉特·V. 班纳吉（Abhijit V. Banerjee）在其著作《羊群行为的简单模型》中研究了决策者参考前任决策者选择的问题。

1993年 美国经济学家坎尼斯·普伦德加斯特（Canice Prendergast）撰写了《好好先生理论》一书，认为下属附和上司意见的倾向是一种"市场失灵"。

1997年 美国心理语言学专家苏洁特·埃尔金（Suzette Elgin）撰写了《如何拒绝而不伤人》一书。

21世纪初 领导力理论鼓励领导者包容有建设性的冲突，使他们认识到这种冲突是健康的、必要的，是商业环境的一部分。

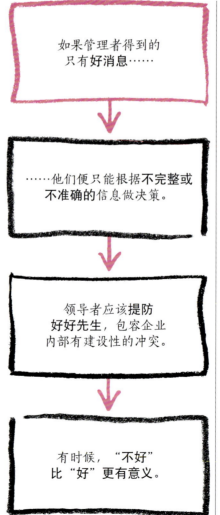

如果管理者得到的只有**好消息**……

……他们便只能根据**不完整**或**不准确**的信息做决策。

领导者应该**提防**好好先生，包容企业内部有建设性的冲突。

有时候，"**不好**"比"**好**"更有意义。

对很多员工而言，在企业工作意味着需要永远说"好"。员工害怕丢掉工作，渴望取悦他人，有升职的雄心。他们乐于传达好消息，不愿传达坏消息。这样一来，管理者会更加自负，企业会受损——如果坏消息被隐藏起来，管理者会因缺乏关键信息而做出糟糕的决策。

公司高层的决策失误会造成灾难性的后果。2012年，苏格兰皇家银行的一份金融服务报告认为，该行2008年业绩不佳的部分原因是，"董事会和高管对CEO的提议没有提出有效的质疑，导致风险被忽略，进而产生了战略上的错误"。

宽容的企业文化

领导者应该认识到，他们不会永远正确。从可信的同事那里寻求反馈并宽厚地接受，能使他们全面地看问题。创造一种能够容忍坏消息，甚至鼓励坏消息的环境，是领导者面临的挑战。如果领导者得

参见： 团队的价值 70~71页，有效的领导 78~79页，自大与报应 100~103页，忽略羊群行为 146~149页，从失败中吸取教训 164~165页，避免自满 194~201页，建立合乎伦理的文化 224~227页。

> 在一个重视创新的企业组织中，人们通常无视命令。
>
> ——罗伯特·萨顿（Robert Sutton）
> 美国管理学教授

到坏消息之后没有大吵大闹或反唇相讥，那么员工就有信心传达坏消息。好的领导者倾向于解决问题，防止问题再次出现，而不是归罪于他人。

创造一种集体负责的文化，是阻止好好先生出现的一条重要途径。通常来说，最有价值的员工是那些不论情况多么糟糕，都会关切事态、敢于如实相告的人。

对员工而言，传达坏消息本身就是门技术。最好的做法是：在坏消息到来时提出解决的方案，分析清楚问题产生的原因，而不是忽略不提。坏消息应当立即传达，问题认识得越早，解决得越迅速，管理者就能越好地应对。

测试创意

琼·保罗·盖蒂（Jean Paul Getty）是盖蒂石油公司的创始人。他认识到了敢言员工的价值，并认为"逆耳之言鼓舞人心，增添情趣"。

DEC公司的创始人肯·奥尔森将"唱反调"融入公司文化中，将辩论和解决冲突作为主要的决策方式。通用电气前CEO杰克·韦尔奇鼓励不留情面的辩论，并说："如果创意经不住激烈的争论，那么它必定会被市场淘汰。"若管理

对所有任务都说"好"、只告诉领导好消息可能会受到欢迎，但是不久，员工就会不堪重负，并有可能导致领导者决策失误。

团队能够相互质疑对方的想法，那么，他们对战略选择的理解会更加丰富，最终做出的决策也就更佳。优秀的领导者能够驾驭批评和辩论。如果每个人都说"是"，那就肯定出现了严重的错误。■

琼·保罗·盖蒂

1892年，琼·保罗·盖蒂出生在美国的明尼阿波利斯市。盖蒂的父亲是一名律师，并在1903年跳槽到了石油行业。盖蒂曾在美国和英国的大学求学，后来，他加入了父亲的公司，即明尼荷马石油公司。盖蒂曾立志要在入行的头两年内赚取一百万美元。靠买卖油井租借权，他成功实现了这一愿望。

盖蒂经历了五次婚姻，这使他的父亲非常不满，并只把1000万美元中的50万美元留给了他。盖蒂并未因此受挫，他用遗产连同积累的收益购买了多家石油公司，并将这些公司构建成了一座公司金字塔。盖蒂石油公司则处在金字塔的顶端。1949年，盖蒂购买了一份60年期的石油开采权，但人们认为这块土地无油可采。1953年，盖蒂的公司钻出了大量的石油，盖蒂也一跃成为亿万富翁。1976年盖蒂去世，享年83岁。

主要作品

1953年 《我的生活与财富》
1965年 《如何变得富有》

伟大的领导者不会从天而降

管理的众神

背景介绍

聚焦
组织的动态变化

主要事件

20世纪 分类法的出现，帮助管理思想家将企业组织划分成了可识别的类别，并将个人分成不同的类型。人们认为，人的类型决定其动机。

1978年 查尔斯·汉迪在《管理的众神》一书中指出：了解企业组织的类别是了解其员工类型的关键，也是了解如何领导员工的关键。

1989年 在《非理性时代》一书中，汉迪对"三叶草组织"理论做了进一步阐述。

21世纪 管理思想家逐渐认识到，风格分类法只是理解并管理企业和员工的众多方法中的一个。

查尔斯·汉迪的著作《管理的众神》产生了深远的影响。在书中，汉迪用古希腊诸神描述了企业组织的本质，并归纳了四种管理风格。他认为每个组织都是这四种风格的组合。其中，宙斯代表了"俱乐部文化"，与领导者的关系比正式的头衔和职位更重要。阿波罗代表的"角色文化"则以功能、分工、规则和理性为特征。在雅典娜代表的"任务文化"中，拥有解决问题能力的团队能够掌握权力。在狄俄尼索斯代表的"个人文化"中，企业组织是为了满足个体需求而存在的。

汉迪的分类法为领导者分析企业的动态变化，理解植根于文化中的行为、偏见和信念提供了一个全新的、原创的方法。然而，不久之后，人们发现，企业组织规模庞大，极少静止不变，随着时间的推移，组织行为也会发生变化。在内部和外部的压力下，大多数企业都是在不断变化的状态下经营的——

汉迪所著的《管理的众神》揭示了各类企业组织的动态变化……

→ ……但是，在机构层面和个人层面上，企业组织非常复杂。

↓

因此，对理解企业组织和个体的复杂性而言，分类法仍是有帮助的。

← 有效的领导应像神明一样无所不知，但是，伟大的领导者不会从天而降。

参见: 领导之道 68~69页, 有效的领导 78~79页, 组织文化 104~109页, 明茨伯格的管理角色论 112~113页。

宙斯——俱乐部文化

宙斯是希腊诸神的统治者, 是权力和影响力的中心。俱乐部文化建立在亲近的基础上; 个人与俱乐部核心人物的亲近程度反映了个人在俱乐部中的地位。投资银行就被俱乐部文化所主导。

阿波罗——角色文化

阿波罗是秩序与规则之神。在稳定时期, 角色文化能取得成功, 但在需要迅速变革的时期, 角色文化似乎会陷入困境。保险公司是采用角色文化领导企业的一个典型列子。

查尔斯·汉迪的"管理的众神"

雅典娜——任务文化

智慧女神雅典娜是问题的解决者。任务文化会在需要革新的地方兴盛起来, 但需要与惯例做斗争。广告公司和咨询公司的管理通常是任务文化的体现。

狄俄尼索斯——个人文化

酒神狄俄尼索斯代表的是个人的自由。在个人文化中, 专家的观点会得到重点对待, 而管理层常被视作不必要的负担。律师事务所这样的专业服务公司就反映了个人文化。

查尔斯·汉迪

查尔斯·汉迪生于1932年, 他是英国最著名的管理学大师。从牛津大学毕业后, 汉迪于1965年入职麻省理工学院。1967年, 汉迪转入伦敦商学院(LBS), 开设美国之外唯一一个斯隆管理学院课程。汉迪颇具挑战性的观点和表达方式, 以及先发制人的比喻——例如他在《空雨衣》一书中, 批评了"商业组织无人格的机械性"——使他在同龄人中独树一帜。汉迪自认为是一名社会哲学家, 而非管理学大师。汉迪认为, 他的著作并不是成功指南, 而是评论。汉迪的观点对商业思想的影响持续了数十年。

主要作品

1976年 《理解组织》
1978年 《管理的众神》
1994年 《空雨衣》

它们进行改变和改造的方法未经计划, 也不可预测。

解释复杂性

组织的复杂性通常用企业经营涉及的国家数或者管理者掌管的品牌数来度量。企业的复杂性并非无足轻重, 不过, 在个人的复杂性面前, 企业的复杂性不值一提。例如, 这一年激励员工的新鲜事物, 下一年就会失去作用。很明显, 对于拥有上千名员工的企业而言, 其人员和组织要比"管理的众神"理论提及的类型复杂得多。

汉迪提出了"三叶草组织"——它指一家灵活的组织, 由核心员工、边缘及外包员工, 以及外部机动员工组成。不同类型的员工对组织的职责不同, 对组织的构想、自身工作的动机也有不同的理解。领导者的工作是将这些差异融合起来, 使他们朝着共同的组织目标而努力。

鉴于人员的重要性, 企业组织的动态变化举足轻重。分类法只能给领导者有限的启发——毕竟, 组织是复杂的。领导者必须认识到, 每个员工对企业有不同的看法, 他们对有效性的推动(或阻碍)作用也是独一无二的。正如美国商人汤姆·诺瑟普所说, 伟大的领导者不会从天而降。不过, 神明一样的无所不知虽然遥不可及, 但却是有意义的, 值得领导者为之奋斗。■

领导者应知其道、遵其道、引其道

有效的领导

背景介绍

聚焦
领导力

主要事件

16世纪20年代　意大利外交官尼可罗·马基亚维利（Niccolò Machiavelli）在《君主论》中讨论了政治生活中领导所面临的危险。

1916年　亨利·法约尔在《工业管理与一般管理》一书中对领导者的定义是："影响周围的人，并把承担责任的勇气灌输给他们"的人。

20世纪五六十年代　权威式的"命令与控制"管理学派盛行起来。魅力型领导者依靠人格魅力主导着企业的发展。

20世纪八九十年代　美国的沃伦·本尼斯等领导力方面的思想家提倡：领导力应建立在正直、信任、引导组织变革能力的基础上。

几个世纪以来，学者们试图界定伟大领导者的风格、特征和气质。虽然研究成果汗牛充栋，但是，有效的领导仍是个有争论的话题。不过，这些研究有一个共同的主题，即有效的领导不仅需要才智，还需要行动。

领导者不能只依靠个人魅力。虽然魅力型领导者占据着一席之地，例如亨利·福特就以魅力型领导风格著称，但溢美之词有夸大事实的可能。魅力型领导者并不给员工授权，而会事无巨细地管理各项任务，阻止员工从工作中获得成就

参见: 领导之道 68~69页, 管理的众神 76~77页, 改变游戏规则 92~99页, 培养情商 110~111页, 明茨伯格的管理角色论 112~113页。

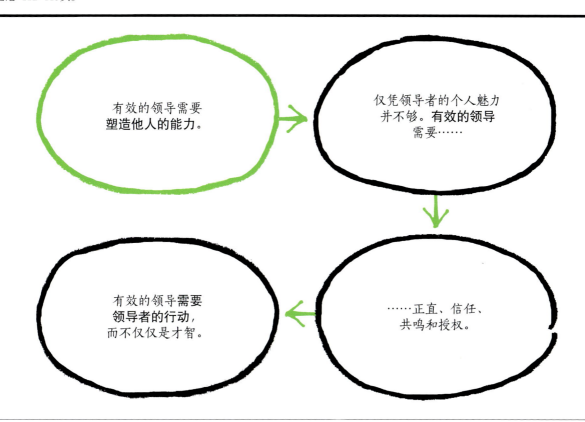

有效的领导需要**塑造他人的能力。**

仅凭领导者的个人魅力并不够。有效的领导**需要……**

有效的领导需要**领导者的行动,**而不仅仅是才智。

……正直、信任、共鸣和授权。

感。魅力型领导者常被称为企业成功的捍卫者,但是,魅力是把双刃剑——魅力型领导者离职后很难找到继任者。英雄的称号会使人自我膨胀,然而,伟大的领导者知道,要取得成功,企业组织应建立起超出领导者任期的长期能力。

有效的关键

要有效地领导企业,领导者必须自信、踏实、保持开放的心态、与他人产生共鸣。有效的领导需要通过互动、告知、倾听、发展、立信的过程来发掘他人的能力,要通过合作而不是支配来树立领导者的声誉。有效领导的核心是授权——使他人能够完成任务的艺术。

授权员工

领导者必须表现出强大的洞察力。毕竟,他们需要授权员工自行决策。在多元化的大型组织中,领导者不会也不能做出所有的决策——帮助他人理解变革的必要性,给予他人管理变革的工具,是领导者的主要职责。日产的成功,要归功于戈恩管理跨文化团队的能力。戈恩认为,领导者需要倾听,不仅要与本国的员工产生共鸣,还要与来自不同国家、有不同文化背景的员工产生共鸣。

有效的领导应将构想转化为行动。要达到这个目标,需要的不仅仅是豪言壮语,领导者应当"说得到""做得到"。■

天道酬行,不酬思。
——罗素·毕晓普
美国总裁培训师

团队合作似燃料，凡人能成不凡事

组织团队和人才

背景介绍

聚焦

团队合作

主要事件

1965年 美国的布鲁斯·塔克曼教授指出，团队会经历五个阶段：形成、震荡、规范、运作和休整。

1981年 英国管理理论家梅雷迪思·贝尔宾（Meredith Belbin）撰写了《管理团队：成败启示录》一书，书中描述了九种不同的角色，它们对团队的成功至关重要。

1992年 《华尔街日报》刊登了彼得·德鲁克的文章《团队不止一种》，文中描述了三种类型的团队。

1993年 乔恩·卡曾巴赫（Jon Katzenbach）和道格拉斯·史密斯（Douglas Smith）撰写了《团队的智慧》一书。他们认为，与个人努力相比，组成团队会获得更大的成功。

有效的团队是伟大组织的关键，在商界尤其如此。团队融合了个人的才智，使整体大于部分的总和。用安德鲁·卡耐基的话来说，就是"凡人能成不凡事"。

20世纪六七十年代，日本推出了团队工作方式，如"改善"（Kaizen，即所有员工一同负责公司的持续改进）和"质量小组"（Quality Circle，负责改进质量任务的员工小组），这引起了欧美制造企业对团队合作的兴趣。到20世纪80年代，很多企业都采用了"全面质量管理"（TQM），团队合作也扩展到了其发源地的制造业之外。今天，已经很难找到一家不重视团队合作的企业了，无论这些企业创业的类型、规模如何。

团队合作的好处

团队合作能够极大地降低员工流动率，显著地提高利润和工作满意度。霍尼韦尔的商业飞行部门

> 团队成员会寻求特定的角色，在扮演天生最擅长的角色时，他们表现得最有效率。
>
> ——梅雷迪思·贝尔宾

坐落在明尼阿波利斯市，团队合作使该部门在飞行和导航系统市场获得了80%的份额——产生的利润比预期高出200%。

团队能获得成功，是因为它提供了中和个人弱点、倍增个人优点的环境。团队能弥补个人的缺陷，如欠佳的表现和个人的小算盘。同事之间相互支持、相互检查使项目更容易步入正轨。团队创造的环境使得大多数人都乐在其中。团队的安全感为每一个个体提供了依靠，反过来，个体也更愿意承担风险、提出更多的创意、更出色地发挥自己的才能。

震荡与规范

有效的团队需要花时间才能建立起来。迅速组织一群人并立即投入工作的情况并不多见。大多数团队都要经历一系列阶段才能发挥效力。美国教育心理学教授布鲁斯·塔克曼将这些阶段分为：形成（Forming）、震荡（Storming）、规范（Norming）、运作（Per-

梅雷迪思·贝尔宾

梅雷迪思·贝尔宾于1926年出生在英国的贝肯汉姆。贝尔宾曾在剑桥大学先后攻读古典文学学位和心理学博士学位。攻读博士学位期间，他对团队合作的重要性开展了研究。之后，贝尔宾接受了克兰菲尔德大学的研究员职位——在那里，他研究了人体工学（设计最适合人类需求的工具和系统）以及改进生产线效率的好处。后来，贝尔宾成了一名管理咨询师。他研究了英国、美国和澳大利亚的团队合作，并在1981年撰写了畅销全球的管理学著作《管理团队：成败启示录》。贝尔宾还为美国政府、欧盟以及多家企业、公共服务机构提供咨询服务。

主要作品

1981年 《管理团队：成败启示录》
1993年 《团队角色的作用》
2000年 《超越团队》

参见: 领导之道 68~69页,团队的价值 70~71页,有效的领导 78~79页,充分利用天赋 86~87页,组织文化 104~109页,避免群体思维 114页,多元化的价值 115页,改善 302~309页。

forming)和休整(Adjourning)。在形成阶段,团队聚在一起,团队成员相互熟悉。然后是震荡阶段,每个成员会为了向往的角色而质疑其他成员。通过试错,团队流程开始出现。规范属于中间阶段,这是一段平静的时期,角色、流程和群体规范达成了一致。到第四阶段,成员们彼此熟络,也熟悉了各自的角色和涉及的流程。在这个阶段,团队绩效达到了最高水平。一旦任务完成,团队就会进入休整阶段或就此解散。

企业希望团队能迅速度过早期阶段,尽早进入运作阶段。因此,企业会对团队建设活动投入大量资金,让团队在不同的环境下直面挑战。很多企业还利用大楼的建筑结构来鼓励团队合作。以加利福尼亚州的皮克斯动画工作室为例,为了鼓励团队协作,自助餐厅、会议室和员工信箱都建在了中央天井周围。楼层的设计和布局鼓励团队成员多会面、多互动,哪怕他们属于不同的部门。

研究发现,团队建设活动、鼓励协作的工作区域都能够推进团队的工作,因为在最有效的团队中,成员相互信任,有强烈的团队归属感,对完成团队的目标充满信心。

有效的团队建设

2005年,美国研究人员乔恩·卡曾巴赫和道格拉斯·史密

斯找到了有效的团队合作所需的条件。首先,挑选成员的依据应当是成员的技能而非性格。其次,团队需要好的开端,设置正确的基调是关键。基调的设置不应太随意——团队在受到质疑时会表现得更好,因此,应给团队一种紧迫感。

团队应当就群体行为和规范达成共识,并经常举行正式和非正式的会面。若有可能,团队应尽早享受成功;轻而易举的小成功会提高后期工作的效率。同样,对团队及团队成员要不吝赞美。新的挑战会带来持久的激励,因为这使工作充满新鲜感和趣味。

成功的角色

个人的才智和特征不尽相同,在组建团队时应该考虑这种差异。英国管理理论家梅雷迪思·贝尔宾认为,一个团队中有九种不同的角色,他们对团队的成功至关重要,

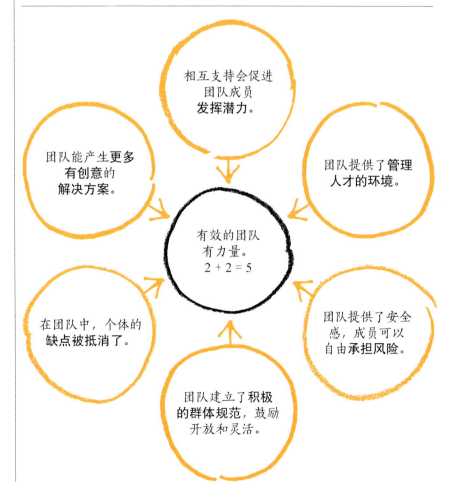

- 相互支持会促进团队成员发挥潜力。
- 团队提供了管理人才的环境。
- 团队能产生更多有创意的解决方案。
- 有效的团队有力量。 2 + 2 = 5
- 团队提供了安全感,成员可以自由承担风险。
- 在团队中,个体的缺点被抵消了。
- 团队建立了积极的群体规范,鼓励开放和灵活。

贝尔宾团队角色表		
团队角色	**才智**	**弱点**
智多星	有创意、非正统的思想家，在解决问题方面技高一筹	不擅长管理创意不多的人员（或与之沟通）
资源调查者	善于沟通，能拿到合同、发掘机会	一旦最初的热情退去，就会失去兴趣
协调者	成熟、自信的人士，能明确目标、促进决策	容易被操纵，显得不合群
塑造者	活跃、外向、高度紧张，会质疑、施压、绕开障碍	容易动怒
监督者/评价者	清醒、有战略眼光、有洞察力、能客观地判断目标	缺乏激励他人的动力和能力
团队工作者	合群、温和、领悟力高、厌恶冲突	在紧要关头犹豫不决
实施者	遵守纪律、可靠、保守、有效，能够将创意转化成实际行动	灵活性差，对新事物反应较慢
完成者/终结者	不辞劳苦、勤勤恳恳，总能在最后期限前完成任务	有过度焦虑的倾向，不愿授权
专家	专注、具有首创精神，通常拥有少见的知识或技能	只在很窄的领域有贡献

且均衡是组织良好团队的关键。举例而言，贝尔宾发现，没有智多星（有创意、非正统的思想家）的团队很难想出新点子；但是，智多星太多，点子的提出就会压倒行动。同样，如果没有塑造者（活跃、外向的人，会使团队更加果断），团队就会缺乏动力和方向，但是，如果团队中的塑造者太多，团队就会时常争吵、士气低落。

如今，企业常常使用贝尔宾团队角色表（Belbin Team Inventory）来使团队的有效性最大化。很多公司在组建团队之后才使用角色表，这是错误的，要发挥团队角色表的作用，必须在组建团队前就使用它。

管理人才

曼联是一支全球知名的足球队。曼联前主帅亚历克斯·弗格森爵士堪称组建获胜球队的大师，他的做法可以移植到商业环境当中。强烈的共同使命——想赢的愿望，将弗格森领导的球队队员联系在一起。球队在赛场上的凝聚力，源自弗格森要求的球队在场下的凝聚力。卓越的球队文化流淌在每名球员、每名员工的血液中。弗格森认识到了积极的群体规范的价值。举例而言，他是首批禁止球员饮酒的管理者。不仅如此，除了一系列球队建设活动，如在球队大巴上进行小测验，弗格森还要求球员保持高度的忠诚。球员能从弗格森和俱乐部那里得到长久的公开支持。同

> 团队发展方向、冲劲和忠诚塑造了一个有意义的目标。
> ——乔恩•卡曾巴赫和道格拉斯•史密斯

样，球员需要严格遵守媒体准则，对队友的事保持沉默。任何违反团队规则的人，很快会被驱逐出队。

管理团队通常需要与才华横溢但十分自负的人打交道。弗格森认识到，掌控有才华的球员是愚蠢的——埃里克•坎通纳和克里斯蒂亚诺•罗纳尔多（C罗）都得到过鼓励，并展示出了各自的足球天分——不过，弗格森也会让技术精湛但自视比球队更重要的球员离队。对很多高管而言，管理有才华的人是件令人沮丧的事，因为有才华的人常常抗拒管理。寻求挑战、让人才保持足够的动力，并非易事。不过，团队提供了让人才茁壮成长的环境。让有才能的员工管理团队，或者将有才能的人编入团队——虽然有风险，但会激励团队成员全力以赴。团队提供了一个框架和价值体系，所有成员，无论其技术多么高超、才能多么出众，都必须遵守。

集体成果

与运动队伍一样，企业也要面临绩效的挑战，而组建团队是个有力的解决办法。这是因为，团队不只是一同工作的人的集合，评价团队不仅要看个人绩效，还要看"集体工作的成果"。这些成果——可能是产品、调查或实验——是集体贡献的结晶。乔恩•卡曾巴赫和道格拉斯•史密斯在《团队的智慧》一书中对团队做了如下定义："一小群技能互补的人，他们致力于共同的目的，遵循一系列绩效目标和方法，并相互负责。"对成功或失败负责的并不是个体，因为没有人单独行动。团队合作鼓励倾听，能对他人的观点做出有建设性的回应，能够提供支持，能认可其他团队成员的兴趣、技能和成就。

大多数成功团队组建的目的是应对感知到的威胁或机遇。在这种情况下，领导者会用清晰的目标、均衡的成员制度、规范的步骤、强烈的联系来组织团队，同时给予团队成员足够的空间，让他们自行把握机遇。这样，领导者就创造了使个人和企业都能够获得成功的环境。■

雁阵体现了团队的力量。雁群一起飞行时，每只大雁都减少了身后大雁的空气阻力。大雁轮换着领飞，靠鸣叫不断"交谈"。

伟大的领导者让卓越的人完成其天生擅长的工作

充分利用天赋

很多企业的员工都说，他们感到不被重视、不堪重负，被迫在超出能力范围的领域工作。他们因此感到效率低下——他们希望更出色地工作，但是又觉得企业束缚了他们。而优秀的企业会让员工在其擅长的领域开创一番事业——用领导力专家沃伦·本尼斯的话来说，就是"完成他们天生擅长的工作"。

面对充满变数的市场，当代的企业青睐灵活、拥有多种技能的员工。然而，《2012年全球劳动力调查》显示，只有35%的员工认为他们适应工作。这说明，员工的希望与雇主的要求存在差距。研究发现，适应岗位的员工——忠于工作、忠于企业价值观的员工——生产率明显更高，他们提供的客户服务更好，表现得也比不适应岗位的人要好。但是，很多企业随意摆布员工，仿佛员工是棋盘上的棋子。美国心理学家兼管理思想家弗雷德里克·赫茨伯格提出了双要素理

有效的人创造有效的组织。

伟大的领导者让卓越的人完成其天生擅长的工作。

伟大的领导者认为普通员工与股东同样重要。

参见: 领导之道 68~69页, 创造力与发明 72~73页, 有效的领导 78~79页, 组织团队和人才 80~85页, 金钱是动力吗? 90~91页。

谷歌获得成功的原因之一是其富有创造力、充满活力的文化。它鼓励员工从事能发挥自身优势的工作,探索令自己充满激情的项目。

论,该理论认为成就感与工作动机紧密相关。有效性会使人获益,哪怕是最丰厚的薪资也不能代替出色完成工作带来的满足感。同样,即使有丰厚的薪资,也无法抵消成就感不足带来的不满。因此,让员工掌握工具、养成有效的习惯,能使他们更有效地发挥才智;反过来,

心情好、效率高的员工会提高企业的业绩。

干得更好, 不是更卖力

1948年,美国联合型企业3M公司推出了一项措施,鼓励员工把20%的时间花在自行选择的研究项目上。谷歌借鉴了3M公司的做法,它发现,员工的注意力并没有从必须完成的项目上移开,他们在所有任务上都表现得更好了——如果对工作充满激情,就不会觉得是在工作。自行决定努力程度以及员工"额外跑一英里"(做分外的事)的意愿,造就了"良好"与"伟大"的差异。伟大的企业让人发挥到极致,而不是努力到极致。谷歌最受欢迎的产品Gmail,就是"20%时间"的成果。

让员工更好地工作,而不是更努力地工作,需要启发式的领导方法。认为有效比产量更重要、绩效比出勤更重要的企业,通常处于

最佳雇主榜的前列。这些企业的领导者认识到,股东价值是由员工绩效推动的——让员工在技高一筹的领域开创一番事业,对员工和公司都是最好的选择。■

工作只为赚钱,而不是出于喜好的人,很可能既赚不到钱,又得不到生活的乐趣。

——查尔斯·施瓦布
美国实业家 (1862—1939)

沃伦·本尼斯

沃伦·本尼斯是美国学者、组织咨询师、管理学作家,他出生于1925年3月8日。他曾被授予紫心勋章和青铜星勋章。退役后,本尼斯赴俄亥俄州的安迪亚克学院就读,后来在麻省理工学院斯隆管理学院担任教授。他被誉为当代领导力研究领域的先驱。2007年,本尼斯被《商业周刊》评为影响商业思想最伟大的十人之一。他发表于1985年的经典著作《领导者》被《金融时报》列入"史上最佳的

五十本商学图书"。

主要作品

1985年 《领导者》
1997年 《领导者为何不能领导: 潜意识的阴谋依旧》
2009年 《领导者的诞生》

前行之路，并非前进之路

摆脱思维的条条框框

背景介绍

聚焦
创新

主要事件

1914年 塞缪尔·劳埃德在《数学趣题大全》一书中刊载了九点连线游戏。

1967年 爱德华·德·博诺在描述"水平想象"时，生造了"发散思维"一词。发散思维讲求广度，不关心细节。

20世纪70年代 涌现了一批鼓励创新的管理咨询师。人们认为，战略思想应涵盖收缩和撤退。

2012年 亚马逊创始人杰夫·贝佐斯称："要想创新、成为先锋，必须甘愿忍受长时间的误解。"

企业面临的竞争压力变化不定：新创意、颠覆性的技术不断涌现，各国经济实力会发生改变，市场会出现变动。然而，企业忽略变化、推进旧环境下的错误战略的例子在商业史上比比皆是。为了避免这种情况，人们会靠"摆脱思维的条条框框"来质疑成见和假设——有时候，前行之路并非前进之路。

"摆脱思维的条条框框"出现于20世纪60年代，它依据的是九点连线游戏。管理咨询师用这个游戏来引导人们横向思考。某些解法确

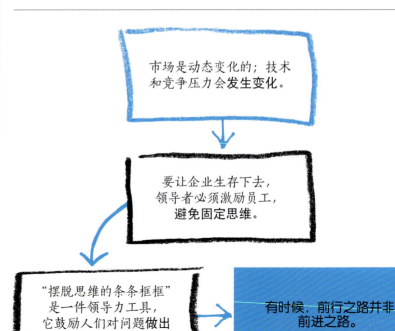

市场是动态变化的；技术和竞争压力会**发生变化**。

要让企业生存下去，领导者必须激励员工，**避免固定思维**。

"摆脱思维的条条框框"是一件领导力工具，它鼓励人们对问题做出**有创意的回应**。

有时候，前行之路并非前进之路。

参见: 获得优势 32~39页, 商业实践应不断演进 48~51页, 创造力与发明 72~73页, 改变游戏规则 92~99页, 预测 278~279页, 反馈与创新 312~313页。

任天堂的游戏机Wii是一款横向思维的产品。Wii的设计师们并没有迎头挑战行业的竞争对手, 而是将玩游戏重新定义为一项适合家庭的社交活动。

实摆脱了游戏的条条框框, 而"摆脱条条框框"这一短语也被引申为突破常理的思考。如今, "摆脱思维的条条框框"指的是创新、留意市场的变化、避免固定思维。

大胆撤退

线性思维——与"摆脱思维的条条框框"相反——对很多企业的没落负有责任。21世纪早期, MySpace占据着在线社交媒体的主导地位。MySpace是战略撤退的受害者——它坚持失败的战略, 没有适应新的竞争和市场的变化。2005年, New Corp以5.8亿美元买下了MySpace。2011年, MySpace仅卖出了3500万美元, 因为它无法与让Facebook取得巨大成功的创新愿景相媲美。新的思维让MySpace生存下来——它重

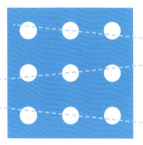

九点连线游戏对玩家的挑战是, 用至多四条直线连接九个点, 不能把笔从纸上移开, 同一条线不能画两次。游戏的解法是在"边框之外"画线。

新锁定了以原创音乐人为核心的市场, 而将社交媒体的大众市场留给了Facebook, 这一措施使它成功扭转了局面。

另一些企业雇用了手法激进的领导者, 带领企业度过了快速变化时期。例如, X-Box和PlaySta-tion在技术上要比任天堂先进。任天堂的对策是提出不同的想法, 它没有进行价格竞争, 也没有推出复杂的游戏, 而是推出了Wii, 创造

BT本可以发明Skype。他们没能发明的原因是, 免费平台的概念完全扰乱了他们的商业模式。

——艾伦·穆尔
美国系统专家

了全新的市场。Wii具有独特的玩家界面, 配有多款无线手柄。因为侧重团队游戏, 它受到了家庭的欢迎, 突然之间, 打游戏成了所有年龄段、经验水平各异的玩家的社交活动。

而采取"大胆撤退"策略的领导者, 则甘愿牺牲技术上的优势或市场主导者的地位, 转而追求更稳定(通常也更有利可图)的市场定位。

重新思考条条框框

一些企业领导者相信, 即使是有创意的思想家, 也会把某些事情(如组织结构)当成是理所当然的。为此, 他们鼓励员工提出新点子, 思考"公司大楼之外"的情况。宝洁公司前CEO A. G. 雷富礼(A. G. Lafley)就曾派员工到客户家中居住, 以便更好地了解客户需求, 找到产品机遇。这样看来, 条条框框本身也是种娱乐。■

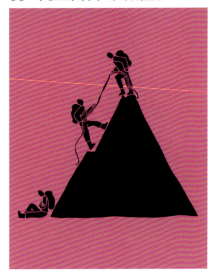

个人的能力越强，就越容易被激励

金钱是动力吗?

背景介绍

聚焦
动机

主要事件

1914年 亨利·福特为了降低工人的流动率，把福特汽车公司工人的薪资提高了一倍。申请到福特工作的工人达到了上千名。

1959年 弗雷德里克·赫茨伯格的理论认为，动机因素和卫生因素影响着员工对工作的满意度。他强调，薪资会降低员工的积极性，而不是激发员工的积极性。

20世纪初 "最佳雇主"榜单显示，排名最高的企业通常不是薪资最高的企业。

2012年 《财富》杂志将谷歌列为在美国就业的最佳企业。在发展中国家的"最佳雇主"名单中，谷歌也名列前茅——高薪加上一系列津贴都提高了员工的满意度。

若重视**动机因素**，如认可、职业发展和责任，员工对工作的满意度就会提高。

如果**卫生因素**如薪资、条件、监督和安全感管理不当，员工对工作的不满就会增加。

金钱很重要，但**工作场所的激励**比单纯的经济奖励复杂得多。

如果薪资更高，你会更努力地工作吗？答案既是"是"，也是"否"。较高的收入或许会激励你跳槽到新企业或者工作得更高效、更努力，但是，你对薪资的关注会很快减少——或者会被其他因素放大，如工作满意度、管理者的尊敬，以及工作本身的挑战。

经济收益促使我们工作，但是，工作的动机远比单纯的金钱复杂。20世纪50年代，美国心理学家

弗雷德里克·赫茨伯格教授在美国凯斯西储大学任教期间开始研究工作场所的激励作用。1959年，赫茨伯格提出了"双因素理论"——动机因素和卫生因素。动机因素是一系列提高工作满意度的因素；而卫生因素若不得当，就会导致员工对工作的不满。

消除不满

卫生因素包括工作条件、工

参见: 领导之道 68~69页,团队的价值 70~71页,创造力与发明 72~73页,有效的领导 78~79页,充分利用天赋 86~87页。

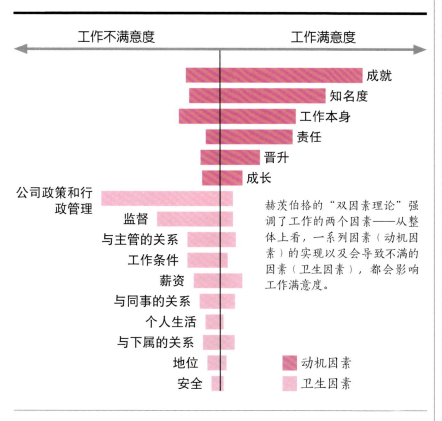

工作不满意度 ← → 工作满意度

成就
知名度
工作本身
责任
晋升
成长
公司政策和行政管理
监督
与主管的关系
工作条件
薪资
与同事的关系
个人生活
与下属的关系
地位
安全

赫茨伯格的"双因素理论"强调了工作的两个因素——从整体上看,一系列因素(动机因素)的实现以及会导致不满的因素(卫生因素),都会影响工作满意度。

■ 动机因素
■ 卫生因素

作的安全感、与其他员工的关系以及薪资;动机因素包括认可、责任、晋升机会、个人的成就感和发展潜力——用赫茨伯格的话说,"个人的能力越强",就越容易被激励。

赫茨伯格认为,工作的不满意与满意同等重要。他认为,除非卫生因素得当,否则无论动机因素有多强,员工都不会努力工作,反而会心生不满、意志消沉。他还认为,卫生因素本身并不具有激励作用,但是,卫生因素得当会降低不满,为激励打下基础。另一方面,动机因素有很大的潜力来提高工作满意度;不过,若缺乏动机因素,

员工的不满也不会太多。

实践中的动机因素

赫茨伯格的发现对企业领导者意义重大。"双因素理论"指出,工作设计是关键——必须创造条件,让员工获得成就感、享受责任、获得工作上的认可。薪资水平或许对招聘、员工留任有好处,但是对激励员工有效工作就没那么有用了。

每天全球有成千上万个人申请麦当劳的工作。在"最佳雇主"榜单上,麦当劳时常名列前茅。麦当劳因为工作环境友好、工作政策灵活而受到了普遍欢迎。首创精

弗雷德里克·赫茨伯格

美国心理学家弗雷德里克·赫茨伯格生于1923年4月18日。他先后在纽约城市学院、美国犹他大学就读。赫茨伯格曾在美国军队服役。人们认为,这段经历激发了他对动机理论的兴趣。

人们认为,工人只受金钱和其他福利的激励。赫茨伯格对此提出了质疑,他认为,成就感、认可都是有力的动机因素。他指出,管理者们应该创造安全、愉快的工作场所,使工作任务变得有趣、有挑战性、有收获。他的著作影响了一代管理者。

主要作品

1959年《工作的动机》
1968年《再论如何激励员工》
1976年《管理选择:效率与人性》

神,如"亲友契约"——同一家族或联谊团体的雇员可以互相顶班,给了员工责任共担的感觉,提高了员工对公司的忠诚度。

高薪企业排在"最佳雇主"榜单前列的例子并不多见。金钱虽然有用,但是职业晋升、工作满意度、管理的态度、人际关系等因素更能激励人们努力工作。■

请君作酶
——变革的催化剂

改变游戏规则

背景介绍

聚焦
改变游戏规则

主要事件

1997年 美国的克莱顿·M. 克里斯坦森教授提出了"破坏性技术"的概念，即未预期到的重大技术进步会使企业重新定义其经营模式。

21世纪初 全球定位系统（GPS）导航技术出现。这是一项破坏性的创新，它影响了从出行、娱乐到智能手机的应用程序等一系列产业。

2014年 美国工商管理学教授戴维·麦克亚当斯撰写了著作《改变游戏规则的人：博弈论和转变战略格局的艺术》。麦克亚当斯认为，改变游戏规则的人是那些"有足够的决心改变游戏规则，使其对自己有利"的人。

为人们所铭记的商界人士，其行事方式通常与众不同，例如Facebook的COO雪莉·桑德伯格、美国投资大师沃伦·巴菲特、中国澳门商界巨子何鸿燊、英国企业家理查德·布兰森、美国媒体巨头奥普拉·温弗瑞都是如此。同样，被人铭记的企业，其产品、服务也可谓出类拔萃。随波逐流、沿袭老路的企业很快就会被人遗忘，而打破整个产业格局、改变游戏规则的企业则被人称道，甚至被奉为偶像。

在当今的全球市场中，竞争非常残酷，市场份额的每个百分点都弥足珍贵，都需要付出艰辛的努力才能获得。在这类市场上经营通常是零和博弈：竞争会拉低价格、提高成本。要得到较大的市场份额，不只需要渐进的改善，还需要激进、破坏性的变革——如果不能赢得胜利，那就改变游戏规则。改变游戏规则这一商业策略的核心是重新定义产业的规则和界限。比客

我想在宇宙中留下印记。

——史蒂夫·乔布斯

户、竞争者先想一步，就能打破现状，使企业受益。

破坏性创新

哈佛商学院学者克莱顿·克里斯坦森（Clayton Christensen）指出，有两种技术能够影响企业："维持型技术"，或称技术进步，它能帮助企业逐步改进产品性能；"破坏性技术"，即激进的技术变革，它能打破产业格局，迫使企业重新思考其经营模式。后来，克里斯坦森用"破坏性创新"代替

史蒂夫·乔布斯

1955年2月24日，企业家、发明家史蒂夫·乔布斯出生在美国加利福尼亚州的圣弗朗西斯科。1976年，乔布斯21岁，他与史蒂夫·沃兹尼亚克一同创办了苹果公司。1980年，苹果公司公开上市，其市值达到了12亿美元。

1985年，乔布斯与董事会产生分歧，新上任的CEO约翰·斯卡利解雇了乔布斯。乔布斯转而建立了NeXT电脑公司，并投资了皮克斯动画工作室，后者取得了巨大的成功。造化弄人，1996

年，NeXT被苹果公司买下，年底，乔布斯又回到了苹果公司，并于1997年出任CEO。1998年，乔布斯推出了标志性的iMac电脑，领导了历史上最著名的一次公司复兴。在乔布斯的带领下，苹果公司以创新的产品设计和先进的技术引领市场，成了全球最有价值的科技企业。

2010年，在《时代杂志》"改变世界的一百人"榜单上，乔布斯位列第61位。2011年10月5日，乔布斯逝世。

参见: 在市场上脱颖而出 28~31页、获得优势 32~39页、创造力与发明 72~73页、摆脱思维的条条框框 88~89页、引领市场 166~169页、价值链 216~217页、创立品牌 258~263页。

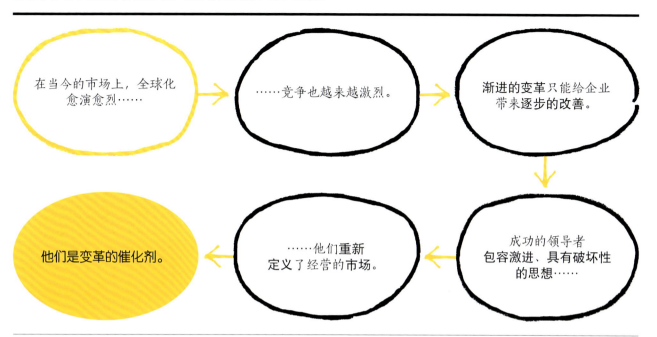

在当今的市场上，全球化愈演愈烈……

……竞争也越来越激烈。

渐进的变革只能给企业带来逐步的改善。

成功的领导者包容激进、具有破坏性的思想……

……他们重新定义了经营的市场。

他们是变革的催化剂。

了"破坏性技术"，因为具有破坏性的不是技术本身，而是应用技术的方式。

GlowCap便是一款找到了技术的新用途、改变了游戏规则的产品。GlowCap是一个与处方绑定的螺旋盖药瓶，它带有发光的LED灯，并有语音提醒功能。它还可以通过Wi-Fi与用户的智能手机相连，在用户忘记服药时发送短信或电子邮件。与很多改变游戏规则的产品一样，它利用发散思维解决了既有问题，有效地满足了客户的需求。

水晶阁坐落在英国，由西门子公司建造。水晶阁是全球最具可持续性特色的建筑，也是创新精神的象征。自19世纪80年代以来，创新精神一直是西门子的标志。

"破坏性创新"产生了产品需求，甚至是客户尚未意识到的需求。"破坏性创新"会带来巨大的先行优势，帮助企业打开未被利用的新市场——新的市场区隔尚未与品牌建立联系。例如，德国的西门子于1880年建造了全球第一部电梯，1881年为全球第一套电子街

"破坏性创新"指的是一项打破市场格局的创新。若既有产品宣称它提供的特性或服务超出了客户的需求，那代表这款产品太过复杂或不易使用。既有产品的性能和客户需求之间的差距变大，市场就会出现空白，具有"破坏性"的新产品便应运而生。随着时间的推移，新产品会重新定义市场。

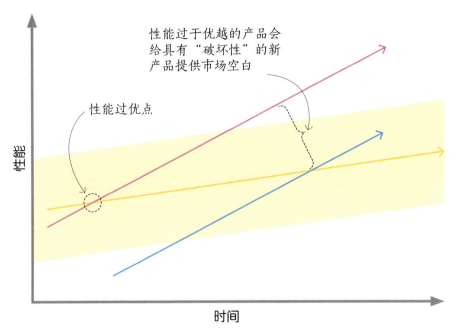

性能过于优越的产品会给具有"破坏性"的新产品提供市场空白

性能过优点

性能

时间

主流性能需求

—— 平均性能需求

—— 既有的企业/产品

—— 具有"破坏性"的新企业/新产品

道照明系统（位于英格兰的戈德尔明）提供了电力。之后，西门子的产品在照明、能源、运输和保健等领域改变了游戏规则，使西门子品牌与优质、创新联系在了一起。

维尔纳·冯·西门子是西门子的创始人。然而，像他一样有远见、有勇气改变游戏规则的领导人少之又少。脱离传统需要很大的勇气。这需要用魅力和信念进行引导，让个人、企业和整个行业脱离现状。成功会得到奖励和颂扬，失败会受到嘲弄和蔑视。对于有能力改变游戏规则的人而言，毁誉只在一线间。

重写规则

苹果公司是在多个领域改变游戏规则的另一家企业。在其联合创始人史蒂夫·乔布斯的领导下，

苹果公司打破了台式机、唱片、移动电话以及平板电脑行业的产业格局。

苹果公司的iMac专注于易于使用的设计和软件，对个人电脑行业产生了巨大影响。不过，苹果公司改变游戏规则的首件产品当属2001年推出的iPod。iPod曾受到质疑——但克里斯坦森认为，这是对改变游戏规则的产品的典型反应。

随波逐流，不成领袖。
——玛格丽特·撒切尔
英国前首相 (1925–2013)

乍一看就被接受的"成功者"，不会在市场上掀起波澜——真正改变游戏规则的产品会令人惊讶，会立即受到质疑。

为技术设计界面

早期的MP3播放器存储量小，后来的MP3播放器则以硬件驱动，有很大的存储空间。iPod是二者的融合。在互相竞争、平淡无奇的产品海洋中，iPod因其时尚、独特的设计脱颖而出。它体积小，使用方便，"能在口袋里装下一千首歌曲"。

真正打破格局的是iPod与iTunes软件界面的结合。这样一来，客户能在同一个站点购买并下载大量的音乐，并轻而易举地将它们从电脑"同步"到设备上。iPod还能一边同步一边充电。苹果公司

改变了个人音乐设备的行业格局，现在人们对这些功能已经习以为常了。2003年，iTunes音乐商城（现名为iTunes）重新定义了唱片行业。当时，数字音乐盗版现象十分猖獗。唱片厂牌害怕失去控制，进一步损害已经下滑的收益，因而对数字音乐分销十分抵触。乔布斯利用唱片公司老板们的焦虑，向人们提供了方便、可迅速购买音乐的合法渠道。

苹果公司的软件永久地改变了唱片业的商业模式。iTunes不仅改变了获取、聆听音乐的方式，还让人们能够购买一张专辑中的单支歌曲。艺术家们再也不必耗费几个月的苦工制作新专辑了，他们可以细水长流地发布单曲。人们不再受到购买整张专辑的限制，也无须搜

苹果公司的标志已成为摩登时代的标志——它是苹果公司拥有革命性的技术及产品的表现。

索免费的盗版文件。很多客户曾被五花八门的MP3播放器和搜索网络音乐的方法搞得不知所措，而iTunes和iPod解决了他们的烦恼。苹果公司简化了流程，同时，它的解决方案也带来了美学上的吸引力。到2013年，苹果公司的战略使iPod的销售量达到了4亿台，iTunes的下载量多达250亿次。

持续改变游戏规则

激进的破坏如果只发生一次，会被归结为好运气。但真正改变游戏规则的人，会不断地将自身同竞争对手区别开来。史蒂夫·乔布斯并不满足于唱片行业的变革，2007年，他将注意力转移到了手机产业上。当时智能手机已经发展了一段时间，而iPhone则朝前迈出了一大步。iPhone可以使用堪比电脑软件的手机应用程序，尤其是它能无缝接入互联网，这使它立即

做不可能的事，能得到乐趣。

——沃尔特·迪士尼
美国企业家（1901–1966）

风靡起来。真正的突破是iPhone的触屏技术。乔布斯将iPhone称为"革命性产品"，认为它"比其他手机领先五年"。他的话应验了，几年之后，iPhone仍然保持着标杆地位，其他手机的评估和定义都需要参照iPhone。

2011年，乔布斯在离世前不久再次改变了游戏规则——这次是iPad。2010年4月，在疑惑和些许讥讽中发布的iPad重新定义了计算机行业。iPad使技术的获取扩展到

> 今天看来怪异、不必要、脱离常规，甚至是让人无法容忍的东西，可能对解决明天的问题必不可少。
>
> ——皮埃尔·奥米迪亚

了商业、教育和桌面应用之外。而最初，很少有人觉得它会流行起来。iPad带来了计算机的新纪元，在越发拥挤的平板电脑市场上，iPad仍旧保持着行业的标杆地位。

公司文化

苹果公司极大地改变了游戏规则，使苹果品牌进入了这个时代的文化思潮：从咖啡店、教室到电视节目，苹果公司的产品随处可见。出色的技术让苹果公司的产品无处不在，并使客户近乎狂热地忠诚于这个品牌。有了这样的竞争优势，苹果公司产品的售价高于行业平均水平就一点也不奇怪了。

但是，所有企业都要面临的挑战是：改变游戏规则的心态必须贯穿整个企业。法国商人皮埃尔·

皮埃尔·奥米迪亚是广受欢迎的拍卖网站eBay的创始人。他把对创新、巨大变革的渴望融入了eBay的企业文化之中。

奥米迪亚（Pierre Omidyar）是在线拍卖网站eBay的创始人。他认为，领导者应当成为"变革的催化剂"。要真正取得成功，并使成功延续到领导者的任期之外，破坏的欲望必须无处不在、无时不在。公司应当具有变革的灵活性，不断打破产业格局所需的活力、革新和勇气，必须深深植根在公司文化之中。

对于eBay，奥米迪亚意识到，未来是不可预测、非线性的。他决定用软件工程师（他之前的工作）的方法构造新企业，而软件工程师的经历让他"学会在设计上谋求灵活"。最初的计算机程序看似超出了客户的需求，但这给变革带来了灵活性，使他可以"为不可预期的情况做好准备"。eBay的系统能够自行维持，需要的干预不多，并且能够根据客户的需求做出改进。这套系统的设计将破坏植根

> 在产生问题的层面上不能解决问题。
>
> ——阿尔伯特·爱因斯坦
> 物理学家（1879—1955）

到了其核心结构中。让使用者为彼此打分的想法既新颖又有风险——在这种商业模式下，大多数工作需要由客户完成。这些特性使eBay不仅一直围绕着奥米迪亚的创意和精神发展，还围绕着整个eBay用户群的需求发展。

容忍失败

然而，将改变游戏规则植根

于心的情况并不多见。英雄式的领导者很难找到、更难替代。只有不到十分之一的新产品创意能够进入市场。改变游戏规则的创新是有风险的，而人们很少有足够的勇气，或足够的自信坚持自己的创意。

纵观企业史，失败的产品比比皆是，因此，大多数企业天生厌恶风险。甚至连苹果公司也犯过错误——苹果公司的例子又一次具有了教育意义。人们铭记乔布斯，或许是因为他改变了音乐、计算机和手机行业，但是，作为经历失败并重新振作的典范，他同样值得被人铭记。乔布斯经历过多次失败。例如，苹果公司的Pippen游戏机竞争不过索尼的PlayStation，很快被抛弃了；苹果Ⅲ计算机存在重大的设计缺陷；丽莎计算机——最终为iMac的设计提供了基础——销售非常糟糕；牛顿掌上计算机是当代智能机的前身，但在当时却遭遇了惨败。

1985年，乔布斯由于这些失败而被解雇了。2005年，乔布斯在斯坦福大学对毕业生进行的演讲中说，被解雇使他改变了自己的游戏规则，"从头再来的轻松，取代了成功的沉重包袱，对一切事物的不确定使我获得解放，进入了生命中最有创意的时期"。

纵观历史，先驱者在成功之前跌跌撞撞的例子也不鲜见。哈兰德·戴维·桑德斯发明的KFC炸鸡曾被一千余家餐馆拒绝；R.H.梅西在创设全球最大的卖场之前关闭了多家店铺；沃尔特·迪士尼的欢笑

挑战现状

美国商人约翰·H.约翰逊（John H. Johnson）敏锐地认识到，针对非裔美国人的出版物市场具有很大的潜力。约翰逊出身贫困，因在高中时期成绩优异，得以获得奖学金进入芝加哥大学学习。为了生计，他曾在一家保险公司担任内勤。在保险公司工作期间，他有了创办《黑人文摘》（后来改名为《黑人世界》）的想法。《黑人文摘》是一本聚集非裔美国人的历史、文学、艺术和文化的杂志。这本杂志取得了巨大成功，仅在六个月内就售出了五万本。约翰逊在1945年创办了第二本杂志《乌木》，鼎盛时期的发行量曾达到二百万册。约翰逊敢于挑战现状，建立起一个涵盖电台、电视和图书的出版业帝国。1982年，约翰逊荣登《福布斯》"美国富豪四百强"榜单。

动画工作室在1923年破产了；亨利·福特在成功之前，创办的三家企业均倒闭了；阿尔伯特·爱因斯坦（曾被其老师形容为"迟钝"）和亿万富翁奥普拉·温弗瑞（有人说她"不适合上银幕"）这样的规则改变者，均挑战了为他们预设的未来。

长期思考

伟大的领导者区别于他人的地方是，他们能在失败后从头再来，并能始终保持勇气和信念，不断改变游戏规则。从战略的角度来看，改变游戏规则的创新能够促进长期思考。要采用这种战略，股东必须容忍风险和不确定性，对回报有耐心——回报期或许会很长，收益难以度量。若这种长期方法取得成功，企业就能建立起强大的品牌，将资金投入研发，开发出更出色的商业流程，也能避免以提升短期利润（可能有害）为目的的措施。

克里斯坦森在《创新者的窘境》一书中指出，改变游戏规则的领导者不受定量增长、"跟风"思维的束缚：他们采纳独特的创意，重新制定竞争条款；他们能够认识到商场的原则是"不改变，即死亡"，并按照对自己有利的方式打破现状；他们不是比竞争对手先行一步，而是领先多步。在市场竞争高度激烈的今天，改变游戏规则的领导者不仅要比对手更聪明、思考得更深入，还要"移动标杆"，重新定义游戏规则。■

必须甘愿承受误解。
——杰夫·贝佐斯
美国企业家（1964-）

自负是折磨高管的重症

自大与报应

背景介绍

聚焦
成功与失败

主要事件

公元前500年左右 古希腊人创造了"自大"（hubris）一词，用来描述不切实际的、会导致"报应"（致命的惩罚或堕落）的骄傲。

2001年 安然公司当时的CEO肯尼思·莱（Kenneth Lag）在给员工的一封邮件中称："公司业绩从未如此强劲。"但4个月后，安然就申请了破产。

2002年 美国活动家赫伯特·伦敦认为，古希腊时期所说的"自大"在21世纪同样危险。

2009年 吉姆·柯林斯在《巨人为何衰败》一书中，总结了公司衰退的五个阶段。

即便是明星企业，也有可能畏缩不前、落后于时代。成功的大型企业，如瑞士航空、安然和雷曼兄弟公司也会由盛转衰，这在历史上不断重演。导致这种情况的原因有很多，包括管理上的自满、糟糕的营销、糟糕的产品、战略上的盲目、经济环境的不景气，或者仅仅是运气不佳。然而在很多情况下，成功也是失败的催化剂。

成功会导致过度自信，使企业所有者和管理者对真实的情况视而不见。看似势不可挡的成功令管理层兴奋不已，但在他们有所察觉

参见: 改变与改造 52~57页, 提防好好先生 74~75页, 好战略, 坏战略 184~185页, 避免自满 194~201页。

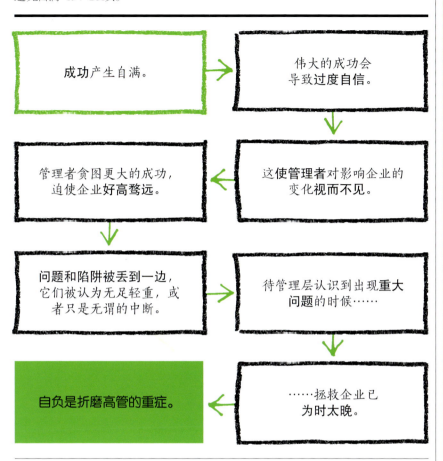

成功产生自满。

→ 伟大的成功会导致过度自信。

管理者贪图更大的成功, 迫使企业好高骛远。 ← 这使管理者对影响企业的变化视而不见。

问题和陷阱被丢到一边, 它们被认为无足轻重, 或者只是无谓的中断。 → 待管理层认识到出现重大问题的时候……

自负是折磨高管的重症。 ← ……拯救企业已为时太晚。

吉姆·柯林斯

吉姆·柯林斯于1958年出生在美国, 是一名商业咨询师、作家。他自称是"伟大公司的学生"。

柯林斯拥有斯坦福大学工商管理和数学学位, 并被授予了多个荣誉博士学位。他曾同各类企业的高管并肩工作。他感兴趣的问题是"好"与"伟大"之间的差别: 企业如何才能有优异的表现?

1995年, 为了进一步研究优秀的企业, 柯林斯在科罗拉多州的博尔德市创办了管理实验室。他的著作被翻译成了35种语言文字, 在全球的销量超过了1000万册。

主要作品

1994年 《基业长青: 企业永续经营的准则》

2001年 《从优秀到卓越: 为何有些公司能实现跨越》

2009年 《巨人为何衰败》

或采取措施之前, 企业内部早就出现了警告信号。自大是一种盲目的骄傲, 它蒙蔽了人们的双眼, 使企业看不到自己正一步步走向灾难。

衰退的五个阶段

吉姆·柯林斯总结了公司衰退的五个阶段。在第一个阶段, 公司业绩可观, 甚至非常出色, 新闻报道积极向上, 财务状况良好, 员工士气高涨。但是, 这种成功的结果是: 第一阶段会出现第一个警告——企业的管理者和员工开始过度自信。在高度成功的企业中, 员工有倨傲的风险, 他们开始将成功视为一种权利或资格。管理者会忽视最初促成成功的潜在因素, 高估他们自身和企业的优势。

如果在第一阶段管理者和员工有"我们非常伟大, 我们无所不能"的感觉, 那么他们在第二阶段就会产生"我们应该做得更多"的想法。柯林斯将这个阶段称为"目无纪律地求多": 更高的销量、更多的店铺、更大的增长、更多的一切。管理上的持续自大会导致企业纪律涣散, 管理者决策的出发点成了贪婪, 而警告则被忽视。

在第二阶段，企业会涉足它们并无竞争优势的领域，发展它们并无专长的方向，展开欠缺考虑的并购。第一阶段的自满会演变成第二阶段的好高骛远。

到第三阶段，问题开始积累，员工开始质疑管理层的决策，财务数据开始令人不安，这意味着现实并没有表面上那样乐观。柯林斯指出，即使到了第三阶段，企业仍有意识不到衰退的可能。在这个阶段，企业业绩的异常被搪塞过去，任何问题都被归为"经营环境不佳"。管理层认为企业仍然强大，没有出现根本性的错误，一旦市场回暖，企业还能重新赢得市场领先地位。

时不再来

第三阶段代表着转折。到

"流氓交易员"热罗姆·凯维埃尔声称，他所在的法国兴业银行知道他在进行危险的大额交易，但是银行只关注利润，对此视而不见。

达这个阶段的企业应尽力避免崩盘。如果管理层能倾听员工（特别是一线员工）的观点，留意股东的担忧，根据周遭的实际改变策略，企业就能恢复过来。安迪·格鲁夫（Andy Grove）就采取了行动使英特尔公司重新实现赢利。但投资银行雷曼兄弟公司就没这样的好运了。2007年，雷曼兄弟公司的股价创新高，这使它忽略了崩盘的早期警告。当时的美国住房市场已经出现了明显问题，次级抵押贷款的违约率创下新高，雷曼兄弟公司却继续置身在抵押贷款支持金融产品的风险之中。管理层尤其是总裁理查德·福尔德被自大所蒙蔽，拒不面对现实，继续推行欠缺考虑的战略，使企业很快进入了第四阶段。

应对灾难

到第四阶段，企业的困难已经无可争议了——最固执、最自负的管理者，也必须承认麻烦的存在。如何应对是这一阶段面临的问题。不幸的是，雷曼兄弟公司的例子道明：承认现实不一定会带来适当的行动。

2007年8月，全球次贷危机爆发，雷曼兄弟公司的股价暴跌。福尔德曾领导雷曼兄弟公司成长为华尔街第四大银行，但他无法接受新的战略。不确定性笼罩着雷曼兄弟公司，当记者就雷曼兄弟公司的未来询问福尔德时，他仍旧拒绝接受注资。他认为，卖掉雷曼兄弟公司的一部分股权并不在他的选择范围内。最终，福尔德放弃了这一决

> 优秀的领导者从不认为他们完全了解了将之引向成功的所有因素。
>
> ——吉姆·柯林斯

定，但已无力回天。2008年9月15日，雷曼兄弟公司宣布破产。

成功及成功带来的自大会引发危机。管理层对危机的回应非常关键。不解决潜在的问题而采用"创可贴"式的快速修补法，很少能取得成功。过度自信会导致第一阶段的危机，若带着自大进行快速修补，如实施莽撞、有风险的战略，期望推出轰动一时的产品或进行"改变游戏规则"的并购，通常会将企业带入第五阶段：归于沉寂或迈向死亡。

屈从于无足轻重

到第五阶段，残酷的现实最终降临，昂贵的失败战略蚕食了企业的财力，累积的挫败损害了试图弥补损失的意志。在这个阶段，重要管理人员通常会离开企业，为数不多的客户也会投入竞争对手的怀抱。盛极一时的企业最终走向了衰落。并购或许能拯救企业，保住一些岗位，但是重拾往昔辉煌的可能性微乎其微。大多数沦落到如此

美国的住房所有者受到了雷曼兄弟公司等企业的拖累。21世纪初，雷曼兄弟公司通过抵押支持证券获得了巨额利润。但是，雷曼兄弟公司的管理者忽视了抵押贷款违约的警告。

境地的企业只能依靠过去的历史作为利基品牌生存下来（如果还能的话）。

重拾辉煌

对于成功的企业，衰败并非不可避免。企业之所以会到达后面的衰败阶段，是因为管理者没有留意变革的早期警告，或者不理智地坚信他们有克服困难的能力。不过，即便到达第四阶段，企业仍然有恢复生机的可能。柯林斯认为，应该采取平和、清晰的措施，找回让企业获得最初成功的基本核心价值。

史蒂夫·乔布斯在苹果公司任职期间就是如此。20世纪80年代末期和90年代早期，苹果公司的管理层认为公司表现优异，对PC制造商日益激烈的竞争视而不见，期望客户将质量和兼容性问题视作"怪事"。1995年，微软推出Windows 95操作系统后，苹果开始走向衰败。苹果公司产品的销量和利润下滑，形象受损，这被《商业周刊》称作"美国偶像的陨落"。苹果公司前CEO吉尔·阿梅里奥开始削减成本、重组公司，并增加了新的互联网服务小组。到1997年，随着持续的衰败，苹果公司离破产只有数月之遥。新成立的董事会召回了苹果公司的联合

创始人之一——史蒂夫·乔布斯，并任命他为CEO。不少人认为乔布斯会推出一系列新产品，实际正好相反。为了反映苹果公司的利基定位，乔布斯缩小了公司的规模，将台式机型号从15种减少到了1种。他终止了打印机的生产，削减了软件开发投入，将生产线转移到了国外。他以简化后的产品系列为中心，通过数量有限的门店销售产品，重新设计了企业。公司渐渐

成功孕育了自我衰败的种子。

——皮埃尔·德·顾拜旦
法国教育家（1863—1937）

稳定了下来，回归到了它的核心价值——专注创新和质量上，开发出了iMac、iPod、iPhone和iPad等多款明星产品。

追求精简

自大并不是企业失败的唯一原因。面对变幻莫测的市场、主要供应商的崩溃，以及超出企业控制能力的因素（如2008年的次贷危机，这对于已经举步维艰的伍尔沃斯公司而言，无异于致命一击），技高一筹的管理层也会失败。自大偶尔会成为企业衰败的一个因素，但是，糟糕的商业实践或运气不好都会导致企业走向衰败。

如果过度自信导致"目无纪律地求多"，那么恪守纪律追求精简——回归企业的根本战略，或许是个解决办法。■

文化是群体解决问题的方式

组织文化

背景介绍

聚焦
组织结构

主要事件

1980年 吉尔特·霍夫斯塔德（Geert Hofstede）所著的《文化的重要影响》一书，引起了人们对组织文化重要性的关注。

1982年 美国企业咨询师特伦斯·迪尔（Terrence Deal）和艾伦·肯尼迪（Allan Kennedy）认为，文化是决定企业成功最重要的因素。

1992年 哈佛大学教授约翰·科特称，在11年的时间里，文化丰富的组织，其净收入增长了756%，而文化定义不明确的企业，净收入只增长了1%。

2009年 华信惠悦（Watson Wyatt，现为韬睿惠悦）提出了人力资本指数，该指数体现了企业文化对维持人力资源良好运作的经济价值。

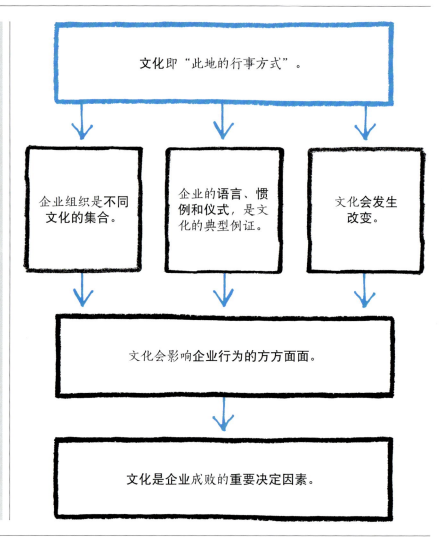

组织通过传统、历史和架构建立起身份感。这种身份感通过组织文化——仪式、信仰、传奇、价值观、意义、规范和语言来保持活力。组织文化决定了"此地的行事方法"。

文化为"组织是什么"（无形的）、"组织有什么"（有形的）提供了共同的观点。它是企业组织的"故事"：通过特殊的语言和企业特有的符号进行强化的一种叙述。20世纪40年代，人类关系专家受到早期社会学和人类学著作的启发，开始从文化的角度思考企业组织。20世纪80年代早期，荷兰文化心理学家兼管理学专家吉尔特·霍夫斯塔德出版了《文化的重要影响》一书，此后，"组织文化"这一术语成了商业词汇。

霍夫斯塔德第一次细致审视了组织结构。他发现，社会文化塑造了组织文化，并与组织文化有所重叠。他指出，文化有五个维度：权力距离、个人主义与集体主义、男性主义与女性主义、不确定性规避、长期取向与短期取向。这五个维度都会影响企业行为。

文化的五个维度

霍夫斯塔德的第一个维度——权力距离，指的是管理者和下属之间的距离。权力距离较大的组织文化由规则驱动，有层级之分（每个人都"了解自己的位置"）。例如在俄罗斯，大多数员工无法接触到公司总裁（权力距离较大）。相

参见: 创造力与发明 72~73页, 管理的众神 76~77页, 自大与报应 100~103页, 避免群体思维 114页, 平衡短期行为和长期行为 190~191页, 学习型组织 202-207页, 建立合乎伦理的文化 224-225页。

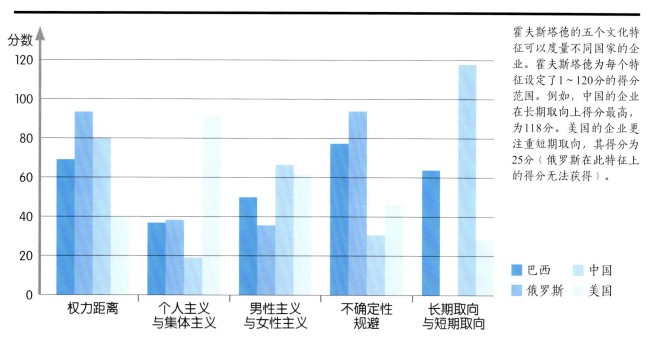

霍夫斯塔德的五个文化特征可以度量不同国家的企业。霍夫斯塔德为每个特征设定了1~120分的得分范围。例如, 中国的企业在长期取向上得分最高, 为118分。美国的企业更注重短期取向, 其得分为25分(俄罗斯在此特征上的得分无法获得)。

反, 在权力距离较小的组织中, 如澳大利亚的很多公司, 决策在组织中的分配则较为均匀。

很久以前人类学家就从理论上证明了, 集体主义文化通过外部的社会压力(耻辱)来控制成员, 而个人主义文化通过内部压力(罪恶)来控制成员。霍夫斯塔德的第二个维度强调了集体主义和个人主义的趋向, 这在亚洲公司和美国公司之间体现得淋漓尽致。在解决问题时, 美国的企业指望个人来解决, 而亚洲的企业则喜欢把问题抛给集体。

霍夫斯塔德的第三个维度是男性主义与女性主义, 每个组织在这个维度上都有差异。有些组织强调男性特征(地位、魄力和晋升),

另一些则认为女性特征(如人文主义、协作、分权和栽培)更重要。例如, 意大利的企业就倾向于有魄力、有竞争的组织文化。

霍夫斯塔德的第四个维度是不确定性规避, 即在形势不明朗的情况下员工感到不安的程度。在特定情况下, 人们会因"不知道"如何应对而感到不舒服, 这种感觉越强烈, 企业就越需要用规则和政策来消除不确定性。不确定性规避程度较低的企业更容易在模糊、不确定的环境下兴旺起来。例如, 英国的组织就能轻松应付毫无章法、无法预测的情况。

霍夫斯塔德的第五个维度是长期取向与短期取向, 即组织考虑短期(利润)和长期(价值)的优

先程度。例如, 日本的企业对长期问题的看法与众不同: 丰田汽车为公司制订了百年计划。

文化为何重要

在这五个维度上, 每个组织的文化都有程度上的差异。优秀的

我在IBM公司学到了文化就是一切。
——路易斯·V. 格斯特纳
美国商人(1942–)

领导者知道，在组织的各个部门（以及世界的不同地方）中哪些文化会起作用，并据此对领导力做出相应的调整，例如在处理亚洲子公司的事务时，他们会重视集体方法。

如今，组织文化的重要性更甚以往。竞争日益激烈的市场环境、全球化、合并、收购、联盟的盛行，以及新的工作模式（如远程办公），都需要企业在大量的员工和巨大的地理距离之间进行协调。霍夫斯塔德的研究指出，无论多国经营，还是跨国经营，领导者在保持企业文化统一时会面临困境。平衡组织内部倡导的"单一文化"和外部世界中本土文化的影响，是领导者要面对的挑战。

拥有强大组织文化的企业，如运动服装制造商耐克和印度的塔塔汽车，十分注重企业的历史和形象。在耐克，身上有耐克"钩形"标志文身的员工并不在少数。在这样的企业里，文化涵盖了"我们是谁""我们代表了什么"的内心感受，很多员工都能够凭记忆背出企业的格言。Innocent是英国的一家水果奶昔制造商，它创造了一种以沟通为基础的组织文化。该公司的创意总监丹·杰曼解释说："无论决策大小，如果员工没有参与，他们就会感到没人疼爱，感到公司和公司的成功与他们无关。"

组织文化的益处

强大的组织文化会给员工一种归属感，反过来，这种归属感会带来益处，如提高工作满意度和促进员工留任。在耐克，工作未满十年的员工都被认为是新手。此外，组织文化定义了"游戏规则"，简化了特权。如果每名员工都了解企业的价值观、信仰和构想，做决策就会更迅速、更容易。根深蒂固的组织文化还会改善客户体验，如果员工信赖企业的产品，他们就会把这种信赖传递给客户。

组织文化还能保护企业，使之不受魅力型领导心血来潮的想法和变化不定的时尚的影响。虽然领导者能影响组织文化，但是成功的组织文化能够恒久保持，即使管理层出现变动。

文化的特性

强有力的组织文化也会遭遇群体思考（每个人的想法太接近）、褊狭（视野太狭隘）和自负（认为企业在所有事情上都是对的）等问题。组织文化也会成为权力和抵抗的来源；必要的变革会因为"这不是我们的行事方式"而遭到抵制。

特伦斯·迪尔和艾伦·肯尼迪1982年出版的《企业文化》阐述了一系列文化现象。二人认为，文化由六个相互关联的元素组成，其中包括：企业的历史、企业的价值观和信仰、企业的仪式和规范、企业的故事、体现企业价值观的英雄人物、文化网络。

迪尔和肯尼迪还根据企业对待风险的态度、反馈和奖励的速度定义了四种组织文化。在"男子气"组织文化中，反馈和奖励的速度快，对风险的容忍度高，广告行

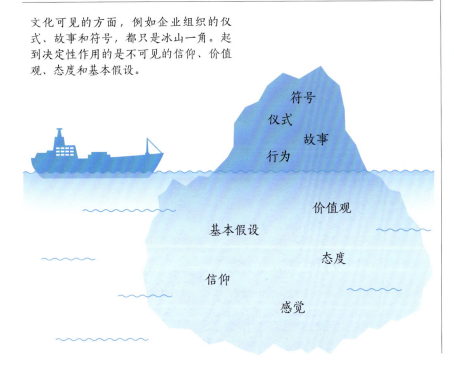

文化可见的方面，例如企业组织的仪式、故事和符号，都只是冰山一角。起到决定性作用的是不可见的信仰、价值观、态度和基本假设。

符号
仪式
故事
行为

价值观
基本假设
态度
信仰
感觉

迪尔和肯尼迪发明了"文化网络"一词，它指的是企业内部的非正式渠道——讲述人、搬弄是非者和告密者。通过他们，文化得以形成并传递下去。

业便是如此。在努力工作、尽兴玩乐的组织文化中，如销售公司，风险并不普遍，但快速的反馈和奖励产生了一种高压的环境。在"拿企业做赌注"的豪赌组织文化里，决策风险非常高，对成败的反馈非常缓慢，石油企业便是豪赌组织文化的代表。在流程组织文化中，反馈十分缓慢，风险很低，保险公司和政府机关便是如此。

领导力和组织文化相互交织、相互依赖。如果领导者不能保护并重新定义使企业获得成功的核心价值观，组织文化就会被削弱。2012年，一名高盛雇员在给《纽约时报》的公开信中对高盛的"有毒文化"哀叹不已。他说："这种文化是高盛成就伟业的秘方，它使我们在143年的岁月里得到了客户的信赖……而今，我环顾四周，却找不到（这种）文化的一丝痕迹。"这封信成为头条后，高盛的股价下跌

了3.4%。

实践中的文化

领导者希望有某种标准化的文化——一种固定、可见、稳定的文化，这是可以理解的。但这更可能出现在领导者的想象里，而不是员工的日常经历中。企业很少拥有单一的文化，相反，它是多种文化的组合。领导者的任务是确保这些文化不与企业组织的价值观偏离太远。

组织文化不是静态的。每种文化都是动态的，面对内部和外部的压力，会发生渐进的、持续不断的转变。管理文化是领导者需要面对的重大难题，尤其是在有意谋求变革的时期。

寻求组织文化变革的领导者应当从小处开始。文化是难以捉摸的，指望毕其功于一役通常会招致失败。制作大胆、新颖的企业使命书，大规模重新设计办公室，劝说他人"在这里工作很有趣"，很少会达到管理者预期的效果。文化的变革需要对员工进行长期投资，而不是在建筑和品牌推广上投入巨资。原因是，引领文化可以自上而下，但文化的成长是自下而上的，文化的培育需要时间和耐心。领导者应当了解组织文化的动态变化，有效地利用文化的优势，而不是被文化的约束打倒。■

吉尔特·霍夫斯塔德

吉尔特·霍夫斯塔德于1928年出生在荷兰的哈勒姆，曾就读于技工学校，后在代尔夫特技术大学获得机械工程硕士学位。1965年，他开始兼职攻读博士学位，在此期间，他加入了IBM，建立了人力研究部门。在IBM的经历起到了决定性作用——在IBM搜集的数据、获得的深刻思想，构成了霍夫斯塔德的研究基础，使他对组织有了"自下而上"的看法。1993年，霍夫斯塔德成为管理学教授。2008年，他被《华尔街日报》誉为"全球最有影响力的思想家"。霍夫斯塔德1980年的著作《文化的重要影响》一直启发着全世界对企业组织的研究。

主要作品

1980年　《文化的重要影响》
2010年　《文化与组织：心灵软件的力量》

文化会吞噬战略。
——彼得·德鲁克
美国管理咨询师（1909-2005）

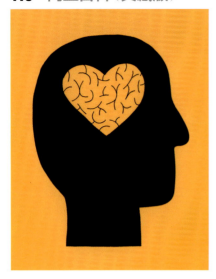

情商是心灵与头脑的交汇

培养情商

背景介绍

聚焦
情商

主要事件

约公元前400年 哲学家柏拉图说："一切学问都有情感基础。"

20世纪30年代 美国心理学家爱德华·桑代克（Edward Thorndike）提出了"社会智能"的概念，它指的是与其他人相处的能力。

1983年 美国心理学家霍华德·加德纳（Howard Gardner）认为，人类拥有多种智能，包括人际智能、音乐智能、空间-视觉智能和语言智能。

1990年 美国心理学家彼得·沙洛维（Peter Salovey）和约翰·迈耶（John Mayer）发表了首套有关情绪智能的正式理论。

1995年 丹尼尔·戈尔曼（Daniel Goleman）所著的《情商：为什么情商比智商更重要》出版，并成为全球畅销书。

情商（Emotional Quotient，EQ）是感知、控制、评价自我情绪和他人情绪的能力。这一概念源于20世纪30年代对社会智能的研究以及20世纪70年代对各类智能的研究。20世纪90年代，美国心理学家丹尼尔·戈尔曼出版了影响深远的著作——《情商：为什么情商比智商更重要》。在书中，戈尔曼指出，情商包括五个"域"：了解情绪、管理情绪、自我激发、认识并了解他人的情绪，以及管理关系。

有效的领导者有一个相似点：他们都有很高的情商。

——丹尼尔·戈尔曼

戈尔曼一针见血地指出，有效的领导者通常具有较高的情商。他认为，即使领导者精力充沛、创意无限，拥有敏锐、逻辑性强的头脑和令人印象深刻的资历，但若没有情商，他们也会效率低下，无法激励他人。

戈尔曼认为，"9·11"袭击时担任美林公司客户关系主管的鲍勃·马尔霍兰就是一名高情商的领导者。当时，一名员工发现一架飞机撞击了对面的大楼。员工们惊慌失措——有人从一扇窗跑到另一扇窗，有人吓得不敢动弹。马尔霍兰的第一反应是逐一处理员工的担忧，"消除"员工的恐慌。然后，他镇定地告诉全体员工，应顺着楼梯离开大楼，每个人都有足够的时间逃生。他保持着镇定和果敢，并未压制员工的不良情绪。所有员工都安全逃离。虽然上述情况既不多见也不寻常，但是，马尔霍兰的做法体现了情商的价值，即能在各种动荡局面下管理员工。戈尔曼认为，高情商对领导者的其他必

参见： 从企业家到领导者 46~47页，有效的领导 78~79页，组织团队和人才 80~85页，避免自满 194~201页，学习型组织 202~207页，改善 302~309页。

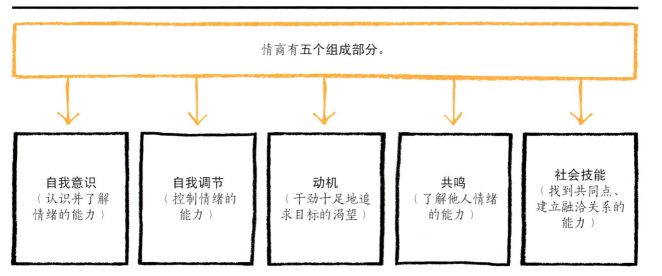

情商有五个组成部分。

自我意识	自我调节	动机	共鸣	社会技能
（认识并了解情绪的能力）	（控制情绪的能力）	（干劲十足地追求目标的渴望）	（了解他人情绪的能力）	（找到共同点、建立融洽关系的能力）

要特征起到了促进作用。例如，高情商的领导者能够准确地认识其他人的感受（产生共鸣），进而能够管理情绪以及情绪所引发的行为。

什么造就了领导者

领导者是天生的还是后天的？商界对此一直争论不休。戈尔曼认为答案是二者皆有：天生的性格特征对领导力非常重要，但情商同样重要，并且情商会随着年龄、阅历和自我反思的增长而增长。

如今，培养情商是领导力训练的核心。经验丰富的老领导负责教导雄心勃勃的新领导，他们一起讨论过去和未来的场景、各种可能的反应，以及可能的情绪触发点。

这个过程的目的是提高情绪上的成熟度。1999年的一项研究发现，在一家跨国咨询公司中，高情商的合伙人较其他合伙人每年要多赚1.2万美元。另一些研究发现，情商和有效性之间有类似的正面关联。情绪上的平衡似乎是企业成功的一个关键因素。■

丹尼尔·戈尔曼

1946年，丹尼尔·戈尔曼出生在美国的加利福尼亚州，其父母都是学者。戈尔曼最初在新英格兰的艾姆赫斯特学院就读。后来，他转到了加州大学伯克利分校。在那里，他师从社会学家欧文·戈夫曼，研究了社会交往活动中的仪式。

后来，戈尔曼师从戴维·麦克利兰攻读哈佛大学博士学位。麦克利兰因"实现的驱动力理论"而闻名。获得博士学位之后，戈尔曼远赴印度和斯里兰卡研究冥想和正念。戈尔曼曾以访问讲师的身份在哈佛大学短暂讲学，之后则以记者和作家为职业。戈尔曼最畅销的著作是《情商：为什么情商比智商更重要》，该书已被翻译成四十多种语言文字，售出了五百多万册。

主要作品

1995年 《情商：为什么情商比智商更重要》

1998年 《什么造就了领导者》

2011年 《领导力：情商的力量》

管理是融合艺术、科学和技能的实践

明茨伯格的管理角色论

背景介绍

聚焦
管理层角色

主要事件

1949年 法国工程师、商业理论家亨利·法约尔提出了后来所谓的"管理学经典理论"。这一理论认为，管理者有五个关键职能：计划、组织、协调、指挥和控制。

20世纪30年代 澳大利亚心理学家埃尔顿·梅奥出版了《霍桑研究》，开创了以人为本的管理时代，管理不再只围绕商业目标进行。

1973年 亨利·明茨伯格在《管理工作的本质》一书中摒弃了法约尔将管理过程称为"民俗"的说法。

管理者能够扮演**多种角色**，
这些角色可以分为三种类型。

信息角色： 监视者 传播者 发言人	**人际角色：** 名义领袖 领导者 联络人	**决策角色：** 企业家 混乱处理者 资源配置者 谈判人

这些角色常常发生冲突。管理融合了这些角色，是艺术、科技和技能的结合。

自企业组织诞生以来，"管理者的职责是什么"这一问题，难倒了不少专家和一线员工。1975年，管理学大师亨利·明茨伯格在《管理者的工作》一文中指出，管理者并不像人们认为的那样，是深思熟虑、有条理的规划者；相反，"短暂、多样、不连续是他们活动的特征"。明茨伯格发现，管理者重视行动，但讨厌思考。

明茨伯格认为，存在十种基本的管理角色，这些角色又可分为三类：信息角色（通过信息进行管理）、人际角色（人员的管理）和决策角色（决策和行动的管理）。信

参见： 从企业家到领导者 46~47页，领导之道 68~69页，管理的众神 76~77页，从失败中吸取教训 164~165页，危机管理 188~189页，简化流程 296~299页，改善 302~309页。

息角色之所以存在，是因为管理者虽不是无所不知的，但他们了解的信息比下属要多。"审视环境"、处理信息是他们管理工作的关键组成部分。明茨伯格据此认为，管理者是"组织单元的神经中枢"。他们监视着事态发展，将消息传达给企业的其他人员，承担着"企业发言人"的职责。

管理者获取信息非常容易，因为管理者的角色使之与他人建立了联系。因此，管理者扮演了"人际角色"，这包括：扮演企业名义上的领袖，提供领导，成为群体的联络人。这个群体可能包括下属、客户、商业伙伴、供应商和同行（同类组织的管理者）。

明茨伯格认为，管理的第三个角色是决策角色。管理者必须监督财务、原料、人力资源（作为资源配置者），鼓励创新（起到企业家的作用），在企业遭遇意料之外的情况或变化时，寻求调解和安抚（作为混乱处理者和谈判人）。

没有哪个角色是排他的或优先的。明茨伯格认为，有效的管理者能在不同的角色之间无缝转换，并且了解各个角色在特定的场合下最适用的时机。

事实与编造

传统观点认为，管理是一门科学，管理者对企业的组成部分——人员和机械——有重大影响。人员和机械的运作是可预测、科学可控的。但明茨伯格认为，管理是一门融合艺术、科学和技能的实践。管理涉及信息的分类和处理、系统的组织，最重要的是，对人员进行的高度主观、与科学无关的管理。明茨伯格认为，要回答"管理者的职责是什么"并不简

> 组织有效性的关键，不是名为理性的狭隘概念，而是清晰的逻辑与强烈的直觉的融合。
>
> ——亨利·明茨伯格

单。他的结论是，管理是复杂的，管理的需求存在矛盾，既需要直觉、判断和敏捷的才思，也需要技巧、规划，以及科学的逻辑。他说，管理者在设计、监视、提出行事方法的过程中，所有因素都会起到作用。■

亨利·明茨伯格

亨利·明茨伯格于1939年9月2日出生在加拿大的蒙特利尔。明茨伯格的专业是机械管理。1968年，明茨伯格从美国麻省理工学院（MIT）毕业，随后进入了蒙特利尔的麦吉尔大学管理学院任教。之后，他接受了麦吉尔大学和欧洲工商管理学院的联合聘任，开始担任战略与管理学教授。明茨伯格参与撰写了15本著作、150余篇文章，以管理学和管理者方面的著述闻名于世。他发表在《哈佛管理评论》上的文章《管理者的工作》曾获1975年的麦肯锡奖。1997年，他被授予加拿大二等荣誉勋章和魁北克民族勋章。2000年，他被管理学学会评为年度杰出学者。2013年，法国矿业电信联盟将首个荣誉学位颁给了明茨伯格。虽然明茨伯格的执教生涯始于1968年，但他对组织和管理者的兴趣源于他的本科专业，当时他曾在加拿大国家铁路公司工作。他在回忆录中提及了两台闷罐车相撞的灾难性后果，这是对公司合并的精妙隐喻。

主要作品

1973年 《管理工作的本质》

1975年 《管理者的工作》

2004年 《管理者而非MBA》

众人画虎反类犬

避免群体思维

背景介绍

聚焦
群体的动态变化

主要事件

1948年 美国广告大师亚历克斯·奥斯本（Alex Osborn）推动了"头脑风暴"的实践——集群体之力提出想法而不带批评。

1972年 美国实验心理学家欧文·贾尼斯（Irving Janis）出版了《群体思维的受害者》一书。

2003年 对哥伦比亚号航天飞船爆炸事件的一项调查提到了"反对意见很难通过机构一级级向上传递"。

2005年 罗伯特·巴伦（Robert Baron）发表了学术论文《对极生错》。该文认为，群体思维的倾向只应出现在团队形成的早期阶段。

2006年 史蒂夫·沃兹尼亚克是第一台苹果电脑的发明者。他告诫创新思想者："要独立工作，不要为委员会工作，不要为团队工作。"

渴望归属是人类的一种强烈的情绪。人们希望被接纳，成为团队的一分子。因此，个体会把自己的观点放到一边，在会议上保持沉默或者哪怕不赞同也会点头表示同意。1972年，美国心理学家欧文·贾尼斯阐述了个体在"精神效率、现实检验、道德判断"上的退化，即通常所说的群体思维。

群体思维认为从众压倒一切。群体思维可能会非常强烈，以至于妨碍了对现实的评估与分析。无法反向思考的群体会表现出群体思维，认为自己的结论很有道理。群体还会依据虚假或不完整的信息，做出非理性的决策。

贾尼斯注意到，受到群体思维影响的群体会显现出一系列特征。这样的群体会产生坚不可摧的错觉，做出极端的冒险行为；群体会合理化集体所做的决策，不去检查假设是否合理，对警告视而不见；群体会表现出道德上的优越感，不考虑其行为的伦理后果。

管理者面临的挑战是：识别群体思维并采取行动避免。鼓励不同意见、保证团队成员多元化、发表意见前先倾听他人的意见都是管理者可以采取的手段。■

2001年，瑞士航空进入清算程序。瑞士航空曾因盈利丰厚而被誉为"飞行银行"，但它的行政结构表现出了群体思维的特征，比如有一种坚不可摧的错觉。

参见：团队的价值 70~71页，提防好好先生 74~75页，自大与报应 100~103页，组织文化 104~109页。

思考的艺术是独立加上集思广益

多元化的价值

管 理者会按照自身的特质来招聘员工——举例来说，男性会雇用男性。这并不是什么新鲜事。如果不采取措施，企业就会充满"同质克隆体"——背景相同、对企业经营方式有相同看法的人。

相反，积极寻求企业组织的多元化——雇用文化、性别、年龄不同的人——会让企业更有活力，成为令人兴奋的工作场所。

多元化的理由

多元化程度的提高会带来广阔的创新空间——企业的创意来源越多样，就越有可能提出脱离思维条框的观点和解决办法。研究发现，多元化能够抵御群体思维，而群体思维是群体的一种病态变化，它会扼杀创新和成长。在多元化的团队中，提出的观点不受质疑的情形并不多见。

多元化不仅包括员工人口特

多样化的管理不仅是好事，还是企业必须做的事。

——戴姆勒公司宣言（2005）

征的多元，还包括组建多功能的团队、融合企业各部门的观点——例如，运营部门或财务部门的观点会使营销团队受益。不论在何种情况下，任用单一背景的员工都会导致停滞——而多样化可以对抗停滞。■

参见: 团队的价值 70~71页，提防好好先生 74~75页，摆脱思维的条条框框 88~89页，组织文化 104~109页。

MAKING MONEY WORK

MANAGING FINANCES

让金钱运转起来

理财

一直以来，人们认为财务有两项功能：记录已经发生的事件（财务会计）和帮助企业做决策（管理决策）。如今，财务还有第三项功能：财务战略。这包括对风险的判断。一些企业（特别是银行）已经意识到，判断风险在财务决策中发挥着十分重要的作用。

理解风险

杠杆和超额风险是理解财务战略的关键。杠杆衡量的是企业对借款的依赖程度。杠杆越高，风险越大。在经济繁荣时期，公司董事会有保持利润快速增长的压力。实现盈利目标的一个简单途径是借入资金，并投到盈利最高的业务上。但是，若经济萧条，高额借款就会给企业造成巨大的负担，杠杆便成了"毒药"。

若企业使用表外金融工具，则杠杆产生的风险水平会更高。换言之，若企业没有在资产负债表中报告投资亏损，就可以虚增利润。这衍生出了与现代企业相关的一个

重要问题：谁来承担损失？由于股东集体拥有企业，人们通常认为由股东来承担风险。然而，鼓励创业的愿望催生了松散的规定，降低了企业所有者承担损失的程度，在欧洲各国和美国尤其如此。自2008年以来，很多企业关门大吉。对客户、员工和供应商而言，企业倒闭代价高昂，但对企业所有者而言，代价却小很多，特别是对经营失败的银行而言。一些金融评论家怀疑，这种不平等已经与传统相去甚远。

>
> **对奖金的疯狂引发了萧条。如果没有腐败的会计准则，这绝对不可能发生。**
> ——尼古拉斯·琼斯
> 英国电影制片人，前会计师
>

董事的参与

经济萧条时，董事们必须在投资和股利之间做出艰难抉择。通常，董事们会达成一致意见——用税后利润的一半支付股利，另一半进行投资，以保证未来的增长。但在大萧条时期，企业保留现金的做法更为明智，因此，董事们可能会减少发放的股利。如果在减少股利发放的同时削减投资计划，那么企业的活期存款账户上就会有更多的现金，这可以为企业提供流动性，使之在不利的交易环境下生存下去。

然而，一旦出现差错，责任由谁来承担？这取决于企业的责任追究制度和治理机制。在理想的情况下，出现问题时，企业董事们应充分意识到问题所在，就战略上的变化展开讨论。若董事们袖手旁观，那么CEO需要承担所有的责任。若员工得到的奖励过多，威胁到了股东利益和企业未来的财务健康，那么警惕性高、亲力亲为的董事就应该有所觉察，应该有"先盈

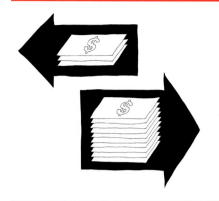  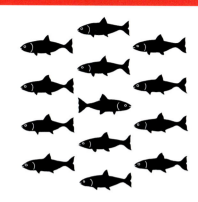

利，后奖励"的心态。

好的治理机制应该避免羊群效应。举例来说，如果美国各家银行都向南美扩张，那么聪明的韩国银行就不应该跟风追随。但在现实中企业很难做到不跟风。由于董事们常在俱乐部和会议中相互接触，他们很容易打成一片。尽管如此，美国投资大师沃伦·巴菲特做到了无视投资者的羊群行为，成了世界级富豪。

大众市场

现代的一些董事会认为：如果群体有智慧，那么员工应更有智慧。亨利·福特是最早认识到"员工即客户"的人士之一。但在一个多世纪以后，人们才理解了"员工即客户"这句话的真正含义：员工关心他们生产并且使用的产品，因此，员工的想法是有价值的。不仅如此，员工的想法对了解大众市场的巨大潜力还具有战略意义。而在当今的中国，对于生产商而言，最令人激动的机遇是那些能够吸引数以

亿计的潜在客户的产品。这些客户是工人，而非管理者。

聪明地花钱

管理会计中有两个要素尤为重要：现金和成本。管理会计师致力于提供与生产成本相关的精确数据。在此基础上，管理者可以就产品价格、生产外包以及产品的营销支持做出明智的决策。作业成本法是实现上述目标的最佳途径，它提供了最为完备的单位成本数据。但是，若交易环境较差，按照"现金为王"的原则，管理会计师应密切关注现金流而非成本。这是因为，交易环境越差，企业持有的现金就越多——如果这些企业是你的客户，你就很难得到货款，现金流就会干涸。因此，尽早重视现金流是有道理的：要赶在他人囤积现金之前就开始囤积现金。

对财务会计师而言，"照章办事"一直是传统的做法。诚信、遵守会计原则，例如遵守谨慎性原则和一致性原则等，被认为是最重要

的。最近，愿意采用创造性方式的会计师得到了更广阔的就业机会。创造性会计源自"以钱生钱"的想法，企业可以将现金存款以较高的利率贷给其他企业，或是对汇率或市场的未来趋势进行投机，以获得利润。与制造业相比，金融业赚得更快、更多。在这种情况下，"照章办事"似乎是个糟糕的选择。■

我非常担心（安然）会引爆会计丑闻浪潮。
——莎朗·沃特金斯
美国高管，安然公司前副总裁 (1959–)

不要参与 欺诈业务

照章办事

背景介绍

聚焦
治理与伦理

主要事件

1978年　美国学者罗斯·瓦茨和杰罗尔德·齐默尔曼撰写了《决定会计准则的实证理论》一文。

1995年　法国的伯纳·科拉斯教授认为："真实的结果并不存在，但是存在用创造性会计技术编出的结果。"

2001—2002年　电信巨头世通公司（WorldCom）的盈利高估超过了38亿美元。

2009年　英国的大卫·米德尔顿教授所著的《会计中的误差边际》一书出版。

2012年　美国折扣网站高朋团购（Groupon）的董事认为，公司的财务报告存在"漏洞"。这时距离公司上市仅过了五个月。

商业会计师有两项主要职能：记录利润和现金流，以及提供精确估计的成本数据，帮助企业制定战略决策。在这个过程中，谨慎、保守是会计师的本能——成本和现金流出常被高估，而收入和现金流入则被低估。任何意外事件都应被注入账目。例如2009年1月，日本本田汽车公司发出了全球销售大幅下降的预警：由于全球经济衰退、日元升值，本田2009财年第四季度将遭受37亿美元的损失。不过，日本本田汽车公司最终的损失

参见: 自大与报应 100~103页, 利润第一、薪资第二 124~125页, 以钱生钱 128~129页, 问责制和治理 130~131页, 商业中的道德 222页, 建立合乎伦理的文化 224~227页, 伦理的吸引力 270页。

会计准则列出了**最低标准**……

……但是, 一些准则忽略了道德问题——"**照章办事**"并不够。

替代方法是基于对公司账目"**真实、公允的看法**"的原则性方法。

好的企业和会计师既**遵守准则又重视道德**。

但是, 若没有**法律保护措施**, 个体就会无视准则, 靠**不道德的行为**牟利。

为33亿美元。这表明本田汽车公司遵循了谨慎性原则。

以盈利为目的会计

行事保守的会计师们大可高枕无忧。但是, 也有很多会计师为升职而苦苦挣扎。若股市充斥着乐观情绪("牛市"), 企业内部就有报告出最高利润水平的巨大压力。这看似有些怪异, 因为利润本来是个简单的事实。然而, 利润的计算(实际上是一种估计)建立在一系列假设的基础之上, 企业报告的利润实际上是可变的。哪怕基础数据不变, 不同的会计团队也有可能得到不同的利润值。

1992年, 英国银行分析师特里·史密斯出版了《增长的会计》一书。特里·史密斯这本书为公共有限公司(PLC)提供了一系列夸大利润水平的机会。这本书产生了巨大的影响, 迫使英国新成立的会计准则委员会出台了新的会计准则, 将"创造性会计"的范围缩到了最小。

如今, 世界上多数国家采用的是国际财务报告准则(IFRS)。因此, 大多数国家和企业的损益表和资产负债表有相同的格式。将国际财务报告准则与美国通用会计准则(GAAP)合并为一套全球认可

会计师在报告企业的财务状况时, 必须决定谨慎的程度, 因为他们可能面临夸大利润水平的压力。

公允价值会计是一种高风险的估值方法，因为在评估企业资产时，它依据的是当前的市场价值。历史成本会计是一种更为可靠、更谨慎的价值度量方法。

股票市场景气时，采用当前的市场价值来衡量企业的资产和投资，会导致资产负债表估值过高。

股票市场萧条时，资产负债表的价值会缩水，导致企业处于弱势地位。

顿教授强烈反对放宽会计准则。他支持传统的会计准则，认为它们已经为各类企业提供了会计灵活性。米德尔顿认为，编制企业账目并不存在"唯一的正确答案"，这也是人们号召加强监管的背后原因。米德尔顿说："人们希望看到我们在对丑闻采取措施，他们认为加强监管会使局面改观，但事实并非如此。"米德尔顿还认为，高管应对企业账户持"真实、公允的看法"，不应相信他人根据会计准则编造的内容。

一些创造性会计手段大大增加了会计准则的灵活性，可能会使账目产生误导性。例如，公允价值会计采用当前的市值来衡量资产价值。股票市场景气时，各类投资（如持有另一家企业的股票）也随之兴盛。这会夸大企业资产负债表的价值，导致企业过度扩张。当股票市场萧条时，股票的价值就会大幅降低。

的会计准则，是个广受支持的计划。但这个计划的具体的执行时间尚不明确。

虽然会计准则越来越清晰，但仍有一些重要的领域有待讨论。在企业内部，会计师和董事之间，以及独立审计师和企业之间的争议都不可避免。2008年，英国的苏格兰哈里法克斯银行（Halifax Bank of Scotland, HBOS）濒临倒闭。在该行被劳埃德银行（Lloyds - Bank）收购之前，英国政府为其提供了200亿英镑的救助资金。同年，HBOS贷款与存款的差额高达2130亿英镑。

毕马威（KPMG）负责HBOS的审计，尽管它不断发出风险预警，但仍因HBOS倒闭事件而备受指责。2012年，英国监管机构金融服务监管局（Financial Services Authority）发表了关于HBOS的报

告，报告指出，毕马威针对坏账"一直建议采取增加计提水平这种更谨慎的做法"。但HBOS的高管对银行借款的态度仍旧过于乐观，并脱离了规则。

谨慎性会计

英国管理学家大卫·米德尔

道德责任

朱利安·邓克顿是时装企业SuperGroup的创始人兼主要股东。该公司的总部设在英国，其旗下的企业和门店遍布全世界。备受欢迎的街头风格服饰Superdry就是SuperGroup的主打品牌。SuperGroup本可以效仿其他企业，通过操纵账目轻而易举地减少纳税额。

但是，SuperGroup没有那么做，它遵照税法向税务机构纳税，其税

务支出占到了公司总利润的30%。邓克顿并不想宣扬公司在道德上的优越感。对此，SuperGroup公司在年报中解释说："我们认识到诚信经营的商业价值和道德责任，并致力推行负责任和合乎道德的商业做法。"邓克顿能够认识到，负责任的行为会带来财务上的收益，尤其是长期收益。

美国卡特彼勒公司发现，它收购的企业存在着重大会计违规行为，其中包括虚报利润和虚报库存。

米德尔顿认为，历史成本会计要优于公允价值会计，因为它提供的数据更为可靠；在计算资产时，历史成本会计采用购买资产时支付的成本减去已发生的折旧，而不是用当前的市场价值减去折旧。

只要通用会计准则和国际财务报告准则合并的争论还在继续，会计准则的严格与松散之争就不会停止。与之前相比，国际财务报告准则更倾向于规则导向；但与通用会计准则相比，它更依赖会计准则。

合乎伦理的行为

无论以准则为基础，还是由准则所规定，任何会计方法都不能阻止高管的蓄意误导行为。

在某些情况下，高管可以从准则中寻求慰藉。Wonga.com是一家短期借款公司，主要在南非、加拿大和欧洲运营。该公司"发薪日贷款"（其实是小额无担保贷款，与发薪日无关——译者注）的年化利率（APR）高达5800%。这是完全合法的，因为公司经营所在国并没有规定利率的上限，因此，该公司完全是照章行事的。不过，英国公民咨询局（Citizens' Advice Bureau）2013年的报告指出，四分之三的"发薪日贷款"客户为了偿还借款而努力挣扎。而与英国不同的

是，法国、美国等国都规定了消费者信用贷款的最高利率。

总之，准则既不能替代合乎伦理的行为，也不能保护会计体系免受以误导方式蓄意操纵数字的行为的影响。对于有原则的会计师而言，准则的灵活性是十分有益的；但是，如果有人企图获取巨大的利益，准则的灵活性就会让他"得偿所愿"，尽管这种行为是不道德的。

准则确保了企业的道德水准

公允价值会计好比毒品，千万别碰它。
——安德鲁·法斯托
美国安然公司前高管（1961—）

处在可接受的最低标准上。针对准则争议的焦点是，标准应放在哪里，以及如何平衡标准的实用性和高昂的监管成本。准则还为那些有道德原则的人提供了支持，让他们可以走得更远。■

高管必须摆脱贪婪

利润第一，薪资第二

背景介绍

聚焦
权益和业绩

主要事件

1776年 亚当·斯密认为，管理者监督企业的警觉性，与私有公司合伙人监督自己公司的警觉性存在差异。

1932年 美国教授阿道夫·伯利和美国经济学家加德纳·米思斯提出了"所有权和控制权分离"的概念。

1967年 经济学家J. K.加尔布雷思认为，股东无法控制他们合法拥有的企业。

2012年 美国计算机公司甲骨文（Oracle）CEO拉里·埃里森得到的薪资、股票和津贴高达9650万美元，他一跃成为全球报酬最高的CEO。

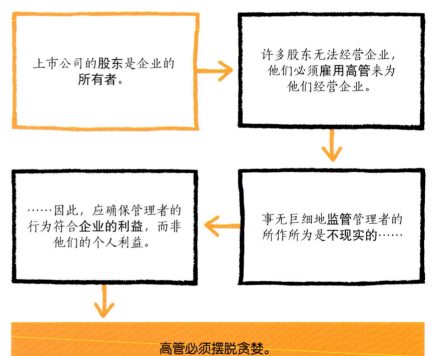

上市公司的股东是企业的所有者。

许多股东无法经营企业，他们必须雇用高管来为他们经营企业。

事无巨细地监管管理者的所作所为是不现实的……

……因此，应确保管理者的行为符合企业的利益，而非他们的个人利益。

高管必须摆脱贪婪。

在理想的企业里，董事们追求企业目标，而不过多考虑个人利益。入选董事会后，董事们会就薪资、基本津贴进行协商。此后，他们会将重心放在企业的成功上。然而，有的企业高管会被身边的财富所吸引，会努力提高个人的收益，而不是为了股东的利益而努力。

这种情况被称为"所有权和控制权分离"，这一概念最早出现于19世纪中期。当时，许多大型公

参见： 提防好好先生 74~75页，金钱是动力吗？ 90~91页，组织文化 104~109页，避免群体思维 114页，照章办事 120~123页，问责制和治理 130~131页。

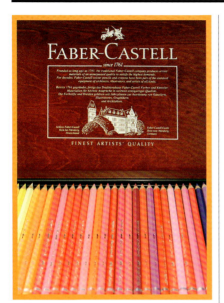

德国的中小型企业——如世界领先的铅笔制造商辉柏嘉公司——通常是家族企业。这些企业的老板更注重企业的长期业绩。

共有限公司（PLC）给予高管的自由度过大，超出了股东的有效监管范围。只要企业获得的利润令人满意，董事们就可以自由执行他们认为合适的商业决策。但是，如果企业反映的是管理者的目标，那么，企业到底应该专注（企业所有者的，即股东的）利益最大化，还是应该致力提高企业管理者的地位、财务报酬呢？

个人利益

一些董事表现出了机会主义行为——他们更关心个人收益，而不是企业的财务利益。2008年的金融危机引发了很多股东对公司治理机制和高管薪资的质疑。英国巴克莱银行的股东在2012年的年度股东大会（AGM）召开之前，就愤然采取了行动。他们发现，前一年的利润下降了3%，股价下跌了26%，但公司当时的CEO鲍勃·戴蒙德却获得了270万英镑的奖金，其总收入超过了630万英镑。

限制性所有制

私人有限公司的情况要简单得多。原因是，它的股票所有权是受限的（通常只限于家族内部），董事和股东通常是同一群人。无论如何，人们很少会侵占家人或朋友的财物。例如，"先津贴，后利润"的问题在德国很少出现，因为德国以中小型企业为主，而这些企业通常是家族企业。最近，一项针对西班牙家族企业和公共有限公司的研究发现，就股东财务权

领导力是改善他人生活的特权。它并不是满足个人贪欲的契机。

——姆瓦伊·齐贝吉
肯尼亚前总统（1931—）

益而言，家族企业的业绩要优于同等规模的非家族企业。然而英美等国公共有限公司的比例远高于其他国家。股东在几十年的不干预之后，也开始关心公司的治理和收益了。■

减津贴，增利润

在削减高管津贴、降低成本方面，少数企业迈出了积极的一步。T-systems是德国电信股份有限公司的信息通信技术（ICT）子公司。T-systems采取了将商务舱改为经济舱的举措，要求不论员工在公司的地位如何，也不论出差路途远近，所有人必须乘坐经济舱。此举每年可为公司节约150万美元差旅费。高管必须在降低差旅费和降低年终奖之间做出选择。

2008年金融危机爆发后，越来越多的企业开始收紧腰带。迪士尼公司也在逐步取消高管的交通补贴。降低成本、削减津贴的举措，让高管有了更大的压力来提高企业的盈利水平。

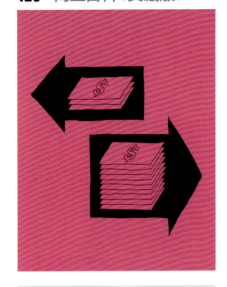

财富投资得当，转手立即翻倍

投资和股利

　　本年度的利润核算完毕后，企业高管可以向股东支付股利，也可以将资金再次投给企业。股利是每年支付给股东的资金，大多数企业每年都会发放股利。3%的投资收益率与储户所得的银行存款利率相近。例如，日本本田汽车公司2012年获得了270万美元的利

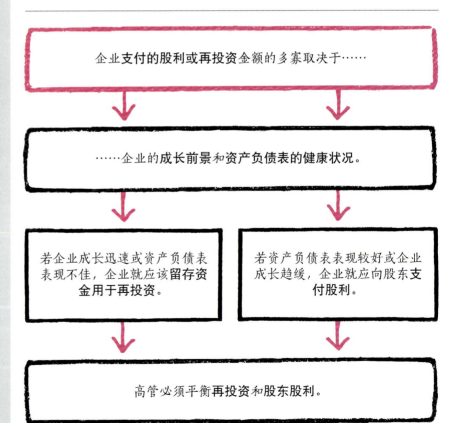

企业支付的股利或再投资金额的多寡取决于……

……企业的成长前景和资产负债表的健康状况。

若企业成长迅速或资产负债表表现不佳，企业就应该留存资金用于再投资。

若资产负债表表现较好或企业成长趋缓，企业就应向股东支付股利。

高管必须平衡再投资和股东股利。

参见: 问责制和治理 130~131页,谁来承担风险? 138~145页,忽略羊群行为 146~149页,利润与现金流 152~153页。

荷兰东印度公司是第一家发行股票的公共公司。投资者为航海提供资金,若航行顺利,他们就可以得到分红。

润,它用略低于一半的利润支付股利,将剩余的资金用作再投资。

最早的股利支付出现在17世纪,由荷兰东印度公司支付。东印度公司是世界上首家通过发行股票筹资的企业。为了鼓励投资者购买股票,公司承诺每年支付股利。1600年至1800年,荷兰东印度公司每年支付的股利约为股票价值的18%。

发放股利还是再投资?

企业的股利支付纯属高管的礼物。高管的决策很简单:税后利润有多大比例用来支付股利,多大比例由企业内部留存,用作再投资? 企业的成长前景越好,企业留存利润的动机就越强。因此,成长

缓慢的企业应将较高比例的利润用来支付股利,而蓬勃发展的企业更可能在企业内部留存利润。留存利润是最安全的资本来源:它不需要返还,也不需要支付利息。企业的财务健康状况是另一个影响因素。如果财务状况较差,企业就应该留存利润;只有在资产负债表表现较好时,企业才应向股东支付股利。

支付股利的数额得慎重考虑。2006年,苏格兰皇家银行(RBS)宣布将支付给股东的股利提高25%。市场评论员对此举赞不绝口,一个分析师团队评论道:"感谢弗雷德·古德温(当时任苏格兰皇家银行CEO),我们爱你。"股利的增长使资金直接进入了股东的腰包。仅仅过了两年,RBS就为筹集120亿英镑而强令股东以200便士的价格购买股票;六个月后,RBS的股价跌到了65便士;三个月后,

约翰·凯

英国经济学家约翰·凯(John Kay)出生于1948年,他是伦敦经济学院的访问教授,并定期为《金融时报》撰稿。2012年,约翰·凯向英国政府提交了一份关于股票市场的详细报告。报告强调,股票市场的正常目的不是投机买卖,而是使企业获得融资机会,为储户提供分享经济增长的机遇。他还强调了股利支付过多的问题。

主要作品

1996年 《商业经济学》
2003年 《市场的真相》
2006年 《龟兔赛跑》

股价跌到了11便士。苏格兰皇家银行在2006年的慷慨行为让股东付出了惨痛的代价。

相反,自1977年创立一直到2013年,苹果公司从未支付过股利。史蒂夫·乔布斯领导的董事会告诉股东,苹果公司会用全部利润进行再投资,使股东获得长期利益。2013年,由于增长放缓,苹果公司才宣布支付股利,并估计到2015年之前,公司将发放年均300亿美元的股利。■

短借长贷
以钱生钱

背景介绍

聚焦

金融产品

主要事件

约1650年 在大阪的大米市场上，日本发行了第一份标准化期货合约，约定了未交付产品的价格。

20世纪70年代和80年代 放松管制让银行和企业有了更多"以钱生钱"的途径。

1973年 美国经济学家费希尔·布莱克（Fischer Black）和迈伦·斯科尔斯（Myron Scholes）提出了反映期货合约风险的数学公式。

20世纪80年代 大型公司开始使用衍生品来"以钱生钱"。

2007—2008年 全球金融市场的崩溃威胁到了银行和银行类机构的风险投资。

现金流稳定、**流动性**良好的企业可以"以钱生钱"，办法是……

……**投资金融产品**，如衍生品和期货合约。

……像银行一样借入短期资金，向客户发放长期贷款。

但是，一旦市场或经济崩溃，这将会是赔钱的做法。

"以钱生钱"是有风险的短期战略。

一些企业选择"以钱生钱"。它们不仅用现金资产进行产品开发，还通过金融市场获得利益。这些企业相信，利用货币市场的波动进行套利（对赌），可以使它们获得新的利润来源。"理财部门"和"影子银行"这两个术语便是"以钱生钱"的典型。

对冲套利

20世纪70年代末，石油价格暴涨了四倍，"滞涨"（通货膨胀和失业率同时高涨）等经济上的挑战，催生了理财部门。人们认为，

参见: 风险管理 40~41页,自大和报应 100~103页,投资和股利 126~127页,谁来承担风险? 138~145页,杠杆和风险过度 150~151页。

很多制造业企业,如巴西造纸商阿拉克鲁兹公司(2009年起更名为菲布里亚),自20世纪80年代起就依靠理财部门"以钱生钱",而不仅仅是让其管理资金。

企业理财部门(负责企业财务事务的部门)的目标是在流动性和企业收入现金流之间寻求最佳平衡。

在2008年金融危机爆发前的几十年里,大型企业逐步增加了理财部门的责任。通常这么做一开始只是为了将风险降到最低,但是,有利可图的交易机会十分诱人——以至于在某些企业,金融对冲合约的价值比企业的出口收益还高。以巴西纸品及纸浆制造商阿拉克鲁兹公司为例,2008年,该公司用现金资产对赌外汇期货(未来某日的货币价值)。该公司认为巴西货币会持续升值,然而事与愿违,巴西货币大幅贬值,阿拉克鲁兹公司最终损失了25亿美元。正因如此,现在仍有一些企业对"以钱生钱"嗤之以鼻。例如,跨国矿业公司力拓矿业集团在2013年年报中提到,其理财部门"是力拓矿业集团旗下企业的服务机构,而非盈利中心"。

影子银行

不过,也有一些企业将理财部门拓展成了企业的重要甚至主要的盈利中心。例如,美国通用电气就将其理财部门发展成了有效的影子银行。通用电气金融服务公司是通用电气的理财部门。2007年,它持有的资产超过5500亿美元,资产规模甚至超出了美国十大银行中的部分银行。它先是借入短期资金,然后向客户发放长期贷款(短借长贷),它贡献的利润占到了通用电气利润的55%。作为影子银行系统的一员,通用电气并没有承担银行那样的监管责任,因而得到了繁荣发展。但到2008年,通用电气被迫参与了美国政府的银行业救助计划。

不管对赌能否成功,"以钱生钱"都承受着巨大的风险。这是因为,企业理财部门产生的利润越多,董事会就越不愿意投资研发,从而无法促进企业未来的成长。"以钱生钱"的方式与企业的短视高度相关。∎

聚焦财务管理部门

在2008年金融危机爆发前的几十年中,很多企业开始用短期资金为长期资本支出融资。2008年的金融危机戏剧性地扭转了局面,银行不是已经倒闭,就是即将倒闭。CEO需要了解企业的资金用在何处,以及当前资金的头寸是多少。并非所有理财主管都能提供现成的答案。原因是,一些资金投到了地方性的、由人为操控的、不够透明的体系中。

随着对透明度、即时问责制的呼声渐高,理财部门站到了很多企业的第一线。董事会希望理财主管能对意料之外的情况做好准备——例如,增加现金储备来降低流动性风险。然而,这给理财部门带来了新问题:留存现金增加后,怎样才能有效使用这笔资金,为企业的成长融资呢?

投资和投机从来就没有清楚明晰的界限。
——沃伦·巴菲特
美国投资家(1930−)

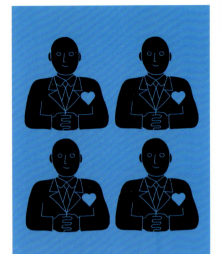

股东的利益即我们的切身利益

问责制和治理

背景介绍

聚焦

高管控制

主要事件

1981年 出生于澳大利亚的美国管理咨询顾问彼得·德鲁克认为，高管"还不能坦然面对他们代表权力的事实——并且权力应与责任相对应"。

1991年 凯伯里委员会在英国成立，其目的是调查公司治理中的诈骗、失误和问责制。一年后，凯伯里委员会发表了颇具影响力的报告《公司治理的财务指引》。

2002年 为规范会计实务、保密数据（如企业的运营风险）的公布，美国政府的《萨班斯–奥克斯利法案》制定了更严格的指导意见。

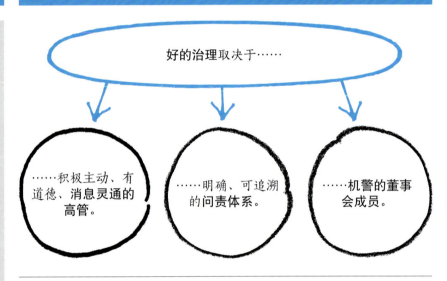

问责（Accountability）是个体或组织对自身行为负责（责任可度量）的义务。在商界，问责常被用来追溯责任：企业组织中职位较高的人会要求下属员工对自己的行为负责；高层管理者也需要对下属负责。总之，如何治理企业是高管的责任，而高管的治理应该是主动的、合乎伦理的。

一连串的企业灾难过后（从安然、雷曼兄弟公司，再到大量银行），公司治理成了全球热点话题。为了实现有效的问责，高管应该弄清权力的职责与脉络，以便追溯错误的根源——并将责任划归到相应的人员和群体身上。要使治理见效，董事会成员必须消息灵通、完全独立，能为企业和企业所有者（股东）的长期利益而努力。非执行董事在公司治理中发挥了重要的作用：他们不是企业的员工，能够拷问高管而无受罚之虞。

参见: 利润第一,薪资第二 124~125页,谁来承担风险? 138~145页,利润与现金流 152~153页,平衡短期行为和长期行为 190~191页。

像鸵鸟一样将头埋在沙子里的企业不愿对其行为或决策负责,这会严重损害商业伦理。

董事会层面的审查

2011年,麦肯锡咨询公司发布了对1597名董事会成员的调查结果。调查显示,亚洲的董事会会议只有不到三分之一的时间用在了审查管理层的行为和决策上,而大多数时间用在了战略规划上。这看似合情合理,但也说明花在问责和治理上的时间并不多。相反,北美的董事会会议有近三分之二时间用在了审查上。

更令人惊讶的是,上述样本中,董事会成员对彼此的满意度并不高。董事们认为,超过30%的同事对企业面临的风险理解有限或是不能理解。这说明,董事会监管高管的能力存在缺陷。

在大多数企业运营的绝大多数时间里,高管会做出明智的、只需少量审查的决策。然而,良好的治理应确保董事会保持警惕——若

出现差错,董事会应能意识到事态的发展方向。错误可能与战略或特定场合的伦理有关。非执行董事思想独立,让他们提出质疑有合适不过。例如,他们会质疑企业使用低成本供应商是否正当,赢得某项合约是否靠的是不正当的手段。

当事情变坏

奥林巴斯是一家实力雄厚的日本成像设备生产商。2011年的奥林巴斯事件就凸显了公司治理的重要性。新任命的CEO迈克尔·伍德福德发现,奥林巴斯在并购其他企业时产生了17亿美元的损失。但公司高管隐瞒了这笔损失,没有在公开账户中反映出来,从而躲过了公众的审查。随后,伍德福德遭到董事会解雇。伍德福德成功发起了抗议活动,日本当局当即以欺诈罪起诉了奥林巴斯主要高管。最终,董事会所有成员均遭解雇。这一案例表明:奥林巴斯的非执行董事在董事会中并未起到应有的作用,而公司治理和问责制对企业的健康发展具有重要的作用。■

贾姆希德吉·塔塔

贾姆希德吉·塔塔(Jamsetji Tata)于1839年3月3日出生在印度的古吉拉特邦南部。塔塔看上去并不像是一家全球大型企业集团的创始人。塔塔的父亲打破家族传统,没有成为一名婆罗门教士,反而开始经商。塔塔14岁时便随父从商,不久便显示出了经商天分。1858年,塔塔从孟买的埃尔芬斯通学院毕业。在父亲手下工作了一段时间后,他于1868年创建了自己的第一家企业——一家纺织厂。成立一家炼钢厂一直是塔塔的梦想,但在他有生之年未能实现。1907年,塔塔的儿子道拉布吉创立了塔塔钢铁公司。钢铁行业的持续发展,为塔塔集团的成功奠定了基础。

公平是贾姆希德吉·塔塔最信奉的原则,这贯穿在他的整套经营方法中。他对问责的看法十分简单:"应从健全、明确的经营原则出发,将股东的利益视为我们的切身利益。"

问责制孕育了反应能力。

——史蒂芬·科维(Stephen Covey)
美国管理咨询顾问(1932—2012)

以最低的成本生产最优质的产品，支付最高的薪资

员工就是客户

很多经济模型表明，在经济发展的初级阶段，薪资较低的工人们发现，购买他们产品的是中上层人士。工人们吃的是土豆、大米或玉米这样的简单食物，出门则多靠步行——如果幸运的话，他们会用自行车作为代步工具。而雇主们吃的是以肉食为主的豪华大餐，出行时会乘坐奢侈的交通工具——从17世纪的四轮马车到被称作"梦想机器"的豪车。

如果员工能够购买他们生产的产品，能够吃上肉食并购买日用品和休闲品，那么，经济增长就向前迈出了一大步。

建立市场

亨利·福特是美国汽车制造业的先驱。他认为，员工是企业的潜在客户。1908年，福特T型汽车的定价为825美元，当时，福特员工每天的薪资不足2美元。1913年，福特引入了传送带量产系

福特汽车公司很快发现，它的生产线虽然高效，但员工却并不开心。福特大幅度提高员工薪资，建立起了一个员工即客户的市场。

统，T型车的生产时间从750分钟压缩到了93分钟。由于生产效率得到有效提高，福特将T型车的价格降到了550美元。

但是，有个问题仍未解决。T型车生产线需要重复性的工作，这导致了员工的不满，人员流动率超过了370%——员工辞职之前的平均工作时间不足3个月。为此，福

企业应以较低的价格为客户提供**更优质的产品和服务**。

企业还应当用最高的**薪资回馈员工**。

这会促进员工购买企业的**产品或服务**。

员工可以为管理层提供**有价值的洞见**和创意，使企业的销售收入迅速增长。

如果员工成为企业客户，那么企业就会繁荣兴盛。

参见: 改变游戏规则 92~99页,组织文化 104~109页,了解市场 234~241页,关注未来市场 244~249页,让客户喜欢 264~267页,客户利益最大化 288~289页。

特宣布将员工的薪资提高到两倍以上,达到每天5美元。福特的做法引起了全球的关注。此举使得福特的人员流动率降到了16%,每名员工的产出(衡量整体生产率的指标)提高了40%左右。

到1914年,福特员工只需用三个月薪资就能够购买一辆T型车。到1924年,T型车的价格降到了260美元,员工用一个月的薪资就能购买一辆新车。到1924年,福特汽车公司的销量占到了全球汽车总销量的50%以上。

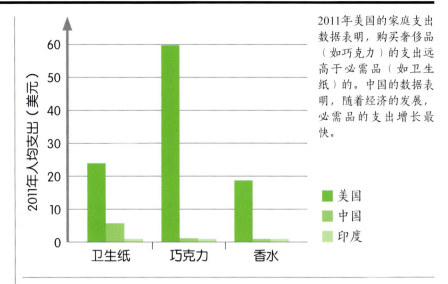

2011年美国的家庭支出数据表明,购买奢侈品(如巧克力)的支出远高于必需品(如卫生纸)的。中国的数据表明,随着经济的发展,必需品的支出增长最快。

向员工学习

亨利·福特制定的高薪资战略为他的福特公司赢得了极高的声誉。这看似是一种利他行为,但实际上,福特有降低人员流动率的需要,而这让他偶然发现了一个重要的事实:若员工赚得足够多,就可以成为企业的客户,为企业带来巨大的收益。随着员工自豪感、责任心的提高,他们更有可能向管理层提出与企业产品、流程相关的见解。

在日本丰田市,超过半数的工人都拥有一辆丰田汽车。这是丰田广开言路的一个重要因素——员工每年对生产效率及质量的改进建议多达四十万条。

新兴市场

1924年,美国政府发布了一份报告,名为《美国的生活成本》。报告显示,美国家庭的平均年收入为1430美元,其中的38%用在了食品消费上。这十分有趣,因为在过去五年中,印度家庭的食品支出占收入的比例已经下滑到了这一水平以下,为36%。这表明,印度家庭的平均财富在逐渐上升。当中国家庭食品支出占收入的比例降到30%时,其便有能力增加非食品项目(如消费品)的支出。在当今的美国,购买食品的支出仅占家庭收入

在印度,农场劳动力处于经济金字塔的最底层。从2007年到2012年,印度农场劳动力的薪资实现了年均17.5%的增长。这说明农场劳动力的整体薪资水平有了迅速提高。

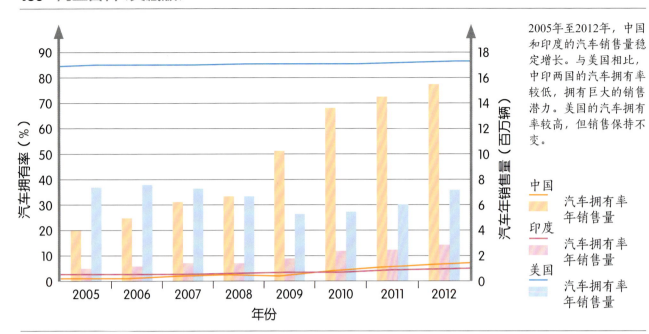

2005年至2012年，中国和印度的汽车销售量稳定增长。与美国相比，中印两国的汽车拥有率较低，拥有巨大的销售潜力。美国的汽车拥有率较高，但销售保持不变。

中国　汽车拥有率　年销售量

印度　汽车拥有率　年销售量

美国　汽车拥有率　年销售量

的7%。家庭可以用余下的大部分收入来购买"非必需品"。这使得"非必需品"迅速成了"必需品"，化妆品、健身会员卡便是如此。印度或将进入这一经济发展阶段，若如此，很多日用品的销售都将会受到影响。

人口数量决定了这种趋势的

我将为广大人群生产汽车……汽车的价格会非常低，薪资尚可的人都能够拥有一辆汽车。

——亨利·福特
美国实业家（1863–1947）

强度。如果在未来五年里，印度在卫生纸上的支出上升，与中国的人均水平持平，印度的市场将有84亿美元的增长。若中国达到了美国的消费水平，中国市场将有243亿美元的增长。这仅仅计算了市场规模的增长——而非整个市场的增长。

对发展中国家的日用品市场来说，上述推理同样成立。中国已成为世界上最大的奢侈品（如瑞士手表、珠宝和汽车）消费市场。在未来十几年中，中国仍将主导日用品的销售和服务。潜在的销售量是惊人的。到2012年，尽管中国家庭拥有汽车的比例不足10%，但中国已经成了世界上最大的汽车市场。

接触现实

电视节目"卧底老板"将高管安排到本公司的底层岗位，让他们在别名和伪装下，从底层的视角

审视企业的面貌。这档节目清楚地说明，企业老板会忽略客户和员工的观点、见解和感受。一些企业无视网络上的赞扬和批评，仍旧活在自欺欺人的泡沫之中。

但是，在员工即客户的组织中，上述情况不太可能发生。员工拥有切身体会，并且认识到他们工作的稳定源于持续的客户满意度和企业的商业成功。因此，员工会关心企业的产品或服务。例如，脏乱不堪的客户休息室会迅速引起员工（同时也是客户）的注意。

在欧洲，服饰零售商普里马克（Primark）在商业上获得了巨大成功。该企业的产品由走秀时装迅速变身为面向15～35岁人群的低端服装。一支高龄高管团队促成了普里马克的增长。21世纪初期，普里马克达到了增长的最高点。当时，公司的高管已达六七十岁高

服装零售商普里马克因低价、时尚而享誉欧洲成衣市场。重视员工的意见是公司成功的原因。

齢。因此，他们应该是聆听了年轻员工的意见，因为年轻员工能从客户的角度提出重要的看法。

民主管理

　　巴西塞氏公司总裁里卡多·塞姆勒可能是世界上最激进的雇主。他认为，老板们应该超越授权，努力让员工获得满足感，甚至博

得员工的欢心。塞姆勒出生于1959年。21岁时，他从父亲手中接过了企业。1982—2003年，塞氏公司的销售收入从400万美元提高到了2亿美元。塞姆勒上任第一天就解雇了三分之二的高管团队成员。他认为，其父的独裁管理风格已经植根在了这些人心中。20世纪80年代末，三名工程师提出，应建立特殊

的新部门，这一建议得到了塞姆勒的支持。后来，该部门成了新塞氏公司的核心，它提供的创意为公司贡献了66%的业务。

　　鼓励员工在守时、工作计划、职业发展上进行自我管理，是塞姆勒的领导方式。通过这些措施，塞姆勒认为，员工从心底里关心他们的工作。这就意味着员工不仅会关心企业，也会关心企业的客户。

　　塞姆勒在《塞氏企业传奇》一书中描述了他的管理方式，他认为员工敬业会给企业带来收益。这种模式被称作"参与式管理"。他认为，员工如果认可公司的目标，就会自然而然地进行自我管理。如果员工就是客户，这两套目标就会完美地融合在一起。■

　　工作不应该是一项义务，而应该是一种乐趣。这不只是某些人道主义者的观点。人们相信，带着乐趣工作的员工会有更高的生产率。

——里卡多·塞姆勒

亚瑟·瑞恩（Arthur Ryan）

　　亚瑟·瑞恩是普里马克的创始人，他于1935年出生在爱尔兰。离开学校之后，瑞恩先在一家百货商店工作，然后进入了伦敦的一家时装批发企业。返回都柏林后，瑞恩进入零售商Dunnes Stores工作。1969年，英国联合食品集团聘任瑞恩，让他用5万英镑的种子基金建立一家服装折扣连锁店。同年年末，Penneys作为首家门店在都柏林开业。不过，瑞恩将

英国、荷兰和西班牙的门店更名为普里马克。从1973年到2009年瑞恩退休，普里马克由折扣商店发展成了物美价廉的流行服饰零售商。2013年，普里马克在英国、爱尔兰、西班牙、荷兰、奥地利、葡萄牙、德国和比利时的门店共雇用了逾43000名员工。在经济萧条的2009年，普里马克的销售额仍同比增长了7%以上。

利用OPM
——他人的钱

谁来承担风险？

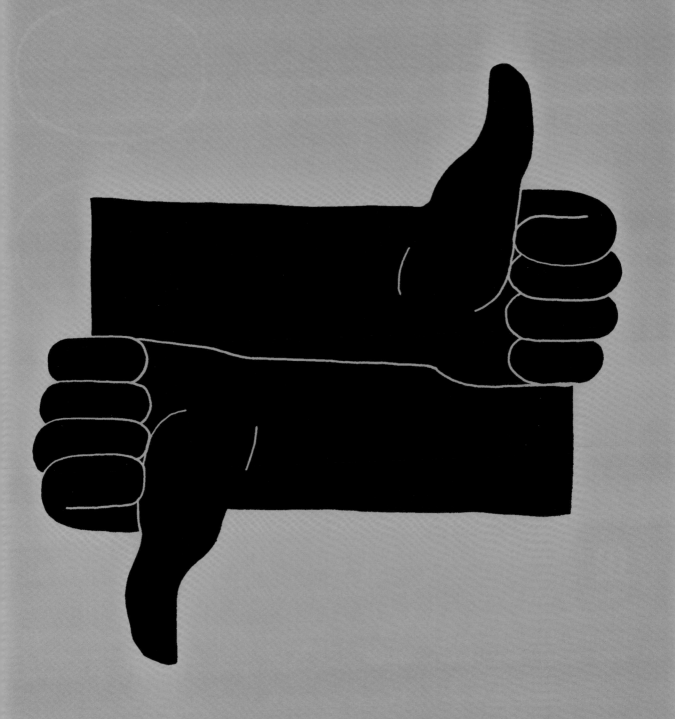

背景介绍

聚焦
财务风险

主要事件

20世纪50年代　美国经济学家哈里·马科维茨（Harry Markowitz）主张利用投资组合来降低财务风险带来的损失。

20世纪90年代　通过对财务风险类型的研究，人们找到了度量和管理各种风险的方法。财务风险包括市场风险（随股票、利率、货币、产品价值的变化而变化）和信贷风险（无法偿还债务的风险）。

1999年　英国联合企业通用电气更名为马可尼公司，公司很多传统业务被出售。高管们进行战略转变的冒险举动以失败告终——2001年，马可尼遭遇重挫而倒闭，股票被停牌，近25%的员工被解雇。

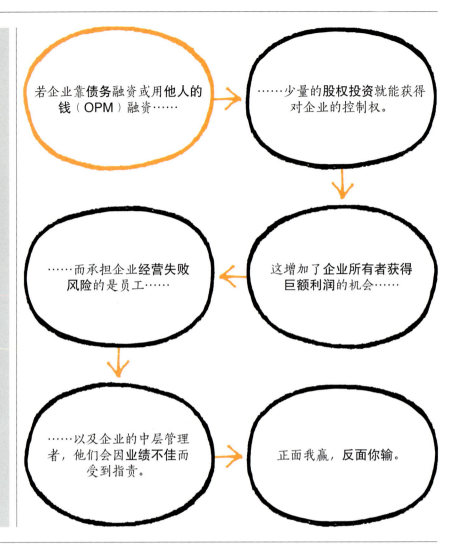

企业的财务风险程度对企业、员工及股东的长期生存和成功具有深远的意义。在传统的企业架构下，股东承担的风险最多，一旦创业失败，股东就会损失掉他们的财务投资。财务机制和会计手段的日渐复杂，一定程度上使股东免受失败的最坏影响。

希腊船王亚里士多德·奥纳西斯在复杂的财务安排支撑下，缔造了遍及全球的商业帝国，涉及了多个行业。奥纳西斯建议，应利用"他人的钱"。此举会带来财务上的成功，最终也有可能让他人承担失败的损失。

传统风险

从理论上说，实际"拥有"企业的股东，是市场经济中的风险承担者。股东用资本为新建立的企业融资，在资本得到完全偿还之前，他们一直承担着风险。如果企业进入清算程序，普通股持有者（与优先股相对；优先股的受偿顺序、股利分配顺序在普通股之前）是最后得到偿付的人。因此，普通股股东无法收回投资的可能性最高。企业家因承担风险而备受尊敬，风险资本家也是如此，他们投资新创立的企业，以此获得股权回报。让股东承担风险有多方面的好处。对于大型跨国银行而言，若承担风险的是股东，那么股东就会阻

随着企业财务日益复杂, 与企业相关的风险负担也越来越广泛。如果企业失败, 高管和员工要承担财务损失, 甚至面临处罚——有可能被处以监禁。债权人和股东也会遭受财务损失。但在最糟糕的情况下, 政府选择救助企业, 使纳税人背上最沉重的负担——高税收、低经济增长。

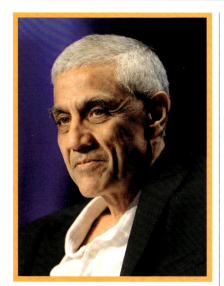

风险资本家投资新创立的企业, 承担着创业失败的风险。一旦企业成功, 他们便会获得巨大的利润。太阳微系统公司 (Sun Microsystems) 创始人、出生在印度的维诺德 • 科斯拉 (Vinod Khosla) 便是一例。

止高管用银行的资本或声誉去冒险。经过仔细权衡的风险可以考虑, 但威胁到企业生存的风险则不应考虑。承担风险的股东会在业务流程中发挥重要作用, 自动抑制企业铤而走险的倾向。18世纪现代资本主义建立后, 这种商业观便出现了。

股东　债权人　企业　高管　员工　纳税人

$ 财务损失的风险
🏛 刑事诉讼风险

供应商和债权人

传统观点会受到新规则、新实践的威胁。为了鼓励企业家精神, 美国《破产法》第11章为陷入困境的企业提供了实质性的保护, 使其免受侵权人 (如原料、配料或服务供应商) 的伤害。这种保护机制的目的是允许企业重新考虑商业计划, 找到更为有利可图的经营模式。

在英国, 陷入困境的企业可以进入"预先托管"阶段, 之后, 企业的资产会被出售。企业的资产和经营模式被出售给了新的所有者, 最初的企业实体被抛弃。供应商等债权人只能收到象征性的付款, 如企业债权价值的10%。这样, 新股东就会拥有一家无负债的企业, 它继承了旧企业的资产, 摆脱了旧企业的负债。这种做法颇受争议, 因为它允许原先的企业所有者出售"预先托管"的企业, 并继续参与新企业的经营。2008年8

企业破产时，供应商是最后一批收到产品或服务补偿的。如果企业进入"预先托管"阶段，供应商可能什么都得不到。

月，主厨汤姆·艾肯斯（Tom Aikens）开设的一家总部位于伦敦的米其林星级餐饮企业宣布破产。这家企业被TA Holdco收购，艾肯斯成为新企业的合伙人和股东。无法偿还的债务则由约160家供应商承担。然而到2010年年初，汤姆·艾肯斯的企业财务状况已好转，他还筹划在伦敦开设三家门店。

若企业进入"预先托管"阶段，供应商就会处在弱势地位。例如，承担艾肯斯餐饮企业财务损失的是供应商而不是股东。有了"预先托管"、《破产法》第11章的保护，债权人会发现，他们处于比股东风险更高的境地。

员工的风险

企业经营失败时，受雇于企业的员工也要承担风险。2001年，美国能源企业安然宣告破产，很多员工陷入了困境。与高管不同的是，普通员工在公司的恩威并济之下，用个人退休金购买了安然的股票，以表达对安然的忠心。安然破产清算时，员工们不仅失去了工作，也失去了退休金。当公司倒闭迹象越来越明显时，安然冻结了退休金，阻止员工将退休金从股票中转出。

资本市场的掠夺也会使员工不堪一击。若员工所在的企业被私募股权收购，那么一旦企业破产，员工的处境就会更加艰难。私募股权收购指的是上市公司被私人股权基金购买。通常采用的方式是杠杆收购，即用被收购企业的资产作为抵押品借入资金，为收购融资。这样，承担风险的是企业及其员工，而不是企业的所有者。

2012年，加拿大内衣制造商娜圣莎（La Senza）在英国的加盟店倒闭，导致1100名员工失业。在此类事件中，即使情况好转，员工也得不到好处，但是，若形势恶化，员工就会一无所有。当然，供应商也处于同样的境地。只有私募股权的股东受到了"有限责任"的保护。

2005年，曼联足球俱乐部被美国商人马尔科姆·格雷泽（Mal-

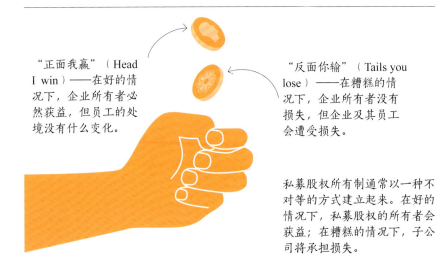

"正面我赢"（Head I win）——在好的情况下，企业所有者必然获益，但员工的处境没有什么变化。

"反面你输"（Tails you lose）——在糟糕的情况下，企业所有者没有损失，但企业及其员工会遭受损失。

私募股权所有制通常以一种不对等的方式建立起来。在好的情况下，私募股权的所有者会获益；在糟糕的情况下，子公司将承担损失。

colm Glazer）及其家族收购。这笔交易实际上是私募股权交易。格雷泽遵循惯例，用8亿英镑收购了上市公司曼联，并将债务列入了新曼联的资产负债表中。私募股权所有者认为，债务是促进员工高效工作、赚取利润、支付利息的有效手段。然而，这更有可能是将私募股权所有者的风险转嫁给有限责任子公司的途径。即使新曼联陷入财务困境，格雷泽承担的责任也极少。因为他受到了"有限责任"的保护，即所有者无须承担整个企业的债务，其责任以投资的价值为限。

2013年发布的一项研究将105家通过私募股权收购的企业与105家同行业的"控制"企业的业绩做了比较。研究调查了这些企业在十年间的业绩——从收购前六年到收购后四年。研究发现，在收购后的第一年，59%的私募股权所有制企业削减了员工数量，而对照组的比例为32%。在之后的年份中，私募

> 有这样的公司CEO，他们在解雇了数千名员工的年份里，把自己的薪资提高了20%，甚至更多。这令人发指。
>
> ——查尔斯·汉迪
> 英国管理专家（1932–）

股权所有制都与员工平均薪资水平的下降相关。不仅短期内员工是吃亏的，从中长期来看，由于所在企业的负债水平较高，员工失业的可能性也更高。

私募股权的罪恶

在私募股权所有制下，并非所有人都是输家。2003年，英国零售商德本汉姆（Debenhams）被三家私募股权企业收购。2006年，负债累累的德本汉姆上市。上市前，这三家企业发放了12亿英镑的股利。几年之后，德本汉姆的账目仍然显示公司财务吃紧。德本汉姆的财务杠杆率（负债占企业总资本的比例）高达51.5%，而流动性（用速动比率衡量，它反映了企业是否有足够的短期资产来支付流动负债）则只有0.175。对私募股权所有者而言，这笔交易带来了高额的利润——他们迅速赚了12亿英镑，并继续持有德本汉姆的股票（可在之后的年份中出售）。他们的总利润率超过了200%。

对私募股权企业的老板们而言，交易的回报令人侧目。美国私募股权投资机构百仕通集团（Blackstone Group）的伯纳德·施瓦茨曼（Bernard Schwarzman）一年就赚取了1.3亿美元。他的收入与凯雷投资集团、阿波罗全球管理公司和科尔伯格-克拉维斯投资集团（KKR）的老板相近——年薪超过1亿美元。引人注目的是，

> 避免金融机构的管理者承担过多的风险有一个简单的办法，即把这种做法视为犯罪。
>
> ——保罗·科利尔（Paul Collier）
> 英国经济学家（1949–）

这几位老板在美国和英国都享有税收优惠待遇。2012年美国总统竞选时，税收优惠待遇成了一个重要话题。当时，共和党候选人米特·罗姆尼（Mitt Romney）承认，他的收入所得税税率是14%，这要低于美国工薪阶层的平均水平。

千夫所指的高管

股份有限公司的CEO可能处在风险最高的位置上。如果企业获得成功，他们可能是获益最大的一方，但同时，若企业失败，他们也是损失最大的一方。风险虽有财务方面的，但更多的是声誉方面的。2008年，雷曼兄弟公司破产，时任CEO的理查德·福尔德从备受赞誉的CEO沦为一系列"史上最差"名头的候选人。他从美联储纽约分行的董事变成了一个被社会唾弃的人。在英国，与福尔德命运相似的人物有弗雷德·古德温（2008年苏格兰皇家银行倒闭时任

意大利食品巨头帕玛拉特（Parmalat）2004年掩盖了100亿英镑的亏空，这实际上是财务欺诈。对股东和失业员工来说，这无异于切肤之痛。

CEO）和詹姆斯·克罗斯比（2006年之前，任苏格兰哈里法克斯银行CEO）。这二人供职的银行均在2008年倒闭，不同程度地造成了随后的经济动荡，二人也因此备受指责。

将企业失败完全归咎于企业管理者是否公平？毕竟，将企业失败怪罪到CEO一人头上是难以想象的。显然，企业失败不是CEO一个人的责任。但是，高调的高管常常将他们自身与企业密切联系在一起——看上去他们个人就是企业——并积极地用高额薪资来佐证。公众和媒体会攻击高管也就不足为奇了。

纳税人的救助

在成熟、发达的经济体中，企业应当承担风险、追求回报。在此基础上，失败会导致企业的终结。经济学家约瑟夫·熊彼特（Joseph Schumpeter）在其1942出版的经典著作《资本主义、社会主义与民主》中称："创造性破坏的过程是资本主义的基本现实。"同其他人一样，熊彼特认为经济萧条是一种净化机制，使羸弱的企业失败，强大的企业兴起。

但是，现代政府对此有不同的看法，这无疑与大型企业有关。"大而不倒"的术语表明，企业可

风险源自你不知道自己在做什么。

——沃伦·巴菲特
美国投资家（1930-）

以将风险转嫁到纳税人身上。2009年，美国汽车制造业巨头通用汽车公司和克莱斯勒濒临破产。为了让这些企业从头再来，美国政府——换言之，美国纳税人——接手了数亿美元的债务。在欧洲，2008年和2009年对银行的救助将私营部门从巨额损失中挽救了过来。纵观整个欧洲，欧元区政府面临的问题实际上是私营部门的问题，因为各银行给希腊、葡萄牙和意大利企业的贷款无法偿还。所有的救助计划均由政府组织和资助，这意味着纳税人承担了风险，但没人询问他们的意见。对此，经济学家努里埃尔·鲁比尼（Nouriel Roubini）总结道："这是收益私有化、损失社会化的又一个案例；是一场针对富人、人脉深厚者和华尔街人士的社会主义救助。"

最近数十年来，这一问题已经跨越了美国和欧洲各国，影响到了日本和中国的经济。自1990年以来，日本的萧条持续了二十年之久，土地价格下降了80%以上，到今天，仍远低于1988年萧条之前的水平。日本的各家银行实际已经破产，因为其资产组合中有大量的不良贷款——借款企业无法偿还或无法支付利息的贷款。靠着日本中央银行的支持，这些商业银行才生

存了下来。私营部门应当承担的风险，被纳税人承担了。

谁来承担风险？

鲁比尼认为，损失会被"社会化"（由公众承担），而收益则被私营部门保留。这一论断似乎是正确的。近几十年里，收入不平等问题在全球范围内引发了广泛关注。例如，1979—2007年，美国收入处于前1%的人口的收入提高了266%，而收入最低的20%的人口，其收入仅提高了37%。实际上，政府救助大企业意味着将纳税人的支持提供给了当前经济体系下获益最

多的人。从长期来看，企业享有的丰厚利润是对其承担风险的补偿。但是，如果风险（和损失）由纳税人承担，那么"为何在形势良好时只有股东获益"就是个合理的质疑。

通常，员工和供应商承担的巨大风险已经超出了公平的范畴——股东享有企业成功的回报，也应当承担企业失败的大部分风险。在近几十年里，就连工会对员工的保障也消失殆尽了——在美国和世界上很多国家，工会会员占私营部门员工的比例已不足10%，企业经营不力时很多员工都得不到保障。虽然劳动力的灵活性有其优势，但是"我之风险"和"你之回报"之间的不平衡已经太过严重了。■

希腊市民在雅典抗议2011年的紧缩措施。欧盟向希腊各大银行提供的救助贷款意味着希腊将面临多年的经济困难。

理查德·福尔德

理查德·福尔德（Richard Fuld，绰号"迪克"）于1946年出生在美国纽约。1969年，福尔德从科罗拉多大学毕业，并于1973年获纽约大学斯特恩商学院MBA学位。他从1994年起担任投资银行雷曼兄弟公司的CEO，直到2008年公司倒闭。在此期间，他获得了逾5亿美元的收入。福尔德以"华尔街暴徒"著称，他专横独断，将雷曼兄弟公司卷入了次级抵押贷款交易中。2008年，雷曼兄弟公司面临被次贷危机倾覆的风险。但是，他拒绝了投资家沃伦·巴菲特和韩国开发银行的救助。这一决定凸显了福尔德的狂妄自大，他也因此而饱受批评。他的理由是，报价与雷曼兄弟公司的估值不符。2008年9月，雷曼兄弟公司破产。之后，《时代》杂志将福尔德列为"应为金融危机负责的二十五人"之一，而《康泰纳仕证券投资组合》杂志则将他排在"美国有史以来最差的CEO"名单的第一位。

逆流而上，反其道而行，摆脱传统观念

忽略羊群行为

背景介绍

聚焦
企业行为

主要事件

1841年　苏格兰记者查尔斯·麦凯（Charles Mackay）在其著作《非同寻常的大众幻想与群体性癫狂》中论述了羊群行为。

1992年　印度经济学家阿比吉特·V. 班纳吉出版了《羊群行为的简单模型》一书。

1995年　在《羊群行为、泡沫与破灭》一文中，德国教授托马斯·卢克斯（Thomas Lux）提出，价格会与情绪相互影响，因此，从众情绪能够影响价格（例如，对住房市场的信心会推动房价上涨）。

2001—2006年　2008年金融危机爆发之前，美国和欧洲的部分国家的房地产泡沫急剧膨胀。

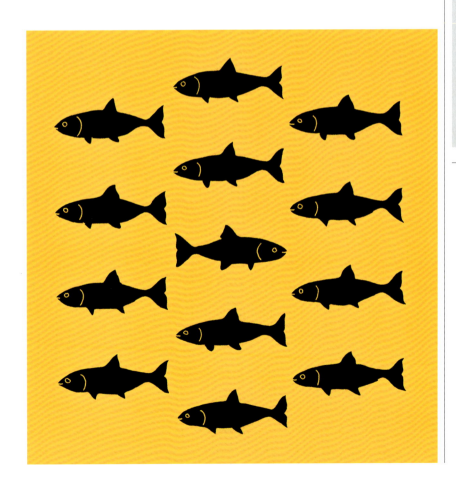

羊群本能在自然界中非常明显，在商界也同样明显。大多数人认为，追随他人比脱颖而出做一个"孤家寡人"更舒服。忽略羊群行为（不盲目跟风——译者注）需要强大的心理。股票市场急速增长时，新进入的投资者（头一次入市的人）会被轻而易举获得的财富所吸引。这些新加入"牛市"的人使得股票价格在很长一段时期内持续上涨，直到股价回归到之前的水平。在这种羊群行为下，大多数新股民会在股价接近最高值时购买，待发现资产价值下跌时又急于

参见: 在市场上脱颖而出 28~31页,获得优势 32~39页,提防好好先生 74~75页,摆脱思维的条条框框 88~89页,避免群体思维 114页,保护核心业务 170~171页,预测 278~279页。

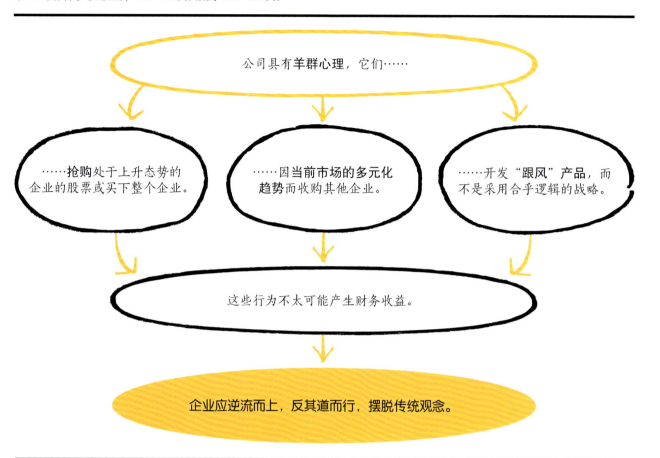

公司具有**羊群心理**,它们······

······**抢购**处于上升态势的企业的股票或买下整个企业。

······因当前市场的**多元化趋势**而收购其他企业。

······开发"跟风"产品,而不是采用合乎逻辑的战略。

这些行为不太可能产生财务收益。

企业应逆流而上,反其道而行,摆脱传统观念。

出售,因此常常蒙受巨额损失。逆向投资者或持有投资组合的精明企业——则恰恰相反。股价上涨、新投资者进入市场时,逆向投资者会卖出;市场下滑时,他们会买入。然而,投资者很少能有远见知道牛市何时转为熊市。天才投资家沃伦·巴菲特说:"我们只不过是在他人贪婪时保持胆怯,在他人胆怯时保持贪婪。"1965年至2013年间,巴菲特的投资公司为投资者创造了超过900000%的资本收益率。

1997—2000年的互联网泡沫是反映羊群行为风险的另一个案例。

当时,很多互联网企业在股价收益率飙高后,紧接着就遭受了巨额损失。创建于1997年的eToys.com就是一例。1999年5月,该公司在纽约证券交易所上市,它以每股20美元的价格筹集了1.66亿美元的资金。买家大量涌入,在首个交易日结束时,它的股价涨到了76美元。到1999年秋,股价涨到了84美元,该公司的市值甚至超过了玩具零售业巨头玩具反斗城。随着市场开始下滑,专业人士开始抛售股票,但跟风者仍继续持有。到2001年2月,它的股价跌到了9美分。此后

不久,eToys.com便宣布破产了。

对股民们来说,不随大流是有道理的。对企业领导者来说也

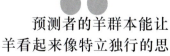

预测者的羊群本能让羊看起来像特立独行的思想家。
——埃德加·R.菲尔德(Edgar R.Fielder)
美国经济学家(1930—2003)

2009—2013年，智能手机的全球市场份额发生了很大的变化：苹果的市场份额相对稳定；诺基亚和RIM（移动研究公司，现更名为黑莓公司）则具有了羊群心理，遭受了巨额损失；三星的市场份额迅速增长，其产品开发经受住了时间的考验。

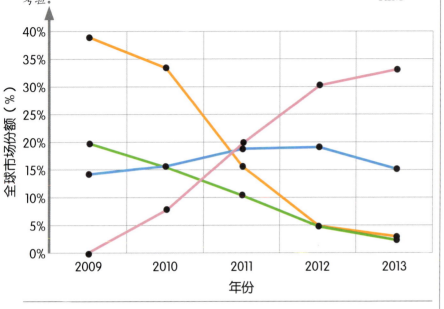

是如此吗？2008年，美国大众传媒公司AOL（美国在线）意识到了社交网络的快速增长，它以8.5亿美元收购了社交网站Bebo。这一羊群行为让AOL损失惨重。2013年，AOL以100万美元的价格将Bebo卖还给了其创始人。

追随趋势

因此，当大多数人都在走同一条路时，企业领导者必须慎之又慎。应当避免的羊群行为主要有三种。如前所述，第一种羊群行为是偶尔一窝蜂地进行收购投标。在这种情况下，企业领导者担心，若自己不购买竞争对手，他人就会创造出更大、更强的竞争对手。此时，人们谈论的多是增效（合并后的价值高于合并前的个体），却很少

提到相关领域长期以来的研究。而这些研究表明，60%~66%的收购会损害投标企业的股东价值。换言之，大多数收购投标最终被证明是令人失望的。

第二种羊群行为是忽略专一和多元化的战略冲突，而市场一次只会在两个战略中选择一个。若市场的准则是"专一"，那么出售边缘资产或经营部门，企业的股价就会上扬。例如2006年，英国宇航公司（BAe）以18.7亿英镑出售了民用飞机制造商空中客车公司（Airbus）20%的股份，其股价应声上涨。此举受到了股票市场的欢迎，因为它使BAe能专注国防和军事产业。但到2013年，这一观点就显得有些荒谬了。空中客车公司得到了大力发展，而政府——尤其是

美国政府——却削减了军事开支。忧心忡忡的BAe开始接洽空中客车公司，建议两家企业合并，并暗示说民用业务和军用事业的混合会是更好的专一策略。2006—2013年，究竟是形势发生了巨大的变化还是BAe在顺应多元化趋势？强大的企业领导者应从长计议，不应受股票分析师和管理咨询师所谓时尚潮流的影响。

追随领导者

第三种要避免的羊群行为是"追随"。这发生在企业生产"跟风"产品、模仿市场创新者的时候。当然，若企业已经拥有了真正的差异化产品，追随新潮流仍是明智的。不过，企业常常赶制出山寨产品，以显示它们在行业中具有竞争实力。2007年，苹果发布了iPhone，当时，在全球智能手机市场上，诺基亚的份额超过了40%。尽管诺基亚发布了一系列新产品，

> 我们发现，整个社会会突然关注某件事物，并在追寻的过程中丧失理智。
>
> ——查尔斯·麦凯

但在2013年第一季度，其智能手机的销售份额仍跌到了3%左右。在此期间，虽然诺基亚拼命追赶，但它并没有进行战略反思——不是考虑怎样革新能争取到较高的市场份额，而是靠推出产品来解决问题。

诺基亚和苹果在行为上有巨大的反差。2008年和2009年，移动设备的主要趋势是抛弃笔记本电脑，趋向"上网本"。2009年，全球"上网本"的销售额上涨了72%。

戴尔这样的企业也开始生产"上网本"。苹果则反其道而行。史蒂夫·乔布斯宣称"上网本的问题是它没有任何优势"。乔布斯开发了超越"上网本"的产品——iPad。到2013年年中，iPad的销量超过了1.45亿台，而"上网本"最初的生产商（华硕）则停止了生产。

忽视羊群行为的人能够冷静地运用逻辑推理，思考当前的形势和未来可能的情景。而跟风的人则认为，明天不过是今天的重复。摆脱羊群行为的人能够识别出持续存在的根本因素，看清未来的差异点。正如美国企业家山姆·沃尔顿所言，"逆流而上"是明智的。■

iPad的成功兑现了苹果开发出超越"上网本"产品的承诺。苹果和三星等都在引领羊群，而非跟在后面。

沃伦·巴菲特

沃伦·巴菲特于1930年8月30日出生在美国的奥马哈市，他被认为是20世纪最为成功的投资家。巴菲特很早就显示出了数学方面的能力，他能心算出一长串数字的和。巴菲特的父亲是一名国会议员兼股票经纪人。

巴菲特11岁便开始投资。青少年时期，他曾创办过几家小企业。后来，他先后在宾夕法尼亚大学、内布拉斯加州立大学和哥伦比亚大学学习。1956年，他建立了巴菲特合伙有限公司。投资的成功让他获得了"奥马哈先知"的名号。2006年，巴菲特宣布将所有财富用于慈善事业。2012年，其资本净值约为440亿美元。

主要作品

2001年 《巴菲特致股东的信：股份公司教程》（与劳伦斯·A.坎宁安合著）

2013年 《巴菲特致股东的信：股份公司教程》第三版（与劳伦斯·A.坎宁安合著）

债务是最可怕的贫困

杠杆和风险过度

背景介绍

聚焦
风险管理

主要事件

1970—2008年 发达国家各银行将贷款与所持现金价值之比提高了一倍。

2002年 全球高管论坛在对安然倒闭事件的报告中称："安然的特色是无穷的杠杆。"

2007—2008年 越来越多的人获得了住房抵押贷款，但之后又违约不还。全球金融市场开始崩溃。

2013年 英国政府强制银行公布杠杆比率。巴克莱银行是杠杆比率最高的银行之一，其贷款额是其（股权）资本的35倍。

2012年，美国理论物理学家马克·布坎南（Mark Buchanan）撰写了《预测》一书。书中详细阐述了他对经济运行的调查。在评估影响经济增长和衰退的因素时，他注意到，中央银行（和政府）十分重视通货膨胀、利率、汇率和消费者信心。令他感到困扰的是，杠杆——影响经济繁荣和萧条的一个核心因素，却

增加杠杆让企业……	降低杠杆让企业……
……专注于成长，将短期债务转换为长期贷款……	……最小化成本，专注于利润增长，偿还长期贷款……
……向股东支付更多的股利。	……发行更多的股票。
然而，这会使企业易受现金流问题的影响。	然而，企业会落后于用高杠杆促进增长的竞争对手。

参见： 谁来承担风险 138~145页，利润与现金流 152~153页，股本回报率最大化 155 页，私募股权模式 156~157页。

信用卡借款会引发财政破产。2007—2008年，很多业主用信用卡借入资金，支付住房抵押贷款，但却没有足够的收入来偿还借款。

被忽略了。杠杆是衡量债务的指标，即个人或企业靠借款为未来融资的程度。社会和企业忽略了英国历史学家托马斯·富勒（Thomas Fuller）的忠告："债务是最可怕的贫困。"

　　若高杠杆在经济中十分普遍——每个人都借入大量资金，那么较高的负债程度就可能产生短期繁荣现象。但这通常以随后的萧条为代价。

冒险

　　杠杆在很大程度上引发了2008年的金融危机。个人通过信用卡借入了大量资金，得到了抵押率为100%的住房贷款，而这些均与收入水平不相称。若无法偿还债务，并且房屋价格下跌，很多人只

能拖欠不还。同样，杠杆高的银行也陷入了困境。银行大规模使用复杂的金融产品（也以杠杆为基础）使问题更为严重，最终导致了金融系统的崩溃。

　　杠杆会给企业带来类似的风险。经济景气时，需求增加、利润率较高，借入资金促进企业成长似乎是提高利润的有利途径。但是，领导者通常忽视了借款增加带来的风险。负债必须偿还（这不同于股利支付）。高杠杆的企业会突然发现，其销售收入不足以偿还高额的债务。这样，一度带来利润增长的借款，开始引发严重的现金流问题。

　　一般而言，将借款限制在企业长期资本总额25%~35%的水平上是较为明智的。对普通企业而言，借款占长期资本总额的50%以上意味着企业的风险水平过高。毕竟，董事既要以利润最大化为目标，也需要对企业的长期健康、员工、客户和供应商的福利和安全负责。■

杠杆收购

　　在杠杆收购中，一家企业被另一家企业或个人团体用大量的借入资金买下。借入的资金通常来自银行贷款或债券（用于筹措资金的有息贷款）。通常，收购需要用90%的负债和10%的股权来支付，贷款抵押的资产即被收购企业的资产。换言之，从理论上说，收购借入的债务随后会用被收购企业筹集的资金偿还。如今，从事杠杆收购的投资机构被称为私募股权企业。

　　20世纪80年代，杠杆收购变得声名狼藉，因为一些收购方的资金100%来自借款，偿还债务的利息水平非常高，从而导致资金链断裂和企业破产。最近，美国电影巨头米高梅公司陷入了困境。一笔28.5亿美元的资金被用来对米高梅进行杠杆收购并进行随后的重组。

无知遇上杠杆，便有好戏可看。

——沃伦·巴菲特
美国投资家（1930—）

现金为王
利润与现金流

背景介绍

聚焦
财务管理

主要事件

1957年 约翰·迈耶（John Meyer）和埃德温·库（Edwin Kuh）出版了《投资决策》一书。它是对企业现金流和投资的首项研究。

1987年 美国财务会计准则委员会（FASB）引入了一项新规定：企业除提供资产负债表、损益表和留存收益表外，还必须提供年度的现金流量表。

2013年 英国合作银行取消了收购劳埃德银行632家支行的计划，因为它没有足够的资金购买劳埃德银行并经营这些分支机构。

对于新成立的或快速成长的企业，以及处在经济萧条期间的企业，现金就是王道。换言之，现金流第一，利润第二。在会计学上，利润是一个抽象概念，以成本与某一经营时期内交易收益的匹配为基础。此举看似合理，但在实践中，这会导致企业面临大量资金短缺问题。以一家建筑企业为例，若企业将成本与已经建成、可供购买的住房进行匹配，那么，企业就会忽略建房过程中的巨额现金流出，在住房售出前耗尽所有资金。若经济形势良好，企业可以靠透支来弥

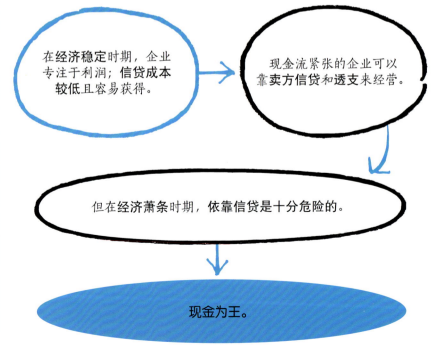

在经济稳定时期，企业专注于利润；信贷成本较低且容易获得。

现金流紧张的企业可以靠卖方信贷和透支来经营。

但在经济萧条时期，依靠信贷是十分危险的。

现金为王。

参见: 成长的速度 44~45页, 投资和股利 126~127页, 以钱生钱 128~129页, 杠杆和风险过度 150~151页, 股本回报率最大化 155页, 平衡短期行为和长期行为 190~191页。

补资金短缺; 若经济形势严峻, 企业依赖银行就会有较高的风险。企业应认真管理财务, 避免出现现金流为负的情况。

优秀企业缘何失败

所有新创立的企业都面临着持久的现金压力。即使企业能够维持创立之初的预算, 但是, 经营走上正轨、产生正的现金流需要时间。例如, 一家运动器材商店建立客户群、实现赢利可能需要三年。在此之前, 企业的现金流为负。因此, 对于新创立的企业而言, 从一开始, 现金流就是重中之重。这或许意味着企业需要租赁设备、购买二手设备而非新设备, 选择付款期限与商家提供给客户的付款期限相同的供应商, 哪怕选择这些供应商需要花更多的钱。现金流问题还会导致信誉良好的企业陷入困境, 甚

企业收到24000英镑的订单, 必须组织现金来生产产品。到第6周, 企业已经花费了20000英镑, 并为客户开具了发票, 但是直到第13周客户才支付了货款。这意味着企业在十二三周的时间里都面临现金流严重为负的情况。

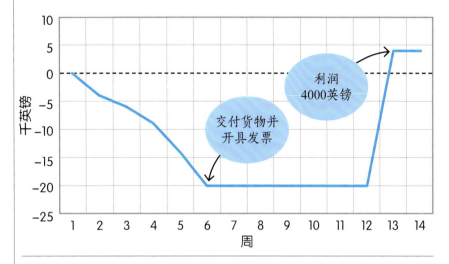

至关门大吉。1998年, 韩国的大宇集团就因为 "拨付营运资本和投资资金越发困难" 而出现了严重问题。大宇集团曾迅速扩张, 但因过度依赖借款而严重破坏了总体财务的稳定性。但是, 大宇坚称危机只

是暂时的。尽管大宇曾是全球最大的联合企业之一, 但是到第二年, 它仍因巨额资金短缺而倒闭了。■

资金诈骗

2009年, 美国投资顾问、金融家伯纳德·麦道夫(Bernard Madoff)因资金诈骗而被判入狱150年。麦道夫的骗局导致投资者损失了约180亿美元。麦道夫曾被称为杰出的专业金融家, 能为投资者带来极高的收益。但实际上, 他经营的是一个 "庞氏骗局", 即用新投资者的资金为早期投资者提供丰厚的投资回报。这

样, 早期投资者会向他人推荐这一项目, 企业则继续用新投资者的资金向早期投资者支付费用。

只要为麦道夫骗局提供资金的 "冤大头" 足够多, 其财务金字塔就会屹立不倒。如果现金流干涸, 骗局就会难以为继。2008年金融危机爆发后, 投资者失去了信心, 麦道夫的 "金字塔" 也轰然倒塌了。

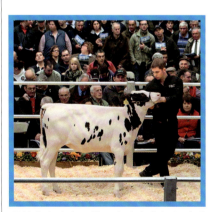

同很多企业主一样, 农民在市场上购买牲畜必须预先支付费用。农民在投资得到回报之前, 成本(如购买饲料和租用仓库所需的费用)会不断增加。

只有潮水退去，才知谁在裸泳

表外风险

聚焦
财务风险

主要事件

1992年 特里·史密斯（Terry Smith）出版了《增长的会计》一书。他从内部人士的角度揭露了大型企业的会计实务。

2001年 安然的破产令人震惊。这表明表外会计操作并非那么神秘难解。

2010年 有人披露，雷曼兄弟公司利用"Repo 105"和"Repo 108"进行回购交易，将其贷款和投资从企业资产负债表上暂时移出7~10天。此举误导了外界对其经营状况和价值的判断。

2011年 英国养老机构运营商Southern Cross集团不堪50亿英镑表外负债的压力而宣告破产。

资产负债表是企业资产和负债的简要说明，它应当反映出企业面临的所有风险。然而在现实中，资产负债表并未体现企业的全部负债。这意味着，在计算企业的债务时，没法考虑到所有的项目。2001年破产的安然便是如此，而自2007年以来一直苦苦挣扎的西方银行也是如此。

2011年，日本相机制造商奥林巴斯便因表外会计操作而身陷丑闻。为了掩盖管理层的决策失误，如收购出价过高，董事会建立了未合并的子公司，让它们来承担交易损失。这些子公司的损失并未体现在企业的年度财务数据中。分析师和审计师在看到利润"健康"而现金流出时，就应当意识到问题所在。但是，在新任CEO迈克尔·伍德福德（Michael Woodford）揭发丑闻前，没有人揭发此事。

美国安然公司用表外会计操作掩盖了公司被高估的资产。即使已濒临破产，安然的资产负债表仍堪称完美。

最近几十年来，政府越来越多地使用表外金融，这会给本国经济带来巨大的风险。■

参见: 照章办事 120~123页, 问责制和治理 130~131页, 谁来承担风险？ 138~145页, 杠杆和风险过度 150~151页。

股本回报率既可以是财务目标之一，也可以是单独的目标

股本回报率最大化

背景介绍

聚焦
企业目标与风险

主要事件

1978年 传奇投资家沃伦·巴菲特认为，股本回报率（ROE）不太可能在12%的水平上维持很久。

1995年 罗伯特·海格士多姆（Robert Hagstrom）在《沃伦·巴菲特之路》一书中，向公众介绍了巴菲特的投资方式及其对ROE的重视程度。

1997年 美国工业企业标准普尔（S&P）指数显示，ROE的均值约为22%。

2012年 国际各大服装零售商的ROE有较大差异：Gap为40%，H&M为39%，AA美国服饰为-139%。单从ROE来看，AA美国服饰无法按现有模式继续经营。

很多股票分析师将股本回报率（ROE）视为衡量企业成功的关键指标。ROE指利润与资产负债表中平均股东权益的百分比。其中，权益包含股权资本和留存收益。

ROE受到贸易条件的影响。2012年，日本仍处在海啸后的恢复重建阶段。这一年，丰田汽车公司的ROE为3.9%，而它的竞争对手美国通用汽车公司并未受到自然灾害的影响，其ROE为16.7%。按照ROE指标，通用汽车公司为股东投资创造的利润是丰田汽车公司的4倍。

误导性的度量指标

ROE随利润的增加而增加，随股东权益的增加而减少。2012年，丰田汽车公司和通用汽车公司的税前利润相似，但是两家的股东权益却造成了一种假象。丰田汽车公司资产负债表上的股东权益数额较大，这源自几十年来的高盈利；而通用汽车公司在2009年破产时耗尽了留存收益，其股权基数较小。破产和美国政府的援助在很大程度上导致通用汽车公司产生了很高的ROE。

21世纪头十年，很多银行通过"股票回购"削减了资产负债表的规模。这一做法降低了ROE计算公式中的股东权益的数值，使ROE增加，但也提高了资本结构的风险。很多银行追求ROE最大化，使得留存收益太少而无力应对2008年的金融危机。∎

企业ROE的计算方法是用利润除以平均股东权益。ROE的数值越高，表明企业为股东创造收益的能力就越强。

$$ROE = \frac{利润}{平均股东权益} \times 100$$

参见：投资和股利 126~127页，问责制和治理 130~131页，谁来承担风险？138~145页，忽略羊群行为 146~149页。

私募股权作用增大，伴随的风险也会增加

私募股权模式

最初，私募股权的来源只是希望获得长期收益的**大型投资者**。

但在20世纪80年代，小投资者也开始利用**财务杠杆和债务**来收购企业。

这类私募股权投资要求较高的**短期收益**（来偿还债务）。

专注短期收益，可能会使企业错过长期机遇。

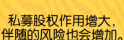

私募股权作用增大，伴随的风险也会增加。

一些经济学家认为，私募股权命名不当，因为这一模式的基础是负债而非权益（个人或企业直接拥有的资产价值）。私募股权需要企业举债，以此来"撬动"资产负债表。这与颇受争议的杠杆收购（LBO）相似。在杠杆收购中，收购企业所需的资金有很大比例来自借款，这导致被收购企业的负债水平较高。

正如美国政治家杰克·里德（Jack Reed）强调的那样，高负债水平会产生内在风险。管理者的压力会增加——把企业债务的利息降到最低，需要丰厚的利润。理论上讲，这会促使管理者创造更好的业绩。但是批评者认为，在私募股权模式下经营的企业会追求短期利润，而错过长期的成长机会。

少点压力，多点专注力

对支持者而言，私募股权模式的主要优势是它能消除一些影响因素。首先，它消除了公共有限公司老板们面临的来自股东的利润压

参见: 克服创业之初的困难 20~21页, 谁来承担风险? 138~145页, 杠杆和风险过度 150~151页, 平衡短期行为和长期行为 190~191页。

力。例如在2012年, 美国连锁百货商店杰西潘尼 (JCPenney) 被赋予了新面貌, 制定了全新的、更为高端的市场战略。销售收入的急剧下滑迫使杰西潘尼迅速反思, 并解雇了刚刚上任的CEO。对上市公司而言, 短期业绩不佳让人难以接受, 甚至会引起寻求新收购的私募股权投资者的注意。

私募股权模式还有一个优势是专注。通常, 公共有限公司董事会监管的企业各式各样。例如2012年, 日本住友商事株式会社将其子公司木星购物频道 (Jupiter Shopping Channel) 50%的股权出售给了美国私募股权机构贝恩资本 (Bain Capital)。此举将木星购物频道从住友商事剥离了出来, 使得木星购物频道的董事得以专注单个商业领域,

木星购物频道是日本最受欢迎的电视零售企业。目前, 公司股权的50%为私募持有。对话务中心效率关注度的提高使公司受益。

亲自参与决策、制定战略。从长期来看, 私募股权涉及两个关键问题: 它能否改善业绩? 考虑创新、员工忠诚度和客户满意度后, 它是否更利于企业的长期成功?

2013年, 英国三所大学的联合研究发现: 企业被私募股权收购后, 就利润、就业水平而言, 企业的业绩是下滑的。研究表明, 企业被私募股权收购后的四年中, 企业员工的人均收益从12万英镑上升到了16万英镑; 而在对照组的企业样本中, 员工的人均收益从12万英镑上涨到了25万英镑。不过, 其他研究得出了相反的结论——私募股权大幅提升了利润——因此, 这类研究尚无定论。

若 "私募股权" 这一术语描述的是债务拉动的增长, 那么数年的成功之后, 紧接的可能是巨额的损失。不过, 参与私募股权收购的多是投资机构, 它们有巨额的资金来进行长期投资。∎

亚历克·戈尔斯

2013年, 亚历克·戈尔斯 (Alec Gores) 的个人财富达到19亿美元, 他可能是全球最富有的私募股权商。戈尔斯于1953年出生在以色列, 其父是希腊人, 其母是黎巴嫩人。1968年, 戈尔斯移民美国, 进入密歇根州的高中就读。

戈尔斯在西密歇根大学获得了计算机研究的学位后, 于1978年创办了一家计算机零售企业 (执行商务系统), 在自己的地下室销售计算机。7年内, 该企业雇用的员工超过了200人。33岁时, 戈尔斯以200万美元的价格卖掉了企业。1987年, 他用这笔资金创办了戈尔斯集团。

戈尔斯集团私募股权基金专门收购并经营大型公司旗下估值较低、业绩不佳的非核心企业, 并将它们变为可赢利企业, 其中包括大型企业 (如美泰和惠普) 的亏损部门。自成立以来, 戈尔斯集团已经收购了逾80家企业。

根据资源消耗分摊成本
作业成本法

背景介绍

聚焦
成本与效率

主要事件

1911年 管理学大师弗雷德里克·温斯洛·泰勒（F.W. Taylor）撰写了《科学管理原理》一书。在书中，泰勒提出了构建精确成本模型的方法。

1971年 美国的乔治·斯托布斯（George Staubus）教授撰写了《作业成本计算和投入产出会计》一书。这部著作引起了美国制造商对作业成本法的兴趣。

1987年 美国商务专家罗伯特·卡普兰（Robert Kaplan）和罗宾·库珀（Robin Cooper）在《会计与管理》一书中定义了作业成本法。

成本会计的目的是测算直接成本（如原材料）和间接成本，来确定企业的生产成本。英国克兰菲尔德管理学院的大卫·米德尔顿（David Myddelton）教授认为，这种成本核算方法的不准确性是与生俱来的。这意味着，企业对自身成本的了解远远不够。相对而

作业成本法核算的是产品和服务的**实际间接费用**。

这些费用是精确的，因此，企业能核算出**准确的单位成本**。

这种准确性能使企业充分利用资源做出**正确的决策**。

根据资源消耗分摊成本。

参见：照章办事 120~123页，利润与现金流 152~153页，好战略、坏战略 184~185页，价值链 216~217页，产品组合 250~255页，从大数据中受益 316~317页。

言，企业更清楚直接成本，但对特定产品间接成本的认识较为模糊。由此引发的商业后果是，企业会将营销支出分配给盈利不多的产品。从长远来看，这样的错误决策会使企业落后于竞争对手。

作业成本法

在理想情况下，会计系统会衡量与特定产品或服务相关的每笔交易以及每项决策的每个方面。要达到这一目标，作业成本法是最有效的方法。传统的会计系统虽然也能估计间接成本（假定每件产品的总间接成本相同），但作业成本法更为精确：它将间接成本进行分解，找到哪项作业产生了哪些成本。因此，企业能够了解生产一块巧克力的成本，例如，成本不是"约为65便士"，而是精确的"59便士"。

在考虑非标准产品（例如2016年巴西奥运会产品的特殊订单）时，这种精确性尤为重要。作业成本法可以指明这笔特殊订单的成本可能高于生产标准产品的成本。这有助于企业为非标准产品设定合理的价格。

要有效执行作业成本法，企业需要遵循如下步骤：首先，识别出所有直接和间接的作业与资源；其次，判断每项间接作业的成本；最后，识别每项作业的成本动因。成本动因是影响或产生成本的因素。例如，一名银行出纳有多项作业——在测算一项作业（如处理支票）的成本动因时，银行应算出这名出纳花在这项作业上的时间。

通过这三个步骤，企业能够核算出某项产品或服务的总直接成本和总间接成本。用总成本除以总产量，便可得到精确的单位成本。

> 以一个合理的精确程度来核算成本，会给企业带来巨大的利润。
> ——弗雷德里克·温斯洛·泰勒

这样，企业就能确定可靠的盈亏平衡点，识别出能够赢利、值得支持（或许用广告支持）的产品，并对各项投资决策进行合理比较。■

弗雷德里克·温斯洛·泰勒

弗雷德里克·温斯洛·泰勒于1856年出生在美国的费城，他曾是一名机械工程师。后来，他因为科学管理方面的研究而举世闻名。科学管理的依据是：有效的管理是一门科学，它拥有清晰明确的规则。泰勒还被誉为"成本会计之父"。

19世纪末，泰勒建立了一套新的会计系统，其中包含"单位成本的月度量"。他强调，成本数据具有重要价值，管理者可以利用这些信息设定价格、决定生产何种产品。泰勒认为，有价值的会计信息必须是有用的、及时的，并且能被编制成可供比较的报表，帮助领导者迅速发现企业的进步（或退步）。1915年，泰勒因肺炎逝世，享年59岁。

主要作品

1911年 《科学管理原理》

WORKING WITH A VISION

STRATEGY AND OPERATIONS

带着愿景工作
战略和运营

在刘易斯·卡罗尔（Lewis Carroll）的《爱丽丝梦游仙境》中，柴郡猫告诉爱丽丝："如果你不知道要去哪儿，那你哪儿也到不了。"这是商人们应当避免的陷阱——拥有一个目标是任何新企业的出发点，企业必须有清晰的战略来实现目标。此外，企业还要有达成目标、实现成功的愿景。这一愿景应被企业的每一位成员所分享、了解，从而使企业的所有成员拥有一个共同的目标。

弄清何事可为、何事应为，就会找到出路。

——亚伯拉罕·林肯
美国前总统（1809—1865）

追随愿景

要制定好的商业战略，应从批判性分析（如SWOT分析）开始，不过，还应弄清哪些事情不能做。对于希望引领市场的企业而言，战略也是至关重要的——大多数企业通过提供最廉价或最优质的产品或服务来引领市场。制定成功的战略，有无数的模型、理论可供企业借鉴。例如，美国战略学家迈克尔·波特（Michael Porter）就为企业组织提供了模型，帮助企业分析市场、了解已有的竞争实力、根据竞争优势进行定位。

董事会就战略方向达成了一致意见后，企业就必须做好准备，在必要的时候改变方向——但应一直牢记最初的愿景。此外，企业领导人必须不断留意外部环境的变化，避免出现措手不及的情况。避免自满十分关键，因为商业变革的步伐在不断加快。竞争是激烈的，企业要想保持领先，避免被追赶、被淘汰的命运，就必须进行创新。很多企业没能做到这一点。

加拿大科技企业RIM便是一例。它在黑莓智能机销售收入大幅下滑时遭受了严重损失——公司老板未能预见苹果公司会生产出更为先进的iPhone。

保持平衡

企业应保持长期目标和短期目标的平衡。董事会必须看到长期愿景，但是在短期内，他们需要做出决策，创造足够的利润，维持企业的经营——这种平衡充满了风险，尤其是在充满变数的世界里。由于无法预料未来，高管通常会使用情境规划，提出"如果……将会……"的假设。评估有害事件的可能性并不能消除不确定性，但却能避免完全出乎意料的情况。

最近，进入无关行业的多元化趋势已经有所下降，如今的企业开始专注核心业务。管理学家C. K. 普拉哈拉德（C. K. Prahalad）和加里·哈默尔（Gary Hamel）认为，若企业能够将其长处和核心能力融合到一起，就会具有更大的竞争优势。

灵活性

全球化、技术和不断变化的全球秩序，使企业变得更加复杂了。层级结构通常不够灵活，因此，非层级结构、员工授权和团队合作得到了重视。灵活的企业确保每个人都参与其中，并且很快适应变化。这类企业不仅与外部合作伙伴进行交易，还与之进行协作，从而促进了相互学习。美国学者彼得·圣吉（Peter Senge）引入了"学习型组织"的概念，即促进员工学习，能够使企业不断转型。领导力和指导取代了管理层的控制。

拥有学习文化和共同愿景的企业能够将职责不同的人组织起来，更快地提出想法、制定决策、创造出新的产品或服务。个体不再是领取薪资的雇员，而是由企业家构成的团队。拥有从失败中学习的能力，需要允许员工犯错、不受批评或惩罚的文化，因为批评和惩罚会损害首创精神和新思想。

企业不仅要学会处理混乱局面，还要学会如何繁荣兴盛。在21世纪的数字经济中，经营环境瞬息万变，企业必须管理好混乱局面，将之作为发展、重振的机遇。

现代企业

在现代社会中，企业是复杂的，但也是最有趣、最令人振奋的。实体规模不再等同于成功。互联网改变了一切——如今，小即是美。在全球经济中，为利基市场提供定制产品的企业通常能有效地参与竞争。不少如今获得成功的企业

必须有愿景，这一愿景是在任何情况下，你都能清晰、有力地表述的愿景。

——西奥多·海斯柏格
美国牧师兼学者（1917—2015）

最初只有一名员工，且通常在车库里或餐桌上建立。重要的是，企业不仅要提供人们需要的产品，还应让人们能在网上方便地获取。

此外，伦理也具有重要的意义。"不惜一切代价获取利润"已不再是被广为接受的箴言。针对财务报告、行贿等问题的监管越来越严格。如今，客户越来越挑剔、越来越聪明：他们希望了解原材料的采购、产品的生产、企业对环境的影响等方面的信息。一些企业会创造合乎伦理的文化。这样，员工就能知道预期的标准是什么。但是，逃税、串通定价、过度冒险的情况仍然不少。这些情况一直存在，是因为个体通常受到个人收益的驱使。在2008年金融危机爆发初期，美国金融服务机构雷曼兄弟公司的倒闭便是个广为人知的案例。

不过，本章的很多案例表明，有明确愿景、以正确的方式做正确的事的企业，最有可能取得成功。■

化灾难为机遇
从失败中吸取教训

背景介绍

聚焦
管理思想

主要事件

约公元前6世纪 中国哲学家老子有云："祸兮，福之所倚；福兮，祸之所伏。"

20世纪60年代 本田汽车公司创始人本田宗一郎说："只有靠不断的失败和内省才能取得成功。"

1983年 苹果公司推出了丽莎电脑。虽然丽莎电脑在商业上遭遇了失败，但它对iMac电脑的开发起到了关键作用。

1992年 美国管理学教授西姆·西特金（Sim Sitkin）在《从失败中学习：小损失战略》一文中引入了"智慧型失败"的思想。

企业在进行某项活动时，会从中获得**经验**。

在新项目中，企业会采用这些好**方法和好途径**。

不论活动成功与否，获得的经验都可以提供**有用的反馈**。

企业必须分析得到的反馈，找出哪些方面可以**有所改变**，哪些方面**可以做得更好**。

每个灾难都是一个学习的机会。

失败是成功之母，这类故事不胜枚举：美国发明家托马斯·爱迪生没能为自动收报机注册专利，于是他强迫自己不断发明，最终完善了白炽灯泡的设计。英国发明家詹姆斯·戴森（James Dy-son）在成功发明无袋式真空吸尘器之前，制作了逾五千个模型。企业家的成功总与反复试验、坚韧不拔密不可分。美国实业家洛克菲勒是世界上首位亿万富翁。他试图"把每个灾难变成机遇"。人们抛

参见: 风险管理 40~41页, 运气 (以及如何获得好运) 42页, 改变与改造 52~57页, 创造力与发明 72~73页, 提防好好先生 74~75页, 摆脱思维的条条框框 88~89页, 学习型组织 202~207页。

弃煤油灯改用电灯后, 洛克菲勒的企业陷入了危机。但是, 他很快发现了福特汽车的潜力。他意识到, 将石油转化为汽油与将石油转化成煤油一样容易。这让他赚得盆满钵满。

不断学习

个人经历是个体学习之道, 对企业组织来说也是一样的, 企业能从发展经历中获得知识和能力。全球市场的迅速变化表明, 持续的改善已然成为惯例。然而, 承认失败、从中吸取教训, 是企业面临的最大挑战。为此, 企业需要建立起允许员工犯错而不受批评或惩罚的文化, 也要积极鼓励员工从错误中获得深刻教训。

一些企业意识到只有失败才能获得成功, 并将这一理念融入了企业文化中。例如, 美国3M公司就允许技术工人拿出15%的时间来试验新想法, 3M明白, 不断的失败会带来偶然的成功 (如报事贴)。

认识错误、减少损失、发现新机遇、改变方针不仅是对领导力的考验, 也向企业员工传达了积极的信号。这需要理性、不带感情色彩地思考改变方向的成本和收益。

20世纪80年代中期, 可口可乐公司决定推出口味更甜的新产品: 新可乐 (New Coke)。在美国, 新产品遭到了客户的抵制。可口可乐公司意识到, 客户对可口可乐有一种保护欲, 不愿意接受配方上的任何改变。公司CEO迅速恢复了原始配方, 并将之称为"经典可乐" (Coke Classic)。由于反应迅速, CEO抓住了大力宣传的机会, 使公司的销售收入大幅攀升。

乐购是全球第三大零售商。2007年, 乐购在美国成立了Fresh & Easy商店。六年时间里, 商店亏损达22.7亿美元。乐购承认经营失败, 宣布Fresh & Easy退出市场。失败的原因是乐购对目标客户的购物习惯判断失误。乐购前董事长理查德·布罗德本特 (Richard Broadbent) 称, 公司已经意识到了对经营项目保持开放态度的重要性。灵活、反馈和快速反应是通过失败找到新出路的关键。■

> **我没有失败, 我只是发现了一万种行不通的方法而已。**
>
> ——托马斯·爱迪生
> 美国发明家 (1847–1931)

约翰·戴维森·洛克菲勒

约翰·戴维森·洛克菲勒于1839年出生在美国纽约州。16岁时, 他在一家代理商行担任助理簿记员的工作。四年后, 他与一名合伙人成立了一家同类企业, 公司第一年的毛收入就达到了45万美元。1863年, 洛克菲勒创办了第一家炼油厂——标准石油公司。

洛克菲勒对经商的兴趣使他成了当时的全球首富, 但他的所作所为却不得人心。认识到有效配送的价值后, 他与铁路公司达成了排他性协议, 规定铁路公司只运送他公司生产的石油, 此举导致竞争对手纷纷破产。标准石油公司 (当时已更名为美孚石油公司) 在克利夫兰形成垄断后, 又在全美形成了垄断。1902年, 他在石油提炼、运输和营销方面的垄断成了头条新闻。1911年, 美国最高法院裁定 (美孚) 公司解散。

此后, 洛克菲勒成为全球最伟大的慈善家, 他捐赠了约3.5亿美元, 建立了多家慈善机构。1937年, 洛克菲勒去世, 享年97岁。

客户需要快马，我们就为他们造汽车

引领市场

背景介绍

聚焦
市场领袖

主要事件

18世纪80年代 英国发明家理查德·阿克赖特（Richard Arkwright）设计出了一套完全机械化的大规模纺纱系统。

19世纪60年代 美国将军内森·贝德福德·福雷斯特（Nathan Bedford Forrest）认为，"比大多数人先抵达"是取得军事成功的关键。

1989年 荷兰商人阿里·德赫斯（Arie de Geus）认为，企业唯一可以持续的竞争优势是比竞争对手学得更快。

1994年 阿尔·里斯（Al Ries）和杰克·特劳特（Jack Trout）出版了《市场营销的22条法则》一书。书中概述了率先进入市场的优势。

通常，商业的逻辑是：退后，让他人先行一步、先付出代价、先犯错误。但是很多例子说明，先人一步的企业有显著的优势。

率先进入新市场的企业会拥有先行优势，从而在很长一段时间内主导市场。发明现代工厂体系的理查德·阿克赖特便是一例。18世纪，阿克赖特设计出了完全机械化的纺纱系统。虽然阿克赖特的专利在提交五年后便被撤销了，但是，先行优势使他得以继续主导市场。阿克赖特积累的知识帮助他改进了水力纺纱机。

参见: 在市场上脱颖而出 28~31页, 获得优势 32~39页, 平衡短期行为和长期行为 190~191页, 价值链 216~217页。

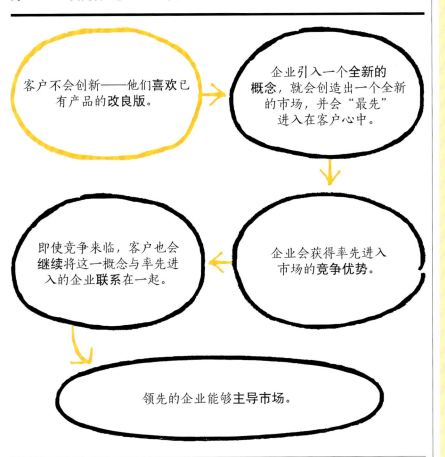

客户不会创新——他们喜欢已有产品的**改良版**。

企业引入一个**全新的概念**, 就会创造出一个全新的市场, 并会"**最先**"进入在客户心中。

即使竞争来临, 客户也会继续将这一概念与率先进入的企业**联系**在一起。

企业会获得率先进入市场的**竞争优势**。

领先的企业能够**主导市场**。

亨利·福特

亨利·福特于1863年出生在美国的密歇根州。他总是为机器着迷, 在孩提时代就制作了一台简易蒸汽机。1879年, 福特成了有轨电车制造商密歇根汽车公司的一名学徒。有段时间, 他返回家乡, 先后做过几份工程师的工作。之后, 他在爱迪生照明公司担任工程师。

与此同时, 福特开始在他花园的小棚内制造汽油驱动汽车。他说服一群商人为他提供支持, 但由于缺乏经验, 他两次办厂均以失败告终。1903年, 福特创立了第三家企业——福特汽车公司。福特推出首款A型车之后又制造了另外几款车。但是, 直到推出T型车——"为大众而造的汽车", 公司才获得了巨大成功。到1925年, 福特汽车公司一天能生产10000辆汽车, 其产量占到了美国汽车生产总量的60%。福特生前最后一项伟大创新是他69岁时推出的V8引擎。1947年, 福特去世。

向前推进

亨利·福特并没有发明汽车, 但他在20世纪初, 生产出了首辆美国中产阶级能够买得起的汽车。大多数人从未想过要拥有汽车, 他们认为汽车是富人的奢侈品。正如福特所言, 大多数人有"一匹快马"就很欣慰了。

福特与阿克赖特一样, 都凭借着技术优势取得了成功。福特的想法是: 在大规模生产中采用装配流水线可以降低生产成本。到1918年, 福特汽车公司已是美国汽车市场的领导者——福特T型车占据了美国汽车市场的半壁江山。到20世纪30年代中期, 福特仍在引领市场。

在市场上超越他人是有风险的。企业把握主动权——通过创新产品、新技术、更低的价格、更好的配送服务、优惠促销或有力的广告宣传——可以创造机会, 获得领先地位。企业可以找到这样的优势, 靠战略和方法进入新的市场。吉列公司就将"正确行事第一人"作为长期政策。一些企业(如三星)并不愿意这样做, 它们的目标是向竞争对手学习, 成为快速

纺纱是第一项完全机械化的生产活动。为长久保持这一先行优势，英国政府曾一度限制这项技术的出口。

有氧运动的狂热期，成千上万的人一边用随身听听歌，一边进行健身运动。《时代》杂志称，1987年到1997年是随身听最流行的时期，以散步作为健身方式的人增加了30%。索尼卖出了2亿台便携式卡带播放器。1986年，"随身听"一词被收录进了《牛津英语词典》。

后来，随身听从卡带式演变为CD式，人们也非常喜爱这款便携式音乐播放器。但到2001年，苹果公司前CEO史蒂夫·乔布斯放言："iPod最酷的地方是，它可以把整个音乐库放在口袋里。"苹果公司由此开启了以便携式数字音乐为基础的新产业。苹果公司作为领军者，占据了该行业的主导地位。

追随者。

先行优势

头一个进入新市场会给企业带来先行优势。先行优势可能持久，也可能短暂。长期优势能带来持久的收益，办法是创造一个全新的市场，或长期提高企业的市场份额。成功建立长期优势的企业，在很多年内都是相应产品类型的主导者。例如，比罗（Biro）、宝贴（Blu-Tack）和胡佛（Hoover）在它们各自的行业中取得了极大的成功，它们的名称也成了通用术语。

短期优势通常建立在新技术的基础上。当今，很多行业的创新异常迅速，从产品引入到完善所需的时间越来越短。科技企业索尼便是一例——在新技术引发竞争之前，它引领了市场长达二十年。

第二次世界大战后，东京沦为一片废墟，索尼开始了艰难创

业。索尼创始人之一井深大（Ibuka Masaru）决定生产前沿产品，并先于竞争对手将产品投放市场。这也是井深大及盛田昭夫（Akio Morita）一直坚持的理念。

1979年，索尼推出了首部便携式音乐设备——索尼随身听（Sony Walkman）。正如福特改变了人们的出行方式，索尼改变了人们聆听音乐的习惯以及生活方式。随身听的推出恰好赶上了

了解客户需求并非客户的职责。

——史蒂夫·乔布斯
苹果公司前CEO（1955—2011）

事事争第一

要引领市场，产品需要被"早期采用者"所接受。"早期采用者"是愿意支付价格溢价、第一批拥有新产品的客户。2007年夏，苹果公司发布的iPhone就吸引了这样一批人。虽然iPhone的价格在发布后的几个月里有所下降，但按较高发行价购买的人并没有感到愤慨，因为iPhone是潮流的标志。只要产品能保持独一无二的特质，最先进入市场的企业便可以形成垄断。这意味着，它能设定高价、培养忠诚度，并在被竞争者超越之前建立起

企业声誉。竞争到来时，先行者仍有一定的优势，因为它的地位已经稳固了。即使追随者的产品优于先行者的产品，先行优势也仍然成立。

全是心理作用

阿尔·里斯和杰克·特劳特是《市场营销的22条法则》一书的作者。他们为首先进入市场的企业能占据主导地位提供了理论依据。他们认为，客户对产品或服务在市场中地位的认知至关重要，并指出"最早比最好更具优势"。率先赢得客户芳心，要比从客户心中驱逐某项产品或服务并让客户相信你的产品更好，容易得多。里斯和特劳特认为，大多数营销理念的假设基础植根于现实：企业会为产品而争斗，但是，客户并不关心现实，认知才是他们购买的基础。里斯和特劳特说："率先赢得客户的芳心是营销的关键。率先进入市场的重要

性在于，它会让你率先赢得客户的芳心。"

前沿汽车

日本汽车制造商丰田汽车公司的目标是率先进入市场。为了实现这一目标，它提出了口号，"前沿汽车就是丰田"。丰田是第一家推出混合动力汽车的企业。这种汽车的引擎靠汽油和电力来驱动。丰田的普锐斯（Prius）汽车于1997年在日本开售。20世纪80年代，好几家制造商也开始考虑混合动力汽车。但是，将内燃机引擎和电动机结合在一起需要大量的资金。尽管如此，丰田汽车公司很清楚，一旦引领市场，它将获得多重优势。首先，丰田汽车公司将赢得寻求环境友好型汽车的"早期采用者"的青睐。其次，生产混合动力汽车能拓展已有市场和开拓新市场，例如，美国的排放法规就倾向于混合动力汽车。最后，这会提升丰田汽车公

> 索尼成功的关键……是永远不追随他人。经商亦然。

—— 井深大
日本索尼公司联合创始人（1908—1999）

司的形象，因为它明确传达了丰田汽车公司履行环保义务的信息，让人们对丰田汽车公司的新款汽车及创新能力产生了兴趣。

2001年，普锐斯开始在全球销售。十余年后，丰田汽车公司依然引领着混合动力汽车市场。2012年，普锐斯成为加利福尼亚州最畅销的汽车，丰田汽车公司的市场份额达到了21.1%，而与它最接近的竞争对手是本田，其市场份额为12.5%。其他汽车厂商，如福特和沃克斯豪尔，如今也开始生产混合动力汽车。随着市场的不断发展，丰田汽车公司的先行优势仍在为它带来收益。■

在低排量市场上，普锐斯混合动力汽车为丰田汽车公司赢得了可观的市场份额。丰田甘愿在开发上投入巨资，以获得市场领先地位。

要记住的重点是，主业才是重点

保护核心业务

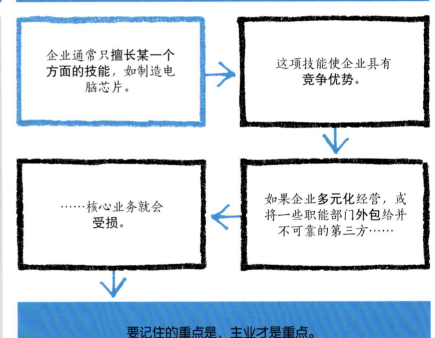

企业通常只擅长某一个方面的技能，如制造电脑芯片。

这项技能使企业具有**竞争优势**。

如果企业**多元化**经营，或将一些职能部门**外包**给并不可靠的第三方……

……**核心业务**就会受损。

要记住的重点是，主业才是重点。

"万事通"指的是博而不精的人。在商界也是一样，除非企业能够最大化相对于竞争对手的竞争优势。要取得成功，企业需要利用自身的优势，而非开拓新业务。正如美国陆军准将加里·霍夫曼所言，核心业务是企业经营的"头等大事"，企业必须记住"主业才是重点"。企业在为核心产品的销售而苦苦奋斗时，可能会尝试多元化，但这常常会令企业分心。

20世纪后半叶，并购无关企业成了一种趋势。剃须刀行业的领军者吉列公司收购了文具企业

参见: 研究竞争 24~27页, 在市场上脱颖而出 28~31页, 获得优势 32~39页, 波特的一般竞争战略 178~183页, 收购为何令人失望 186~187页, MABA矩阵 192~193页。

比百美笔业; 生产Homepride面粉的Dalgety公司收购了一家养猪企业; 以糖果闻名的吉百利控股了Schweppes饮料公司。2003年, 这种趋势开始发生扭转。当时, 麦当劳开始出售它之前并购的各类餐饮店, 包括20世纪90年代收购的一个比萨品牌。麦当劳希望通过此举来专注其核心业务: 麦当劳快餐。不久, 其他企业也开始剥离无关业务, 以保护核心业务。

了解核心业务

出售非主营业务背后的理论是, 企业应将精力、资源集中到它擅长的事情上。20世纪90年代, 这一思想得到了进一步发展。当时, 一些企业决定"外包"——与外部企业就某项商业活动订立合约。这些商业活动在企业内部属于非核心业务。企业意识到, 它们可以缩小规模, 只保留核心业务, 使经营更精益、更有效和更节省成本。这种意识推动了外包的发展。

例如, 生产冰箱的企业发现, 其核心业务是冰箱的设计、生产和营销。它可以将交付系统(似乎不能增加价值)、信息技术(被视作一项专业职能)外包出去。短期内, 将这些活动交给第三方似乎合情合理, 但从长期来看, 这或许是错误的决策。交付是客户认知产品的重要组成部分, 如果外包的交付企业不可靠, 业务就会受到影响。同样, 信息技术对企业的成功日益重要, 这种重要性既体现在内部职能上, 也体现在与客户的互动上。如果进展顺利, 外包有助于减少职能部门, 但是如果失败, 企业的核心业务就会受损。

只要企业进行外包或并购独立的企业开展非核心业务, 管理层

20世纪90年代, 麦当劳尝试进入新市场。它并购了数家餐饮店, 如多纳托斯比萨店(Donatos Pizzeria)。2003年, 麦当劳出售了这些餐饮店, 重新专注其核心业务——汉堡。

就应采取措施来保护主业。任何非主营部门或第三方必须完全遵循企业组织的愿景和价值观。■

如果核心业务没有做到世界第一, 那么, 这项核心业务绝对不是伟大企业的基础。

——吉姆•柯林斯
美国管理专家

核心竞争力

企业组织有一套特殊的生产技能和个人技术。管理专家C. K. 普拉哈拉德和加里•哈默尔将之称为核心竞争力。随着时间的推移, 实物资产会老化, 但是企业的能力会增强, 因为能力可以应用和分享。参与、沟通、跨越组织边界的努力, 都会增强企业的核心竞争力。

普拉哈拉德和哈默尔将公司比作一棵大树。独特的能力是企业的根, 组织的核心产品从这些根中长出, 为企业的各个部门提供养分, 而这些部门会生长出最终产品。核心竞争力的思想可以识别出哪些业务不是企业的"核心", 反而会消耗掉企业的重要资源, 使企业分心。

大型公司并无必要，一台电脑与一名兼职者足矣

小即是美

背景介绍

聚焦
互联网企业

主要事件

1974年 美国计算机学家文特·瑟夫（Vent Cerf）和鲍勃·卡恩（Bob Kahn）设计了第一套传输控制程序，使计算机之间实现了对话。

1977年 美国国防部的阿帕网（ARPANET）发送了第一封电子邮件。

1991年 蒂姆·伯纳斯-李（Tim Berners-Lee）推出了万维网（World Wide Web）。这是全球第一个可供大众接入、通过互联网共享数据的系统。

1993年 美国网景公司推出了Mosaic浏览器。这是全球第一款商用网络浏览器。

2013年 逾两百万名第三方卖家通过亚马逊（Amazon）接触客户。

英国计算机学家蒂姆·伯纳斯-李利用互联网开发出了万维网。当时，他只是创造了一种共享信息的方式。人们并不认为这是一项有利可图的活动。但是，互联网很快就呈现出了破坏性力量：它改变了企业和人们的生活方式，使广大个人和企业组织能够进行商业活动。

由于网络上可获取的信息不断增加，早期的搜索引擎应运而生。拉里·佩奇（Larry Page）和谢尔盖·布林（Sergey Brin）当时是美国计算机科学专业的两名学生，他们设计出了一套搜索引擎，能迅速搜索网络上的所有文件，并生成高度相关的结果。1998年9月，他们在一位朋友的车库里成立了办公室，并以Google的名号开设了银行账户。不久后，谷歌取得了巨大的成功。但在创立之初，正如佩奇所言，谷歌只有"一台电脑、一名兼职者"。

一年后，谷歌就拥有了40名员工。2000年6月，谷歌宣布，它的URL指数达到了10亿，谷歌正式成为全球最大的搜索引擎。到2013年，谷歌在全球的员工已多达3万名，其中53%是研发人员，这也解释了它为何能以惊人的速度成长。

在网上做生意

20世纪90年代，在互联网上实现双向沟通成了现实。企业意识到，新推出的电子商务平台蕴含着巨大的商机。1992年，第一批图书在网上售出；1994年，美国加利福尼亚州圣克鲁兹市的必胜客（Pizza Hut）让人们能够通过互联网订购比萨。

1995年，网络销售的创意获得了成功。亚马逊的创始人杰夫·贝佐斯（Jeff Bezos）在网络上售出了第一本书。当时，亚马逊公司就设在他位于西雅图的车库中。几乎同时，软件程序员皮埃尔·奥米迪亚创立了AuctionWeb，公司就设在他家中的客厅里。奥米迪亚的

拉里·佩奇

拉里·佩奇于1973年出生在美国的密歇根州。其父亲是计算机领域的先驱，其母亲是讲授计算机编程的老师。佩奇先在密歇根大学攻读工程学，之后在斯坦福大学获得了计算机工程硕士学位。

佩奇第一次参观校园时，带领他四处游览的正是他的研究生同学谢尔盖·布林。后来，布林成了谷歌的联合创始人。在1997年的一个研究项目中，佩奇和布林发明了名为BackRub的搜索引擎。BackRub曾在斯坦福大学的服务器上运行，直到服务器不堪重荷才停止。之后二人开始合作开发规模更大、功能更强的引擎，并将之命名为Google。这一名称源于数学术语"Googol"——10的100次方。2004年，佩奇和布林共同获得了马可尼奖；同年，佩奇当选美国国家工程院院士。如今，谷歌是全球最受欢迎的搜索引擎，每天处理的搜索请求达50亿个以上。

参见: 克服创业之初的困难 20~21页, 成长的速度 44~45页, 创业之初轻轻松松 62~63页, 创造力与发明 72~73页, 长尾理论 208~209页, 移动商务 276~277页, 反馈与创新 312~313页。

日本销售者可以提供并出售蓝色、定制的小部件。

印度购买者想要购买绿色、定制的小部件。

互联网将购买者和销售者, 以及制造商和供应商**联系在一起**; 这就是一个全球市场。

大型公司并无必要, 一台电脑与一名兼职者足矣。

波兰销售者可以提供并销售绿色、定制的小部件。

法国购买者想要购买蓝色、定制的小部件。

第一件竞拍品是一台坏掉的激光打印机, 它以14.83美元售出。在奥米迪亚核实买家是否清楚打印机已坏时, 买家告诉他, 自己是一名收藏家, 专门搜集坏掉的激光打印机。这让奥米迪亚意识到, 互联网能够连接世界各地的客户。一年后, 这家仅有两名全职员工的网站售出了价值约720万美元的产品。后来, 这家网站更名为eBay。作为一家拍卖服务公司, eBay认为自己不是一家销售公司, 而是一家连接大众的公司。

从小做起

eBay和Amazon都从小企业起家, 它们提供的平台也让全球无数家小企业得以创立。它们开创性地使用了互联网, 改变了企业和客户之间的互动方式, 使买家和卖家以一种前所未有的方式接触。它们证明了"小即是美"的力量。谁都可以在它们提供的平台上销售产品, 从出售一次性产品的个人卖家, 到建立虚拟店铺的超级卖家（无论在平台内部, 还是与平台链接）。在网络市场上, 不管规模大小, 每家企业都有同等的机会。

企业成功并不是因为历史悠久或规模庞大, 而是因为有为之生、为之眠、为之梦的男男女女。

—— J. W. 马里奥特 (J. W. Marriott) 美国商人 (1932—)

在互联网出现之前, 行政管理需要大量的人力。计算机与互联网的强强联合, 永久地改变了企业的组织结构。

在数字网络经济中，人们可以在任何时间、任何地点工作。这种工作习惯的转变正在改变商业环境和员工的分布。

不是影响网上购物的唯一因素，成本、交货速度也很关键。免费送货、免费退货都会刺激购买。交货时间也很重要：若零售商能在一小时内交货或在工作日以外的时间交货，它就更具竞争优势。

反馈为王

　　无论销售什么产品，产品的质量必须与宣称的相符，因为网络上的反馈会有力地影响市场。对酒店、餐饮业而言，客户的反馈和打分已成惯例，很多人的购买决策取决于他人的评语。有了到到网（TripAdvisor）这样的网站，一家经营有方的小型家庭旅馆也能建立起良好的声誉，超越大型连锁酒店，成为游客在小镇上投宿的首选。企业也认识到了反馈的力量，时常鼓励客户上网发表评论。时装零售商、家具制造商，甚至牙科诊

　　在互联网出现之前，如果有人想销售产品，那么实体——商店、摊位或货车——是必需的。通常而言，实体越大，企业的经营就越成功。传统上，企业要在零售业取得成功，需要在商业街的突出位置开设门店，以便吸引更多的客户进入门店。通常企业需要大量的销售人员去拜访客户、建立联系；企业还需要在仓库里储存大量货品，雇用办公室职员来接听电话、处理文件。而这一切已然改变。

　　如今，客户可以通过笔记本电脑、智能手机、平板电脑接入互联网，找到规模或大或小的零售商。物理规模不再与成功的可能性相关，很多企业不再需要大型办公室。文案工作大幅减少，而网上沟通（邮件、实时资讯、社交媒体）让自营业主和员工可以在家中或是世界上任何地方办公。

　　过去，大企业因为规模经济（企业因规模大而获得的成本优势）而比小企业更有优势。计算机

刚刚发明时，这种情况仍然存在，因为存储文件需要购买价格昂贵、规模庞大的服务器。而如今，互联网几乎可以免费使用，科技的价格也相对低廉。企业可以借助"云计算"共享虚拟设施、软件和存储空间。有了"云计算"，小企业就能够接入集成网络，以低廉的成本进行运算，而无须占用实体空间。

　　规模和地理位置不再是成功的壁垒。与大企业一样，小企业也能接触到世界各地的客户。2000年PayPal的出现使得人们能够通过互联网进行多币种的支付和转账，这也增加了小企业像国际电商那样运营的机会。

与巨人竞争

　　由于客户在网上获得的产品和服务的种类不断增加，小企业必须提供比大企业更好的产品才能赢得竞争。客户能在网上轻松比较价格，因此，价格是关键。但价格并

互联网实际上与高度专业化的信息、高度专业化的目标有关。
——埃里克•施密特（Eric Schmidt）
美国谷歌公司前CEO（1955—）

互联网不仅连接了机器，也连接了人。

——蒂姆·伯纳斯-李
英国人，万维网发明人（1955-）

互联网使小企业能像大企业一样迅速地获得市场信息。由于小企业规模不大，它们能更迅速地做出反应、适应需求的变化、提供利基产品、采取更人性化的方式。

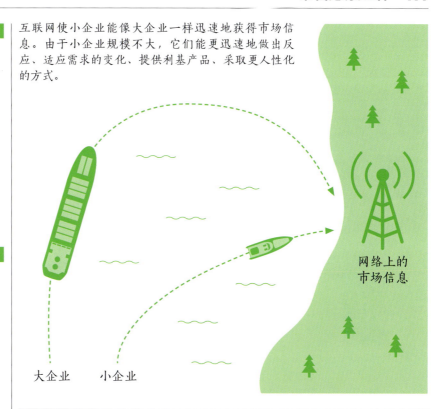

大企业　　小企业

网络上的市场信息

所和医疗机构，也会邀请客户发表评论、分享经验。这种趋势让小企业受益匪浅，因为它们提供的个性化服务更有可能获得正面的反馈意见。

个性化服务

在很多商业领域，互联网剔除掉了"中间人"。旅游业便是一例——如今，人们可以直接从航空公司订票。另一个例子是出版行业——在某些国家，作者可以通过互联网自行出版，直接把小说呈现给读者，而无须接洽著作代理人或大型出版商。E. L. 詹姆斯所著的《五十度灰》一开始只是一本免费的网络电子书，后来大获成功。

以前，受批量生产、商业街门店空间的限制，企业能够供应的产品范围十分有限。如今，销售利基产品或服务的小企业兴盛了起来，因为互联网将它们与恰好需要这些产品的客户连接在了一起。需要购买旧车零部件、珍本的人，无论身在何处，都能在网络上搜索产

品并购买。

小企业还可以靠定制来获得成功。通过数字技术开展生产和网络销售，目标群体较窄的产品或服务也能赢利。企业还能实现单件产品的定制生产——从个性化的书籍、马克杯、服装，到定制的汽车、家具甚至房屋。产品的设计和定制都可以在网上完成。

客户可以在恰当的时间、以他们愿意支付的价格，得到他们恰好想要的产品。一些网站提供个性化印制品，设计方案经客户批准后，立即交付印刷。在这些小型企业里，员工只需要负责包装和运输。虽然互联网中的小企业可以靠自身的网站获得成功，但现在，很多企业将门户网站当作

"橱窗"，来接触更广泛的受众。英国的"不在商业街"便是这样的门户网站。这家网站最初由两名职业妈妈创建，目的是为个性创意产品提供市场。2006年，网站入驻的小企业有100家；2013年，已达到1600家，网站的营业额也达到了1500万英镑。

"不在商业街"之所以取得成功，是因为它将个性化产品的创意与生产商的认知结合在了一起，使购买者有机会选择当地的生产商。互联网不仅促进了全球贸易，也使买家和卖家之间能够进行人性化的沟通，而无关大小、规模。■

切莫陷入
两难境地

波特的一般竞争战略

背景介绍

聚焦
企业战略

主要事件

1776年 英国经济学家亚当·斯密引入了"比较优势"的概念，即一方能以低于另一方的边际成本提供特定的产品或服务。

1960年 美国经济学家西奥多·莱维特说：与其为已有产品寻找客户，不如发现客户的需求，为客户生产产品。

1985年 迈克尔·波特的《竞争优势：创造与保持优异业绩》出版。

2005年 金伟灿（W. Chan Kim）和勒妮·莫博涅（Renée Mauborgne）两位教授推荐企业实施蓝海战略来谋求增长和利润，即在没有竞争的市场中创造出新的需求。

客户有权选择。不同的客户有不同的选择——有人愿意为最奢华的产品支付最高价，有人会选择最便宜的一类。企业意识到了这一点，会将业务定位在特定的客户群体上。毕竟，企业夹在两个客户群体之间的做法并不明智。

哈佛商学院教授迈克尔·波特（Michael Porter）提出了一般竞争战略，并在其著作《竞争优势：创造与保持优异业绩》（1985）中解释了他的观点。波特用四格矩阵来表示四个一般竞争战略。

一般而言，企业会在两个一般竞争战略中进行选择：成本领先或差异化。成本领先的目的是成为市场上产品或服务价格最低的企业；差异化的目的是创造独特的产品或服务。除此之外，另一个因素也可以添加到这两个一般竞争战略中：企业可以选择集中化战略，在利基市场上提供特殊的服务。这

一战略可以被应用到最初的两个一般竞争战略中，从而得到成本集中战略（在利基市场上，企业的产品或服务最便宜）或差异化集中战略（在利基市场上，企业提供独特的产品或服务）。

成本领先战略

追求成本领先战略的企业有两种选择。它们可以按高于行业平均水平的价格销售产品，获得高于

参见: 获得优势 32~39页,引领市场 166~169页,好战略,坏战略 184~185页,MABA矩阵 192~193页,波特的五力模型 212~215页,价值链 216~217页。

> 一旦陷入两难境地,通常需要大量的时间、不断的努力才能将企业从这一尴尬境地中解救出来。
>
> ——迈克尔·波特

竞争对手的利润;也可以按低于行业平均水平的价格出售产品,以获得更大的市场份额。一些超市,如德国的阿尔迪和英国的乐购,都按照最低价销售产品,因此获得了成本上的领先优势。为此,它们从关系密切的供应商那里大量采购产品,为客户提供"大幅折扣"。它们的口号——乐购的"积少成多"和阿尔迪的"同样的品牌,更低的价格"——体现了为客户省钱的宗旨。

波特认为,追求成本领先的企业必须成为行业或市场的成本领导者,而不是低成本生产商,因为那会使它们不堪一击。由于竞争激烈,其他低成本生产商总有机会降

低成本、获得市场份额。选择成本领先战略的企业必须有信心实现销量第一的目标并保持下去。为此,它们必须坚守如下几项原则:低成本的基础(包括劳动力、原材料和设施),高效的技术,高效的采购,组织得当、节约成本的配送,以及降低成本所需的资金。

但是,这些低成本原则并不是一家企业独有的,风险在于它们很容易被复制。采用成本领先战略的企业必须不断改善企业流程的方方面面,确保企业的成本一直低于其他竞争者。

差异化战略

追求差异化战略的企业必须提供显著异于竞争对手的产品或服务,从而吸引更多的客户。差异化

战略更适用于这样的市场:客户对产品的价格敏感度较低,客户需求未得到满足。这也意味着,企业可以用一种难以复制的方式来满足需求。

Bose便是企业追求差异化战略的一个例子。Bose不断用利润进行再投资,为创新提供资金。专注客户需求的研发,使Bose占据了市场主导地位,它生产的消噪耳机、造型时尚的扬声器受到了客户的青睐。

由于产品、服务和行业性质的不同,差异化的方法也有所不同。差异通常包括额外的特性和功能、提升的耐用性,以及更好的客户服务。采用差异化战略的企业必须具备一些基本条件,包括:先进的研发、创新的文化,以及持续提

Bose是追求差异化战略的专业音响公司。Bose的研发带来了创新性技术,使它同竞争对手区分开来。

供高品质产品或服务的能力。这需要营销的支持，只有这样，才能确立差异，并让客户了解差异。品牌形象也是不可或缺的，一般可通过差异化得到增强。

集中化战略

采用集中化战略的企业应选择特定的利基市场。企业必须了解市场的动态、客户的特殊需求，进而开发出成本低廉或设计得当的产品或服务。若企业能满足客户的需求，就能提高品牌忠诚度。这样，对潜在的新进入者来说，企业所在的特定细分市场就不那么有吸引力了。

法拉利是在利基市场上应用差异化战略的一家企业。法拉利瞄准了容量有限的高性能跑车细分市场。法拉利通过高性能、高规格的设计，以及与赛车锦标赛的关联而形成了差异。

无论企业专注哪个方向，其选择的基础应是：企业能依靠特定的能力，在它所选择的利基市场上取得成功。举例而言，如果企业的目标是在利基市场上取得成本领先优势，那么它就必须与专业供应商建立起特殊联系。另一方面，若企业要在利基市场上形成差异化，它就必须有深刻理解客户需求的能力。如果企业因为规模太小，不能像大企业那样忽略大众市场的风险，那么，就应专注较小的细分市场，这样能使企业更好地为其产品定位。

航空公司战略

航空业体现了波特的理论。乘客在订购机票时有多种选择。他们可以选择经济型航空公司，也可以选择价格稍贵，但服务更佳、品质更高、更为舒适的公司。他们还有第三个选择：只有几条航线的小型航空公司。航空公司一般会专注一个特定的乘客群体，以便在拥挤

的市场上取得竞争优势，为此，它们会提供旅行特惠，或是豪华的乘机体验。

瑞安航空是一家总部设在爱尔兰的廉价航空公司，它采用成本领先战略，自称是"欧洲仅有的超低价航空公司"。西南航空公司是廉价航空公司的先驱。瑞安航空公司遵循与西南航空公司一样的原则：采用同种机型以降低成本、定期核查运营费用、减少飞机的周转时间、不提供忠实乘客奖励计划。

2002年，瑞安航空公司以较大的折扣购买了100架波音737-800喷气式客机。由于采用的机型比大多数竞争者的更新、更省燃油，因此瑞安航空公司能为乘客提供最低的票价。尽管如此，瑞安航空公司仍能赢利，因为乘客会把钱花在购买机上食品、预订酒店等方面。

瑞安航空公司的利润逐年上升，因为它在不断寻求降低成本、向乘客收取额外费用的途径。它是第一家对行李收费的航空公司；它

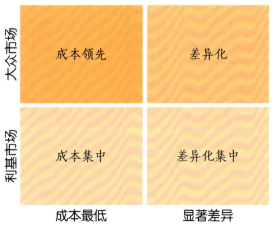

波特的一般竞争战略包含两个基本类型：成本最低和显著差异。无论规模大小，无论在大众市场经营还是在利基市场经营，企业都可以在这些方法中进行选择。

新加坡航空公司的客户服务理念在"新航空姐"身上得到了体现。她们展现了亚洲人的热情好客。这一形象也成为成功品牌的标志。

撤销了办票台（取而代之的是为乘客提供网上值机服务）；对预订座位、优先值机等可选服务收费。这种不断寻找途径、转移成本的做法，是成本领先战略的本质。2013年3月之前的12个月内，瑞安航空公司运送了约8000万名乘客，尽管燃油成本上升，公司报告的利润仍达到了创纪录的5.69亿欧元。

　　相反，新加坡航空公司（SIA，以下简称"新航"）采用的是差异化战略。新航的主要动力是开拓性的技术、创新与品质，以及出色的客户服务。在主要航空公司中，新航的机队最为年轻，并且严格奉行以更新、更好的机型取代旧机型的政策。新航一直是率先采用新机型的航空公司。新航意识到，航空业中的创新是短暂的，新

特性和新想法很容易被其他公司复制。因此，新航在创新和技术上投入了大量资金，以此作为差异化战略的组成部分。为了确保乘客的飞行体验完美，新航为机组人员和飞行人员提供了全面、严格的培训。新航品牌战略的成功，以及它在卓越服务方面的整体定位，使得乘客很乐意支付价格溢价。

　　任何企业都可以用波特的一般竞争战略来实现竞争优势。但是，现有竞争者并不是竞争环境的全部；行业、政策的变化使得经营环境也在不断变化。因此，企业必须对战略选择进行定期的回顾和核查。■

班杰瑞（Ben&Jerry's）冰激凌如今是联合利华旗下的品牌，但它一直保持着使它成为市场领导者的差异化战略。

与众不同的冰激凌

　　古怪的口味名——如Imagine Whirled Peace（焦糖甜味冰激凌）、Chubby Hubby（香草麦芽冰激凌）、Brownie Chew Gooder（香草焦糖冰激凌）——让班杰瑞冰激凌脱颖而出。1978年，本·科恩（Ben Cohen）和杰瑞·格林菲尔德创立了班杰瑞，他们希望班杰瑞成为另类。科恩说自己对口味无感，他更注重食物的质地——于是，大量添加水果、巧克力、曲奇饼干

等配料成了班杰瑞的品牌特色。

　　客户愿意为班杰瑞冰激凌支付较高的溢价，因为它纯天然、配料品质高、口味独特。为使口感更完美，班杰瑞会花数月进行研究。班杰瑞的战略是从竞争中脱颖而出，而这一战略更是延伸到了产品之外。

战略的本质，是选择"不做什么"

好战略，坏战略

背景介绍

聚焦
战略思考

主要事件

20世纪60年代 战略规划越发流行，并被积极地应用到了管理咨询的新领域。

1962年 阿尔弗雷德·钱德勒在《战略与结构》一书中提出了一个模型。在该模型中，企业的架构应与战略相匹配，而不是相反。

1985年 迈克尔·波特在《竞争优势：创造与保持优异业绩》一书中重新定义了企业对竞争的思考。战略思想重新流行了起来。

20世纪90年代及21世纪初 战略成为企业内部人士而不只是高层董事们参与的持续过程。诺基亚认为，战略应当是"管理者日常活动的一部分"。

战略的概念源于军事史。如今，战略在企业理论中是个被过度使用、常被误解的词。简言之，战略是企业从当前的位置到达目标位置的方式，它需要找到清除途中障碍所需的办法。通常，选择"不做什么"与"做什么"同样重要。1985年，战略大师迈克尔·波特率先引起了人们对战略的关注。1996年，波特在《什么是战略？》一文中对战略做了具体探讨。

企业既有可能遵循坏战略，也有可能遵循好战略。理查德·鲁梅尔特（Richard Rumelt）在《好战略，坏战略》（2012）一书中解释道：好战略源于企业组织对自身及其目标的分析。SWOT分析是审视企业战略的流行方法之一。有效的SWOT分析，除了在高管中，还应在中层管理者、各部门的人员中开展。好战略应分析企业组织的竞争形势、全部威胁，会涉及艰难的抉择。制定的战略应以清晰的目标

柯达公司没能意识到胶片摄影已经成了"不可为之事"。如果当时退出胶片摄影市场，柯达很可能成为数字技术的市场领导者。

为基础，能充分利用企业的优势，并在外部因素发生变化时有一定的灵活性。

坏战略通常与设定的目标或愿景过于简单有关。企业组织的领导者会用慷慨激昂的"成功"说辞来激励员工，但是，设定空洞的目标很容易，制定实现目标的战略却很难。固执地遵循坏战略的领导者会忽视问题，对选择存在偏见。他们不会做出艰难抉择，而是会调和

参见： 保护核心业务 170~171页，避免自满 194~201页，波特的五力模型 212~215页，价值链 216~217页。

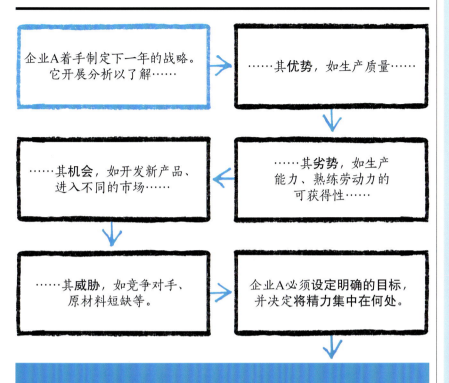

企业A着手制定下一年的战略。它开展分析以了解……

……其**优势**，如生产质量……

……其**劣势**，如生产能力、熟练劳动力的可获得性……

……其**机会**，如开发新产品、进入不同的市场……

……其**威胁**，如竞争对手、原材料短缺等。

企业A必须设定明确的目标，并决定将精力集中在何处。

战略的本质是选择"不做什么"。

一系列相互冲突的需求和利益，来坚持他们制定的计划。在这种情况下，领导者不会引领潮流，只会固守失效的旧思想和旧方法。

企业之死

柯达的失败是企业遵循坏战略的典型案例。柯达成立于1890年，到20世纪70年代，它成为美国摄影行业的市场领导者，在胶卷和相机市场的占有率接近90%。柯达曾是全球顶尖品牌之一。1975年，柯达的工程师发明了数码相机。但是柯达的高管忽视了这项新技术提供的机遇。他们认为，柯达处在化学胶片行业，还没做好"杀鸡取卵"的准备。他们没有意识到，数码摄影不需要胶卷，这对柯达近乎垄断的业务是个极大的威胁。富士胶卷公司则认识到了数码摄影的威胁，并成功实现了多元化。然而，柯达转向数码相机为时已晚，智能手机和平板电脑已经取代了相机。高管没能做出艰难抉择，及时改变方向，导致柯达于2012年宣布破产。■

理查德·鲁梅尔特

理查德·鲁梅尔特曾在加州大学伯克利分校学习电子工程。1972年，他在哈佛商学院获得了工商管理学博士学位。鲁梅尔特在哈佛商学院任教的同时，还在美国宇航局的喷气推进实验室担任系统工程师。1976年，他加入了加州大学伯克利分校的安德森管理学院，并在那里担任商学与社会学教授。1993年至1996年间，他在欧洲工商管理学院（INSEAD）任教。INSEAD位于巴黎附近的枫丹白露，是法国顶尖的商学院。鲁梅尔特还担任了政府部门和多家企业的咨询师。

主要作品

1985年《多元化与赢利能力》
1991年《行业有多重要？》
2012年《好战略，坏战略》

好战略诚实地承认企业所面临的挑战，并能提供克服困难的办法。

——理查德·鲁梅尔特

协同作用 与其他谎言
并购为何令人失望

背景介绍

聚焦
合并与收购

主要事件

1890−1905年 受经济衰退、新立法的触动，美国和欧洲各国出现了第一次"并购浪潮"。

20世纪60年代 亚伯拉罕·马斯洛将"协同作用"的思想应用到了企业员工共同工作的场合中。

2001年 美国在线和时代华纳合并，涉及的交易额高达1820亿美元。但这次联姻并不顺利，2009年，两家企业分道扬镳。

2007年 仅美国就发生了144起并购交易，总金额超过10亿美元。

2009年 美国发生的区区35起并购交易所涉及的金额就超过了10亿美元。

为了生存，企业必须不断成长。扩大企业组织规模的途径是：购买（收购）另一家企业，使之成为原有企业的一部分，或者是两家企业合并，形成一家拥有全新身份的企业。并购的目的是增加股东价值，使之超过两家企业的价值总和。这种好处被称作"协同作用"，即1加1等于3。

两家企业结合的动因看似十分诱人。结合后的新企业能够增加销售收入、提高市场份额和收益，其经营应当更为有效。企业规模的扩大还会带来规模效应：运营费用可以共担，购买力的增强能够节省开支，固定成本也会下降。与两家独立的企业相比，结合后的企业减少了主要职能部门（如财务、人力资源和市场营销部门）需要的员工。企业也可以为了获得新技术、进入新市场、增加配送渠道而购买企业。

联姻破裂

在现实中，天作之合的并购非常少见。1997年和1999年，哈罗德·杰宁（Harold Geneen）在与他人合著的书中强调了协同作用的虚伪。并购可能无法实现之前承诺的价值，1加1常常小于2。失败的原因有很多。在共同所有权形成之前，分享敏感商业信息会受到限

协同作用是两家企业结合所创造的额外价值。学者坎贝尔和古尔德总结道："协同作用通常达不到管理层预期的效果。"

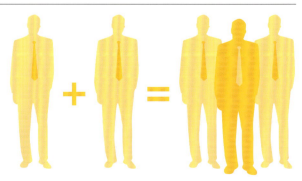

参见： 格雷纳曲线 58～61页，组织团队和人才 80～85页，组织文化 104～109页，保护核心业务 170～171页。

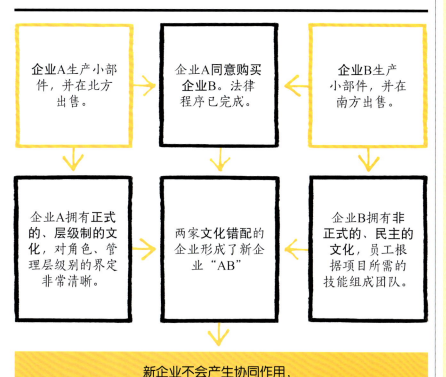

```
企业A生产小部件，并在北方出售。  →  企业A同意购买企业B。法律程序已完成。  ←  企业B生产小部件，并在南方出售。

企业A拥有正式的、层级制的文化，对角色、管理层级别的界定非常清晰。  →  两家文化错配的企业形成了新企业"AB"  ←  企业B拥有非正式的、民主的文化，员工根据项目所需的技能组成团队。
```

新企业不会产生协同作用，并购令人失望。

哈罗德·杰宁

哈罗德·杰宁于1910年出生在英国的多塞特郡。杰宁出生后不久，便随父母移民到了美国。杰宁在美国长大，毕业于纽约大学会计学专业，并在美国成长为一名成功的商人。他被誉为"联合企业"之父。1959年，杰宁成为国际电话电报公司（ITT）的总裁兼CEO。他使ITT从一家中等规模的企业成长为了一家跨国企业集团。在他18年的任期中，ITT进行了350起并购，涉及八十余个国家，其中包括美国的喜来登酒店、巴西的电信企业等。除了获得了巨大的成功和财富，杰宁还以严肃的价值观、简练的谈话风格而著称。杰宁于1997年去世。

主要作品

1997年《协同作用神话》（与布伦特·鲍尔斯合著）

1999年《协同作用与其他谎言》（与布兰特·鲍尔斯合著）

制，很多隐藏的问题在交易完成后才被发现。进行交易时，企业关注的通常是并购这一事件，而非并购后的规划。为避免错失时机、丧失动力，有效的并购需要快速、勇敢的决策。然而，并购失败最常见的原因是：两家企业的经营模式不同，缺乏协同作用。

1998年，德国汽车制造商戴姆勒-奔驰以380亿美元的价格买下了美国的克莱斯勒汽车公司。其目的很明确：创造一家横跨大西洋、主导汽车市场的企业。新企业名为戴姆勒-克莱斯勒集团。这次并购被称作"对等兼并"。但实际上，这造成了典型的文化冲突。戴姆勒是一家正式的、层级制的组织，而克莱斯勒倾向于以团队为导向的开放式管理方式。克莱斯勒针对的是青睐低价、悦目设计的市场，而戴姆勒针对的是专注品质、奢华的高端市场。

戴姆勒对新企业指手画脚，并在核心位置上安插人员，这使克莱斯勒的高管感觉到，他们的地位受到了冲击。结果是，联姻宣告失败，代价高昂。2007年，戴姆勒-奔驰以区区70亿美元的价格将克莱斯勒卖给了一家私募股权公司。■

中文的"危机"由两个词组成——"危险"和"机遇"

危机管理

背景介绍

聚焦
企业危机

主要事件

1987年 伊恩·米特罗夫、保罗·斯瑞瓦斯塔瓦和弗道斯·伍德瓦迪亚发表了论文《有效的危机管理》。

1988年 斯瑞瓦斯塔瓦、米特罗夫、丹尼·米勒和阿尼尔·米格拉尼认为，组织危机需要采用多视角、跨学科的研究方法。

1995年 A.冈萨雷斯-埃雷罗和C.普拉特提出了危机管理模型，即诊断即将发生的问题、做出决策、采取行动、实施变革、进行监督。

21世纪初 企业为应对恐怖主义和技术上的挫败，引入了业务连续性计划。

21世纪头十年 社交媒体广泛传播危机对企业产生了不利影响。

纵观历史，从天灾到人祸，人类经历了无数次危机。企业也面临类似的危机——企业内部或外部的事件会对企业组织构成重大威胁。由于这些威胁不可预料，领导者需要迅速制定决策、采取行动。

全球化加深了商业的复杂程度，一国发生的事件会影响到全球的企业。同时，全天候的数字通信，会让消息迅速传播到远方。结果是，与数字时代之前相比，危机的影响更广泛了。

应对危机

危机是随机的，这意味着危机可以冲击到任何地方。典型的危机包括：技术失败、员工行动（如罢工、诈骗）、供应商突然亏损、

企业第一时间制订出**危机管理计划**，这包括"何人，何事，何时，何地，如何"五个问题。

不可预测的**重大危机会冲击企业**，需要企业迅速地做出决策和采取行动。

领导者取得控制权，将危机管理计划付诸实施。

危机得到有效管理，若有可能，危机可以**转化为机遇**。

参见: 风险管理 40~41页,自大与报应 100~103页,从失败中吸取教训 164~165页,应急规划 210页,应对混沌 220~221页。

胶囊污染危机爆发前,泰勒诺镇痛胶囊在美国市场中居于领先地位。强生以高昂的代价召回了超过3000万瓶药,重新赢得了客户的信赖。

原材料价格突然上涨、自然灾害等。每场危机都能损害企业的利润和声誉。企业抵御危机、限制损失的程度,取决于它迅速、恰当地做出应对的能力。

计划和决策

有效的危机管理需要细致的规划,只有这样,当危机降临时,企业才能沉着、专业地应对。企业应在最初的几个小时内弄清"何人,何事,何时,何地,如何"这五个问题。任何危机——不管多小——都具有新闻价值,因此,企业公关必须迅速做出反应,因为公众认知会影响客户的信任。

领导者在危机中的反应尤为重要,因为制定快捷、有效的决策至关重要。企业意识到,如果能够很好地应对危机,那么危机对企业形象的损害就会降到最小,甚至还会维护企业的声誉。正如美国总统约翰·肯尼迪所言:"中文的'危机'由两个词组成——'危险'和'机遇'。"

处理危机

1982年,美国强生公司就成功地化解了一场危机。当时,在美国芝加哥售出的泰勒诺镇痛胶囊被人添加了氰化物。强生召回产品,暂停广告,并改用三层密封、不易被破坏的包装重新推出泰勒诺。这些举动消除了公众的疑虑,重新获得了公众对泰勒诺的信任。

面对一场类似的危机,另一家美国企业采取了截然不同的做法。一名妇女将嘉宝(Gerber)公司生产的一罐婴儿食品退给了当地超市。她声称食品中有玻璃碎片。嘉宝公司进行了测试,但并未发现异常。超市弄丢了玻璃碎片,而嘉宝坚称其生产线没有问题。不过,来自三十多个州的客户声称,他们同样在嘉宝儿童食品里发现了玻璃碎片。由于找不到支持这些言论的证据,嘉宝称:自己被想要提出虚假责任索赔的人"骗了"。嘉宝并没有召回产品。这导致公众对嘉宝的信任度下降,有的州甚至下架了嘉宝的其他产品。嘉宝的做法虽然有证据支持,但此举让人觉得它对婴儿的健康漠不关心。嘉宝丢掉了处理危机的基本原则:应不断表现出关心客户安全、健康的责任感。■

危机中供应商的角色

西口敏宏(Toshihiro Nishiguchi)和亚历山大·博德(Alexandre Beaudet)在《丰田集团与爱信之火》一文中,论证了危机中供应商关系的重要性。爱信精机公司是丰田最为信任的一家供应商。1997年,爱信精机的厂房遭遇了火灾,这将导致丰田集团的经营被迫暂停数周。爱信精机生产丰田所有车型都需要的一个关键小部件,它是这一部件的唯一供应商。由于手头的存货仅能维持两三天,丰田的工厂被迫关停。不过,仅仅过了两天,丰田的生产便重新启动了。丰田集团内外的企业自行组织起来,建立起了另外的生产场所。这一协作涉及逾200家企业,而在整个过程中,丰田的直接控制有限,各个企业也没有对技术产权、财务补偿争论不休。

有效的危机管理不是个有始有终的事件,而是个永无止境的过程。

——伊恩·米特罗夫、保罗·斯瑞瓦斯塔瓦、弗道斯·伍德瓦迪亚

短期不食，长期难肥

平衡短期行为和长期行为

背景介绍

聚焦
目标的管理

主要事件

1938年 美国作家F. 斯科特·基·菲茨杰拉德（F. Scott Key Fitzgerald）写道："一流智慧的检验标准是，既有能力在脑中同时维持两种截然相反的观念，也有能力维持正常的行事。"

1994年 美国管理专家吉姆·柯林斯和杰里·波拉斯（Jerry Porras）所著的《基业长青：企业永续经营的准则》一书出版。

2009年 在《整合思维：成功者与平庸者的分水岭》一书中，罗杰·马丁（Roger Martin）教授认为，伟大的企业领导者应具有使用"集成思维"的能力，创造性地解决对立观点、对立模式造成的紧张局面。

如果企业只考虑**短期**……	如果企业只考虑**长期**……
……有关客户、供应商和员工的**紧迫问题**……	……有关新产品、新市场、创新和企业成长的问题……
……企业就会过时，无法创造新的成长机会。	……企业就会**耗尽投资**所需的资金。

成功的企业必须平衡短期行为和长期行为。

成功的企业必须平衡两个不同时间范围的行为：短期行为和长期行为。短期内，企业需要现金来支付薪资和账单。但是，若企业过多地关注眼前所见，则会有错失机会的风险。相反，如果企业只关注新的前景，它很快就会难以赢利。正如通用电气前CEO杰克·韦尔奇所言："短期不食，长期难肥。谁都可以管理短期，谁都可以管理长期。平衡这两件事是管理层的职责。"

1994年，吉姆·柯林斯和杰里·波拉斯研究了通用电气、万

参见： 迈出第二步 43页，成长的速度 44～45页，有效的领导 78～79页，投资和股利 126～127页，问责制和治理 130～131页，利润与现金流 152～153页。

豪集团、3M公司等企业，这些企业的经营已经延续了一个多世纪，且业绩一直优异。柯林斯和波拉斯用中国的"太极图"——象征"相反相成"——来解释成功企业对短期行为和长期行为的控制。二人研究的企业能够同时管理相互冲突的观点，它们关注的是"既……又……"，而非"要么……要么……"。

公共公司与私人公司

对于私人有限责任公司，管理者可以对不同的时间范围进行规划，而不受股东的监督。例如，安东尼·班福德（Anthony Bamford）爵士是英国私营企业JCB的老板。JCB由其父约瑟夫·西里尔·班福德创办，从1945年开始制造农用自卸拖车。如今，JCB已成为全球第三大土方机械制造商，在欧洲、亚洲、北美和南美拥有22

家工厂。班福德可以自行选择投资的时间和地点。1978年，他决定在印度投资办厂，因为印度市场有良好的长期发展前景。如今，JCB已成为印度市场的领导者。2012年，JCB又在巴西开办了工厂。

与很多CEO任职几年后就会离职不同，班福德认识到了平衡短期行为和长期行为的重要性。短期长期双管齐下的措施取得了成效：在全球经济萧条的背景下，2011年，JCB的销售收入增长了40%；2012年，JCB的销售收入更是达到了27.5亿英镑。

相反，公共有限公司为股东所有，其股票在交易所挂牌，受到的监督也更多。这些公司的投资者寻求的是回报，即每年的股利。这也引出了一个战略问题：股东会对公司的董事施压，让其返还资金而不是用资金进行再投资，他们并不顾及此举对企业长期发展的影

柯林斯和波拉斯认为，**"太极图"** 反映了具有远见卓识的企业的双重本质。他们建议用"'和'的智慧"取代"'或'的专制"。

响。2013年，苹果公司就有这样的遭遇。

为了正确平衡短期行为和长期行为，企业通常会将规划的责任划分给不同的管理团队。这样，企业既能管理当前的经营，又能憧憬成长和创新。■

杰克·韦尔奇

杰克·韦尔奇出生于1935年，他曾在马萨诸塞大学学习化学工程，后在伊利诺伊大学获得了化学工程硕士及博士学位。1960年，韦尔奇进入通用电气。从1981年起直到2001年退休，他一直担任通用电气的总裁和CEO。在此期间，韦尔奇将通用电气的价值从130亿美元提升到了数千亿美元。他的管理技能堪称传奇：他不奉行官僚主义，且只要管理者遵循通用电气的理念——不断改变、努力做得更好，他就给予他们充分的自由。1999年，《财富》杂志将韦尔奇誉为"20世纪最佳管理者"；《金融时报》将他誉为全球最令人敬佩的三位企业领袖之一。2009年，韦尔奇在美国的斯特雷耶大学创立了杰克·韦尔奇管理学院。

主要作品

2001年 《杰克·韦尔奇自传》（与约翰·A. 伯恩合著）

2005年 《赢》（与苏茜·韦尔奇合著）

市场吸引力，企业吸引力

MABA矩阵

背景介绍

聚焦
企业战略

主要事件

20世纪70年代初 波士顿咨询公司开发出了成长份额矩阵。它能帮助企业依据相对市场份额、成长率来决定如何将资源分配到产品或经营部门中。

20世纪70年代 麦肯锡咨询公司的咨询师开发出了MABA矩阵。

1979年 迈克尔·波特提出了"五力模型"。它使企业能够分析行业结构，形成更有利可图的定位。

2000年 麦肯锡咨询公司引入了市场刺激的公司战略（MACS）分析框架，以此度量各经营部门在公司内部的独立价值，以及适宜出售的程度。

企业必须将**资金**分配给不同经营部门或不同产品。

→

不断识别在何处投资、在何处削减开支需要分析……

↓

……**企业吸引力**（经营部门或产品在市场上的竞争优势）。

←

……**市场吸引力**（市场规模、增长潜力和定价），以及……

↓

使用MABA矩阵可以帮助企业了解经营部门或产品的相对赢利能力。

到20世纪中期，很多企业还只销售一种产品。大约从1950年起，大型公司开始出现，它们被划分成很多经营部门。要管理这些经营部门并让它们赢利，是件十分困难的事情。因此，管理咨询师们开始构建分析框架，解决新出现的复杂问题。20世纪70年代的MABA矩阵——市场吸引力/企业吸引力分析框架，就是这类模型的代表。MABA矩阵是麦肯锡咨询公司为通用电气开发的。当时的通用电气有150个经营部门，因此，MABA矩阵也被称为"通用电

参见: 研究竞争 24~27页, 保护核心业务 170~171页, 好战略, 坏战略 184~185页, 波特的五力模型 212~215页, 价值链 216~217页, 产品组合 250~255页, 安索夫矩阵 256~257页。

气-麦肯锡九格分析框架"和"通用电气-麦肯锡矩阵"。

MABA矩阵是一种系统、连贯的方法, 采用分权制的企业可以用它来评估各个部门的赢利能力、市场地位, 以此决定资金分配。而早期的资金分配方法需要对各个经营部门的未来成长和赢利性做出预测, 误差较大。MABA矩阵虽然是为大企业设计的, 但小企业也可以用它来评估产品系列或品牌的优势。

使用MABA矩阵

MABA矩阵使企业能依靠两个因素来判断每个经营部门未来成功的可能性, 即市场吸引力和企业吸引力。评估市场吸引力的依据是市场规模、增长率、赢利性和竞争水平。评估企业吸引力的依据是部门或产品的当前市场份额、市场份额的增长率、品牌优势, 以及相对于竞争对手的利润优势。

将行业吸引力和企业吸引力分别放在两个坐标轴上, 就可以比较大企业不同经营部门的竞争优势。这样, MABA矩阵就将多个经营部门的价值创造潜力浓缩成了一张易于理解的图表。

企业必须使用数据分析对每个经营部门或产品进行分析, 根据其市场吸引力和企业吸引力将其放入矩阵当中。这样, 经营部门就被分成了三类: 应当投资使之"成长"的经营部门, 应当"保有"的

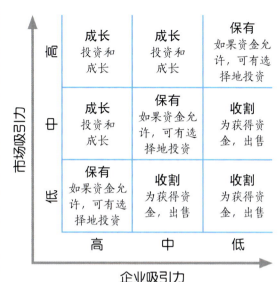

MABA矩阵使企业能够决定哪个经营部门应当发展壮大, 哪个应该维持现状, 哪个应该清算出售。矩阵左上方的经营部门, 其企业吸引力和市场吸引力都很高, 应当发展壮大。矩阵中心的经营部门, 其企业吸引力和市场吸引力都处在中间水平, 应当有选择性地进行投资。矩阵右下方的经营部门, 其企业吸引力和市场吸引力都很低, 应当停止资金投入, 进行出售或清算。

经营部门 (有选择性地投资) , 以及应当"收割"进行出售或清算以获得现金的经营部门。

将经营部门分为以上三类, 是战略分析、决定在何处投资以便实现高速增长的起点。这些年来, 评估行业吸引力、企业吸引力的标准日益复杂。但即使在今天, 大多数采用正规方法分析经营部门的大型企业, 仍在使用MABA矩阵或它的衍生方法。■

卡夫食品为何要收购吉百利?

卡夫食品公司的总部位于伊利诺伊州。2010年, 卡夫以超过190亿美元的价格收购了英国巧克力制造商吉百利公司。卡夫看中了吉百利在行业中的竞争优势。吉百利应放在MABA矩阵的左上方。当时的卡夫已是世界第二大食品公司, 本身已经拥有了很强的品牌效应。但是, 卡夫80%的销售收入来自美国, 它迫切希望发掘世界其他地方的增长潜力。

而2009年上半年, 吉百利销售增长的69%都来自新兴市场。吉百利为卡夫提供了进入其他市场的机会。吉百利还拥有世界领先的巧克力、糖果和口香糖品牌。例如, 吉百利巧克力已经成为印度巧克力市场的领先品牌。

只有偏执狂
才能生存

避免自满

1979年 迈克尔·波特撰写了《竞争力如何塑造战略》一文，认为管理者必须时刻关注竞争对手所做的事。

1994年 查尔斯·汉迪在《空雨衣》一书中，用一幅图描绘了企业组织保持警惕、应对威胁的措施。

1996年 安迪·格鲁夫撰写了《只有偏执狂才能生存》一书。

2010年 纳西姆·尼古拉斯·塔勒布（Nassim Nicholas Taleb）在《黑天鹅：如何应对不可预知的未来》一书中解释说，人们不能由过去预测未来，必须对意料之外的事有所预期（并做好准备）。

通常，企业外部的人士会比企业内部的人士更容易察觉到自满。有时，高管会对自满视而不见，直到企业陷入螺旋式下滑才幡然悔悟。RIM公司制造出了风靡一时的黑莓手机，并提出了手机收发邮件的想法。RIM公司的创新使它一度成了市场领导者。但是，RIM公司并没有继续创新，反而因成功而裹足不前，没有留意或预见到其竞争对手苹果公司的研发方向。而苹果公司开发的iPhone不仅能收发手机邮件，还具有一系列新特性。很快，RIM公司便陷入了困境，它没能对技术变革或竞争者的威胁保持警觉，而是产生了自满情绪。

在顺境中不思进取是人类的本性，但历史表明，此时正是保持谨慎的重要时刻。英特尔公司前CEO安迪·格鲁夫坚信："成功孕育自满，自满孕育失败，只有偏执狂才能生存。"而"只有偏执狂才能生存"这句话也成了格鲁夫一本著作的书名，它可以归结为五个

> 在企业生命周期中，"战略转折点"是指企业的基本面即将发生变化的时刻。
>
> ——安迪·格鲁夫

问题（见下图）。格鲁夫加入英特尔后，他用监督自己的技能来监督企业，使英特尔安然度过了一系列危机。

"战略转折点"

每家企业都面临着变化。有些时候，变化来势汹汹，之前被认为理所当然的定位会发生惊人的巨变。格鲁夫将这一时刻称作"战略转折点"。"战略转折点"不一定是单个时间点，这通常与企业内部

格鲁夫的五个问题

| 你认为竞争已经发生变化了吗？ | 你是否认为原来的竞争对手**不再是最强大的威胁**了？ | 你是否**依赖一家互补型企业**来使你的企业更具吸引力？ | 每个人都在谈论某个新人吗？ | 如果你有一把枪，你会把枪口对准哪里？ |

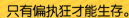

只有偏执狂才能生存。

参见: 改变与改造 52~57页, 改变游戏规则 92~99页, 自负与报应 100~103页, 从失败中吸取教训 164~165页, 波特的五力模型 212~215页, 应对混沌 220~221页, 预测 278~279页, 反馈与创新 312~313页。

一段明显的动荡期相伴。变化可能由外部环境的改变或外部竞争所激发, 高管通常到最后才意识到发生了什么。

英特尔公司的第一个"战略转折点"出现在20世纪80年代。当时, 日本的企业已经开始生产比美国企业质量更优、成本更低的内存芯片了。格鲁夫花费三年时间、付出高昂代价之后才意识到, 只有重新思考、重新定位, 英特尔公司才能再次成为芯片领域的领军者。

"十倍速"变化

20世纪70年代, 美国的迈克尔·波特教授将企业面临的竞争力归结为五种: 竞争者、替代品、新进入者、供应商和购买者。格鲁夫增加了第六种竞争力: 互补产品。互补产品指其他企业的产品或服务与企业自身的产品或服务形成互补, 从而为共同的客户增加价值。

"战略转折点"是竞争性环境发生重大变化(如互联网的出现)的时刻。如果企业发现了这种重大变化, 并做出相应调整, 企业就会实现飞跃; 如果企业忽视重大变化, 企业会衰退。

企业达到新的高度

转折点

新技术、行业监管新条例的出现, 或客户价值观或偏好的变化

企业衰退

例如, 软件与计算机硬件制造商的产品形成互补。

格鲁夫将这些竞争力称作"平稳的风"。不过, 若某个竞争力的强度增加十倍, 其作用更像是一场台风。领导者必须警惕这种重要变化——"十倍速"(10X)变化,

因为它会使企业的战略发生根本转变。这种转变可能会使企业达到新的高度, 也可能会导致企业持续下滑直至死亡。领导者在转折点采取的措施十分关键。对领导者而言, 最重要的是在竞争力由旧均衡转为新均衡时, 识别出预期的变化和深层的变化。

格鲁夫在著作中提到了互联网的发展。对企业而言, 互联网的出现是一种"十倍速"变化。然而, 一些企业没有认识到互联网的力量, 或者安于现状没有采取行动进行探索。图书行业中的很多企业, 甚至是之前极具前瞻

英特尔公司位于美国的加利福尼亚州。它在安迪·格鲁夫的领导下, 成了世界上最大的计算机芯片制造商。格鲁夫鼓励员工带来坏消息。

> 能够生存下来的物种，不是最强壮的，也不是最聪明的，而是最能适应变化的。

——查尔斯·达尔文
英国生物学家（1809—1882）

性的企业，都对此悔恨不已。例如美国的Barnes & Noble，它是首家在电视上做广告的书商。1989年，Barnes & Noble开设了一家图书超市。这些创新使其在零售市场上占有了较大市场份额。到1995年，它拥有了358家图书超市，但到1996年，互联网改变了一切。亚马逊——"互联网营销大师"——在销售收入、市场价值上一下子超过了它。

保持警觉

发生重大变化的时刻很难识别，因此，高管应不断地审视前方，就像船上的瞭望员不停寻找着会使船只沉没的冰山那样。当今的企业会使用多种方法来追踪竞争对手和市场。通常，大型企业会雇用一支团队，详细审查企业的销售收入，与竞争者进行比较，并分析市场的趋势。大型企业还有一支负责风险管理的团队，其风险管理的范围远不止经营风险（还有安全性）。最近，风险管理团队倾向于追踪具有深远影响的全球性问题，包括气候变化导致的极端天气、政治变革，以及人权问题。

在关于变革的谈判上取得成功，不仅需要审视环境，还需要弄清楚接收的信息。高管需要格外警惕，不能只依据过去的数据和经验来理解事件、做出决策。纳西姆·尼古拉斯·塔勒布在《黑天鹅：如何应对不可预知的未来》一书中指出，个体、企业和政府高估了过去事件重复发生的可能性。由过去预测未来，忽略了这样的事实：未来拥有不同的可能，而这在目前无法预料。例如，如果你只见过白天鹅，你会认为所有天鹅都是白色的；除非你到澳大利亚旅游，并且恰巧看见了一只黑天鹅。塔勒布用黑天鹅的隐喻来探讨重大科学发现和历史事件。这些"黑天鹅事件"是低预测性、高影响力的结合。这类事件包括美国"9·11"恐怖袭击和1987年股票市场崩溃。塔勒布认为，企业不可能预测到"黑天鹅事件"，但的确需要强大起来，抵御潜在的、不可预测的消极事件，为利用积极事件做好准备。

聆听基层

格鲁夫认为，企业的数据（同白天鹅一样）仅与过去相关，不能用来预测未来。他建议，在寻找处理未来的线索时，高管应另辟蹊径，如检查企业的战略声明与其战略行为之间是否存在不一致的情况，企业计划去做的事和企业实际做的事之间有什么差异。在商场上，必须战胜竞争对手的严峻现实

黑天鹅非常罕见但确实存在，这让只见过白天鹅的人大为惊讶。这说明，依据过去的经验进行预测会出错。

黑色星期一——1987年10月19日，全球的股票市场都遭受了严重损失——这是引起商业环境巨大变化的"战略转折点"。

提出正确的问题同样重要。管理学大师彼得·德鲁克认为："错误的答案不会引起最严重的失误。提出错误的问题才是真正危险的事。"

提出怎样的问题

提出问题需要着眼于竞争环境之外。销售虽然能带来收益，但企业还应关注成本，因为利润是收益和成本的差额。管理者必须质疑流程，找到能够提高效率、降低成本的措施，以提高利润率。

管理者还应不断质疑，看是否存在更好的行事方法，例如可以将非核心业务外包出去。管理者必须不止步、不自满，寻找提高利润率、改善企业业绩的每个机会。

管理者必须利用他们的知识和经验，将收集到的信息整合起来，试着预测世界五年或十年之后的样子，探究世界将会发生怎样的变化。接着，他们必须让企业占据有利地位。这需要考虑多种情况，摆脱思维的条条框框。2001年9月发生在美国的"9·11"恐怖袭击影响了整个世界。对一些企业而言，这代表了一个"战略转折点"。风靡全球的瑞士军刀制造商维氏集团（Victorinox）便是一例。维氏集团自1884年起开始生产瑞士军刀，但"9·11"袭击后，新的航

会激励企业采取行动，而企业的基层员工更有可能看到并适应新的现实。他们处在识别关键问题的最佳位置上。

这意味着，企业的领导者必须做好准备，倾听与客户、供应商打交道的员工的心声并采纳他们的观点——他们通常处在企业的底层。培养鼓励倾听、确保员工畅所欲言的组织文化，是大有裨益的。

同样，对领导者而言，聆听走廊里的交流、网络集会、办公室"小道消息"，与竞争分析和建模同等重要。

"五个为什么"方法

高管必须不断提出问题，了解驱动或影响企业业绩的是什么，市场上以及更广阔的世界里发生了什么。高管不仅要了解发生了"什么"，还要了解它"为什么"会发生。为此，企业可以采用"五个为什么"方法——它由"丰田公司之父"丰田喜一郎在20世纪30年代发明，并在20世纪70年代被丰田公司

采用。通过五个"为什么"，人们可以从问题的征兆推及问题的根源。例如，第一个问题可以是："我们为什么会错过最后期限？"问题的答案可能是："完成项目所需的时间比我们预想的更长。""为什么？""因为我们低估了任务的复杂性。""为什么？""因为我们的估计比较仓促，没有细致地分析项目的要求。""为什么？""因为四个项目的进度都滞后了。""为什么？""因为我们在报价时没有设置足够的交付期。"这个方法可用来查找问题产生的内部和外部原因。

> 能够倾听带来坏消息的人士的意见，是极其重要的。
>
> ——安迪·格鲁夫

维氏集团的经营依赖于瑞士军刀的销售，但是，一个"战略转折点"——规定禁止将刀具带上飞机的管制条例的发布，迫使公司将奢侈品纳入了产品范围。

空安全管制条例禁止乘客将刀具带上飞机。这对维氏集团产生了灾难性的影响，因为军刀在全球各大机场的销售收入占了维氏集团总销售收入的很大一部分。

维氏集团的销售收入大幅下滑。到2002年初，仅仅几个月时间，多功能工具刀的销售收入就下降了30%。维氏集团意识到，这可能是长期衰退的开始，要生存下去必须采取行动。维氏加快了能够在机场销售的其他产品（包括手表、旅行装备、香水和时装）的研发，还开始开拓新的市场，如在中国、印度和俄罗斯进行销售。

维氏集团还采取行动，努力保留其核心优势——技术熟练、忠心耿耿的员工。通过缩短换班时间、取消加班、鼓励有计划的休假，并暂时将员工租借给其他瑞士企业，维氏解决了冗员问题。它不仅生存了下来，还靠高品质的新产品提升了品牌形象。如今，维氏集团60%以上的营业额都来自瑞士军刀之外的产品。

避免灾难

为了发现"战略转折点"的到来，企业CEO需要同董事会一道，分析所有可获得的硬数据（指较为客观的数据——译者注），聆听软信息（较为主观的信息——译者注），然后果断采取行动。1987年，英国石油公司（BP）成了公共有限公司。BP的新任CEO约翰·布朗（John Browne）曾任英特尔公司的非执行董事，并深受安迪·格鲁夫偏执狂思想的影响。布朗关注的是比竞争对手更重要的事物——它们不仅会损害BP的业务，还会危害整个石油行业。

布朗回顾了获得的气候变化数据，倾听了相关领域专家的意见，思考了气候变化对BP业务的影响。他认识到，气候变化问题会缓慢地显现出来，并会对石油行业造成影响。1997年，布朗在美国斯坦福大学发表了意义深远的演讲，他公开承认气候变化的事实，并承诺BP会采取行动应对变化。

对于一家石油公司，在竞争对手纷纷忽视气候变化问题的情况下，做出这一举动非常大胆。BP实施了投资可替代能源的战略，同时，它也成为石油行业首家设定目标、降低温室气体排放量的企业。BP要求员工寻找有助于实现目标的方法。2000年，BP发布的品牌新标志进一步引起了轰动。BP明艳的绿色标志以古希腊太阳神赫利俄斯命名，标志旁还附上了品牌标语：超越石油。它表明

真正的可持续性是指在有利可图、符合实际的同时，关心企业经营所处的环境。

——约翰·布朗
英国石油公司前CEO（1948-）

BP认识到，需要提供更多、更加智能的能源。它传达的信息十分明确：BP并没有自满，它已经做好了面对并适应困难的准备。

不过，布朗于2007年离开了BP。新任CEO的战略与布朗的不同，BP的可替代能源业务也被叫停了。2010年，BP在墨西哥湾的一个油井发生了爆炸，导致公司往年积累起来的信誉完全丧失了。

克服自满

20世纪90年代末，英国零售商玛莎百货（M&S）采用的战略与英国石油公司约翰·布朗的几乎完全相反。玛莎百货的董事会成员专注于内部事务，忽略了英国和全球零售市场的变化。玛莎百货采用的是层级制的架构，员工需要服从企业的领导。朱迪·贝文在《玛莎百货沉浮录》一书中描述了这样一种传统企业环境：高管办公室铺着地毯，侍者戴着白色手套，员工准则强调守时、高效、礼貌。玛莎百

英国石油公司的太阳神标志体现了企业寻找新能源的承诺。它将企业对"十倍速"变化（如气候变化）应有的反应传达给了市场。

货并无营销部门，因为公司高管认为做广告并无必要。玛莎百货的门店也不接受信用卡付款，只接受现金或玛莎自己发行的购物卡。

其他零售商的出现，带来了更为现代的变化，以及新鲜、时髦的设计。相比之下，玛莎百货的服装和门店则显得过时。客户开始到其他商店购物。尽管玛莎百货的销售收入和利润急剧下降，但公司仍然无动于衷。玛莎百货在英国的

利润从1997年10亿英镑的历史最高点，连续四年下跌，降到了1.46亿英镑，公司股价也下跌了百分之六十以上。2004年，玛莎百货为了抵制收购，紧急聘用斯图尔特·罗斯（Stuart Rose）出任CEO，其迅速的衰退才得以遏止。

然而，玛莎百货的复苏并没有持续多久：公司有再次自满的风险。到2013年，玛莎百货的服装销量连续8个季度下降。为此，玛莎百货宣布会在门店翻新、物流和信息技术上投入资金，并公布计划，要将玛莎百货打造成多渠道的国际零售商，通过门店、互联网和移动设备与客户建立联系。

克服自满是所有企业都必须面临的挑战。为了应对全球市场高度竞争、渠道多元的加速变化，企业必须警惕自满——否则就有风险，会输给领先一步的竞争者。■

安迪·格鲁夫

安迪·格鲁夫于1936年出生在匈牙利布达佩斯的一个犹太家庭。1956年，他到了美国。抵达美国后，他启用了安德鲁·格鲁夫这一新名字。在纽约城市大学学完工程学课程后，格鲁夫赴加州大学伯克利分校攻读化学工程博士学位。1968年，他协助创办了英特尔公司。1979年，他成为英特尔公司总裁。1987年，他出任CEO，并在1998年至2005年间担任公司董事长。他为英特尔的成功做出了重要贡献，在他任职CEO期间，英特尔的股价上涨了2400%，成了世界上最有价值的企业之一。

作为一名忠实的慈善家，格鲁夫为癌症和神经退行性疾病的研究捐献了数百万美元。他还在国际救援委员会的监事会中担任职务。

要超越，就要挖掘人们的学习能力

学习型组织

背景介绍

聚焦
个性化方法

主要事件

20世纪20年代 查尔斯·艾伦为美国的造船工人开发了一套训练计划，其中包括以建立忠诚度为目的的个性化教学。

20世纪50年代 职业培训越来越个性化，用程式化的教学材料教学的教师被取代，员工可以按照自身的节奏来完成培训。

1984年 理查德·弗里曼教授指出，员工属于"利益关联人"（Stakeholders），他们对企业的生存至关重要。

1990年 彼得·圣吉（Peter Senge）所著的《第五项修炼》出版，书中倡导建立"学习型组织"。

若企业致力于员工的教育、发展，它就能不断改造自身，而员工的智慧、技能、责任感也会让企业更加适应市场。在迅速变化的市场上，如果适应力和远见是取得成功的关键，那么把训练和培养有天赋的个人作为企业的方针，便是件有意义的事情。

这便是管理学权威彼得·圣吉所说的"学习型组织"的本质。"学习型组织"指的是这样的场所："人们不断提高能力，创造出他们心仪的成果，开阔的新思维模式得到培养，集体的抱负得到施展，人们不断学习如何共同学习。"企业应当拥有集体和团体意识，让员工觉得自己是企业的一分子，企业会培养他们，他们也会承担企业内部的义务。圣吉在其著作《第五项修炼》（1990）中描述了理想公司的愿景。他指出，企业组织要取得长期成功，应当追求五项修炼：自我超越（Personal Mastery）、改善心智模式（Improving Mental Models）、建立共同愿景（Building Shared Vision）、团体学习（Team Learning），以及第五项修炼——系统思考（Systems Thinking），它包含在前四项修炼之中。

五项修炼

前两项修炼针对的是个人。"自我超越"指个体应当通过兴趣和好奇心来提高能力。"改善心智模式"指的是改善根深蒂固的思维模式，个体应注意到他们思考问题的特定模式，注意到这种思维模式对行为的影响。圣吉鼓励员工分析其自身微妙的"思想过滤器"，并为质疑、改变它们做好准备，从而适应未来的变化。

其余三项修炼针对的是集体。"建立共同愿景"的目的包括：企业组织的成员共同决定要创造什么，并就目标以及有助于实现目标的流程达成一致。这样，员工就会心甘情愿朝着目标努力工

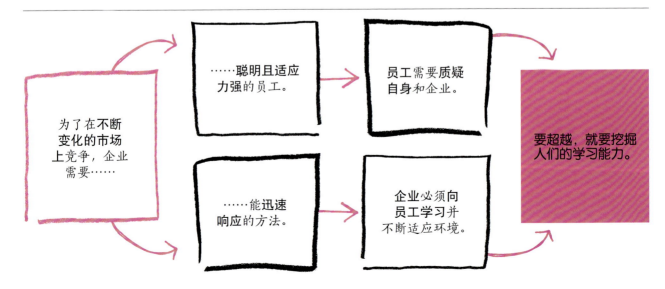

参见: 团队的价值 70~71页, 创造力与发明 72~73页, 有效的领导 78~79页, 组织团队和人才 80~85页, 充分利用天赋 86~87页, 组织文化 104~109页, 培养情商 110~111页。

彼得·圣吉定义的五项修炼使企业组织通过个体学习和集体学习来改变和发展。

作, 而非因为企业的要求才那么做。"团队学习"指的是员工通过讨论、对话共同学习的过程, 它使得团队学习比个人学习更加有效。

第五项修炼是将组织视作拥有自身行为模式的整体的能力。这种能力至关重要, 它使人们能够意识到潜在的"反生产"行为, 这些行为虽然反复发生, 但多年来从未受到过质疑。

员工流动

在公司人才外流的背景下,

圣吉的提议十分受用。2004年, 荷兰格罗宁根大学的阿瑞·C. 赫拉贝克 (Arie C. Glebbeek) 和埃里克·H. 巴克斯 (Erik H. Bax) 发表在《管理学会学报》上的论文指出, 20世纪90年代, 由于劳动力市场趋紧以及劳动力稀缺加剧, 企业开始关注员工流动的不良影响。

人员流动对现代企业和国家来说都是不利的。进一步学习和发展的渴望促使有才能的个体流动, 寻找晋升机会更多的好环境。据估计, 替换一名员工的成本是离职

员工薪资的10%~175%, 具体数值取决于员工的工作领域。经济合作与发展组织 (OECD) 的数据显示, 熟练工人在世界范围内的流动始于20世纪90年代初。外流人员大多来自发展中国家, 受益的流入国是美国、澳大利亚、新西兰和欧洲各国。但是, 即便是在发达国家, 企业也面临着人才外流的问题。

20世纪90年代, 新加坡是亚洲员工流动率最高的地方。举例来说, 1997年新加坡酒店业的员工年均流动率是57.6%; 1995至1997年, 零售业的员工年均流动率在74.4%~80.4%。新加坡南洋商学院与英国卡迪夫商学院的一项联合研究发现, 管理不善是员工流动的主要原因。低收入岗位的流动率高的问题仍然存在。针对已经找到办法, 能在为员工投资的同时保持低成本的企业, 哈佛商学院教授泽伊内普·托恩 (Zeynep Ton) 写道: "非常成功的零售连锁店……

> 高生产率……源自受到质疑、获得授权、得到奖励的团队。
>
> ——杰克·韦尔奇
> 美国通用电气前CEO (1935—)

不仅为店铺员工投入巨资，还拥有该行业最低的价格、稳定的财务业绩，以及优于竞争对手的客户服务。这些连锁店说明，即使是在零售市场价格最低的领域里，糟糕的工作也不一定是受成本驱使的，而是出于选择的。这些连锁店也证明，把对员工的投资与让员工、客户和企业能够受益的经营活动结合起来，是打破平衡（糟糕的工作和低价的平衡——译者注）的关键。"

倾听中学习

彼得·圣吉的企业学习理论不仅仅是指将员工流动率降到最低。圣吉希望，企业能够通过这一模式，积极推进对全体员工的教育，使之努力创新、适应环境，最大化企业的成功。就这一点而言，日本本田汽车公司通常被认为是"学习型组织"的完美典范。

20世纪80年代，斯坦福大学企业管理学教授理查德·帕斯卡尔（Richard Pascale）分析了日本企业的管理风格，并特别提到了本田汽车公司。他总结说，"组织灵活性"是本田汽车公司成功的原因。他还引用本田汽车公司1959年进入美国市场的事例作为例证。

本田汽车公司原本打算在洛杉矶发布大排量摩托车。但是预售团队很快意识到，就美国的路况和行驶的距离而言，大排量摩托是不合适的。团队不情愿地将模型车送回日本进行检验。与此同时，三名日本销售人员骑着小排量的"超级幼兽"（Super Cub，也译作"小绵羊"）赶到了洛杉矶。"超级幼兽"是日本本土最畅销的车型，但人们认为它并不适合喜欢高耗能摩托的美国人。出人意料的是，美国人对"超级幼兽"兴趣浓厚，西尔斯百货也来接洽本田汽车公司的销售团队，询问能否销售小排量的摩托车。销售团队将情况汇报给总部，说推出大排量摩托并无必要，应将"超级幼兽"作为本田汽车

> ## 没有个体学习，就没有组织学习……
> ——克里斯·阿吉里斯、唐纳德·舍恩

公司在美国的首推产品。管理者没有解雇下属，而是听取了他们的建议。结果是，本田汽车公司在美国市场取得了令人瞩目的成功。在彼得·圣吉的模式下，本田汽车公司是实现"企业组织的各级员工感到被包容、受重视"的一个例子。

质疑先例

从本质上来说，圣吉的"学习型组织"吸取了早期的思想，其中包括哈佛大学克里斯·阿吉里斯（Chris Argyris）的思想。1977年，阿吉里斯发表了双环学习理论，认为企业及其员工具有评估并修正潜在的思维方式、改善学习能力、有效行事的能力。之后一年，阿吉里斯和麻省理工学院教授唐纳德·舍恩合作撰写了影响力巨大的著作《组织内学习：行动视角

管理者听取了销售团队的意见，放弃了标准的"机车猛男"，使本田汽车公司的"超级幼兽"在美国市场取得了巨大成功。

组织学习包括单环学习和双环学习。在单环学习中，错误会得到识别并加以修正。在双环学习中，特定行为所隐含的假设会受到质疑并得到改善。

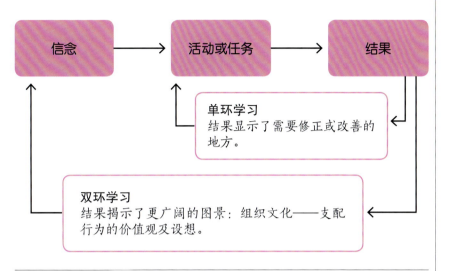

信念 → **活动或任务** → **结果**

单环学习
结果显示了需要修正或改善的地方。

双环学习
结果揭示了更广阔的图景：组织文化——支配行为的价值观及设想。

90年代，随着商业环境不确定性的增加，企业越来越依赖技术，人们对"组织学习"这一概念的兴趣也逐渐增多。

马克·道奇森（Mark Dodgson）是管理层创新方面的专家，后来在英国苏塞克斯大学科学政策研究所（SPRU）任高级研究员。1993年，道奇森认为，经济的不确定性、快速的技术变革与企业内部各个层次学习需求的不断增加相关。他还引用了心理学的观点，认为学习是适应的最高形式。道奇森区分了"组织内学习"和"学习型组织"的概念。"组织内学习"是指组织通过特定的事件学习；"学习型组织"则采用持续的教育过程，并为启动该过程而实施战略。圣吉认为，持续学习的企业会在市场上获得竞争优势。■

的理论》，对双环学习等理论做了探讨。

针对组织内学习的第一项科学研究开展于20世纪中期。两套理论主导了该领域的思想。第一套理论由耶鲁大学教授查尔斯·林布隆（Charles Lindblom）于1959年提出。该理论认为：企业组织的行动建立在历史先例而非未来预期的基础上。第二套理论由理查德·西尔特（Richard Cyert）和詹姆斯·马奇（James March）提出，认为企业组织建立的基础是惯例，即企业经营涉及的程序、习俗或技术。这两种消极的认识引起了阿吉里斯和圣吉等学者的关注。20世纪

彼得·圣吉

彼得·圣吉是管理学、组织学习领域享誉世界的专家，他于1947年出生在加利福尼亚的斯坦福。他曾在斯坦福大学学习航空航天工程学，后在麻省理工学院获得社会体制硕士学位和管理学博士学位。圣吉现任麻省理工学院斯隆商学院高级讲师。他还是国际组织学习协会的创会主席。

圣吉倡导"学习型组织"的理念——这种组织能促进新思想和反思，鼓励员工参与。正如圣吉所言，学习型组织"可以不断拓展能力、创造未来"。

1999年，《企业战略杂志》将彼得·圣吉誉为"世纪战略家"——20世纪公司战略领域最具影响力的二十四人之一。

主要作品

1990年 《第五项修炼》
1999年 《变革之舞》

商业的未来，是卖得少、赚得多

长尾理论

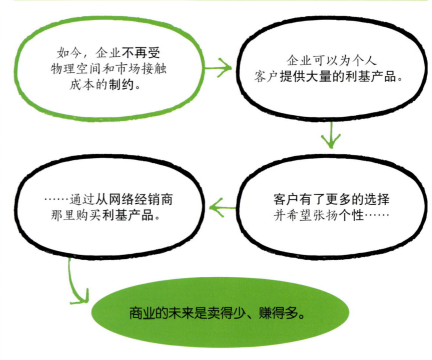

长尾理论对经济学的基本原理提出了质疑。过去，成功的企业大量销售有限的几种产品。如今，克里斯·安德森认为商业的未来是卖得少、赚得多——产品的种类增多，每个种类的销量降低。

如今，互联网已成为影响全球经济的主要因素之一，它使人们的关注点从主流产品和市场（需求曲线的"头部"）转移到了大量的利基产品和市场，即需求曲线的"尾部"上。传统的需求曲线中，纵轴表示价格，横轴表示销售数量，销售数量会随着价格的下降而

参见: 克服创业之初的困难 20~21页，获得优势 32~39页，创业之初轻轻松松 62~63页，摆脱思维的条条框框 88~89页，小即是美 172~177页，移动商务 276~277页，从大数据中受益 316~317页。

增加。而安德森用纵轴表示销售收入，横轴表示产品数量。他认为，很多行业的增长来自需求曲线的"尾部"。

消除壁垒

产品供给一度受到生产成本、仓储物理空间、配送成本等因素的制约。数字化的流程、网上订单和电子配送扫除了不少障碍。销售数量较少、范围更广的产品，要比销售普通产品产生更高的总销售额和利润。

图书、音乐和电影是长尾理论的典型案例。传统书店只能囤积容易卖掉的书，而亚马逊可以列出所有图书，哪怕有些很难售出。流行度低、大型书店没有库存的书，可以由出版商直接发货，满足个人的需求。特殊书的销售收入之和可能会超过畅销书的，得到的利润也可能更高。同样，苹果公司的

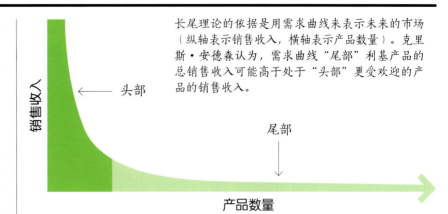

长尾理论的依据是用需求曲线来表示未来的市场（纵轴表示销售收入，横轴表示产品数量）。克里斯·安德森认为，需求曲线"尾部"利基产品的总销售收入可能高于处于"头部"更受欢迎的产品的销售收入。

iTunes商城提供的曲目超出任何实体店，Netflix可以源源不断地将所有电影"送"到你的家中。若提供的选择无限，就能吸引客户根据个人喜好花钱购买。

亚洲拥有规模庞大、正在成长的市场，但它被不同的文化分割开来。亚洲各国为企业提供了不少利基市场，企业可以根据语言和民族定制产品和服务，而不是生产针对大众市场的产品。新创立的企业逐渐意识到了"长尾"的收益，并

使区域多元化为己所用。网络公司品智（Brandtology）便是一例。品智为客户分析社交媒体和在线聊天中用到的本地语言。品智雇用以普通话、日语、韩语为母语的人士来分析社交媒体，并在特定的文化范畴下，对重大事件给出本土化的洞见和解释。■

克里斯·安德森

作家兼企业家克里斯·安德森于1961年在伦敦出生，五岁时随家人移居美国。他先在乔治·华盛顿大学学习物理学，而后在加州大学伯克利分校学习量子力学、科技新闻学；之后，他在洛斯阿拉莫斯国家实验室从事科学研究。他曾在顶尖科学期刊《自然》和《科学》的出版单位任职，后来则进入《经济学人》的出版单位，担任过从技术编辑到美国商业编辑的多项职务（地点在伦敦、香港和纽约）。2001年，

安德森加入《连线》杂志并担任主编直至2012年。目前，安德森居住在美国加州的伯克利，是无人驾驶飞机制造公司3D Robotics的CEO。

主要作品

2004年 《长尾理论》（发表于《连线》杂志）

2006年 《长尾理论：商业的未来是卖得少、赚得多》

2012年 《创客：新工业革命》

要成为乐观主义者：必须有应急规划以应对整个世界的崩溃

应急规划

在商界，计划赶不上变化。企业必须应对市场或环境的突然变化。正如兰迪·鲍什（Randy Pausch）教授所言，要确保"世界崩裂时"能够维持日常经营。

应急规划列出了应对危机的一系列措施，不论灾难是行业的（如主要供应商发生财务危机）、人为的、自然的，还是技术性的，企业都需要识别可能的灾难，评估灾难发生的可能性，提出一套行动方案，将灾难对企业的影响降到最低。做好规划能帮助企业管理危机、迅速恢复。

识别主要任务

一套应急规划必须以重要的业务活动为基础。依靠电话服务中心来管理客户咨询的公用事业企业，应当找到洪灾发生时的替代服务场所。同样，针对洪灾制订应急规划的营销企业，则应该允许员工

不做计划就是在为失败做计划。

——温斯顿·丘吉尔
（Winston Churchill）
英国前首相（1874—1965）

远程办公。

2011年，一场灾难性的地震袭击了日本东海岸，几分钟后便引发了海啸。日本政府的地震应急规划——包括抗震建筑、早期预警系统、快速响应协调机制——挽救了无数生命。由于应急规划准备充分，日本电气公司（NEC）等企业得以在几分钟内恢复正常运营。即使是地震这类严重的自然灾害，也可以用好的应急规划进行管理。∎

参见：风险管理 40~41页，从失败中吸取教训 164~165页，避免自满 194~201页，情景规划 211页，应对混沌 220~221页。

计划无用，但规划必不可少

情景规划

应急规划指对突如其来的灾难做好准备。除应急规划外，企业还应为未来的多种可能性做好准备，即情景规划。提出"假如……会怎么样？"的问题，是情景规划的第一步。

两年、五年或十年后会发生什么？企业必须考虑当地、国家和国际上的事件，试着找到基本的趋势。企业必须确定未来情景的发生概率，弄清楚企业会受到怎样的影响，怎样做好准备来应对。情景规划并不能消除不确定性，但是能帮助企业适应变化。

做好准备应对变化

荷兰皇家壳牌石油公司使用情景规划已有近半个世纪的历史。壳牌早期的情景规划依赖直觉，如今，它已经开发出了复杂的技术来创造情景，并将情景公之于众。不过，壳牌从不对公布的情景做任何

评价，因为这会影响其他企业或政府的决策。

1973年10月，针对西方国家的石油禁运事件爆发。几周内，原油价格飙升，股票价格暴跌。由于提前做了情景规划，壳牌公司得以将事件的影响降到了最低程度。虽然壳牌受到了这类事件的冲击，但它早已涉足其他能源领域，从而比竞争对手更迅速地恢复了过来。∎

1973年，在石油输出国组织（OPEC）的石油禁运期间，壳牌公司的情景规划使壳牌公司高管能够迅速、有效地采取行动。

参见： 风险管理 40~41页，从失败中吸取教训 164~165页，避免自满 194~201页，应急规划 210页，应对混沌 220~221页。

最强竞争力
决定行业
赢利能力
波特的五力模型

背景介绍

聚焦
竞争战略

主要事件

1921年 美国经济学家兼统计学家哈罗德·霍特林（Harold Hotelling）认为，只要市场有利可图，进入市场的卖家就会越来越多，直到市场达到饱和。

1979年 迈克尔·波特在《哈佛商业评论》上发表了《竞争力如何塑造战略》一文。

2005年 金伟灿和勒妮·莫博涅所著的《蓝海战略》出版。该书建议，企业应当瞄准没有竞争的市场，而不是在既有市场上互相竞争。

2008年 迈克尔·波特撰写了《塑造战略的五种力量》一书。

为了生存，企业必须理解竞争，并对竞争做出反应。观察竞争对手，并以此构建战略是十分自然的事。然而，这会限制企业的思考，使企业过于狭隘地界定竞争，忽略其他的战略性力量。20世纪70年代，经济学家兼战略学家迈克尔·波特改变了人们对战略的看法。

1979年，波特发表了《竞争力如何塑造战略》一文。该文指出，更为宽泛的竞争力意识——超越显而易见的竞争对手——能够帮

参见：研究竞争 24~27页，获得优势 32~39页，引领市场 166~169页，波特的一般竞争战略 178~183页，好战略，坏战略 184~185页，价值链 216~217页。

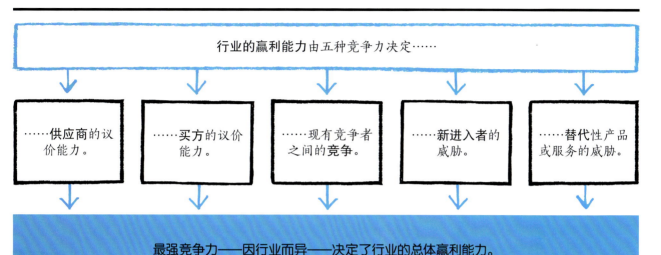

行业的赢利能力由五种竞争力决定……

……供应商的议价能力。

……买方的议价能力。

……现有竞争者之间的竞争。

……新进入者的威胁。

……替代性产品或服务的威胁。

最强竞争力——因行业而异——决定了行业的总体赢利能力。

助企业更好地理解行业结构，获得盈利高、不易受冲击的市场地位。波特认为，行业结构由五种竞争力共同界定，它们勾勒出了行业内部相互竞争的本质，最终决定了赢利能力。这被称作"波特的五力模型"（Porter's Five Forces），这一模型将现有竞争对手放在中心，四周围绕着另外四个竞争力：客户、供应商、潜在进入者和替代产品。

使用波特模型

波特以商用航空为例解释了模型的应用。航空业是所有行业中赢利性最差的一个行业，因为航空业的五种竞争力都十分强大。居于中心的是现有竞争对手（如卡塔尔航空公司、维珍航空公司和澳洲航空公司），它们在价格上展开着激烈竞争。客户能轻而易举地搜索到最划算的交易。供应商——这里指飞机和发动机制造商——拿走了大部分利润。此外，不时会有新的企业进入市场。替代产品是其他交通工具，如火车、公共汽车和小汽车。

在竞争力较弱的行业，如软件业、非酒精饮料业和化妆品行业，企业可以获得更多的利润。无论哪个行业，短期利润都会受到天气或周期变化的影响，但从中长期来看，驱动竞争和盈利的是行业结构。波特坚定地认为，其他因素，如产品或服务的类型、市场成熟度、监管，或技术的复杂水平，并不是盈利的决定性因素。

"竞争对手"力

在五种竞争力中，现有竞争者之间的对抗是行业竞争性和赢利性的主要决定因素。在竞争激烈的行业，市场份额难以获得，赢利并非易事。若存在大量竞争者、行业增长缓慢、产品无差异且容易被替代、竞争者规模相同、客户忠诚度较低、退出行业十分困难且代价高昂，那么，竞争者间的对抗就会异常激烈。

第一个人得到牡蛎，
第二个人得到牡蛎壳。

——安德鲁·卡耐基
美国实业家 (1835−1919)

> 正如五种竞争力显示的那样，行业结构决定了行业的长期赢利潜力。
>
> ——迈克尔·波特

酒店业便是此类行业的一个例子。同一个城市（如纽约）会有多家酒店；客户的数目相对稳定，行业发展缓慢；同一星级的酒店差异不大，大型连锁酒店的规模也十分相近；客户可以入住任何酒店，获取价格信息也十分容易；退出行业十分困难，因为前期投资巨大。因此，很多大型酒店集团将客户忠诚度计划作为品牌差异化战略的一部分。

替代产品

在五种竞争力中，最重要的力量并不是最显而易见的。举例而言，行业内的竞争通常十分激烈，但这并不是制约赢利能力的最终因素。在这里，"替代产品的威胁力"尤为重要——买方能轻而易举地找到更实惠或品质更高的替代性原料或产品。此外，买方从某一产品或服务转向另一产品或服务的成本也相对低廉。例如，人们从喝茶转为喝咖啡的成本很低，这不同于从骑自行车旅行转为开车旅行。

在某些行业，企业会限制潜在替代产品的威胁，确保其产品能被广泛获得。例如，非酒精饮料的制造商会引入该品牌的自动售货机，这样一来，竞争者就没法在这一地点提供产品了。

购买者的竞争力

若买方的议价能力较强，他们就会要求生产者降低价格或提高品质。这两种情况都会降低生产者的利润，因为较低的价格意味着较低的收益，品质较高的产品的生产成本通常会较高。若买方数目少、购买量大、对价格敏感、掌控着到达最终用户的分销渠道、替代品较多，且转向其他供应商的成本很低，那么，买方就有很强的议价能力。买方甚至可以自己生产产品，从而对生产者构成威胁。

在食品和饮料业，作为买方的大型超市具有很强的议价能力。鲜奶通常处于超市价格战的中心，因为对鲜奶供应商而言，大型连锁店具有强大的购买力。英国的农场主称，他们被迫降低价格，以至于每生产一瓶牛奶都要赔钱。

供应商的竞争力

若供应商有很强的议价能力，他们就会出售价格较高或品质较低的原料，直接影响购买原料的企业，使之为原料支付高价。如果供应商数目较少（而买家众多）、拥有稀缺资源、转换原料的成本较高、替代性原料或替代性供应商较少，那么供应商就拥有较强的议价能力。如果供应商规模庞大，并且能介入进来自行生产，那么，供应商的竞争力就会进一步提高。

例如，石油是被少数国家控制的稀缺资源。石油输出国组织（OPEC）是石油输出国政治势力的代表。1973年，OPEC对美国实施石油禁运，此举扰乱了原油供应，导致石油价格上涨了四倍。

新进入者

波特认为，若一个行业有利可图且进入壁垒较少，那么，竞争就会加剧，利润就会下降。通常，现有企业会想方设法阻止新的进入者。若进入市场的成本不高、政府监管少、客户忠诚度较低、现有企业反击的办法有限、规模经济易于实现，那么，来自新进入者

食品和饮料行业的买方压力较大，因为消费者能轻而易举地找到更便宜或有差异的替代品，如营养价值更高的产品。

酒店业的特点是竞争企业之间存在激烈对抗。一些连锁酒店引入了客户忠诚度计划，以此增强客户偏好，鼓励回头客。

的威胁就较大。如果现有企业尚未建立起品牌声誉、没有专利、产品同质化严重，那么风险就会增加。针对个人电脑的软件市场便是新进入者威胁较低的一个市场。微软凭借Windows 95操作系统主导了软件市场。新进入者发现，要打破市场格局并不容易，因为微软的Excel、PowerPoint和Word已经被人们广泛使用了。

选择定位

波特以美国重型卡车制造商帕卡公司（Paccar）为例，说明了在既定的行业结构内企业应如何选择定位。帕卡处在一个拥挤的市场，它希望找到竞争力较弱的空间，避免买方压力和价格竞争。

在重型卡车行业，作为买方

的大型车队占据着支配地位，靠产品差异化创造出利基并非易事。美国的帕卡公司决定专攻一个客户群体：个体经营者。个体经营者会为自己拥有卡车而骄傲，卡车也是他们的经济来源。因此，作为买方，他们的价格敏感度较低。因此帕卡公司决定投资开发一系列特性，如豪华的卧铺车厢、真皮座椅、隔音车厢、流畅的外形。帕卡还提供道路救援，以及节省燃料的流线型设计。结果是，帕卡公司已经持续赢利逾68年，其收益率更是超过了行业年均水平。

波特模型分析了五种易于核算的竞争力，为企业提供了一套评估赢利能力的方法。在揭示行业的基本结构方面，波特对众多信息做了简化，提供了一套清晰的流程，使管理者能够理解行业数据，提出有效的战略。■

迈克尔·波特

迈克尔·E.波特于1947年出生在美国的密歇根州。由于父亲是一名美国军官，波特的童年在世界各地度过。高中毕业后，波特赴美国军队服役。1969年，他以优异的成绩获得美国普林斯顿大学工学学士学位，其专业是航空航天与机械工程学。1971年，波特获哈佛商学院MBA学位；1973年，又获得哈佛大学企业经济学博士学位。波特撰写了关于竞争力和管理学的18本著作、逾125篇论文。波特也是全球多个政府、公司、非营利机构及学术机构的顾问。

主要作品

1980年 《竞争战略》
1985年 《竞争优势：创造与保持优异业绩》
1990年 《国家竞争优势》

抵御竞争力并使之有利于公司，对战略而言至关重要。

——迈克尔·波特

若无竞争优势，就别参与竞争

价值链

背景介绍

聚焦
竞争优势

主要事件

1933年 美国经济学家爱德华·张伯伦在《垄断竞争理论》一书中引入了产品差异化的概念。

20世纪70年代 随着日本企业产品的销量开始超过欧美同类企业产品的销量，竞争优势的思想占了上风。之后，竞争优势被归因于高超的管理。

1979年 美国营销顾问阿尔·里斯（Al Ries）和杰克·特劳特（Jack Trout）撰写了《定位：头脑争夺战》一书，阐述了企业该如何围绕竞争对手的弱点来制定战略。

1985年 迈克尔·波特在《竞争优势：创造与保持优异业绩》一书中介绍了竞争优势和价值链理论。

企业用以交付产品或服务的关联活动，可被视作价值链。

↓

价值链包含主要价值活动和次要价值活动。

↓　　　　　　↓

主要价值活动包括入厂物流、生产制造、出厂物流、营销与销售、售后服务。

次要价值活动包括采购、人力资源管理、技术开发和基础职能。

↓

通过价值链分析，企业能够找到实现产品**成本优势或差异化优势**的地方。

创造并维持竞争优势，比竞争对手销售更多的产品，创造更多的利润，是所有企业的目标。正如美国跨国公司通用电气前CEO、著名商业领袖杰克·韦尔奇所说："若无竞争优势，就别参与竞争。"

美国教授迈克尔·波特提出的一般竞争战略包含两种竞争优势：成本优势和差异化优势。波特

参见: 引领市场 166~169页, 波特的一般竞争战略 178~183页, 好战略, 坏战略 184~185页, 波特的五力模型 212~215页。

识别出了一系列活动, 可以帮助企业更好地理解差异化的实现。这些相互关联的企业活动(波特称之为价值链)体现了产品从最初的供应向最终客户流动的全过程。在价值链的每个阶段, 企业都能通过与产品及市场相关的活动来增加产品的价值。与产品相关的活动包括: 企业的入厂物流(零部件或原材料的供应)、生产制造和售后服务; 与市场相关的活动包括: 出厂物流(将产品交付给最终使用者)、产品的营销和销售。

获得优势

为了实现竞争优势, 企业不能只关注一项活动, 而应考虑价值链中的每项活动。梅赛德斯-奔驰就遵循了差异化战略, 主要是通过生产高端产品和提供出色的售后服务实现的。分析价值链还能帮助企业识别出适合外包的领域, 使企业实现成本优势。

在企业内部, 主要价值活动受到了一系列次要价值活动的支持, 而次要价值活动也能用来实现竞争优势。这类活动因行业而异, 通常包括: 采购、人力资源管理、技术开发, 以及企业的基础职能, 如财务和法律。虽然辅助性活动会被视作"固定成本", 但它们也会产生次要价值。

除横向活动外, 企业也在纵向活动的"价值体系"下经营。例如, 制造商向供应商采购零部件,

如果你的市场份额只是个位数——而且在与巨头们竞争——那么你要么差异化, 要么灭亡。

——迈克尔·戴尔(Michael Dell)
美国戴尔公司创始人(1965-)

并通过其他企业分销产品。竞争优势不仅取决于企业的价值链, 还取决于企业在价值链中所处的地位。

重塑价值

波特的竞争优势理论影响深远, 并得到了其他企业理论家的进一步发展。1993年, 管理学家理查德·诺曼(Richard Norman)和拉斐尔·拉米雷斯(Rafael Ramirez)指出, 20世纪90年代, 市场的复杂性要求企业超越"链"的线性思考, "重塑"价值的概念。1995年, 高管杰弗里·瑞波特(Jeffrey Rayport)和约翰·斯维奥克拉(John Sviokla)以新兴的网络世界为例, 指出"虚拟"价值链中的网络活动和产品能够增加价值。■

红色、黄色, 还是紫色?

贝纳通(Benetton)是一家服装零售商, 它成立于20世纪60年代, 由贝纳通家族在意大利创立。贝纳通以大胆的品牌形象来追求差异化的战略。为此, 贝纳通注重价值链的每个环节。为确保服装款式新颖, 贝纳通生产的很多衣物一开始是灰色的, 之后会根据流行的色彩来染色。这会造成较高的生产成本, 但是能将库存降到最低, 减少损耗, 使企业得以迅速应对客户口味的变化。贝纳通的门店由代理商运营, 服装被直接运往门店, 迅速摆上货架。这些措施打造出了一套强大的价值体系, 降低了成本, 使价值链中的每个环节都能抵御需求的波动。贝纳通在120多个国家拥有6500多家商店, 每年的营业额超过20亿欧元。

贝纳通的价值链显示出了它的差异化优势。为了迎合客户的品味, 服装被染成了流行色彩。

若不知身在何处，地图也无济于事

能力成熟度模型

背景介绍

聚焦
业务流程

主要事件

1899年 美国工程师亨利·甘特（Henry Gantt）设计出了甘特图，用以展示项目的计划进度。

20世纪70年代 数据流图（Data-Flow Diagram, DFD）的提出，使人们能对数据从一个流程流向另一个流程进行结构化分析。

1979年 菲利浦·克劳士比在其著作《质量免费》中提出了"质量管理成熟度方格"。

1988年 瓦茨·S. 汉弗莱（Watts S. Humphrey）在《IEEE软件》杂志上发表论文，阐述了能力成熟度模型。

2003年 安德鲁·什帕尼（Andrew Spanyi）撰写了《业务流程管理是团队活动》一文。他认为，战略应带动业务流程设计，反过来，业务流程设计也应带动企业的组织设计。

在能力成熟度模型中，成熟度为一级时，**最初的流程为特殊目的而设计**，并且控制不力。

成熟度为二级时，流程被应用到**项目中**，并且是可重复的。

成熟度为三级时，流程变得明确，并可被积极地执行。

成熟度为四级时，流程可以度量并可以被管理。

成熟度为五级时，流程**可通过密切监测而达到最优**。

业务流程是为达到目标而采取的一系列行动。目标可以是生产产品、支付账单，或是为客户服务。亚当·斯密是最早描述业务流程的人之一，他剖析了18世纪的针厂所采用的多套生产流程。通过描述不同的动作，亚当·斯密提出了劳动分工的思想，即工作可被分解成一系列简单的任务，由专门的工人按次序进行操作。

持续改进

流程中的一系列步骤通常用流程图来表示。瓦茨·S. 汉弗莱是能力成熟度模型（CMM）的发明者，他指出，"清楚在流程中所处的位置是十分有益的"。汉弗莱认为，流程的持续改进依靠的是多个细小步骤的演化，而非重大的革命性创新。CMM提供了一个框架，它将这些演化步骤组织成了五个发展层次，每个层次都为下一个层次打下了基础。CMM的开发得到了美国空军的资助，军方使用它来评估软件承包商的模型。CMM

参见： 商业实践应不断演进 48~51页，改变与改造 52~57页，简化流程 296~299页，改善 302~309页，关键路径分析 328~329页，标杆管理 330~331页。

亚当·斯密曾在针厂观察工人的制针流程。他意识到，如果将制针流程拆分成单独、专业化的步骤，生产率会提高240~4800倍。

最初的目的是改善软件研发过程，但是现在，它已成为评估流程成熟度的通用模型。例如，CMM常被用来评估信息技术服务管理，并在组织系统中得到了广泛应用。

CMM描述了成熟度递增的五个层级，企业或团队可以按照这五个层级来管理流程。在第一个层级上，流程混乱不堪、界定不明；在第二个层级上，流程得以落实到位，并遵守一些原则，之前的成功可以被复制；在第三个层级上，流程得以明确界定并被标准化，可以被积极地执行；在第四个层级上，流程受到了管理和监督；在第五个层级上，流程通过监督和反馈而得到了定期改善。

行业比较

能力成熟度模型可用来比较相似行业中的不同企业。例如，可以根据软件开发流程来比较两家企业。信息技术项目涉及复杂软件的开发、新系统的执行，它对企业经营和赢利能力的影响日益增加，因为它会影响企业内部的所有部门。而CMM的优势是，它能有效度量企业流程的标准化程度。因此，CMM从软件开发的评估开始，逐步扩展到了项目管理、风险管理、个人管理、系统工程等领域。CMM为寻求企业流程改善的管理者提供了出发点，为设定行动的优先顺序提供了分析框架。它还为确定改善的真实含义提供了一种方法。■

CMM的思想是促使人们思考如何工作以及如何改善工作。

——瓦茨·S. 汉弗莱

瓦茨·S. 汉弗莱

软件工程师瓦茨·S. 汉弗莱被誉为"软件质量之父"。1927年，汉弗莱出生在美国密歇根州。汉弗莱将自己解决问题的本领归功于父亲。高中时，汉弗莱曾被失读症所困扰。毕业后，他进入美国海军服役。

之后，汉弗莱获得了物理学学士和硕士学位，并在芝加哥大学商学院获得了制造业方向的工商管理硕士学位（MBA）。毕业后，汉弗莱进入了宾夕法尼亚州卡耐基梅隆大学的软件工程研究院，在此，他创立了"软件过程计划"，该计划专注于软件工程的理解和管理。汉弗莱的这项工作使他开发出了举世闻名的能力成熟度模型（CMM），并对随后的个人软件过程（PSP）、团体软件过程（TSP）的开发起到了启发作用。TSP后来被Adobe、Intuit和Oracle公司所采用。2003年，汉弗莱因对软件工程的贡献而获得了美国国家技术奖。他与妻子芭芭拉（Barbara）共育有7名子女。2010年10月28日，汉弗莱在佛罗里达的家中去世，享年83岁。

主要作品

1995年《软件工程规范》
1999年《团队软件过程》
2005年《PSP：软件工程师的自我改善过程》

混沌带来不安，但也带来创新和成长

应对混沌

企业自上而下的层级结构可以追溯到工业革命时期，当时，管理即控制。而如今，企业需要一种截然不同的管理模式。

21世纪头十年里，全球发生了多起破坏性事件。这些事件伴随着技术研发的加速、发展中国家的崛起、世界秩序的逐渐变化，使企业生存在充满不确定性的环境中。这意味着，企业需要一种扁平化的组织结构，要融入灵活性。与其被混沌压倒，不如驾驭混沌。美国政

混沌理论认为，复杂系统对初始条件十分敏感。一只蝴蝶在日本扇动翅膀，会引发一系列连锁反应，从而在美国掀起一阵飓风。

治家汤姆·巴雷特（Tom Barrett）认识到了在动荡环境中工作的价值，他指出，"混沌带来不安，但也带来创新和成长"。

管理混沌

科学混沌理论研究的是复杂系统（如天气）的模式。它可以用来理解企业组织。有效的领导、清晰的愿景、开放的沟通、强烈的价值观，是处理复杂性的必要条件。领导者需要设定明确的界线，然后给予个人和团队足够的空间，使其进行自我组织、自我调节、自行决策。这会促进创新和成长，因为员工的责任心和义务感会提高，他们会为实现目标而投入更多。

企业必须不断反思其战略，将增加的价值传递给客户，确保其战略符合外部环境的不断变化。灵活的企业会使员工参与其中，迅速适应变化。这类企业提倡适应能力、分享式学习，更容易与外部伙伴合作，而不仅仅是与之进行交易。

参见: 风险管理 40~41页,改变与改造 52~57页,创造力与发明 72~73页,
避免自满 194~201页。

经济、社会和政治
事件制造了混沌。

新技术增加了不确定性。

严格的控制不再有效——企业需要**灵活性**。

给予员工更多的信息和更大的参与空间,他们会**更具创造力**,
给企业带来灵活和变化。

混沌带来不安,但也带来创新和成长。

混沌带来创造

内部变化和企业重组是混沌的潜在来源。管理混沌需要让员工参与其中。2008年金融危机爆发后,苏格兰哈里法克斯银行(HBOS)被劳埃德TSB银行收购,这是欧洲金融服务业发生的最为复杂的整合。内部混沌反映外部混沌(未预期到的经济动荡)——组建英国最大的零售银行,必须整合6000家支行和3000万名客户。新企业必须创造新的身份、新的工作模式,精简IT系统,整合有差异的组织文化;它还需要找到新途径来与客户积极沟通。

但是,很多商业上的混沌都面临着同样的挑战——激发员工的积极性,因为他们既受到客户的困扰,也在为自己的工作担心。通过持续的沟通(包含团队对内部变化的日常总结)、集体解决问题和建立愿景的研讨会、收集员工和客户信息的措施,合并后的企业表明,混沌不仅可以被管理,还可以成为企业在不确定性中成长的良好契机。■

在混沌中繁荣

美国商学专家汤姆·彼得斯撰写的《在混沌中繁荣》出版于"黑色星期一"(1987年10月19日),当时,全世界的股票市场集体崩盘。彼得斯的时机恰到好处。在书中,彼得斯清晰地描述了充满变化的未来,认为管理学中认为"确定"的事情都会受到质疑——拥有百年历史的批量生产、大众市场的传统会受到威胁。他的预测是正确的。可以预测的商业环境消失了,企业组织和管理者必须直面变革,否则就只能等待倒闭。

彼得斯正确地预见到,未来商场的赢家能积极主动地应对混沌,将混沌视作获得市场优势的源泉。获得成功的企业,必须持续提高产品和服务的质量与价值、对不断变化的客户需求做出响应。彼得斯将之称作"一场变革"。

缅怀过去毫无意义——我们长期以来认为理所当然的稳定,已经一去不复返了。

——汤姆·彼得斯

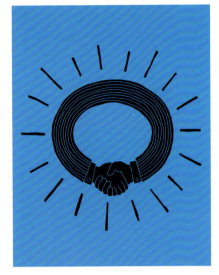

行正确之事。感动一半人，震撼一半人

商业中的道德

美国作家马克·吐温（Mark Twain）曾说，我们应当"一直做正确的事"。但在商界，情况并非如此。21世纪初，安然事件、雷曼兄弟公司倒闭等重大丑闻的爆出，导致公众对企业失去了信任。

为了达到目的，个体常常会采取不道德的做法。19世纪，J. D. 洛克菲勒对美国石油业的控制，很大程度上是因为他利用欺诈手段迫使竞争者破产倒闭了。如今，一些公司制企业本质上是一些个体的集合，他们希望企业在竞争中取得领先地位，同时也留意着个人的利益。他们甚至会非法窃听电话或合谋定价。例如2013年，陶氏化学公司就因操纵价格而被勒令缴纳12亿美元的罚金。

股东要求业绩和与绩效挂钩的奖金的压力，会使高管违反法律。而股价变动、企业价值带来的收益，形成了额外的诱惑。例如在20世纪80年代，健力士公司（Guinness）就为竞价收购饮料企业迪斯提乐公司（Distillers）而抬高了股价。

为了确保经营合乎伦理，全球企业受到的监管日趋严格。2011—2013年，数家跨国企业为逃避税收而将利润转移到了别国，这一举动遭到了公众批评。虽然没有违反法律，但很多人认为这是不道德的，而客户的这种认知会影响到企业的利润。■

2013年，几家石油企业因阻止其他企业进入价格评估程序，扰乱石油价格，而受到了欧盟反垄断机构的调查。

参见：照章办事 120~123页，利润第一，薪资第二 124~125页，串谋 223页，建立合乎伦理的文化 224~227页，伦理的吸引力 270页。

正直不容小过

串谋

在市场经济下，企业之间进行着商业竞争。企业之间为操控价格而签订秘密交易协议（串谋）是违法的。然而，串谋和合作密不可分。有时，企业声称"合作"并不构成串谋。企业为获得超出竞争者的竞争优势，或为增加利润而"合作"的情形并不鲜见。为此，企业之间会分享限制性信息、限制产品的供给从而影响或操纵价格。2007年，有媒体披露，英国航空公司和维珍航空公司涉嫌操纵价格。英国航空公司的员工向竞争对手维珍航空公司透露了燃油附加费的信息。英国航空公司承认了串谋行为，并被处以1.215亿英镑的罚金。

问责制

有时，大型企业组织中的个人认为，他们永远不会犯错。20世纪90年代，总部分别设在美国、韩国和日本的五家企业串谋，将赖

> 我们一直清楚，自私自利是不道德的；现在我们知道，这不利于经济。
> ——富兰克林·D. 罗斯福
> （Franklin D. Roosevelt）
> 美国前总统（1882—1945）

氨酸（动物饲料的成分之一）的价格提高到了国际市场平均价格之上。9个月之内，这一非法行为使赖氨酸的价格上涨了70%。若不是东窗事发，这些企业和个体的收益将非常可观。几位高管锒铛入狱，美国公司阿彻丹尼尔斯米德兰则被处以反垄断罚金，数额为美国历史之最。■

参见： 照章办事 120~123页，利润第一、薪资第二 124~125页，商业中的道德 222页，建立合乎伦理的文化 224~227页，伦理的吸引力 270页。

使对事易行，使错事难为

建立合乎伦理的文化

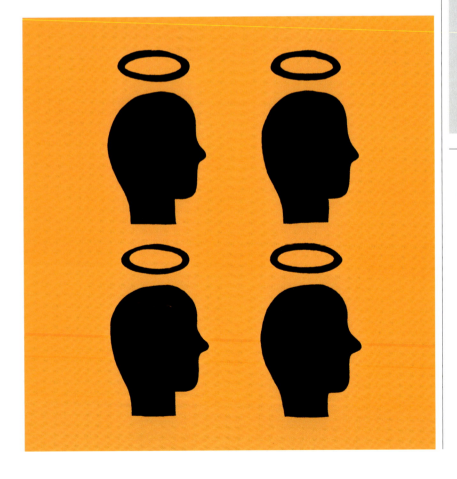

背景介绍

聚焦
商业伦理

主要事件

公元前44年　罗马律师马尔库斯·图留斯·西塞罗（Marcus Tullius Cicero）撰写了《论责任》一书，讨论了公共行为的理想典范。

13世纪头十年　意大利哲学家、神学家托马斯·阿奎那认为，价格具有强烈的道德面貌。

20世纪头几年　美国当时的总统西奥多·罗斯福（Theodore Roosevelt）宣布，企业应"为社会的整体利益服务"。

1987年　阿德里安·卡德伯里（Adrian Cadbury）的文章《道德管理者自定规则》发表在《哈佛商业评论》上。文章强调了伦理考量和商业考量之间的冲突，以及对公司决策越发严格的审查。

企业的存在是为了获利，这是企业的基本主张。不过，企业获利的手段受到了严格的审查，尤其是在经济全球化的背景下。

《论责任》成书于公元前44年，是有记载的、关于道德原则的第一本书。书中认为，"正确与否依据的不是人们的观念，而是自然。"13世纪，哲学家兼神学家托马斯·阿奎那确立了自然法的原则。他认为，人们对天然正当之事的看法是理性的，因为它反映了上帝的理性计划；如果一种行为被认为是理性的，那么这种行为就是合

参见: 领导之道 68~69页, 有效的领导 78~79页, 组织文化 104~109页, 避免群体思维 114页, 利润第一, 薪资第二 124~125页, 商业中的道德 222页, 伦理的吸引力 270页。

企业领导者表现出合乎伦理的行为。	企业招聘新员工,既要看价值观,也要看技能。	企业让新员工适应其伦理文化。	企业公布并传达其行为准则。	企业识别并奖励合乎伦理的行为。

企业对其整体运营必须具有前瞻性,使对事易行,使错事难为。

乎伦理的。这种看法仍是当今伦理行为的基础。阿奎那还陈述了市场的第一原则,即产品定价是一个伦理问题。

更为道德的世界

与之前几个世纪相比,商界所接受的观点发生了翻天覆地的变化。直到19世纪中叶,奴隶仍是棉花和糖种植园的主要劳动力。与此同时,在欧洲工业革命期间,工人(包括童工)受到剥削,他们被迫领取微薄的薪资,在不利于健康的环境下长时间工作。但是,企业可以在合乎伦理的同时获得利润。威尔士社会改革家罗伯特·欧文(Robert Owen)便是践行这一观点的先驱。欧文开办的新拉纳克工厂位于苏格兰格拉斯哥市附近,它因伦理价值而非商业价值举世闻名。

如今,要使消费者认为企业的行为合乎伦理,企业就必须考虑经营的方方面面——从原料采购到

营销策略。就业政策十分重要。加拿大领导力伦理研究所认为,合乎伦理的企业的定义是:在相互尊重的环境下共同工作的团队,在这个团队中,个人可以得到发展,获得成就感,为共同利益贡献力量,分享圆满完成工作带来的人际、情感和财务上的回报。人们普遍认为,成功依赖于一系列关系——既有内部的也有外部的,企业并不能控制所有的关系,但能通过合乎伦理的经营方式来影响它们。

合乎伦理的企业会雇用背景各异的、会认同、记录企业自身的原则和标准的员工。这些原则和标准被称为企业的章程或准则。在工作环境中,这些章程或准则是制定决策的参照点,尤其是在员工难以决断的时候。

当然,一纸合约并不能保证企业合乎伦理。美国管理学专家史蒂芬·科维认为,企业必须培养一种文化,使人们"对事易行,错事难为"。员工每天都要面临正确

史蒂芬·科维

史蒂芬·科维博士是享誉世界的领导力权威、教师、组织顾问和作家。他于1932年出生在美国的盐湖城,并在犹他州的一个农场长大。科维曾想成为一名职业运动员,但少年时代的一场退行性疾病使他在几年里必须借助拐杖行走。他曾在犹他大学学习企业管理,后赴英国担任了两年的摩门教传教士。之后,科维在哈佛大学获得了MBA学位,并在犹他州的杨百翰大学获得了博士学位。1983年,他在犹他州的普罗沃市创办了科维领导力中心,即后来的富兰克林科维公司。2012年,科维去世,享年79岁。

主要作品

1989年《高效能人士的七个习惯》

1991年《领导者准则》

企业使用的原材料和劳动力来自世界各地。消费者不断要求企业提高产品和政策的透明度，从而能够心安理得地购买。

我们是先驱，我们希望证明这种模式有效，能够自给自足。

——阿里·休森（Ali Hewson）

创办合乎伦理企业的爱尔兰女商人（1961−）

行事的抉择，必须清楚"行正确之事"的实际意义。企业政策应覆盖从安全问题到接受供应商礼品的方方面面，确保员工理解何为得体的经营行为。

自上而下推行

在挑选员工时，将伦理文化放在首位的企业会考虑员工的价值观及技能，确保新员工理解自己的角色和职责，了解企业的行事方式。这些企业希望新员工既能感知到企业的价值观，又能通过周围人的行为来了解企业的价值观。这种文化必须自上而下推行。美国经济

学家米尔顿·弗里德曼认为，在确保"没有欺骗和欺诈，竞争公开公平"的"法律限制"和"游戏规则"下，企业的社会责任就是获得利润。但是，2008年的金融危机表明，准则、法律和监管并不足以维护商业伦理。在鼓励整个企业的道德行为方面，正直的领导者至关重要。领导者可以抓住每一次机会来支持企业的原则，不断体现企业的原则在组织文化中的重要性。

史蒂芬·科维在《领导者准则》一书中，将信任、尊敬、正直、诚实、公平、公正、公道和同情标为"宇宙法则"，认为它们是

有道德的领导者必须具备的价值观。科维以其著作《高效能人士的七个习惯》著称。在书中，他提出低效能人士在围绕优先次序管理时间，而高效能人士则按照原则来生活和管理关系。这些自然原则和支配价值是普遍适用的。

合乎伦理的领导

通常，在合乎伦理的企业中，领导者并不是盛气凌人的。他们可能拥有开放、令人愉快的管理风格，是很好的倾听者，能够看到企业内部的问题。他们建立的企业架构清晰、对角色和职责界定明确、透明度高、以功劳为依据晋升员工。因此，员工知道自己应该做什么、哪里适合他们。

个性正直的领导者会对他人产生影响。无数研究表明，在群体行动中，好人也会做出糟糕的决策，尤其是在压力之下。为了避免不道德的"群体思维"，领导者必须为组织中的每名成员确定正确的基调。有效的治理至关重要，这依赖于好的团队以及董事会和CEO之间的有效沟通。架构明确、拥有良好讨论文化的董事会，更有可能发现新问题，并及时地采取恰当的措施。

安然公司恰好相反。它是领导力不合伦理的著名案例之一。安然公司起初是美国的一家小型燃气管道企业，后来成长为全美第七大公众持股公司。其CEO杰弗里·斯基林（Jeffery Skilling）积极培育超越极限的文化，他的口号是"正确地做，现在就做，做得更好"。尽管员工要遵守一套明确的价值观，但高管却操纵会计准则，掩盖巨额损失和负债。2001年，安然公司倒闭；斯基林及总裁肯尼思·莱被控洗钱、银行欺诈、内幕交易、串谋，并接受了46次庭审。

做正确的事

1988年，英国时装品牌泰德贝克（Ted Baker）在苏格兰格拉斯哥市以一家衬衫专卖店起步。如今，泰德贝克的门店已经遍及欧洲、亚洲和中东地区。泰德贝克以其玩世不恭的设计风格而著称，但是与其风格相反的是，它希望自己的经营模式成为典范。为了实现这一目标，证明它不仅仅是公司网站上的一则声明，泰德贝克努力确保环境、社会、伦理问题在其经营中扮演重要角色，让员工不断向高标准看齐。

泰德贝克定下目标，不断提高时装系列的可持续性，让员工了解他们必须实现的目标。公司还承诺，会评估并公布可持续目标的进展，并由全职的"绿色卫士"来负责改善。泰德贝克还拥有"良知团队"，它由企业各个部门的人员组成，负责处理社会、环境和伦理问题。

合乎伦理的企业通常会与一些组织合作来帮助它们提高标准，展现它们伦理上的承诺。泰德贝克是Made-by组织的一员。Made-by是欧洲的一家非营利性组织，它致力于改善服装业的状况，使可持续的时尚成为惯例。与Made-by合作的企业必须分析经营中各个方面的伦理问题，从产品使用的纤维到员工的厂房环境。企业也可以激发消费者的社会意识，比如在一些衣物上印制带打叉的垃圾桶的图案，以鼓励消费者循环使用。

合乎伦理的企业是好企业。客户会钟情于它们，有才智的员工会被它们吸引，并为它们长久工作下去，而它们的股东不必像安然公司的股东那样面对股价下跌的情况。■

合乎伦理的交易不能依赖企业内部的商业实践和文化。企业的原材料、供应商、商业伙伴也必须完全合乎伦理。为了提高透明度，一些企业和组织公布了业务数据，如生产场所、能源结构、回收利用水平和员工的多样化程度。

能源结构	回收利用	员工多样化

SUCCESSFUL SELLING

MARKETING MANAGEMENT

成功的销售
营销管理

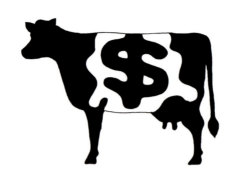

按照定义，营销是专门从事销售的管理学领域。营销是连接生产与利润的纽带，它也是一种专业技术，能将产品或服务通过最恰当的方式，送到潜在的买家面前。为了实现这一目标，充分了解市场是至关重要的。这意味着，企业应密切研究客户的行为和生活方式，从而使产品或服务从用途、性能、质量和外观，到交付速度、销售场所、价格和客户服务支持的各个方面都能让客户满意。

了解客户

理论上，企业应了解客户；实践中，企业应把客户放在首位，满足他们的需求和愿望。如何获得客户的青睐，是营销面临的最大挑战。收集客户的历史数据是第一步。将这些数据与某一地区的人口特征、生活方式等统计数据结合起来，就可以构建一个营销模型——其本质是一个数学公式，计算的是给定条件下的潜在购买率。

用这种方式来预测未来，不可避免地存在风险。营销人员必须了解客户需求、技术、政策和经济环境的不断变化，使企业能够迅速适应，避免管理学家西奥多·莱维特所谓的"营销近视"。举例来说，随着人们越来越依赖手机和平板电脑，有远见的企业开发出了移动商务渠道并从中获得了利益。

为了预测客户的需求和欲望，一些开明的企业会把每天的数据收集起来进行研究，据此调整"市场营销组合"的关键元素，如产品或服务本身及其销售场所、价

学会营销只要一天。不幸的是，精通营销却要一辈子。

——菲利普·科特勒
美国营销专家（1931—）

格和促销活动。例如，日本成像设备制造商柯尼卡美能达就采用专业技术来监测销售数据、竞争对手的活动以及市场趋势，从而做出了有效的反应。

营销策略

毫无疑问，在市场营销组合中，产品或服务是最关键的因素。对多数企业而言，产品组合中的每项产品或服务都有自身的成长周期，企业可以按照营销支出的优先顺序进行管理，从而实现利润最大化。以食品企业玛氏集团为例，与公司同名的畅销巧克力棒一直是其主要的利润来源，它为公司向其他领域（如冰激凌、宠物食品）扩张提供了资金。

企业可以借助图形工具做出决策，如进军新市场。例如，企业可以应用安索夫矩阵绘制出现有的和潜在的产品或服务图。如果企业决定开发和销售新产品，那么，如何为客户提供产品、如何获取客户信息，就是需要重点考虑的因素。

为产品发布进行规划时，AIDA模型是另一个重要工具，它提供了明确的标准来确定新产品或新服务的特征：如何抓住客户的注意力，让他们保持兴趣、产生需求、感受到吸引力。

在为特殊市场开发特定产品或服务的同时，创立品牌同样重要。创立品牌的目标是让品牌成为一系列特性的同义词。用营销专家赛斯·高汀的话来说，就是："品牌是一系列期望、记忆、故事和关系，它们共同触发了客户选择产品或服务的决策。如果客户……没有支付溢价、做出选择或告诉他人，那么，对这名客户而言，品牌价值并不存在。"

产品促销

若最优的产品或服务连同品牌身份都被开发了出来，那么问题便出现了：如何告知潜在的客户？促销和奖励，如优惠、抽奖和打折，可以在短期内引起客户的兴趣。在家用清洁剂、糖果等领域，众多厂商为了争夺货架空间而激烈竞争，促销手段也尤为有效。

口口相传是与客户交流最为古老的战略之一。在社交媒体时代，要让新产品或服务产生轰动效应，企业可以通过Facebook、Twitter、YouTube或其他网络手段接触到特定的用户群，并鼓励他们告知他人。一段热播的品牌视频可以传给全球数千万名观众。这类沟通方式成本相对低廉，如果它们有效，营销人员就会问：为什么还要做广告呢？广告对于长期形象的建设、品牌价值的增强，仍然有着至关重要的作用。例如，持续的广告宣传加上清晰的口号、广告语，会达到老少皆知的效果。

坚持注重信息

企业必须仔细审视传达给客户和竞争对手的信息，因为市场的判决是无情的。如果人们发现企业的表述不实，或是只披露了企业的部分实情，那么企业就会受到"洗绿"（Greenwash）的指控，很难再获得公众的信任。事实上，不论企业的销售主张如何吸引人，客户都希望商家拥有一定的社会意识。因此，管理层应考虑组织的伦理角色，提出企业对待供应商、员工、客户和社会的行为准则。尽管有些股东认为公司责任是企业经营中最不重要的一项，但是如今，公司责任已成为营销人员销售战略中不可或缺的一部分。∎

不要为产品寻找客户，要为客户寻找产品。
——赛斯·高汀

营销至关重要，营销部门不能独断

营销模式

背景介绍

聚焦
营销模型

主要事件

1961年 营销科学学会成立。

1969年 美国学者弗兰克·巴斯（Frank Bass）发表了一套影响深远的营销模型，可以用来预测需求。

20世纪70年代 人们开发出了复杂的度量模型和决策模型。

1980年 收银台上的扫描仪使营销人员能够获得新的数据，促进了复杂新模型的发展。

1982年 《营销科学》杂志创刊，重点关注用于营销目的的数学模型。

20世纪90年代 智能营销信息系统使很多常规建模函数电算化，并能进行日常的修正和预测。

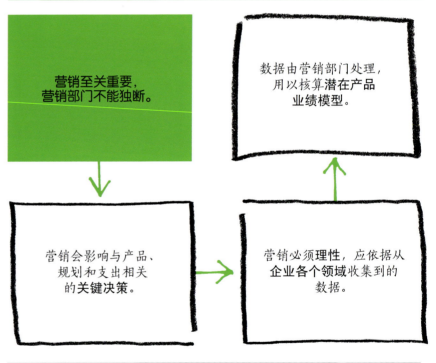

营销至关重要，营销部门不能独断。

营销会影响与产品、规划和支出相关的关键决策。

营销必须理性，应依据从企业各个领域收集到的数据。

数据由营销部门处理，用以核算潜在产品业绩模型。

企业应仔细研究客户的购买习惯，以此制定营销战略。使用数学模型来规划产品战略、协助决策，是当今营销实践的重要组成部分。计算机营销程序使用的是客户购买模式的数据，以及与产品相关的其他变量。这些数据被代入数学模型或方程式中进行计算。计算的结果能帮助企业量化产品在各个细分市场及不同渠道中的潜在业绩。营销人员和企业中的其他人员可以检视数据，度量产品的增长率或投资的收益率，做出明智的决策，优化各个因素的组合，从而在

> 取得成就是营销的本质。
> ——杰夫•史密斯 (Geoff Smith)

市场上取得成功。

收集模型所需的数据十分关键。所需的数据涉及企业的方方面面，包含产品从制图板到抵达客户的每一步。惠普联合创始人戴维•帕卡德曾说："营销至关重要，营销部门不能独断。"帕卡德的意思是，如果企业内部的部门没有充分参与，那么，营销人员制订的计划就会遭遇失败。与计划和预算需要获得支持一样，营销人员也需要接洽各个部门，以便收集数据，并在制定好决策后同各部门分享。

营销人员可以利用数据，对市场营销组合元素（如市场环境和消费者行为）做出不同的假设，以此为基础模拟产品测试和投入的变动。数据量越庞大，覆盖的历史区间越长，结果就越准确。模型能消除企业员工的疑虑，因为各种情况都得到了研究。营销人员可以选择不同的模型或是自行设计模型，不

过模型有效的关键在于数据。

收集和使用数据

消费品生产商宝洁公司（P&G）为了获取数据、得到反馈，在数据收集、建模、实现从厂房到货架的数字化流程上投入了大量资金。得到的数据可以用来调整产品规划和配送，也可以存入海量数据库以备未来之需。2011年，时任宝洁公司CEO的罗伯特•麦克唐纳（Robert McDonald）说："数据建模、仿真和其他数字化工具正在改变创新的方式。"

宝洁公司侧重企业内部的数据收集流程，同时，它也高度依赖外部合作方提供的市场信息。每周，来自各国的领导团队都会举行会晤、检视数据、制定购买决策。正如麦克唐纳所言，"数据资源有助于创立品牌、保持品牌的发展

活力。"■

市场研究虽然有价值，但会非常耗时——收集客户的年龄、性别、背景等信息需要花费时间。计算机模型能够更快速地进行市场研究。

营销模型的起源

消费者行为模型可追溯到20世纪60年代。这类模型的出现，是因为人们希望营销能够更加科学，而非由本能或未经证实的观点所驱动。

20世纪60年代，美国学者罗伯特•费伯（Robert Ferber）就提倡采用数学模拟技术和模型。这便是所谓的度量模型，其目的是度量产品需求，并将需求视为独立变量的函数，例如，售价提高1%会对需求量造成

怎样的影响？1969年，斯坦福大学的弗兰克•巴斯设计出了巴斯模型。巴斯模型可以预测新产品被接受的速度，以及在市场上扩散的速度。

决策支持系统用度量模型来预测新决策的结果，通过加入变量（例如以前在类似情况下出现的结果）来帮助营销人员做出最优选择。

了解客户，
使产品适合
客户并自我销售

了解市场

背景介绍

聚焦
集中营销

主要事件

20世纪20年代 美国出现了"市场研究"的概念。

1941年 罗伯特·K.默顿提出了"焦点小组"的概念。

1953年 彼得·德鲁克认为，企业的第一步是提出"谁是客户？"。

1970年 美国经济学家米尔顿·弗里德曼构建了股东权益最大化的企业模型。

1990年 杰拉德·萨尔特曼教授提出了首套神经营销学技术ZMET，用以分析消费者对广告意象的潜意识反应。

1998年 营销学教授罗伯特·V.库兹奈特创造了术语"网络民族志"，将民族学理论应用到了互联网使用者身上。

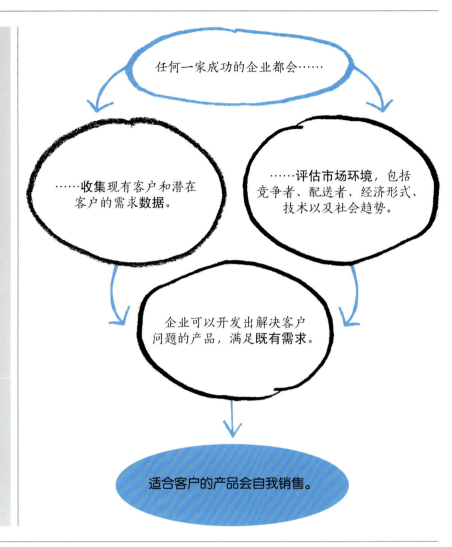

要在市场上取得成功，企业既要了解自身的经营环境，又要了解经营环境中消费者的想法和行为。营销环境是指消费者生活的环境，它超越了企业组织的界限。营销环境包括经济状况、政府监管、社会态度、时事新闻、竞争企业、配送设施、合作伙伴以及技术变革。潜在消费者是市场的核心，他们不仅受到上述因素的影响，还受到个体需求和偏好的驱使，这两个方面影响了消费者所购产品和服务的内容。

这意味着，要了解市场，企业既要弄清外部环境的"林"，又要洞悉消费者心理和个性的"木"。市场调查的最终目的是找到消费者面临的重大问题。一旦企业找到问题，就需要创造性地做出响应，拿出产品或服务，完美地解决问题。

收集数据

数据分析听上去简单易行，但是，任何一个特定市场都包含成千上万个个体。营销人员要了解这些个体的思维和行为模式已属不易，更不用说要了解他们所面临的问题、未实现的愿望了。全面探索客户生活的环境是第一步。驱动购买决策的根本动机是什么？客户对价格、质量和设计寄予了怎样的期望？这个环境所包含的社会、文化

参见: 在市场上脱颖而出 28~31页,关注未来市场 244~249页,让客户喜欢 264~267页,预测 278~279页,市场营销组合 280~283页,客户利益最大化 288~289页。

和技术驱动力中,哪些因素会影响到客户?市场营销人员希望了解客户日常生活的实际细节。客户每天是如何生活的?他们的任务能变得容易些吗?企业还能解决什么问题?对此,管理学思想家彼得·德鲁克认为,这类研究的目标就是"使销售变得多余"。

战胜经济萧条

1973年,德鲁克建议企业领导者"了解客户,使产品适合客户并自我销售"。当时,经济增长戛然而止,萧条席卷了整个西方国家,业界也因此动荡不安。而第二次世界大战结束以后,除少数年份外,西方国家的经济一直在持续增长。每名业界人士都绞尽脑汁思考如何在今后的困难时期里生存下去。

同一年,德鲁克出版了日后被

> 由客户驱动……即让客户对使用你的产品建立起深刻的认识。
>
> ——兰杰·古拉蒂(Ranjay Gulati)
> 哈佛商学教授

誉为名作的《管理:任务、责任、实践》一书。在书中,德鲁克告诫企业,以客户为中心是企业业绩实现增长的唯一途径。他写道:"企业的目标只有一种有效定义,即'创造客户'。"据此,德鲁克认为:客户花钱购买产品或服务的意愿是一种催化剂,它促使企业将

原料和资源转化为可销售的产品。若没有客户的欲望或需求,商业活动就会失去动力;反之,没有了商业,也就不可能生产出满足客户需求的产品。

德鲁克认为,客户在购买产品时,考虑的不是产品或服务本身,而是对自己是否有用。对客户而言,产品能够解决问题,就是其价值的体现。

如今,德鲁克的思想已经成为现代营销理论和营销实践的核心。但在20世纪70年代,管理学的流行思想提倡股东价值最大化,而德鲁克的思想与之相左。当时的理论认为,企业的核心问题是如何增加公司的财富,而不是如何满足客户的需求和欲望。这种观点坚持认为,企业的经营应以增加利润为唯一目标,若股票价值提高,企业就可以把价值回馈给投

彼得·德鲁克

在管理学和营销学领域,彼得·德鲁克是一名时常被提及的专家。德鲁克在奥地利维也纳度过了童年时期,那时,他就接触到了很多重要思想。德鲁克出生于1909年,其父亲是经济学家兼律师,其母亲是奥地利第一位研究医学的女性。德鲁克的父母定期在家中举办沙龙,时常有杰出的专业人士出席。年幼的德鲁克也受到鼓励,经常旁听晚间的研讨会。

德鲁克曾获汉堡大学法学学位。

后来,德鲁克远赴洛杉矶,在那里先后担任过政治学教授和管理学教授。他撰写了经济学、领导力和管理学领域的39本著作。2005年,德鲁克逝世。

主要作品

1946年 《公司的概念》
1954年 《管理的实践》
1973年 《管理:任务、责任、实践》

资者，即企业的最终所有者。这种观点由经济学家米尔顿·弗里德曼提出。弗里德曼1970年为《纽约时报》撰写的文章就提到过这个观点。后来，商学教授迈克尔·詹森（Michael Jensen）和威廉·麦克林（William Meckling）在《企业理论》一文中进一步发展了这一思想。正如詹森和麦克林的论文标题所体现的，二人的文章并没有考虑企业之外的世界——它关注的是管理层与股东的关系，而不是管理层与市场的关系。

21世纪的思想

20世纪最后几十年里，股东利益最大化的观点占了上风。不过，另一种观点认为：了解市场、以客户为中心的管理至关重要。这种观点逐渐获得了肯定。一部分原因是，人们证实，以公司为中心的战略并不能保证公司可以持续发展。21世纪的企业越来越以人为本，很多企业也因此获得了巨大的

成功，这促使管理朝着以客户为中心的方向发展。

2010年，商学教授理查德·马丁（Richard Martin）在《哈佛商业评论》上撰文，宣布"消费资本主义时代"已到来。马丁认为，股东价值已不再是企业的首要目标。他写道："在这三十年间，高管将股东价值的最大化放在首位，但是证据显示，若企业将客户放在首位，股东的境况会更好。"

英国珠宝公司Ratners就是未把客户放在首位的一个例子。20世纪80年代末，Ratners曾是全球最大的珠宝商，在欧美拥有2000多家门店。这些门店出售低价珠宝，深受客户的欢迎。但在1991年，时任公司CEO的杰拉德·拉特纳（Gerald Ratner）在英国董事学会上的演讲引起了轩然大波。拉特纳本应探讨公司的成功，但却对公司的一款产品大加嘲弄，并且开玩笑说，低价是因为劣质。这些言论导致客户不再光顾，Ratners因此损失了

滑冰者构成了一个利基市场，他们对时尚和器材的品牌有一套特殊的要求。微营销（Micromarketing）能帮助企业发现这类利基市场。

5亿英镑，险些破产。这个案例说明，轻视客户的企业将付出沉重的代价。

了解市场

德鲁克最先提出，企业应深刻了解客户。但是市场的成熟使得了解客户、客户群体和整体市场难上加难。原因之一是市场分化，即客户被分散到了很多小市场中，这些小市场不断变化，有些甚至会突然出现。共同的愿望、喜好或需求界定了这些小市场。每个客户都受制于一系列外部因素，因此，了解这些外部因素、弄清客户的想法是至关重要的。

例如，竞争对手之间的竞相降价虽然能吸引客户，但也会损害品牌在客户眼中的价值。因此，企

我们遇到过一些杰出的竞争者，不管是谷歌、苹果，还是免费软件，我们都不敢懈怠。

——比尔·盖茨
微软联合创始人之一（1955—）

> 研究是正式化的好奇心，是带着目的来打探情况的。

——卓拉·尼尔·赫斯顿
（Zora Neale Hurston）
美国人类学家（1891—1960）

业需要弄清现有客户和潜在客户对价格的敏感程度。

配送系统决定了产品或服务到达潜在客户的方式。这也是一个需要考虑的因素。企业应该弄清如何以最适合客户的方式交付产品和服务。互联网带来了翻天覆地的变化，如今的客户都期望卖家能够了解他们购买的时间、地点和方式。

研究的类型

经济状况、利率水平、法律监管、技术变革都会让客户动摇；同时，社会力量和文化力量也是营销环境中重要的因素。这类因素包括性别、年龄段、收入、趋势、时事，以及公众心目中关键人物的影响力。

找出影响客户、驱动他们购

20世纪末，目标群体得到了广泛应用，其目的是收集针对产品的非正式评论和意见，正如美剧《广告狂人》中的场景那样。

买的因素，是市场营销人员面临的挑战。很显然，可以从"提问"开始。"提问"出现在20世纪60年代；到20世纪70年代，"提问"已演化成一套正式的问答程序，即市场研究。研究者需要收集定量（大众提出的简单问题）和定性（对个体小样本的直接观察或深度访谈）两类证据。在这两类证据中，定性研究更有价值。它能了解客户接受或拒绝产品的原因，了解他们在现实生活中的境况。

个性化营销

自20世纪90年代起，企业开始通过互联网与客户进行直接沟通。市场营销人员提出了在线收集信息的新策略，如"个性化营销"或"一对一营销"。单个客户的兴趣和愿望被记录并汇集起来，以便建立详细的个人档案。

心理剖析（Psychological Pro-filing）是营销人员理解客户兴趣的途径，它将兴趣、动机相同的个体归并到一起，进而锁定一些群体。企业可以根据人口统计来界定客户，如婴儿潮、被遗忘的一代。相比之下，心理信息更为详细。它融合了客户的日常习惯、最喜爱的品牌和音乐、爱冒险的个性、使用媒体的习惯、娱乐活动、度假目的地等。

社交媒体和在线社区鼓励人们用一系列具体特征和好恶来界定自己。同时，互联网让企业能够收集到这类信息，为企业提供了大量营销数据。企业可以用软件来追踪、分析客户的偏好，从而进行客户关系营销（Customer Relationship Marketing, CRM）——使用提取的关于客户及其偏好的数据，向客户销售更多的产品和服务。例如，亚马逊（Amazon）会使用客户的购买历史向他们推荐相似的产品，并

	音乐	运动	度假	休闲

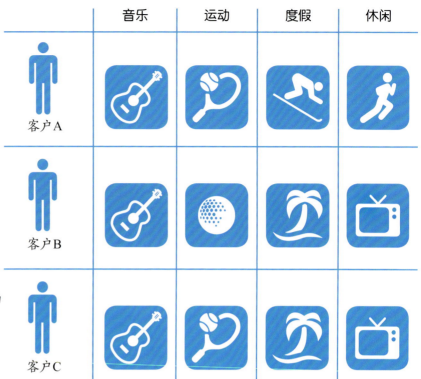

个性化营销利用从社交媒体等平台收集到的信息来定制广告。客户A积极主动、热爱体育运动，他会对表现这种生活方式的营销做出回应。

客户关系营销使用历史数据来进行个体营销。客户B是一名狂热的电视迷，网络零售商可以根据他之前的购买历史来推荐DVD。

心理剖析有助于营销人员找到不同群体的共同点。精明的营销人员可以利用客户A、B和C对音乐的相同喜好来进行广告宣传。

向在线浏览者提示兴趣相同的客户最近购买过的产品。

实时数据

电话客服处在社交媒体的另一端。20世纪80年代，电话客服首次出现；20世纪90年代，随着呼叫中心的增加，电话客服的重要性日益凸显。管理者可以转接（或监听）来自客服的电话，以此获悉客户可能存在的问题、可以改进的地方，以及需要解决的问题。营销人员将之称为客户体验管理（Customer Experience Management, CEM），因为它充分体现了客户与销售者之间的实时互动，而客户关系营销（CRM）使用的是客户的历史信息。

神经科学将理解客户的思想推到了新的高度，其发展仍以德鲁克的思想为基础，即企业需要深度挖掘客户心理，弄清购买决策的制定过程。品牌大师马丁•林斯特龙

人们并不知道，他们需要并不存在的产品。

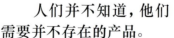

——约翰•哈维•琼斯
（John Harvey Jones）
英国实业家（1924－2008）

（Martin Lindstrom）的几项研究指出，在面对面研究中，不论客户如何回答，要了解驱动他们购买的潜意识，唯一的途径是测量他们接触到某些影像、声音和气味时的脑电波变化。这引起了轰动。彼得•德鲁克认为，"神经营销的主要目的是破解客户脑中发生的过程，发现他们的欲望、愿望以及选择背后的原因，从而创造可能，让他们得到心仪的东西"。

神经营销是了解客户的一种方式，谷歌、迪士尼等企业就积极采用神经营销来检验客户的印象。但它本身并不是了解客户想要购买何种产品的解决办法。要真正了解市场、了解构成市场的因素，需要

更开阔的视角。在某些情况下，改变人们生活方式的渴望，会通过技术来推动纯粹的创新。对客户的生活进行前瞻性思考，会使企业在市场上取得成功，苹果公司的iPad便是一例。

创新的解决办法

2010年，苹果公司发布了iPad。但投资者和媒体却持怀疑态度，他们不解：有了功能更多只是体积略大的笔记本电脑，谁还会去购买平板电脑。但iPad受到了客户的青睐，很快就销售一空——它既有趣味、运行又快，人们能像操作iPod touch那样操作iPad，而且iPad屏幕更大，还有易于使用的键盘。

在接受《财富》杂志采访时，苹果公司前CEO史蒂夫·乔布斯声称从没进行过客户研究。报道称，乔布斯认为："了解自己需要什么并不是客户的任务，这并不意味着不去聆听客户，只是他们很难告诉你他们想要什么，因为他们从没见过这样的东西。"

史蒂夫·乔布斯凭直觉了解了客户的需要，因为他面临同样的问题：缺少设计精良的便携式设备来让沟通和信息收集变得更容易、更有趣。虽然彼得·德鲁克强调了

> 亚历山大·格雷厄姆·贝尔在发明电话前进行过市场研究吗？
>
> ——史蒂夫·乔布斯

了解客户的重要性，但他并没有把了解局限在询问客户想要什么上；他的意思是，企业应当超前思考，找到创新的途径。德鲁克说："在满足'欲望'的途径出现之前，商人们所满足的'欲望'就被客户感受到了。潜在的'欲望'一直存在，直到商人将之转换为有效需求。到那时，客户和市场才真正出现。"

兰杰·古拉蒂（Ranjay Gulati）教授主张，要了解21世纪竞争激烈的新市场，第一步是向客户提出正确的问题；最重要的问题是，客户面对的问题、要处理的事情是什么？不过，古拉蒂认为，企业要想在市场上生存下来，必须迈出创造性的一大步，找到满足客户需求的创新点。■

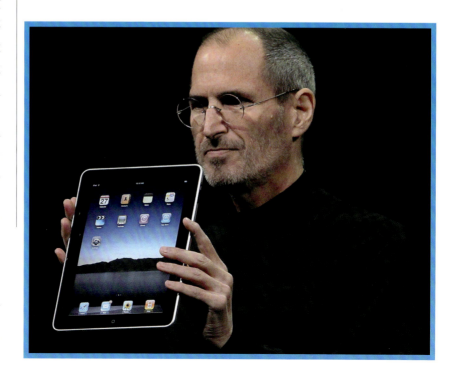

苹果公司的史蒂夫·乔布斯鼓励公司考虑技术的不断变化、人们现有的日常习惯，创造性地满足了人们没有意识到的需求：iPad。

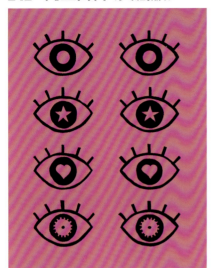

注意力、兴趣、欲望、行动

AIDA模型

AIDA模型是现代营销和广告实务的基础。它概括了说服潜在客户购买的四个基本步骤。前三个步骤是：创造注意力（A）、发展兴趣（I）、激起产品购买欲望（D）；第四个步骤是"号召行动"（A）——准确地告诉客户如何购买、在何处购买。

实践AIDA模型

第一个挑战是吸引客户的注意力。企业可以使用醒目的标语、提供折扣或免费物品、演示如何解决问题。一旦吸引了人们的注意力，就必须将注意力转换为真正的兴趣。最好给出简要的评价，把产品的好处告诉客户，而不是简单地罗列产品的主要特性。可以用解决问题的声明、根据结果给出的建议或者证明书来创造欲望。最后是给出满足欲望的方法——购买方式。对于网站广告，要给出链接；对于电视广告、印刷品或广告牌，则要给出网站、店名或电话号码。

商业潜力

AIDA的各个阶段在电影行业体现得淋漓尽致。电影公司会提前数月启动营销宣传，贴出巨幅海报吸引人们对新电影的注意。接着，电影公司会发布简短的"先行版"预告片，让观众对影片有个粗略的印象而不透露过多细节，以此激起人们的兴趣。预告片的发布让人们有了观影的欲望。从爆炸的恢宏场面和特效，到诙谐的对白，精心剪辑的预告片展示了电影的精彩片段。首映前，报纸和电视广告会曝光电影的上映时间，吸引人们前去购票，号召人们行动。

1999年的热门电影《女巫布莱尔》就利用新出现的病毒式营销手段，创造性地实践了AIDA。影片首映前，电影公司就建起了专题网站，网站对影片背景的讲解激起了人们的兴趣。展示的电影片段被称作"找到的影片片段"，这让观众产生了疑惑，这部电影究竟是虚构的，还是真实的？网站抓住了人

参见: 在市场上脱颖而出 28~31页, 创立品牌 258~263页, 促销和奖励 271页, 为什么要做广告? 272~273页, 制造轰动 274~275页。

们的注意力; 不断添加的视频剪辑和音频文件持续吸引着人们的注意力。围绕女巫布莱尔之"谜"的传闻不断增多, 人们观影的欲望也越发强烈。号召行动采取的是限定上映场次的做法。由于场次有限, 影迷们迫不及待地抢购电影票。这部电影的制作成本是35000美元, 但它在全球的票房超过了2.8亿美元。

电子商务和AIDA

伊恩·穆尔 (Ian Moore) 是一名屡获殊荣的英国广告文案大师。电子商务的出现使穆尔提出了更适合电子商务模式的NEWAIDA: 它在AIDA前面加上了导航 (Navigation)、简便 (Ease) 和措辞 (Wording)。这说明, 随着市场的日趋复杂, 营销人员需要一套更清晰的方法来理解客户的心路历程。■

谁发明了AIDA?

管理学专家菲利普·科特勒将小爱德华·凯洛格·斯特朗的著作《销售和广告心理学》(1925) 引为AIDA的来源。但是, 斯特朗在书中又将其归功于伊莱亚斯·圣埃尔莫·刘易斯 (1872—1948)。斯特朗坚持认为, 刘易斯在1898年提出了"吸引注意、保持兴趣、创造欲望"的口号。之后, 斯特朗加入了第四个——"采取行动"。

人们通常认为, C. P. 拉塞尔 (C. P. Russeu) 在《如何撰写营销信件?》一文中首次使用了AIDA的缩略词。这篇论文于1921年发表在美国广告业杂志《印厂之墨》上——拉塞尔是该杂志的一名编辑。拉塞尔概括了四步流程的基本内容, 并且指出:"从上往下读, 这些词的首字母可以拼成歌剧《阿依达》(Aida)。"

AIDA模型

注意力
用吸引眼球的广告或诱人的优惠, 让客户意识到产品或服务的存在。

兴趣
提供信息, 说明产品或服务的优势及其对客户的价值, 激起客户的兴趣。

欲望
让客户相信产品或服务能满足他们的需求, 产生购买的欲望。

行动
让客户的购买尽可能方便易行。

销售

在实践中, 很少有信息能从勾起购买的欲望到最终购买一直影响消费者。而AIDA模型指明了好信息应当具有的品质。

——菲利普·科特勒
美国营销大师 (1931—)

营销近视

关注未来市场

背景介绍

聚焦

客户服务

主要事件

1874年 法国数理经济学家里昂·瓦尔拉斯（Leon Walrus）认识到，客户偏好的微小变化会对企业造成巨大的影响。

1913—1914年 美国企业家亨利·福特安装了第一条生产线。他告诉人们，降低单位生产成本是持续增长的关键。

1957年 美国营销学理论家沃·奥尔德逊（Wroe Alderson）强调，企业应不断成长、适应变化，从而实现生存和繁荣。

1981年 美国营销学思想家菲利普·科特勒和拉维·辛格（Ravi Singh）创造了"营销远视"一词，它指的是企业能看清长远问题，但看不清眼前的问题。

如果企业对销售的产品或服务有固执的看法，对销售的目标群体有狭隘的认识，企业就有失败的风险，因为它很难适应市场环境的变化，会错失扩张、占领新市场的机遇。哈佛商学院教授西奥多·莱维特将这种缺乏远见的做法称为"营销近视"。1960年，莱维特在《哈佛商业评论》上发表的论文中，首次提到了"营销近视"一词。他强调，企业应展望未来，不断评估市场的新机遇；否则，企业的成长就会停滞，企业最终会走向衰落。

在莱维特看来，如果企业专注于产品的销售，对不断变化的环境、客户需求视而不见，它就没有做好应对市场变化的准备。例如，整体经济或政府政策的突然变化、新技术或社会危机的出现，都会直接影响客户的购买行为。如果企业对这些变化做好了准备，能够灵活地调整，它就能找到吸引客户、发展壮大的途径。莱维特认为，聪明的做法是围绕客户建立企业，而不是围绕企业来建立企业。他提出："一个行业是一个满足客户需求的过程，而不是生产产品的过程。"

成长或死亡

企业有必然的成长模式，这也是莱维特思想的基础。一开始，企业靠提供产品或服务进入市场，可能会得到高速的增长。但是，由于市场上已经有足够的消费者购买

参见: 找到有利可图的利基 22~23页, 让客户喜欢 264~267页, 客户利益最大化 288~289页, 反馈与创新 312~313页。

了产品或服务, 企业增长速度的减缓是不可避免的。"营销近视"的企业会将目光转向内部, 找到削减生产成本的方法, 或采取其他措施节约内部成本。这些策略只能暂时减缓利润的下滑速度, 却无法扭转企业的失败。不过莱维特认为, 如果管理层充分关注客户, 在采取了明显的营销战略后, 企业可以持续很长时间增长。

1960年, 莱维特向美国公司的老板发问: "你处于哪个行业?"莱维特要求他们将注意力从生产制造转移到客户满意度上。在以客户分析和利基营销为导向的今天, 上述观点被认为是理所当然的。但在20世纪50年代, 美国经济蓬勃发展, 正经历着数十年来最为繁荣的时期, 莱维特的思想似乎与那个年代不符。不过, 莱维特仍然引用了美国工业界最令人信服的

> 销售不是营销……整个商业流程是一项协调紧密的工作, 其目的是发现、创造、激发并满足客户的需求。
>
> ——西奥多·莱维特

例子来支持他的观点。值得一提的是, 他指责汽车制造业有"营销近视"。

汽车制造业

表面看来, 美国的汽车行业似乎势不可挡。到1960年, 底特律的"三巨头"(通用汽车、福特和克莱斯勒)在国内和国际市场上占

据着主导地位。它们生产了美国市场上93%的汽车, 控制着全球汽车市场48%的份额。每6个美国劳动力中就有1个被汽车制造业直接或间接雇用。然而, 好景不长。

对汽车三巨头而言, 1955年是创纪录的一年。但到1956年和1957年, 由于很多消费者已经购买了汽车, 汽车的需求量大幅下滑。销售收入的下降导致了1958年的经济萧条, 当时, 整个制造业都出现了严重的衰退。这是继大萧条以来, 美国历史上出现的首次经济下滑。同时, 德国、英国、法国和日本的汽车制造商也威胁到了"三巨头"的主导地位。

"底特律的汽车公司从未真正研究过客户需求", 莱维特称, "它只研究确定提供的产品类型。"待美国汽车制造商意识到问题所在时, 他们发现, 要调整已然不易。经历了一系列无效模型和营销失败后, 汽车制造商们在1965年终于触底反弹。它们推出了福特野马这类"肌肉"车(排量大、马力强劲、外观硬朗的跑车——译者注), 但是再也没能重新掌控市场。

在莱维特1960年的开创性论文发表之前, 人们认为营销不是个严肃的问题, 也不值得管理层关

底特律汽车厂的废弃厂房是美国20世纪50年代末经济下滑的标志。西奥多·莱维特认为, 汽车制造商没能顺应客户的需求。

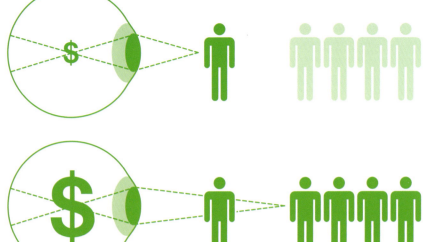

近视营销关注当前的客户及其需求，忽略了潜在的新市场。这会使企业错失机遇或产生有限的利润。

远视营销使企业将注意力转移到更广泛的客户群体上，提供的产品更多，产生的收益也更大。

注；相反，人们认为营销是一项程式化的任务，应交由销售部门或生产部门完成。不过，"营销近视"改变了企业界和学术界的看法。

认真对待营销

与莱维特撰写开创性论文差不多同时，一名学生从他那里得到了启发。这名学生就是菲利普·科特勒。科特勒将莱维特的观点推进了一步，使管理者经商方式的根本变化得到了巩固。1960年，科特勒在哈佛大学从事数学方面的博士后研究，那时，他已经获得了麻省理工大学经济学博士学位。科特勒接触到了莱维特等营销学教授的思想，开始为营销在企业组织中的作用构建一个严谨的框架。科特勒的成果《营销管理》于1964年出版，至今仍是营销学领域的重要教科书。《营销管理》被誉为第一本采用学术和科学的方法研究营销的著

作。科特勒认为，客户是企业的重心，利润不仅来源于销售，还来源于客户满意度。对这一观点的思考是当今很多MBA项目的核心。

莱维特和科特勒的思想对商界的影响可谓立竿见影。1962年，罗伯特·汤森（Robert Townsend）从美国运通公司离职，转而出任阿维斯公司（Avis）的CEO。阿维斯是一家汽车租赁企业，当时处境

> 整个公司必须被视为一个创造客户、满足客户需求的组织。
>
> ——西奥多·莱维特

艰难。汤森依据两项相互依存的原则——将客户放在首位以及创造员工喜欢的工作环境——重新塑造了阿维斯。这些举措使阿维斯首次扭亏为盈。

客户服务

到1964年时，阿维斯一直在扩大经营。柯林·马歇尔（Colin Marshall）被聘为阿维斯在欧洲、非洲和中东地区的运营经理。马歇尔同样认同莱维特"以客户为中心"的理论，并且成功地运用了这一理论。十年间，他在纽约负责整个企业的运营，对改善客户服务的创新进行监督，使阿维斯一跃成为市场领军企业。1981年，马歇尔临危受命，拯救了陷入困境的英国航空公司。在困难的环境下，他扭转了英国航空公司的命运，成功创造了以服务为导向的商业模式。马歇尔的策略并不是降低机票价格，而

是提供更佳的客户服务。马歇尔注意到了登机手续、飞行途中、飞机着陆和入境检验之外的客户体验，引入了全球首个机场到达大厅。

客户体验

一些提供全方位服务的航空公司也采纳了英国航空公司的模式。如今，大多数航空公司依靠优化客户关系来获得长期竞争优势。例如，美国联合航空公司安装了一套系统，使员工能识别出较高价值的飞行常客，如果他们的航班取消，员工就会积极为之提供特殊服务。美国航空公司则大力推动技术的使用，使客户获得更佳的飞行体验。美国航空公司是首家获得美国联邦航空局（FAA）许可——允许空乘人员使用平板电脑，从而更有效地管理飞行体验的公司。它还提供平板电脑，供头等舱和商务舱的乘客在飞机上使用，这在大型商务

英国航空公司为乘客提供了机场到达大厅服务，提高了乘客的飞行体验。英国航空公司并没有降低价格，反而选择以客户服务为重。

营销并不是找到聪明的办法卖掉产品的艺术。它是创造真正客户价值的艺术。

——菲利普·科特勒

航空公司中尚属首家。如今，为平板电脑和手机提供互联网接入服务和应用，以增强客户体验，是很多行业需要考虑的问题。谷歌公司就利用了这一契机。

2005年，谷歌收购了鲜为人知的安卓公司，当时的安卓公司正在开发智能手机平台。两年后，苹果公司发布了iPhone并迅速占领了市场。iPhone受到了人们的青睐，因为人们可以通过掌上设备接入互联网。在线搜索巨头谷歌看到了风险：要卖出应用程序，就得看苹果公司的"脸色"。为此，谷歌联合其他手机制造商开发出了替代产品——能在所有移动设备上使用的开源操作系统。如今，谷歌拥有的安卓系统，使它可以靠销售应用程序、在应用中嵌入广告来获利。

科特勒将谷歌公司视作创新的典型，它不断寻求新途径解决客户的问题，并帮助客户管理海量信息。莱维特应该会赞同谷歌公司信条的第一句："用户为本，水到渠成。" ∎

西奥多·莱维特

西奥多·莱维特是当代最具创意的管理学思想家之一。莱维特出生在德国的福尔默茨，十岁时随家人移居美国。第二次世界大战期间，莱维特曾在美国军队服役，复员后进入俄亥俄大学。莱维特获得经济学博士学位后，于1959年加盟哈佛商学院。一年后，他便写下了著名论文《营销近视》。此后30年里，莱维特一直在哈佛任教，并为《哈佛商业评论》贡献了26篇论文。1985~1989年，莱维特还担任了该杂志的主编。2004年，《哈佛商业评论》认为"营销近视"是过去50年最具影响力的营销理念。1983年，莱维特的另一篇文章《市场的全球化》引起了类似的轰动，"全球化"一词的流行要归功于他。

主要作品

1960年 《营销近视》
1983年 《市场的全球化》

现金牛是企业组织的心脏

产品组合

背景介绍

聚焦
产品评估

主要事件

公元前9000年 牛（包括奶牛）首次被作为货币使用。

20世纪60年代中期 彼得·德鲁克在企业管理的背景下使用了"现金牛"一词。

1968年 波士顿咨询公司提出了"成长份额矩阵"。这一模型根据企业的市场份额和成长潜力来为企业的产品分类。

20世纪70年代初 麦肯锡咨询公司为其客户通用电气开发了"通用电气-麦肯锡矩阵"。

1982年 H. C. 巴克斯代尔（H. C. Barksdale）和C. E. 哈里斯（C. E. Harris）在《产品组合分析与PLC》一文中提出了新的矩阵。

现金牛"一词指的是能够提供可靠收益来源的投资或商业领域。对公司而言，现金牛是这样的产品或服务：它年复一年创造利润，让企业得以成长。现金牛为企业带来了资金，而资金正是企业的命脉。现金牛为企业贡献了大部分经营费用，为新产品的开发、发布提供了资金，为利润较低的风险投资提供了支持。

现金产生器

通常，现金牛是处于产品生命周期成熟阶段的产品。与现实中的牛一样，产品的初始成本已经支付，需要的维护也不多，在生命周期的剩余阶段，可以供人"挤奶"。虽然这类产品的市场份额不再增长，但它们产生的收益仍然可观，因为其市场份额较高，也不需要太多资本支出来维持。

人们认为，管理学家彼得·德鲁克在20世纪60年代中期首次使用了现金牛的隐喻。在德鲁克的整

> 作为企业家，我们喜欢光鲜的新事物。但是，别忘了给维持企业运转的（现金）牛一些关爱。
>
> ——约翰·瓦瑞劳（John Warrillow）
> 英国企业家（1971-）

个职业生涯中，他都将现金牛描述成轻而易举产生现金的产品。他引用了商业史中的内容进行类比：公元前9000年左右，牛、羊、骆驼等家畜曾是一种通用货币。虽然德鲁克了解现金牛的价值，但同时，他也警告不可过度依赖现金牛。德鲁克认为，如果现金牛受到了其他产品的挑战，就应采取计划报废战略。代替现金牛的可以是企业产品组合中成长速度较快的竞争

波士顿咨询公司

1875年，波士顿平安储蓄信托公司（Boston Safe Deposit and Trust Company）在新英格兰的本埠港口成立，目的是为当地的商人和船主提供保管服务。到了20世纪，经过波士顿望族洛厄尔家族（Lowells）几代人的苦心经营，波士顿平安储蓄信托公司成长为了一家出色的金融机构。

1963年，波士顿平安储蓄信托公司的CEO约翰·洛厄尔偶遇了布鲁斯·亨德森（Bruce Henderson，1915-1992）——美国最优秀的管理学思想家之一。这次偶遇促成了波士顿咨询公司（BCG）的诞生。

亨德森曾在纳什维尔市的范德堡大学修读工程学位。在此之前，他曾做过《圣经》的推销员。后来，他赴哈佛商学院求学，并在毕业前夕加盟了美国西屋电器，成为该公司历史上最年轻的副总裁。最初，亨德森发现，要想赢得客户并同大型咨询公司竞争，并不容易。为此，亨德森想出了办法，提供独一无二的"企业战略"服务。几年后，凭借36人组成的团队，亨德森设计出了如今举世闻名的"成长份额矩阵"。而他的公司BCG已成长为一家全球著名的管理咨询公司。

参见： 风险管理 40~41页，成长的速度 44~45页，格雷纳曲线 58~61页，利润与现金流 152~153页，引领市场 166~169页，MABA矩阵 192~193页，营销模式 232~233页，市场营销组合 280~283页。

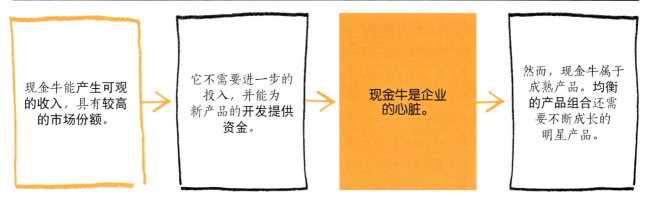

现金牛能产生可观的收入，具有较高的市场份额。

→

它不需要进一步的投入，并能为新产品的开发提供资金。

→

现金牛是企业的心脏。

→

然而，现金牛属于成熟产品。均衡的产品组合还需要不断成长的明星产品。

产品。彼得·德鲁克引述了20世纪70年代中期IBM的例子。当时，大型计算机是IBM的现金牛，但新发布的个人电脑是成长速度最快的产品。IBM虽然率先主导了个人计算机市场，但它担心个人计算机会威胁到现金牛，于是有意限制了个人计算机的销售。这给了其他产品涌入市场的机会。最后，IBM节节败退，其个人计算机业务也难以恢复元气。IBM的产品组合只得听命于现金牛。考虑到投资者的

企业应当有增长率、市场份额各异的产品组合。产品组合应随现金流的变化而变化。

——布鲁斯·亨德森

利益，IBM尽力避免与创新、开发前沿新产品相关的风险。但在20世纪90年代技术和市场的快速变化下，IBM失去了竞争力。

德鲁克大概是首个在企业背景下使用"现金牛"一词的人。但第一次将"现金牛"融入商业模型中的，是波士顿咨询公司（BCG）。BCG由布鲁斯·亨德森于1968年创立。而上述商业模型被称为BCG矩阵、波士顿矩阵或成长份额矩阵。该模型生动地描述了市场增长和市场份额的关系。它很快流行起来，成为一项制定商业决策的工具，用以决定哪种产品应逐步退出，哪种产品需要投资。

产品组合

BCG矩阵的出发点是产品组合，即企业组织提供的所有产品的组合。企业可以根据产品的市场份额、收益和增长潜力来进行分类，也可根据产品在生命周期中的阶段进行评估。产品生命周期记录了产品从最初的成长到成熟再到灭亡的

轨迹。在制定决策、决定继续生产哪种产品时，企业需要考虑每个产品的生命周期，以及组合中所有产品的平衡或协同性。

BCG矩阵提供了一种评估产品组合有效性和赢利能力的分析工具。企业可以根据这些信息，确保产品组合能够满足短期需求和长期

1981年IBM推出了个人计算机，十分畅销。然而，IBM没有利用个人计算机的成功，而是继续专注大型计算机。

市场增长潜力

	低	高
低	**瘦狗** *产品具有较低的市场份额，成长前景不佳；可能要做好剥离的准备。*	**问题** *产品有时也被称为"婴儿"，其成长潜力较大。*
高	**现金牛** *产品在市场上引人注目，并能产生稳定的收益。*	**明星** *产品在不断扩张的市场上热销。*

市场份额

BCG矩阵可根据市场增长潜力和市场份额来划分产品。企业可以用BCG来检查其产品组合是否平衡。市场增长潜力下降的产品处在矩阵左侧的格子中，市场增长潜力较大的产品处在矩阵右侧的格子中。市场份额较低的产品处在上方的格子中，市场份额较高的产品处在下方的格子中。

需求，思考每件产品的优先权和分配的资源。BCG通过两个层面来评估产品：其一，产品在市场上的增长潜力；其二，每个产品拥有的市场份额。

BCG矩阵

通过使用BCG矩阵，管理者可将产品分为四类：瘦狗、问题、明星和现金牛。瘦狗产品是增长前景较差、市场份额较低的产品。这些产品可能会带来损失，勉强能达到盈亏平衡，或者只有很少的利润。因为它们所在的市场增长缓慢，在目前的情况下，改善业绩的可能性不大。若产品落入矩阵的这一格，则可以考虑将它从产品组合中剔除。但是，在出售或剥离瘦狗产品之前，管理者必须考虑，出于战略原因产品是否值得保留。

例如，如果它能阻止竞争者的产品，或者该行业的市场会在未来有所改善，又或者这种产品有重要的作用，是组合中另一款产品的补充，是客户通向另一款产品的"垫脚石"，那么，这种产品就值得保留。

问题产品与瘦狗产品一样，市场份额较低，但是问题产品的行业增长率较高。问题产品会使企业陷入进退两难的处境。如果是新产品，它是否需要更多时间来证明自己？是否需要在生产和营销上投入更多资金？是否需要收购竞争者来提高市场份额？或者，它需要在市场上重新定位，还是应该被完全抛弃？

明星产品是在不断增长的市场上拥有较高市场份额的产品。企业需要持续投资，维持明星产品的

地位，帮助它发展成市场上的主导产品。明星产品拥有成为现金牛产品的潜力。

现金牛产品是曾经的明星产品。它们一直拥有较高的市场份额，但是，它们是成熟市场的成熟产品，未来的增长潜力不大。现金牛不需要大量投资，因为它们已经充分发挥了增长潜能。作为市场领导者，现金牛的销量巨大，拥有规模经济的优势。

BCG矩阵的应用

管理学理论家通常将雀巢公司引为经典案例，以此说明企业可以根据BCG矩阵来安排产品组合。雀巢公司是世界上最大的食品公司之一。雀巢公司制定了一套战略来构建长期现金牛，使现金牛尽可能保持活力，从而将资金投到有较高回报率前景的产品上，同时剥离潜力有限的产品。1938年，雀巢公司推出了咖啡品牌"雀巢咖啡"（Nescafé）。此后，雀巢咖啡的业绩良好。这要部分归功于雀巢公

高增长产品需要投入现金来实现增长；低增长产品则应产生剩余现金。二者都必不可少。

——布鲁斯·亨德森

司对雀巢咖啡系列产品的投资和扩张战略。在雀巢公司各个历史时期，雀巢咖啡曾先后成为明星产品和现金牛。如今，速溶咖啡是可靠的现金牛，它为雀巢在其他领域的扩张提供了资金。虽然有机食品的市场在不断扩大，但雀巢有机食品的市场份额较低，成了问题产品。而在增长缓慢的调味品市场上，雀巢的调味产品可以被视作现金牛。

在高速增长的宠物食品市场上，雀巢公司通过一系列并购成为领先的宠物食品制造商，其宠物狗猫食品则一跃成为明星产品。

雀巢咖啡是雀巢公司规模最大的品牌，作为公司的现金牛，其价值高达174亿美元。自第二次世界大战以来，雀巢咖啡一直保持较好的增长率。2012年，其销售收入达到了100亿美元。

产品组合管理

BCG衍生出了一系列产品组合规划模型。20世纪70年代，麦肯锡咨询公司为通用电气提供了咨询服务，由此开发出了"通用电气-麦肯锡矩阵"。这一模型共有九格，它可以分析更为复杂的产品组合，找出企业的市场吸引力和竞争优势。1982年，巴克斯代尔和哈里

斯提议在原始BCG矩阵中加入两个新的产品类型：战马和渡渡鸟。战马引领市场，但是受到市场负增长的威胁，企业必须思考：是挺过难关，相信市场会得到改善，还是以最低的支出继续"遛马"。渡渡鸟在负增长的市场上占有较低的市场份额，即将走向灭绝。

使用矩阵

管理学教授理查德·贝提斯（Richard Bettis）和W. K. 霍尔（W. K. Hall）1981年的一项研究指出，《财富》五百强企业中，有45%的企业使用BCG矩阵。

但是，BCG矩阵也遭到了批评：它过于简化，判断依据是现金流，而非投资回报率。研究发现，使用BCG矩阵的企业比没有使用的企业拥有更低的股东收益率。尽管有批评者存在，但BCG模型着实提供了一种简易的方法来帮助人们理解产品组合，弄清成功管理产品组合的战略。■

巴克斯代尔和哈里斯提出的矩阵增加了两个新的类型：战马和渡渡鸟，二者均会走向衰落。

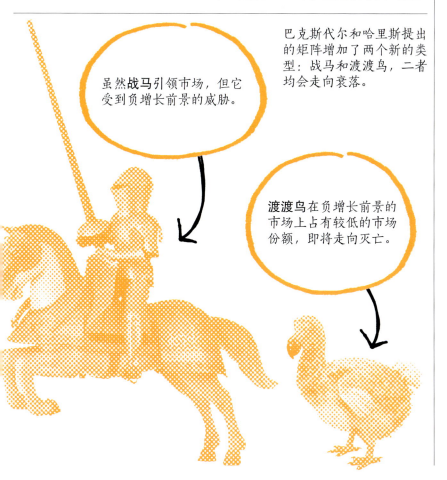

远离核心业务的扩张有风险，多元化更使风险加倍

安索夫矩阵

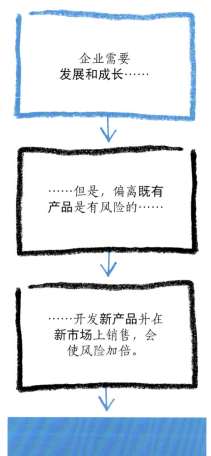

企业需要
发展和成长……

……但是，偏离既有
产品是有风险的……

……开发新产品并在
新市场上销售，会
使风险加倍。

远离核心业务的扩张有风险，
多元化更使风险加倍。

1957年，安索夫矩阵（Ansoff's matrix）首次发表在《哈佛商业评论》上。安索夫矩阵是一种规划企业成长战略的营销工具，由数学家伊戈尔·安索夫提出。打算扩张并且有资源支撑其成长的企业，可以使用安索夫矩阵。安索夫矩阵根据产品状况和市场条件提供了四种战略供企业选择：市场渗透、市场开发、产品延伸和多元化经营。除此之外，矩阵中的每个战略都对应着一个内部风险因素。对决策制定者而言，考虑风险因素是至关重要的，它可以避免企业用既有资源进行豪赌。

四种战略

企业的产品或服务是旧是新，是留在既有市场还是进入新市场，对应着不同的战略。在这四种战略中，风险最小的是市场渗透战略——在既有市场上最大化既有产品的销售收入。采用这种战略的企业，可以依靠竞争性定价、广告、忠实客户奖励计划或挤出竞争对手

参见: 风险管理 40~41页,迈出第二步 43页,成长的速度 44~45页,保护核心业务 170~171页,MABA矩阵 192~193页。

安索夫矩阵是一个四格方阵,每个方格都代表一种营销战略,对应着不同产品的地位和市场环境组合。很明显,市场渗透战略的风险最低,多元化经营战略的风险最高。

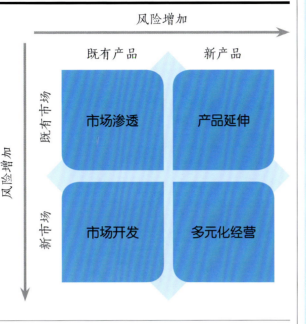

安索夫矩阵仍然有用吗?

伊戈尔·安索夫(1918-2002)被誉为现代营销战略之父。几十年间,安索夫矩阵衍生出了很多变体,并已成为企业战略的奠基石,是核心竞争力、竞争战略等思想的基础。

20世纪70年代,安索夫认识到了"分析瘫痪症"(Paralysis by Analysis)的问题——考虑过度而无法采取行动。对此,安索夫提倡根据当地的条件、企业的特殊情况,采取更为灵活的方法。

安索夫矩阵有一定的局限性。它关注的是市场潜力和增长战略,并不能为其他因素和情境提供依据。例如,它不能用来分析可获得的资源因素,以及企业以生存而非发展为目的的情形。不过,若与其他营销工具一同使用,安索夫矩阵仍然是有价值的。在估计实际增长率和预期增长率时,企业仍然会用到它。

来提高销售收入。

市场开发战略的目的是将同样的产品销售到不同的市场上。除非需要本土化,否则,市场开发并不需要额外的支出。不过,在新市场上构建分销渠道是有成本的,并且有一定的风险。在这种模式下,企业可以发掘地域、人口特征不同的市场,或开发其他销售渠道,如在线销售或直销。

产品延伸战略是指在既有市场上销售新产品,或者销售性能显著提升的产品。在这种情况下,产品的开发成本、相应的配送成本、营销支持成本,都会带来风险。采取产品延伸战略的企业会提供各式各样的产品,或是开发有关联的产品。

最后一个,也是风险最高的战略是多元化经营——转向新的产品领域或新市场。多元化经营战略

会降低企业对核心产品的依赖,进而降低长期风险。但是,由于有初始投资,企业可能会承担很大的风险,因此必须有足够的资金来抵御风险。

风险投资

英国超市品牌乐购赴美国投资的案例,很好地说明了多元化的风险。乐购于2007年在美国推出了Fresh & Easy便利店,并将其定位为中档商店,其大多数销售网点设在工薪阶层的聚居区。遗憾的是,乐购的小规模便利店并不适合习惯开车购物的普通美国人。乐购的投资并未获得回报,反而导致了巨额亏损。安索夫矩阵或许预料不到这样的结果,但其中的风险一目了然。■

随着企业在战略的制定上越来越娴熟,战略到结果的转换……会导致"分析瘫痪症"。

——伊戈尔·安索夫

若能与众不同，
定会脱颖而出

创立品牌

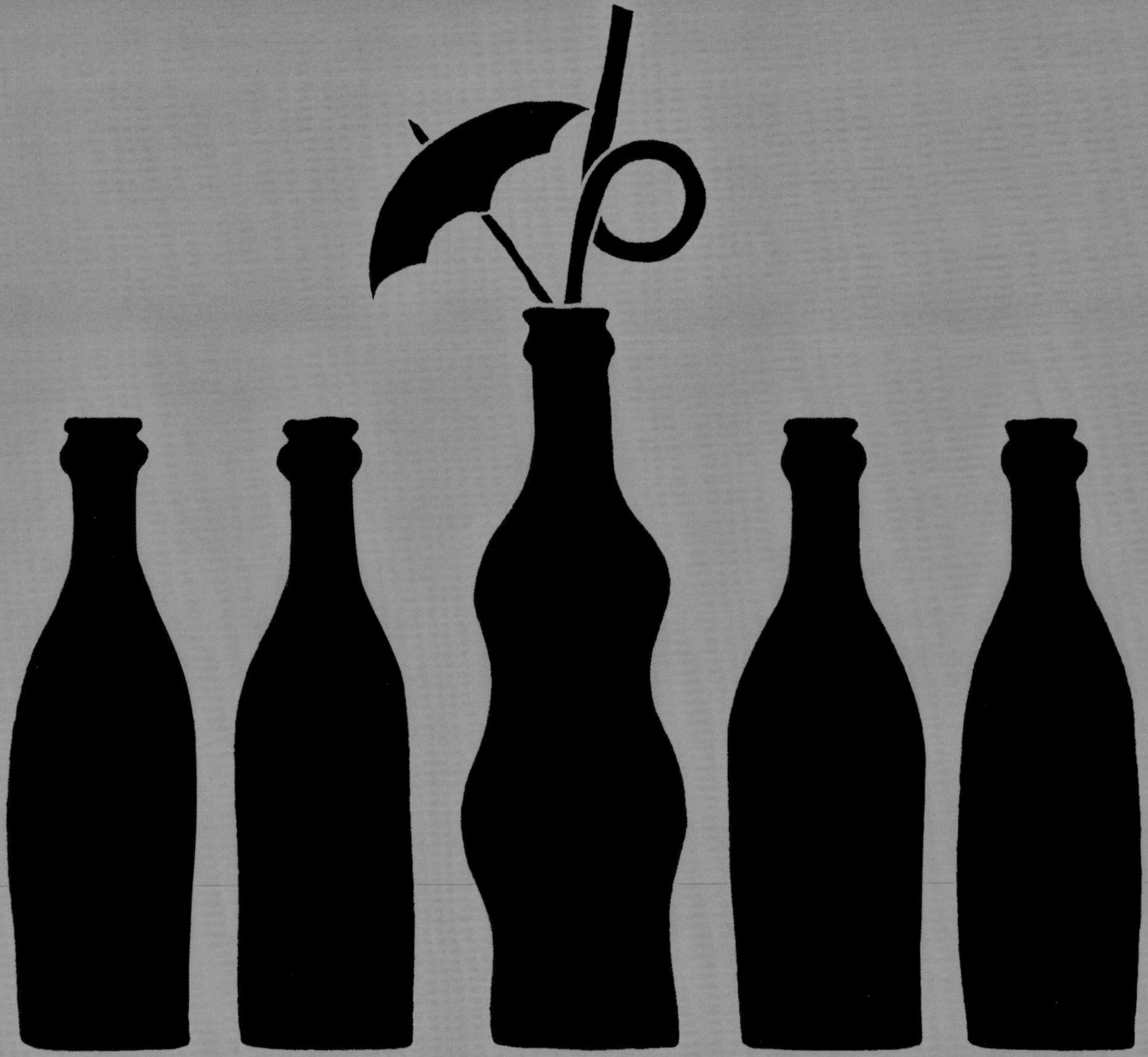

背景介绍

聚焦
品牌创造

主要事件

19世纪50年代 工业革命时期首次实现了产品的批量生产，导致供给超过了需求。

19世纪80年代和90年代 在美国和欧洲各国，可口可乐、家乐氏和柯达等品牌名，因产品促销而变得流行起来。

20世纪50年代 电视机普及为企业提供了一条将销售信息传递给大众的新途径。

2002年 美国超市中的品牌数目均值为32000个，而在1990年，这一数值仅为20000个。

2013年 据估计，仅在美国，品牌拥护者——在线推荐产品或服务的人的数量就有6000万之多。

企业要使其产品或服务在竞争中脱颖而出，必须依靠品牌。在古代，牲畜和奴隶被打上烙印以体现所有权；在中世纪，通过纸张上的水印可以辨别出造纸商。然而，现代的品牌思想，直到19世纪中晚期才出现，它包含了对企业身份认知的方方面面。

在西方社会，受过良好教育的中产阶级在逐渐增加。他们拥有了挑选众多产品的机会，不再仅仅因为必需而购买。在美国和欧洲各国，快速消费品的供给量持续上升，使制造商看到了产品差异化的重要性。1886年，可口可乐进入市场。它醒目的手写体名称沿用了三十年之久。后来，它又推出了如今家喻户晓的波浪形可乐瓶。李维斯等服装制造商也开始将品牌名称印在产品上。1896年，桂格燕麦推出的广告中一名男子一手握着一袋麦片，一手拿着印有"纯正"一词的条幅。这些企业在努力与客户建立直接的联系。

> 工厂造产品，头脑创品牌。
>
> ——沃尔特•兰道（Walter Landor）
> 德国品牌专家（1913–1995）

广告的开始

20世纪50年代，品牌有了飞跃式的发展。大批量生产迈入战后的繁荣时期，电视机成为生活必需品。联合利华、宝洁等公司开始树立形象，因为它们生产的肥皂和洗衣粉并不特别。它们需要包装产品，促使消费者优先购买。自助商店和超市兴起后，品牌不仅要在货架上吸引消费者的目光，还要在情感层面上具有吸引力。例如，宝莹

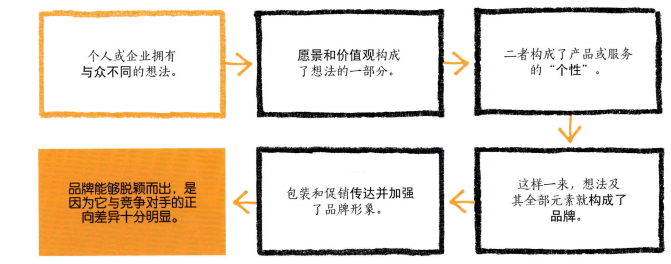

个人或企业拥有与众不同的想法。 → 愿景和价值观构成了想法的一部分。 → 二者构成了产品或服务的"个性"。

品牌能够脱颖而出，是因为它与竞争对手的正向差异十分明显。 ← 包装和促销传达并加强了品牌形象。 ← 这样一来，想法及其全部元素就构成了品牌。

参见: 找到有利可图的利基 22~23页,在市场上脱颖而出 28~31页,了解市场 234~241页,让客户喜欢 264~267页,制造轰动 274~275页,反馈与创新 312~313页。

"易"品牌始于易捷航空公司,其品牌精髓——"价值更高,价格更低!"已被十多家企业成功采用。

(Persil)的广告就表现了一名家庭主妇对衣物洁白的自豪感,她的口号是"白衣净白"。

创立品牌

如今,品牌已经超越了商标和诱人的包装。创立品牌必须从一个想法开始。如果这个想法与竞争对手的不同,那么成功的可能性就较大。这个想法通常源自客户及客户的需求。不过,这个想法也可能与用新企业或新产品填补市场空白的做法有关——例如,Pret A Manger的汉堡连锁店已经遍及各地,除此之外,它还推出了健康速食咖啡馆。Pret的宗旨是,在每家店铺都可以吃到当日制作的、无添加剂的新鲜食品。另一种做法是,在原有技术的基础上通过创新性设计生产出新的产品。戴森(Dyson)的无尘袋真空吸尘器便是一例。或者,这个想法是前所未有的,人们还未认识到他们有需求。iPad便是一例,现在很多人已经离不开它了。

苹果和戴森等品牌获得成功的一个关键因素是它们建立起了一个社群——喜欢苹果iPad或戴森吸尘器的人会很高兴找到志同道合者。归属于价值观相同的群体,是客户忠诚度的关键组成部分。

可转移的品牌

很难说到底是产品塑造了品牌,还是品牌塑造了产品。例如,易捷航空公司就源于一个简单的想法。斯泰利奥斯·哈吉-伊奥安努爵士是易捷航空公司的创始人,他的想法是:让飞行旅程轻松、便

产品会很快过时;品牌能持久成功。
——史蒂芬·金(Stephen King)
英国广告公司总监(1931—2006)

宜,并与大型航空公司有所不同。易捷航空公司1995年创立时使用的"易"品牌,如今已经被全球十多家企业所采用。实现"易"思想的要素很多——从在线订票到只提供基本的机上服务,但是"易"思想的本质是,以低廉的价格销售基本服务,而这一思想可以移植到其他商业形式中去。

愿景与价值观

企业愿景和价值观共同塑造了品牌的个性。企业利用这种"个性"提出独特销售主张,使其产品或服务在竞争中脱颖而出。同时,个体的价值观和愿景会使品牌从图纸上的想法变成商业上的现实。企业的愿景反映了其创始人或高管的想法。例如,宜家(IKEA)的愿景是"为人们创造更美好的生活"。

支撑这一愿景的想法是提供平价、优质的家居产品。宜家之所以能成为全球性品牌，是因为其经营的方方面面都为上述想法提供了支持，从独特的购物环境——包括家庭式咖啡馆和儿童游乐区，到广告宣传。如今，宜家已成长为全球规模最大的家居零售商。

什么样的品牌？

品牌的另一个微妙因素是价值观，它概括了品牌的含义。企业不仅要表明其价值观，还要在经营方式上体现价值观。

Innocent是一家果汁制造商，其经营始于1999年的英国音乐节。企业的三名创始人认为，应将"开放性"作为这家创新型企业的核心价值之一。每份果汁饮料都附有一个小标签，邀请客户"拨打香蕉热线"提出他们的看法，或者随时拜访公司的总部"水果大楼"。公司网站还邀请访问者加入Innocent"家族"，为企业下一步的发展出

> 赢得头脑的品牌得到响应。赢得心灵的品牌得到承诺。
>
> ——斯科特·托高（Scott Talgo）
> 美国品牌战略家

谋划策。这种聊天式的互动方式表明，该公司把开放性以及与客户对话放在首位，尊重客户的价值观和意见。轻松的语调、随性的网站、水果大楼造型奇特的办公室，同时塑造了Innocent的个性，表达出了大胆、不羁的品牌形象。

第三空间

霍华德·舒尔茨（Howard Schultz）是将星巴克打造成全球知名品牌的人。他于1982年加入星巴克。那时的星巴克只在西雅图拥有一家店铺，出售新鲜烘焙的咖啡豆。"星巴克"这一名字源自《白鲸记》里的一个角色，让人联想到了早期咖啡贸易商的航海传统。第二年，舒尔茨到意大利旅行，他看到，在意大利的咖啡馆里，咖啡不仅是一种热饮，也是一种能激发人们进行日常交流的体验。舒尔茨决定将意大利咖啡馆的传统带回美国，因为他发现，美国的非正式社会交流十分有限。

"第三空间"的概念就此诞生——这个空间介于工作和家庭之间，它能让人们享受社交、享受社群。这一思想成为星巴克的精髓，并在咖啡馆的设计中得到了体现：星巴克提供了令人放松的皮质沙发、舒适的椅子，还有免费的报纸。20世纪90年代，街角咖啡馆逐渐成为一种社会现象，它们满足了人们对舒适聚会场所的需求。

安妮塔·罗迪克

1942年，安妮塔·罗迪克出生在英国的一个海滨小镇，其父母是意大利移民。罗迪克认为自己是"天生的局外人"。1976年，她创办了一家经营美妆用品的小店，即美体小铺（The Body Shop）。罗迪克根据自己在欧洲、非洲和南太平洋的旅行经历，制作出了装在可回收小瓶中的天然化妆品。罗迪克的经营理念是：企业拥有行善的权利。她率先倡导禁用动物进行化妆品测试，推动公平贸易，并为绿色和平等组织提供业务支持。

2000年，罗迪克出版了自传《不寻常的企业》。之后，她又出版了一系列观点激进的著作。2004年，罗迪克被授予大英帝国爵士头衔。2006年，美体小铺被美国化妆品巨头欧莱雅收购。2007年，罗迪克逝世。

收益潜力

绑定
这绝对是我喜欢的品牌。

优势
我知道这个品牌比其他品牌更适合我。

业绩
这个品牌与其他品牌比起来如何？

关联
这个品牌符合我的需求和预算吗？

存在
我注意到了这个品牌。

忠诚度

20世纪90年代，咨询公司明略行（Millward Brown）提出了品牌金字塔，用以表示建立客户忠诚度的五个关键阶段。随着客户从注意到产品转变为对产品完全忠心，企业的收益也在不断增加。

伦理和品牌

20世纪70年代，安妮塔·罗迪克创办了化妆品商店——美体小铺。虽然罗迪克没有经商的经验，但直觉告诉她：要卖掉产品，必须与众不同。大批量生产给了消费者选择权，但是，他们对原料采购、产品的生产方式、更为宽泛的道德问题愈发关注。为此，罗迪克将纯天然的产品装在可反复使用的小瓶中出售，并将美体小铺的品牌与公益事业结合起来。由于关注社会责任，尊重人权、环境和动物，与供应商公平交易，美体小铺在全球取得了成功。

品牌虽然具有优势，但某些品牌的支配地位引起了人们的强烈反对。1999年，娜欧米·克莱因（Naomi Klein）的著作《拒绝品牌》引发了无品牌运动。无品牌运动强调全球化问题，认为在生产品牌产品（如运动鞋）的欠发达国家中存在着劳动剥削。

日本零售商无印良品（MUJI）一直遵循无品牌战略。无印良品的核心理念是朴素。它的产品包装朴实无华。公司依赖口碑，在广告营销方面的投入很少。不过这反倒使无印良品及其产品脱颖而出。

如今，技术正在改变消费者对品牌的认知。社交媒体和互联网鼓励消费者分享、反馈并进行互动。苹果等国际品牌能够影响消费者的行为，拥有改变社会的潜力。但是，企业也意识到，消费者拥有的选择权比以往更多了。因此，企业应当关注品牌的创造，在个体层面上吸引消费者。■

星巴克品牌有很高的辨识度。20世纪90年代，星巴克对自己的宣传是：工作和家之间，一个让人放松的小憩之所，一个能喝到现磨咖啡的地方。

唯一的老板：客户

让客户喜欢

背景介绍

聚焦
客户忠诚度

主要事件

1891年 美国出现了以鼓励回头客为目的的赠券。人们可以将赠券收集起来，用以兑换产品。

1962年 山姆·沃尔顿（Sam Walton）创办了沃尔玛，其口号是"保证满意"。

1967年 美国推出了首个免费电话1-800客服中心。

1981年 美国航空公司推出了业内第一个常飞旅客计划，用以奖励忠诚的客户。

1996年 随着互联网的发展，针对网络购物者的在线聊天、邮件形式的客户支持方式出现了。

自19世纪末，"客户决定企业成功"的观点已被无数企业家和管理学专家所接受。从逻辑上讲，如果客户喜欢某个产品或某项服务，他们就会重复购买，并将之推荐给朋友和家人。这不仅会促进企业的发展，也会提高员工的薪资。

与恋爱关系一样，供应商和买家之间的关系亲密度既有物质层面的，也有情感层面的。这需要双方建立起情感和信任。企业不仅要进行创新，促进与客户的情感关

参见： 波特的一般竞争战略 178~183页，了解市场 234~241页，关注未来市场 244~249页，促销和奖励 271页，客户利益最大化 288~289页，满足需求 294~295页。

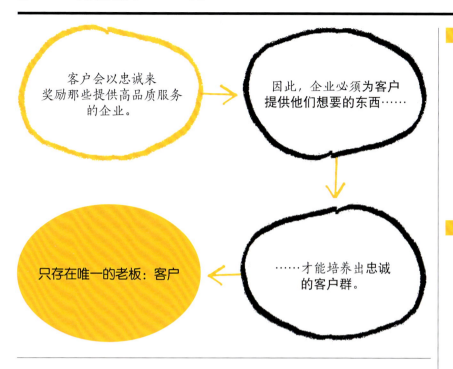

客户会以忠诚来奖励那些提供高品质服务的企业。

因此，企业必须为客户提供他们想要的东西……

……才能培养出忠诚的客户群。

只存在唯一的老板：客户

要超越客户的预期。这样，客户就会反复光顾。

——山姆·沃尔顿

山姆·沃尔顿的商业计划的核心。这一战略使他成了20世纪末最成功的商人之一。"这个想法很简单，"他解释道，"客户一提到沃尔玛，就会想到低价销售和保证满意。他们会十分确定，在其他地方买不到更便宜的产品。如果不喜欢购买的东西，他们可以退货。"

品质的重要性

吸引客户的另一个情感驱动力是产品或服务的品质。品质与价格不同。为了留住客户，要一直保持低廉的价格；但是，要维持生产者与使用者之间长期、愉快的关系，就必须保持较高的品质。哈利·塞尔福里奇是塞尔福里奇百

联，还要掌握实际操作的诀窍，确保生产和配送系统的精简。这些实际的因素包括：订货周期、产品库存量的合理性、订购的便利性、交付时间的灵活性、包装的美观性、拆包的简便性、退货的便捷性，以及联系客服人员处理问题或解答疑问的可得性。

客户满意度

20世纪初，百货商店曾引领潮流。塞尔福里奇百货（Selfridges）位于伦敦，它的整套设计的目的就是给予购物者（尤其是女性）一种购物的激情。除了提供令人满意的产品，它还提供全套体验，让客户对奢华的生活方式展开想象。

要争取客户，金钱是最有力

的一个情感驱动力——大多数人都难以抵抗"花费更少、得到更多"的承诺。可口可乐被誉为最早采用财物奖励的公司。1887年，它推出了"再来一瓶"的优惠券。

为客户省钱是沃尔玛创始人

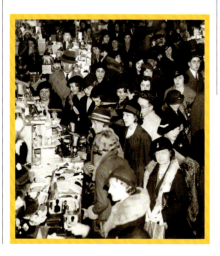

塞尔福里奇百货既是一个观光地，也是一个购物场所。咖啡馆、屋顶花园是它的特色。此外，哈利·塞尔福里奇（Harry Selfridge）还曾在店内展示一些特殊物品，如"电视之父"约翰·罗杰·贝尔德（John Logie Baird）设计的电视机。

货的创始人。他建议："要永远记住，价格被遗忘之后，对品质的记忆还会维持很久。这样，企业自然会繁荣起来。"

20世纪80年代初，业界通过战略与绩效分析（Profit Impact for Market Strategy，PIMS）这类研究，第一次量化了产品品质对赢利能力的影响。此前，品质并不是行业领军者优先考虑的问题。不过，很多研究发现，品质与赢利能力之间有明显的关联，产品或服务的品质是吸引、挽留客户的战略中必不可少的因素。

支付溢价

即使市场占有率不是最高的，但如果客户认为企业的产品或服务具有很高的品质，愿意支付更高的价格，那么企业仍能获得最高的利润。例如在智能手机市场中，苹果公司的iPhone的市场份额相对较小，但它却获得了极高的利润。制造令人满意的产品，围绕产品建立

起情感体验，就足以赢得客户的青睐——这种感觉如此强烈，以至于客户会为预订、等待、排队做好准备。这在时尚界尤为明显：客户为了抢到限量版的手袋和鞋子，不惜做出无礼的举动。以奢侈品牌爱马仕为例，客户甚至愿为一个手袋而等待数年。然而，对大多数企业而言，这只是特殊情况。客户希望产品和服务的提供商尽其所能，赢得自己的好感，让自己在购物过程的各个阶段保持愉悦的心情。虽然讨

客户愿意排队购买特定品牌，这是他们忠于品牌的表现。图中所示为新品发售首日，意大利买家在米兰的一家博柏利（Burberry）门店外等候。

好新客户一直是营销战略的重要组成部分，但是，现有客户产生的利润更丰厚。现有客户会不断购买同样的产品或服务，或是在同一个供应商那里购买不同的产品。业界已经意识到，一些客户更有利可图，讨好能够带来利润的客户、让他们花得更多，会带来回报。

在网络零售业中，根据客户的购买历史来定制电邮促销活动，会鼓励客户重复购买。在邮购或直邮业中，寄送有优惠信息或互补产品"交叉促销"活动的宣传单，也可以起到类似的作用。而在商店中，销售人员的精明参与会提供直接的情感基础，促使客户购买额外的产品，尽管这会给企业带来成本。因此，获得客户的青睐取决于产品或服务的品质，以及客户对特

20世纪30年代，美国心理学家伦西斯·利克特（Rensis Likert）提出了用来度量态度的利克特量表。对某个陈述的反应被分为五个等级，参与者选择他们最认同的一项。利克特量表是获得客户反馈的一种有效方法，但它也遭到了一些批评，因为它的选项是固定的，可能会得出偏颇的结果。

| 强烈同意 | 同意 | 既不同意也不反对 | 反对 | 强烈反对 |

定品牌或企业保持忠诚能够获得的好处。

培养忠诚度

对于零售业，忠诚度计划尤为重要。忠诚度计划的想法始于航空业推出的常飞旅客计划。成功的忠诚度计划不仅向客户提供"返现"类的激励，还使企业能够收集到客户偏好、消费习惯、品牌喜好、促销反应等方面的数据。零售商可以用此类数据来做产品库存方面的决策。美国的诺德斯特龙百货公司（Nordstrom）就通过忠诚度计划记录下了客户喜欢的尺码和颜色，以及生日、周年纪念日等个人信息。诺德斯特龙百货还提供"时尚奖励"——用商场信用卡支付的每一美元都能赚取积分。若客户的积分积累到一定数目，他们就会收到"诺德斯特龙赠券"，用以抵扣日后的消费金额。全球有不少商场也推出了类似的计划。

> 客户可以跑到别的地方交易，然后轻而易举地把你炒掉。
>
> ——迈克尔·贝里达尔
> （Michael Bergdahl）
> 沃尔玛人力主管（1954–）

在线挑战

忠诚的客户会给在线零售商带来更大的收益。但是，在线零售商无法克服的问题是：它缺乏实体店铺所提供的直接情感关联。

例如，美捷步（Zappos）就依靠电话服务中心来与客户建立关系，赢得客户的忠心。美捷步的创始人谢家华（Tony Hsieh）认为，电话服务中心不属于运营成本，它代表了市场机遇。美捷步的客服人员并没有照本宣科，他们的目标是同客户建立情感关联。如今，客服人员尽力为客户排忧解难的好名声，已经构成了美捷步品牌的一部分。例如，提前发货、365日内可退货等简单策略，让美捷步的重复购买率达到了75%。

在当今这个数字时代，亚马逊的前CEO杰夫·贝佐斯为亚马逊客户满意度的提高铺平了道路。为了提高客户满意度，亚马逊提供了次日交付、付费退货等服务。亚马逊的客户满意度指数一直居高不下。如贝佐斯所言："在现实世界里，如果你惹客户不高兴，每个客户都会告诉他的6位朋友。在互联网上，如果你惹客户不高兴，每个客户都会告诉6000个人。"∎

客户忠诚度和商店专用信用卡鼓励客户重复购买产品，并为企业提供收集客户购物习惯数据的机会。

客户永远正确吗？

1865年，马歇尔·菲尔德（Marshall Field）在芝加哥创办了马歇尔百货公司。1909年，哈利·塞尔福里奇在伦敦创办了塞尔福里奇百货。人们将"客户永远正确"这种说法归功于这二人。"客户永远正确"的说法意味着：留住客户的成本比寻找新客户的成本更低。在对产品宣传夸大其词的年代，"客户永远正确"被用来吸引迅速扩大的中产阶级。

然而，自20世纪90年代起，营销人员开始认同"客户不会永远正确"的观点，对消费进行区别对待。

企业可以根据个人投资回报率（ROI）或终身价值来度量客户，为更有利可图的客户提供服务。于是一些企业开始区分客户：有些客户永远正确，有些则不值得听从。

要洗白，用 "绿刷"

"洗绿"

背景介绍

聚焦
商业伦理

主要事件

1985年 科学家宣布发现了臭氧层空洞。

1986年 美国环保活动家杰伊·维斯特维德（Jay Westerveld）在一篇文章中首次使用了"洗绿"一词。

1990年 这一年是"世界地球日"的20周年，进入美国市场的日用品有四分之一都以"可回收利用""可生物降解""对臭氧层无害""可分解"来进行广告宣传。

1992年 美国联邦贸易委员会与美国环境保护局联合发布了《环保营销声明使用指南》。

1999年 《牛津英语词典》收录了"洗绿"一词。

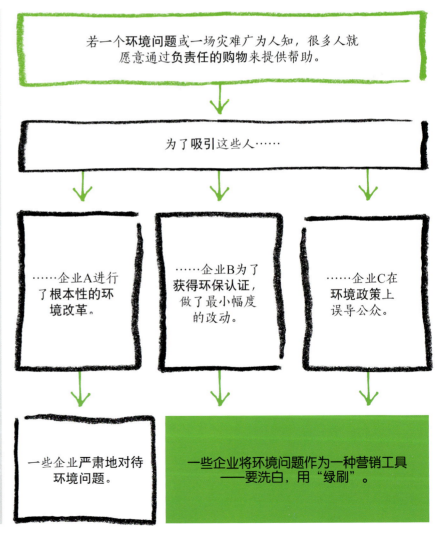

若一个环境问题或一场灾难广为人知，很多人就愿意通过负责任的购物来提供帮助。

为了吸引这些人……

……企业A进行了根本性的环境改革。

……企业B为了获得环保认证，做了最小幅度的改动。

……企业C在环境政策上误导公众。

一些企业严肃地对待环境问题。

一些企业将环境问题作为一种营销工具——要洗白，用"绿刷"。

参见：危机管理 188~189页，避免自满 194~201页，商业中的道德 222页，建立合乎伦理的文化 224~227页，伦理的吸引力 270页。

20世纪90年代，环保运动兴起，"洗绿"的概念应运而生。"洗绿"指的是公司和政府部门打着环保的幌子行事，但被人们所察觉。公共利益问题被"洗白"指的是粉饰某些方面或者掩盖某些事实。相应地，"洗绿"的定义是：给环保话题加上光鲜亮丽的外表，把人们的注意力从严肃的讨论和明确的行动上引开。

环保活动家杰伊·维斯特维德第一次在出版物中使用了"洗绿"一词。在1986年的一篇文章中，维斯特维德提到了一些酒店的做法：它们要求客户不要过多使用毛巾，从而减少洗涤次数、保护环境。维斯特维德认为，此举的目的是节省成本，而非保护地球。

"洗绿"运动的发展

直到20世纪80年代，大多数企业管理者仍认为，环境问题是能够规避的潜在问题，或者是能够解决的公共关系问题。但在1985年，臭氧层空洞的新闻引发了消费者对喷雾器的抵制，因为其中的氯氟烃被认为是臭氧层的主要威胁。随着消费者支持环境运动的呼声越来越高，营销人员发现，将产品和公司形象同环保结合起来，可以使企业拥有巨大的优势。

1987年，《布伦特兰报告》发布。这之后，营销界第一次接收到环保的概念。有人曾预测，20世纪90年代昭示着绿色革命的到来。企业则一窝蜂地将自身与环保产品和环保流程联系了起来。

绿色企业

早在20世纪70年代，美体小铺、沃尔沃等企业就采取了绿色战略。当时，恰逢媒体在寻找与环保相关的故事，这些企业得以在新闻报道中频繁出现。这些宣传增加了采取绿色战略、生产绿色产品的企业的吸引力。

同时，越来越多的证据表明，消费者并不相信他们读到或看到的每件事，并且对商界的环保意图产生了怀疑。但是商界看到，走上环保之路仍然具有商业上的优势，营销人员也开始实施战略，接触具有环保意识的消费者。

"洗绿"已经出现在了出人意料的地方。核工业为了消除核能危险的坏名声而向人们宣传核能是全球变暖的一项补救措施。2006年，武器制造商BAe宣布，它将生产"无铅子弹"。市场营销人员应当记住，一般而言，公众能够识别出哪些政策和实践真正对环境有益，哪些只是为了"洗绿"。■

绿色之惑

1987年，联合国发布了《布伦特兰报告》，号召各国保护环境。此后，环保广告和环保运动的数量急剧增加。1989年至1990年，美国推出的环保产品增加了一倍。20世纪90年代初，环保产品持续扩张。这一现象得到了研究的支持，它表明，消费者对环保产品产生了浓厚的兴趣。

然而，到20世纪90年代中期，几项重要研究指出：若需要为绿色产品支付较高的价格，消费者的意图与行为就会出现不一致。人们担心，绿色战略可能会对股东的态度造成消极影响。

这些因素会导致如下形式的"洗绿"：为了看起来环保，企业会对产品或流程进行微小的改动，但只是不让环境问题触及底线罢了。

"洗绿"——直接、蓄意的虚伪……发生的概率可能并没有那么高。但可怕的命运……正在靠近。
——安德鲁·温斯顿（Andrew Winston）
美国环保战略家

人们希望企业拥有利润最大化以外的信仰

伦理的吸引力

伦理具有吸引力，是因为人类对公平交易有基本的偏好。从20世纪初开始，商业伦理——交易的道德原则和规则，成了一个重要的研究领域。起初，人们的关注点是工人的权利和工作环境，以及工人是否得到了"公平薪资"。20世纪60年代，消费者也开始要求权利，希望进一步了解企业的声誉和做法。

然而，直到20世纪80年代，伴随着公平贸易基金会的成立，市场才开始思考伦理问题。一套认证系统应运而生，生产和交易过程中不存在剥削的产品可以获得这项认证。这使消费者在购买时能够依据伦理因素来挑选产品。

从20世纪90年代起，企业开始追求全球化战略，越来越多地将生产外包给低薪资经济体。由此引发的相关问题逐渐引起了消费者的注意，他们开始关注购买选择可能产生的后果。

2010年，联合利华在"可持续生活计划"中公布了其伦理目标。联合利华承诺：到2020年时，会将"环境足迹"降低一半，寻求可持续的原料来源。其他企业纷纷效仿，以迎合公众的情绪。虽然消费者很清楚，有些企业无法兑现承诺，但他们仍然选择相信这些企业。正如Facebook创始人马克·扎克伯格（Mark Zackerberg）注意到的那样，"人们希望企业拥有利润最大化以外的信仰"。■

贴有公平贸易标签的玛雅咖啡向消费者保证，支付给咖啡种植户的报酬是公平的。

参见： 照章办事 120~123页，商业中的道德 222页，建立合乎伦理的文化 224~227页，了解市场 234~241页，"洗绿" 268~269页。

免费赠品人人爱

促销和奖励

背景介绍

聚焦
营销激励

主要事件

1895年 美国Postum Cereals公司为促销谷物食品而推出了"减一便士"的优惠券。

1912年 美国的Cracker Jack为了吸引客户购买爆米花,提供了"开盒有奖"的奖励。

1949年 美国食品生产商Pillsbury策划了一场促销活动——与其产品相关的烹饪大赛。

1975年 "百事可乐味觉测试"使百事可乐在超市的销量超过了可口可乐的销量。

1992年 电器制造商胡佛(Hoover)提出,花费100英镑购买其产品的英国客户都可以得到一张免费机票。此举大受欢迎,以致胡佛付出了近5000万英镑的代价。

营销人员通常用免费礼物、奖品、折扣或奖励来打动消费者,让他们购买产品。这一策略被称作"激励营销"或"促销"。它通常用于推出新产品、在销量增长缓慢时重新激起人们的兴趣或帮助企业树立声誉、创立品牌。

美国实业家威廉·瑞格利(William Wrigley)是提供激励、鼓励购买的先驱。1892年,为了销售箭牌口香糖,瑞格利向客户赠送礼物或"额外奖励",成功地将客户从已有品牌那里拉拢了过来。瑞格利也经常采用这一策略来带动销量的增长。

推与拉

用现代营销学术语来说,瑞格利使用的是"拉式"激励:靠礼物或降价来刺激消费者,促使零售商储备更多的产品。营销人员也可以采用"推式"激励:为零售商或批发商提供补偿,让他们引导消费者把注意力转移到特定产品上。

"推式"激励和"拉式"激励都会使销售收入短期上升。但是,随着时间的推移,激励的影响力会逐渐消失,促销疲劳出现,激励的成本也会变得过于高昂。促销的成功与否可以用投资回报率(ROI)来衡量。若ROI下降,或者企业声誉因过度促销而受损,就代表激励的战略失去了效力。■

我认识到,技术不能靠推动,它必须靠拉动。
——比尔·福特(Bill Ford)
美国实业家(1957–)

参见: 了解市场 234~241页,创立品牌 258~263页,制造轰动 274~275页,市场营销组合 280~283页。

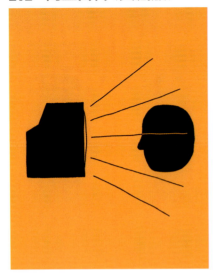

经济繁荣时，人们希望做广告；经济糟糕时，人们必须做广告

为什么要做广告？

背景介绍

聚焦
广告

主要事件

1729年 科学家本杰明·富兰克林在《宾夕法尼亚报》上为其公司的发明做了广告。

1840年 世界上第一家广告公司在美国费城成立。

1939年 可口可乐在广告宣传片中使用了圣诞老人形象，这个胖老头的形象如今妇孺皆知。

1955年 尽管研究发现肺癌与吸烟有关，但万宝路标志性的牛仔形象还是取得了巨大的成功。

1994年 HotWired成为第一家出售横幅广告的网站。一年后，第一台能够追踪并管理广告的服务器上市。

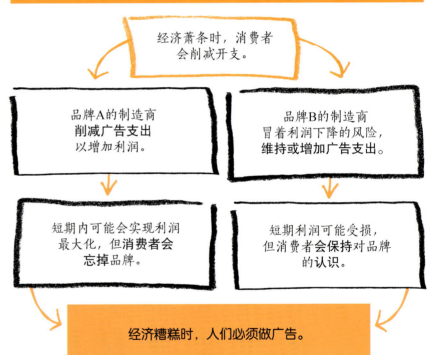

经济萧条时，消费者会削减开支。

品牌A的制造商削减广告支出以增加利润。

品牌B的制造商冒着利润下降的风险，维持或增加广告支出。

短期内可能会实现利润最大化，但消费者会忘掉品牌。

短期利润可能受损，但消费者会保持对品牌的认识。

经济糟糕时，人们必须做广告。

在企业看来，做广告似乎是在浪费金钱。经济萧条期间，企业需要削减开支，而广告通常首当其冲。广告公司老板布鲁斯·巴顿（Bruce Barton）说："经济繁荣时，人们希望做广告；经济糟糕时，人们必须做广告。"巴顿的观点是，应将广告作为一项持久的努力，从而与既有客户和未来客户建立联系。

20世纪20年代至20世纪40年代，美国的一些主要广告活动都要归功于巴顿。巴顿坚信，削减广告支出是愚蠢的。相反，他指出：不

参见： 在市场上脱颖而出 28~31页，AIDA模型 242~243页，关注未来市场 244~249页，创立品牌 258~263页，让客户喜欢 264~267页，制造轰动 274~275页。

Have a break — have a Kit Kat

断投放广告、不断在市场上表现自己，是有优势的。要想在商海沉浮中生存下来，企业应在客户心目中持久地存在。

巴顿相信，在市场繁荣时做广告，而在利润下降时削减广告支出，是一项错误的节约措施。企业如果撤掉广告，就有可能被客户遗忘。待经济再次繁荣时，企业要想重新赢得客户的芳心，就没那么容易了。

创立品牌

广告的价值在于，它能为企业或产品建立起不可磨灭的形象。巴顿并不是第一个认识到这一点的人。19世纪末期，托马斯·巴勒特（Thomas Barratt）——有时也被誉为"现代广告之父"，就为英国梨牌肥皂公司策划了不少广告。这些广告使梨牌成了香皂的同义词。梨牌肥皂公司的所有者弗朗西斯·皮尔斯（Francis Pears）对广告支出极其谨慎，但他的女婿托马斯·巴勒特更愿意承担风险。巴勒特很清楚，要留在公众视线里，

自20世纪60年代起，差不多六七十年的时间里，奇巧巧克力（Kit Kat）的广告一直沿用"休息一下，吃个奇巧"的宣传语。如今，"休息一下"已成为奇巧品牌的同义词。

就必须不断评估市场上千变万化的需求。

长期的广告活动能帮助企业建立品牌形象。雀巢公司的奇巧巧克力便是一个典型的例子。奇巧巧克力行销100多个国家，大部分人都能说出它的品牌口号——"休息一下，吃个奇巧"。这一口号广为人知的其中一个原因是：它自1957年起一直沿用至今。从那时起，它便是奇巧广告和营销的重要组成部分。

存在的力量

有人认为，企业停做广告，会有从公众意识中消失的风险。这在当今尤为如此，因为大多数人每

早睡早起，拼命工作，拼命做广告。

——泰德·特纳（Ted Turner）
美国传媒巨头（1938–）

天会收到海量的信息和图片。关于电视观众对广告反应的研究表明，哪怕客户承载了过多的信息、明显缺乏兴趣，或是对广告已经形成了免疫，但只要广告能增强以往的品牌偏好，仍会给客户留下积极的印象。这似乎印证了巴顿的观点，即要使广告有效，需要付出长久的努力。■

爱德华·伯奈斯

爱德华·伯奈斯（Edward Bernays）（1891–1995）被后人誉为公共关系的先驱。伯奈斯擅长把特殊事件、新闻发布同第三方影响结合起来，为客户的产品做促销。

伯奈斯是心理学家西格蒙德·弗洛伊德（Sigmund Freud）的外甥。他对心理学十分痴迷，经常雇用心理分析学家为其广告宣传提供证据支持。

20世纪20年代，伯奈斯成功地为美国烟草公司策划了一则广告。这则广告彻底改变了人们的观念，解除了女性在公共场所吸烟的禁忌。

伯奈斯喜欢举办竞赛。为了帮宝洁公司促销肥皂，他策划了一场儿童皂雕大赛。

伯奈斯的客户还包括汽车制造商通用汽车公司，以及早期电视机制造先锋——飞歌（Philco）。

伯奈斯还努力提升公共关系的形象，并将其本身确立为一个严肃的职业。

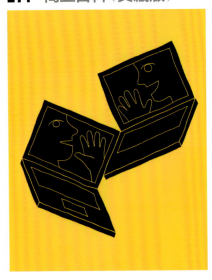

让你的想法尽可能有趣

制造轰动

口碑营销最为有效。 → 营销人员可以使用网络社区和社交媒体，让产品产生轰动效应。 → 最佳创意"流行起来"，并迅速传播。

背景介绍

聚焦
口碑营销

主要事件

20世纪70年代初 美国心理学家乔治·斯尔曼（George Silverman）开创了口碑营销研究的先河。斯尔曼注意到，在试验新药的研究小组中，同伴具有很强的说服力。

1976年 英国生物学家理查德·道金斯（Richard Dawkins）阐明了趋势是如何通过自然的模仿过程传播的。

1997年 Hotmail的普及，成为首个病毒式网络营销的典型例子。

2012年 饮料制造商红牛赞助菲利克斯·鲍姆加特纳（Felix Baumgartner）进行高空跳伞，本次跳伞的高度属有史以来最高。相关视频在YouTube上获得了800万次的浏览量、创下了社交媒体的新纪录。

时髦的宣传语虽然到现代才出现，但制造轰动的思想由来已久。在复杂的市场中，精明的消费者比比皆是，他们不再相信广告商提供的大多数信息。因此，口碑营销就成了营销的主要手段。口碑营销战略利用消费者自己的声音——普通人的话语——来进行销售，既不靠大品牌的发言，也不靠无所不能的大众媒体。

早在1973年，大卫·奥格威（David Ogilvy）便意识到，广告歌曲、宣传语都可以"流行起来"，成为社会文化的一部分。虽然奥格威确信口碑营销是有价值的，并将之称作"天赐之物"，但他认

为："没人知道怎样有意为之。"他同样清楚笑话的力量。"采用笑话来传达好点子，"他思索道，"让你的想法尽可能有趣。"

传播信息

在21世纪，口碑营销战略主要通过社交媒体在网络上进行。现代营销人员能够带着目的在网络上发起口碑营销活动；同时，他们能够理解奥格威的建议带来的影响，即用幽默、古怪和不着边际的想法来制造轰动。如今，人们仍然与友人分享第一手的体验。操纵这种传播趋势的策略包括：游击式营销，即用低成本、非常规的方法，结合意

参见: 了解市场 234~241页, 创立品牌 258~263页, 为什么要做广告? 272~273页, 标杆管理 330~331页。

单个使用者向朋友分享图片或想法, 这些朋友再将信息传递给他们的朋友。借助现代技术, 想法会迅速传播开来, 最终传递给成千上万的使用者。

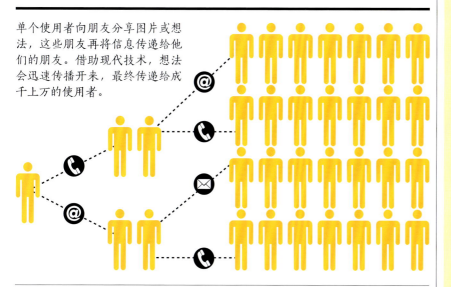

模因与模仿

1976年, 演化生物学家理查德·道金斯提出了如下理论: 基因会导致生理特征重复出现; 同样, 观点、行为或风格等文化信息, 也会在人与人之间传播。道金斯将这种文化信息称为"模因"。与基因一样, 模因会在人群中传播、突变、消亡。如道金斯所言:"基因库中的基因会通过精子和卵子, 在躯体与躯体之间扩散, 实现自我繁殖。同样, 模因库里的模因会通过广义的模仿过程, 在头脑与头脑之间扩散, 实现自我传播。"

营销人员将这一理论应用到了网络行为中。照片、影像、视频、网站、词汇或标志, 都可以是互联网的模因。这些模因源自单个使用者或使用者群体, 一旦被互联网上的其他使用者模仿, 其影响力就会大大增强。如果品牌能够利用好既有模因, 就能以相对低廉的成本获得广泛的关注。

外的因素, 引发人们的评论; 病毒式营销, 通常借助社交媒体来传播赞助商的视频, 或者鼓励影响力较大的博主来推荐产品。

在《引爆点》(2000) 一书中, 英国社会评论家马尔科姆·格拉德威尔 (Malcolm Gladwell) 勾勒出了社会风潮的力量, 说明了微小的原动力如何引发普遍现象。格拉德威尔认为, 书名"引爆点"指的是"想法、趋势或社会行为跨越临界点, 然后如野火一般蔓延开的魔幻时刻"。这很好地描述了现代的口碑营销, 但后者源于更宽泛的思想, 即好的想法会在人类文化中不断重现。格拉德威尔解释说:"想法和产品……信息和行为, 会像病毒一样扩散。"

启动模仿过程

营销人员可以模拟这一传播过程, 鼓励消费者或网络社区中有

影响力的人士来启动模仿过程, 成为"品牌的拥护者"。潮流对成功至关重要的行业处在网络口碑营销的第一线。网络时装零售商ASOS就利用Twitter和Facebook来宣传消费者的推荐、提供娱乐活动。2011年, ASOS推出了"都市之旅"宣传活动, 营销人员拍摄的视频展现了全球顶尖的街头舞者和轮滑爱好者的风貌。点击这些视频即可购物, 而且这些视频并不依赖软件平台, 因此很容易在社交媒体上传播。

运动鞋品牌耐克处在潮流的前沿, 它制作的视频充满了"尖叫"元素, 能像病毒一样扩散开来。两分钟的视频《一点成金》, 就展现了足球明星罗纳尔迪尼奥穿着耐克球鞋大秀球技的情景。■

如今, 劝服的潜力在众人手中……
——B. J. 福格 (B. J. Fogg)
美国行为科学家

电子商务即将变为移动商务

移动商务

背景介绍

聚焦
移动商务

主要事件

1983年 美国发明家查尔斯·沃尔顿（Charles Walton）为第一台无线射频识别（RFID）设备申请了专利。RFID技术为移动商务和近场通信（NFC）铺平了道路。

1997年 第一笔移动商务交易在芬兰的赫尔辛基完成。交易依靠的是两台接受短信付款的可口可乐自动售货机。

1999年 日本的iMode和菲律宾的Smart Money成为首批全国性的移动商务平台。

2007年 诺基亚推出了第一部支持近场通信的商务手机。

2011年 谷歌钱包（Google Wallet）这一手机应用程序能够存储信用卡数据，实现手机购物。

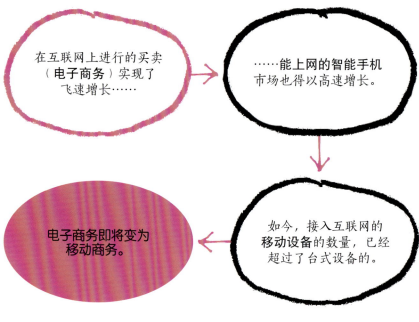

在互联网上进行的买卖（**电子商务**）实现了飞速增长……

……能上网的智能手机市场也得以高速增长。

如今，接入互联网的**移动设备**的数量，已经超过了台式设备的。

电子商务即将变为移动商务。

电子商务指的是在互联网上进行买卖。而移动商务特指通过移动通信网络进行交易。从小额的易趣网购物，到超大额的股权和股票交易，交易的规模可小可大。移动商务的运作方式与电子商务的十分相似，但它依靠的是为移动设备和手持设备特别设计或改造的网站和应用程序。移动商务还包括运营商代扣，即购买物品的费用被直接记入手机账单。此外还有感应支付，就是使用载有信用卡信息的移动设备，通过谷歌钱包等应用程序进行支付。消费者可以将设备贴近支持NFC技术的支付点，在两台设备之间建立无线连接，进而完成交易。

参见: 改变与改变 52~57页, 了解市场 234~241页, 精益生产 290~293页, 实践想法, 检验想法 310~311页, 正确的技术 314~315页。

> 消费者不再逛商场,
> 但他们一直在"逛商场"。
> ——查克·马丁(Chuck Martin)
> 美国企业家

移动商务的发展

人们预测,移动设备上进行的网络销售的价值会有成倍的增长。Forrester曾预测,2012年至2017年这五年间,美国移动商务销售收入的年均复合增长率为48%。同期智能手机和平板电脑的移动商务价值将分别增长250%和425%以上。

英国引领着欧洲移动商务的发展。巴克莱银行也做过类似预测,在2012年到2017年这五年内,移动商务的增长率达到55%,而传统网络销售的增长率仅为8%,店铺销售的增长率则为1.6%。

新兴市场

移动商务突如其来的爆炸式增长,可以归结为以下几个原因:消费者对智能手机和平板电脑的使用时间增加;越来越多的人通过移动设备而不是台式电脑上网;消费者越来越习惯移动购物,享受着它的便利性与即时性;人们对这类服务也越发信任。

中国、印度、非洲等新兴市场的智能手机销售增幅最大。因此,这些国家被认为是移动商务增长的中心地带,也就不足为怪了。在中国,不断壮大的中产阶级青年队伍正推动着移动交易的迅速扩张;而在非洲,人们绕过电子商务,直接步入了移动商务时代。在某些非洲国家,由于缺乏便捷的银行基础设施,因此人们通过手机建立了一套非正式的银行体系。

Safaricom是肯尼亚的主要移动网络供应商。2007年,它开通了名为M-Pesa的手机银行服务。转到手机上的资金可用于购物或转账。目前,M-Pesa已在肯尼亚、坦桑尼亚、阿富汗、南非和印度开展了业务,而Safaricom的股东沃达丰公司还计划将这项服务推广到全球。这个案例说明,从长远来看,移动商务或许会带来一个"天下无现金"的社会。■

移动银行

从一开始,银行业便推动着移动商务的发展。1997年,芬兰商业银行推出了第一项基于移动电话的银行服务。一直以来,软件开发者面临的主要挑战包括:安全(提供安全的交易环境)、技术(开发能在各类手机上使用的跨平台银行服务程序)、创新(找到将数字银行与零售商结合起来为客户提供个性化服务的办法)。

西班牙La Caixa银行推出了非接触式自动取款机,客户只需轻触手机,就能提取到现金。客户还可以购买入场券、选择座位、在入场时出示二维码。在澳大利亚,联邦银行的客户只需轻触手机,就可向零售商付款。移动银行的演化,让使用者不论使用哪家银行、不论去哪里购物,都能够完成支付。

在肯尼亚,M-Pesa提供的手机转账服务十分受欢迎。人们可以通过短信将资金转移到手机的电子钱包中,从而向国内的商店和机构进行支付。

预测未来好比夜晚驾车不开灯，还张望着后窗

预测

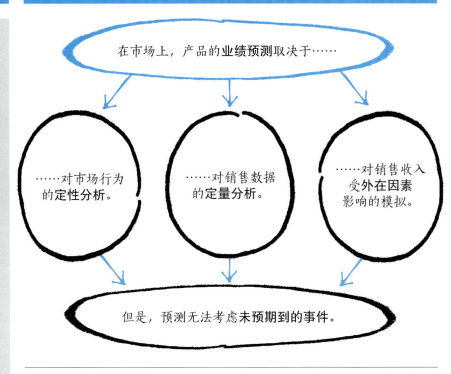

在市场上，产品的**业绩预测**取决于……

……对市场行为的定性分析。

……对销售数据的定量分析。

……对销售收入受外在因素影响的模拟。

但是，预测无法考虑**未预期到的事件**。

预测销售收入是营销人员最为重要的一项任务。营销人员可以提供产品在市场上的预期业绩信息，为管理部门制定意义重大、能够影响整个企业的决策提供依据。

20世纪30年代，营销人员第一次提出，经济模型可用来预测区域的销售情况。20世纪50年代之后，定性方法与定量方法出现。定性预测取决于管理人员的经验，以及其掌握的市场反应情况。定量方法使用的是诸如销售模式这类的数值数据。定量方法还包括利用企业

参见: 危机管理 188~189页, 平衡短期行为和长期行为 190~191页, 应急规划 210页, 营销模式 232~233页, 精益生产 290~293页, 基于时间的管理 326~327页。

历史数据, 对未来的销售收入进行假定的方程, 以及能显示某项产品或服务的潜在客户数量的市场研究。此外, 营销人员还要考虑企业无法掌控的外在因素(如经济状况), 模拟出外在因素对销售收入的影响。

未预期到的事件

即使是设计巧妙的预测, 也会因为未预期到的事件而被否决。例如, 旅游业未来的业绩就很难预测, 因为天气、全球时事等因素会严重影响客户的选择。

从销往中国的奢侈手表可以看出时事的影响。2009年至2011年间, 欧洲高端制表商的产品在中国的销售额不断增长。但自2012年年末开始, 其产品的销售额出现急剧下滑——单季度跌幅高达24%。这一结果与中国近年来反对奢靡有一

对于未来, 我们唯一知道的是它会与现在不同。

——彼得·德鲁克

定的关系。

预测值得做吗?

管理咨询师彼得·德鲁克对预测甚为不屑。他在《管理: 任务、责任、实践》一书中写道: "我们必须从这个前提开始——预测……在短期之外, 毫无价值。"德鲁克的谨慎态度是有原因的。1929年华

尔街股市崩盘之前, 德鲁克曾在一份经济学期刊中断言: 股票价格还会持续上涨。毕马威(KPMG)认为, 大多数企业的预测都不切实际, 平均会夸大13%。

毕马威还认为, 改善数据管理、情境规划, 进行短期而非长期的预测, 都能提高预测的精确度。尽管精确预测十分困难, 但它仍是营销人员推动企业决策的主要手段。■

股市上的股票受到多重因素的影响, 其中包括一些难以预测的因素, 如全球时事、极端天气, 以及全球经济前景。

精确预测

精确预测取决于企业的交付期, 即从下单到向客户交付的时间。交付期越长, 预测的误差越大。有理论认为, 如果交付期缩短50%, 那么预测误差也会降低50%。

20世纪90年代, 得克萨斯大学的埃德蒙·普拉特(Edmund Prater)等管理学家提出: 可以创造"需求驱动型"供应链, 利用信息技术来缩短供给决策与实际需求的时间差, 来

改善预测的精度。企业活动受需求驱动的程度越高, 对预测的需求就越低。例如, 沃尔玛曾要求各门店将订单周期从每月改为每两周。此举降低了库存, 因为周期的缩短提高了预测的精度。

产品、场所、价格、促销

市场营销组合

背景介绍

聚焦
营销战略

主要事件

1910年 拉尔夫·巴特勒（Ralph Butler）教授在他讲授的大学课程名称中引入了"市场营销"一词。

20世纪20年代 市场营销进一步得到认可，成为公认的研究领域。

1948年 詹姆斯·卡林顿（James Culliton）提出了营销人员是"要素混合体"的思想。

1953年 尼尔·博登（Neil Borden）创造出了"市场营销组合"一词。

1960年 E. J. 麦卡锡（E. J. McCarthy）认为，4P是市场营销组合的因素。

1990年 罗伯特·劳特朋（Robert Lauterborn）提议用4C代替4P。

2013年 菲利普·科特勒保留了4P，但增加了第5个P——目标。

市场营销组合的概念是一套理论框架，它能帮助企业拟定规划，并将发布、销售产品或服务的有效战略付诸实践。市场营销组合的具体化，能帮助营销人员明确职责，将营销职能同企业的其他活动区分开来。

将产品或服务投入市场时，企业需要考虑一系列因素。企业的决策应涉及产品或服务的方方面面，例如产品或服务的类型、分销场所、价格和促销。这些因素是构成市场营销组合的要素，营销人员可以对之进行调整，从而影响客户

参见：营销模式 232~233页，产品组合 250~251页，促销和奖励 271页，满足需求 294~295页，优质销售 318~323页。

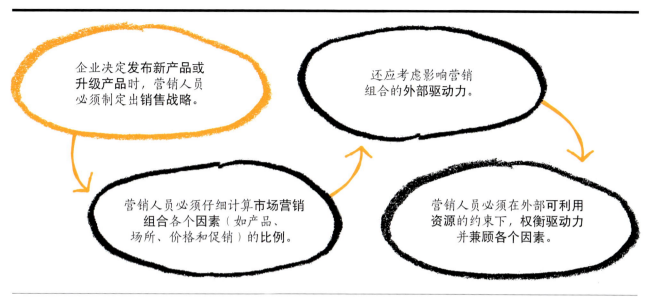

企业决定**发布新产品或升级产品**时，营销人员必须制定出**销售战略**。

还应考虑影响营销组合的**外部驱动力**。

营销人员必须仔细计算**市场营销组合各个因素**（如产品、场所、价格和促销）的比例。

营销人员必须在外部**可利用资源的约束下**，权衡驱动力并兼顾各个因素。

对所售产品或服务的反应。营销人员还应考虑市场外部的驱动力，如客户行为、市场竞争等，它们都会影响市场营销组合。

建立市场营销组合

1950年，哈佛商学院教授尼尔·博登首次创造出了"市场营销组合"这一术语。1953年，博登出任美国市场营销协会主席，他在就职演说中首次引入了"市场营销组合"。但博登认为，这一思想要归功于他的同事詹姆斯·卡林顿教授。1948年，卡林顿首次提出了营销人员是"要素混合体"的思想。受卡林顿思想的启发，博登开始用"市场营销组合"来描述卡林顿的"要素混合体"应当规划的内容。

1964年，博登在《市场营销组合的概念》一文中建议，营销管理者在制订营销计划时，应列出两份清单：第一份清单应逐条列出营销计划的重要因素；第二份清单应列出影响第一份清单的外部驱动力。

第一份清单应包含企业成功销售的必备元素，如产品规划、定价、品牌、配送、促销等。第二份

市场营销组合包含一系列重要因素，它们构成了营销计划。

——尼尔·博登

清单应列出外部驱动力，如客户行为、零售商、竞争对手、政策等其他外部因素。

博登认为，营销管理者应当考虑外部因素的影响，兼顾第一份清单中的营销因素，制订与企业资源相符的最优规划。博登提议，管理者应画出图表，列出市场营销组合的因素，真正掌握营销应当考虑的全部因素。

卡林顿和博登的思想促进了"市场营销组合"这一概念在学术界的进一步发展。E. J. 麦卡锡是密歇根州立大学的营销学教授。1960年，他将市场营销组合的因素浓缩成了简单好记的4P组合："产品""场所""价格""促销"。这四个因素也成为市场营销组合的权威词汇。麦卡锡在其经典著作《基础营销学》（1960）一书中详细说明了4P组合的本质。"产

4P是市场营销组合的关键因素，四个因素之间应保持平衡，整个市场营销组合也应保持平衡。人们提出了不少因素来作为市场营销组合的必备因素，但核心的4P一直经久不衰。

产品
评估客户的需要；确定产品在何处使用、如何使用；确定品牌和包装，以及产品与市场上其他产品的差异。

场所
决定产品到达市场的方式（分销渠道、运输物流、存储和搬运），以及如何超越竞争对手，或者与竞争对手区分开来。

市场营销组合

价格
根据市场规则、客户感知到的价值、客户的价格敏感度以及竞争对手来设置价格。

促销
留意到达目标市场的时间和地点、最佳的媒介（电视、收音机或出版物），以及评价竞争对手的技术。

品"指的是为目标市场开发的产品或服务。此外，"产品"还包括品牌宣传、包装、保修，以及与产品供应相关的所有因素。"场所"指的是产品将如何到达目标市场，才能确保它在需要的时间和地点都可获得。换言之，"场所"即分销渠道、运输物流、存储和搬运。"价格"包括根据市场竞争而设定的价格、整个市场营销组合的成本，以及客户能够接受的价格水平。如果价格不被认可，营销人员的努力就会付之东流。"促销"指的是目标市场与分销链的其他环节就产品信息进行的交流，即公共关系、广告、促销等。

经久不衰的公式

自20世纪60年代起，4P组合就已成为营销人员制定战略决策时无可争议的手段。4P组合已经成为一项惯例，任何一本营销学教科书中都会提及，它在管理学思想中占据着主导地位。虽然人们提出了一些扩充或替代性的市场营销组合，但它们都没能取代麦卡锡的最初设定。

例如20世纪90年代，广告学教授罗伯特·劳特朋就认为，4P组合是从销售者而非购买者的角度出发的。他据此认为，20世纪末以客户为中心的营销方法已经过时。劳特朋将4P组合重新定义为4C组合：客户解决方案（Customer Solution）、便利性（Convenience）、沟通（Communication）和客户成本（Customer Cost）。

贾格迪什·赛斯（Jagdish Seth）和拉金德拉·西索迪亚（Rajendra Sisodia）两位教授提出的是4A组合：可接受（Acceptability）、可负担（Affordability）、可获得（Availability）和可察觉（Awareness）。2005年，学者查基坦·戴夫（Chekitan Dev）和唐·舒尔茨（Don Schultz）认为4P组合不再适用，推动客户决策的是情绪或对价值的渴望，而不是能够满足需求或满足特定价位的特殊产品。其他评论家进一步提出了适用于电子商务的框架。不过，《互联网营销》的作者卡洛琳·西格尔（Carolyn Siegel）认为："虽然很多人都想取代或扩展4P组合，但

市场营销组合是四个变量的组合，即"产品""场所""价格""促销"。
——E. J. 麦卡锡

> 市场营销组合表示的是某个特定时间点上，企业对营销决策变量的设定。
>
> ——菲利普·科特勒

4P经受住了考验，在竞争性市场中，它仍是营销人员组织战术时采用的有效方法。"

4P组合的实践

时装等行业需要超前的思维，需要接纳电子商务和移动商务。4P组合在这类行业中有明显的体现。英国休闲时装品牌Bench就是一例。注重时尚的客户对即时性有较高的需求，为了满足他们的需求，Bench会关注"场所"——这里指的是产品抵达零售门店的速度。Bench并没有采用通常的时装展销或秀场邀约的方法，而是采取了更为直接的方法。销售人员将货样拿给零售商，在零售店里直接向总部下单。系统自动生成购买订单，几小时内便能传达到生产场所。从客户的角度（个体消费者和零售商店）来看，新样式的迅速到货能使品牌保持新颖别致。对企业

而言，这提高了效率，使收益预测更准确，也大大降低了季末库存过剩的风险。

时装连锁店Zara的市场营销组合是4P组合的体现。Zara强调的是"场所"（分销），每周有两次新品交付，从绘制出新的设计草图到产品抵达商店只需要10～15天。对"场所"采用如此精简的做法，说明"产品"能够即时反映潮流；"促销"发生在互联网的实时渠道上；由于强调"场所"，"价格"得以维持在较低的水平。

虽然营销大师菲利普·科特勒对4P的替代组合表示认可，但他坚持认为，4P组合仍然是一套有用的框架。2013年，科特勒提出了第5个P——"目标"（Purpose）。"目标"不仅指企业的盈利目标，也指成为好公司的高目标。Zara采纳了第五个P，将50%的生产留在西班牙，而不是外包给别的地方的企业。这样，Zara不仅能对时尚潮流的变化做出迅速响应，还会因为保留了本地的就业岗位而备受赞扬。■

市场营销的先驱

尼尔·博登认识到，创立一套营销方法，即一套营销人员可以遵循的明确计划，是至关重要的。1953年，博登吸收早期营销思想家的理论，提出了"市场营销组合"的概念。

1910年，威斯康星大学教授拉尔夫·巴特勒开设了名为"市场营销方法"的课程，开创性地使用了"市场营销"一词。几年后，H. W. 肖（H. W. Shaw）撰写了《营销分销中的一些问题》一书，明确了生产和分销的任务。

20世纪20年代，保罗·切林顿（Paul Cherington）和保罗·埃维（Paul Ivey）等人进一步巩固了营销学的研究地位，为营销学成为一门独立的大学课程奠定了基础。20世纪二三十年代，保罗·杜拉尼·康沃斯（Paul Dulaney Converse）阐述了市场营销组合的关键因素——分销、定价和广告，强调了协调营销活动的必要性。

Zara时装店的市场营销组合侧重于"场所"。它能在两周之内将新款送抵门店。

DELIVERING THE GOODS

PRODUCTION AND POST-PRODUCTION

交付产品
生产与生产后

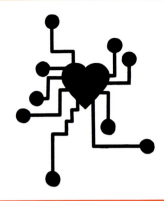

市场全球化及技术的快速进步改变并提高了客户的预期。企业能否在正确的时间、以正确的价格、通过正确的分销网络、交付正确的产品，是经营成败的关键。

犯错会带来高昂的代价，做好则要耗费时间。这意味着，企业需要不断评估生产流程的各个组成部分，在不影响质量和销量的前提下，找到可以提高效率的地方。亨利·福特是首个认识到要向客户提供"高性能，低价格"产品的实业家。福特将这一原则应用到了企业中，连年对汽车进行改进，同时降低汽车的销售价格。如今，很多企业都采用"低价优质"的战略来吸引客户。

廉价加效率

在降价的同时维持利润，最有效的做法是减少浪费，即精益生产。这需要识别并降低从生产到交货的整套流程中的浪费。精益生产由约瑟夫·朱兰（Joseph Juran）的想法发展而来。朱兰是一名管理咨询师，他提出了不少改进质量、

提高效率的创新性方法。20世纪50年代，日本科学家和工程师联合会邀请朱兰开设讲座，听讲的几百名高管迅速将朱兰的思想应用到了实践中。很多企业都成功实施了朱兰的方法，丰田公司便是其一。最终，丰田的做法演变成了"准时生产"系统，并在今天得到了广泛应用。

在"准时生产"系统中，库存控制起到了重要作用，且对现金流的平衡至关重要。仓库中的库存

> 制造业不仅将零件组合在一起，它还提出想法、测试原理、完善技术、完成组装。
>
> ——詹姆斯·戴森
> 美国发明家（1947－）

太多，资金就会闲置；库存不足，就无法满足需求，客户就会寻找替代产品。

降低成本是生产管理者的法宝，而简化生产方法则是降低成本的途径之一。这包括剔除代价高昂的无用步骤，或者进行革新、加快各个步骤的进展、减少浪费。企业家迈克尔·戴尔为了节省时间和资金，裁掉了零售部门，并让客户自己来设计计算机。这便是"按单生产"（"准时生产"），即把产品直接销售给最终用户。

创意和革新

企业的各个部门都会经历革新。日本的改善指的是持续的改进。20世纪50年代，丰田公司首次将改善用到了工业环境中。丰田公司的创始人丰田英二希望所有员工（从工厂车间的工人到高级管理人员）不断提出新想法，来改进产品和生产。

改善的思想对全球产生了深远的影响，很多企业认识到了组建团队以提高创造力的价值。然而，

大型企业通常会限制创新，至少会把创新的试验限制在研发部门内。企业会注重市场需求的变化，做出适当的响应，确保企业可以从创新产品的高价中获利并建立起品牌忠诚度。

不久前，企业认识到了客户创新的价值。企业可以采用"开放创新"的办法，鼓励来自各方的新思想，并在产品的开发过程中注重客户的反馈。由于客户有机会在网上晒出产品、发表评论，因此企业很容易得到客户的反馈。有些企业甚至通过众包来重新定义产品的设计。

大数据的兴起

计算机系统可以采集并生成大量精确数据。经过转换，这些数据会变成与员工、生产线、市场相关的宝贵信息。

搜集到的客户信息通常被称作大数据。如今，企业可以精确追踪客户浏览网络的顺序、购买产品和服务的地点和方式等购买偏好和习惯。这样，企业就能画出整个市场的清晰图景，同时也能为个体用户提供满足其需求的产品。

质量的代价

企业的目标是让客户满意，赢得回头客和好口碑，从而促进销售。那些在快速消费品市场经营的企业主要销售巧克力、啤酒、燕麦片等产品，它们靠品质赢得客户的忠诚。但在服务行业，沿用这种"附加值"方法就会产生问题。如果竞争企业把产品的品质或服务提升得太高，以至于无法赢利，那么企业就需要采用新的战略思维。

高品质产品的问题是，它们能够使用很久而无须替换。工业设计师布鲁克斯·斯蒂文斯（Brooks Stevens）解决了这个问题。斯蒂文斯认为，要提高销量，企业就应该勾起客户"拥有略好一点、略耐用一点的产品"的欲望。这种观点似乎非常应景：企业会定期推出新的产品（如智能手机），但之前的产品还没到不能用的地步。要让高品质产品平稳、迅速地发展，企业应利用好时间和资源。在这种情况下，"时间管理"的工作模式应运而生，它像使用原材料那样使用时间。时间管理常常与关键路径分析一同使用。关键路径分析可以识别出项目的各个阶段，并将之按照逻辑顺序排列，从而为企业节省时间和资金。

最终，企业可以参照所在领域竞争对手的最优方法，改善自身的流程和销售。这个过程被称作"标杆管理"。企业应"优中取优"，以令客户最满意的方式交付最优的产品。∎

要改进，通常得做前人没有做过的事。

——新乡重夫（Shigeo Shingo）
日本工业工程师（1909—1990）

看看一美元能够换来"多少"，而不是多"少"

客户利益最大化

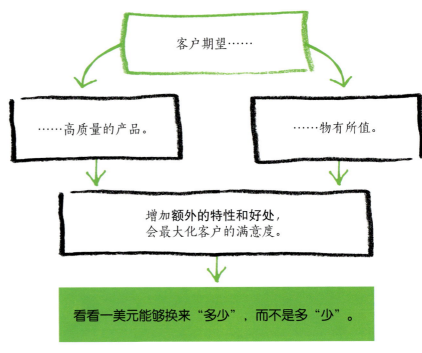

客户期望……

……高质量的产品。

……物有所值。

增加额外的特性和好处，会最大化客户的满意度。

看看一美元能够换来"多少"，而不是多"少"。

亨利·福特发现，普通美国人能买得起的量产汽车在市场上尚属空白。1908年，福特T型车进入市场，20年后其销量依然不减。在此期间，福特公司还会定期改进车型。例如，最初的T型车需要驾驶员用手转动引擎来发动汽车，后来的车型则配备了电力启动器。福特并没有让客户为产品改进支付更多的费用。事实上，福特反其道而行，从1909年到1916年，T型车的售价逐年下降。福特看到了提供质优价廉产品的重要性。生产线上节约的成本通过降价直接传递

参见: 员工就是客户 132~137页，波特的一般竞争战略 178~183页，精益生产 290~293页，实践想法、检验想法 310~311页。

给了客户，促进了销售。

成功的企业会提供高质量的产品和服务，设定客户愿意支付的价格来吸引客户。美国的Dollar Tree、英国的Poundland等就是这样的企业。它们的经营模式是把客户1美元或1英镑的价值最大化地体现出来。若价格能够弥补成本，那么质优价廉就是个有效的商业战略。低价让产品物超所值，把客户从竞争对手那里吸引了过来。

质优价廉

欧洲的Lidl、Aldi等经济型连锁超市就采用了质优价廉的战略，它们建立了大型连锁超市来提高市场份额。金融危机爆发后，民众的应对办法是，选择出售质优价廉产品的零售商。

Lidl和Aldi的成功秘诀不仅是低价，还有高品质的产品。2012

Lidl超市非常简朴，只提供有限的产品。很多产品就摆在仓库的草垫上，但产品本身的品质并不低。

我不明白为什么会有人拿着某件产品，骄傲地说："我花的钱超过了我应付的价钱。"

——保尔·福利（Paul Foley）
英国阿尔迪公司总经理

年，Lidl推出了自己设计的须后水，名为G. Bellini X-Bolt，售价仅为3.99英镑。在盲检试验中，这款产品打败了迪奥桀骜男士香水、杜嘉班纳唯一香水，以及优客波士香水等著名品牌，而这些品牌的价格比它的价格高出十倍以上。

这类平价商店注重提供物超所值的产品，而不是吸引眼球的购物体验。它们把产品直接摆在仓库的草垫上，从不花时间和资金去展示产品、博人眼球。它们也不出售其他地方可以买到的品牌，它们的大多数货品来自不太出名的供应商，因而能以优惠的价格购进。

企业家面临的挑战是：提供物超所值的产品，同时保持低价、获得盈利。■

现代汽车公司

现代汽车公司是全球第四大汽车制造商。用颇具竞争力的价格为客户提供优质产品，是现代汽车取得成功的直接原因。

提供汽车行业里时间最长的质量保证，是现代汽车公司提高市场份额的办法之一。质保期较长是个明显的卖点，一旦新车在质保期内出现问题，买家就可以把车返给制造商，让制造商免费维修。现代汽车为发动机提供了十年的质保期，为车身提供了七年的质保期；此外购车五年内遇到汽车故障，买家都可以获得免费的道路救援。虽然质保期长，现代汽车的售价却不算高。

现代汽车的配置十分齐全。蓝牙连接、可加热后视镜、空调、LED运行指示灯等，都是标准的配置。让客户觉得物超所值，是现代汽车公司的竞争法宝。

不要计算成本，要减少成本

精益生产

背景介绍

聚焦
减少浪费

主要事件

1913年 在密歇根州的底特律市，福特汽车公司的生产线开始量产福特T型车。

1950年 威廉·爱德华兹·戴明在日本为工程师及管理人员（包括索尼的联合创始人盛田昭夫）提供了流程和质量控制方面的培训。

1961年 在新泽西州的尤因镇，通用汽车公司的一家工厂首次在装配线上使用了机器人。

2006年 麦肯锡咨询公司发表了一份颇具影响力的报告。该报告敦促政府把精益生产应用到公共服务方面，让纳税人花得更少、得到更多。

若陈旧的产品和生产方式不再赢利，企业就会面临危机，新的产品和生产方式就会应运而生。精益生产便是如此。这是一种减少浪费的需求规划方法，由丰田公司在20世纪50年代提出。当时的丰田公司还是一家效率相对低下的汽车制造商。战争使日本经济满目疮痍，并且造成了物资短缺。为了克服物资短缺的困难，丰田公司同很多企业一样苦苦挣扎。为了寻找创意，丰田公司委派年轻的工程师丰田英二（Eiji Toyoda）访问福特

参见: 改变与改造 52~57页, 团队的价值 70~71页, 创造力与发明 72~73页, 引领市场 166~169页, 客户利益最大化 288~289页, 简化流程 296~299页, 基于时间的管理 326~327页。

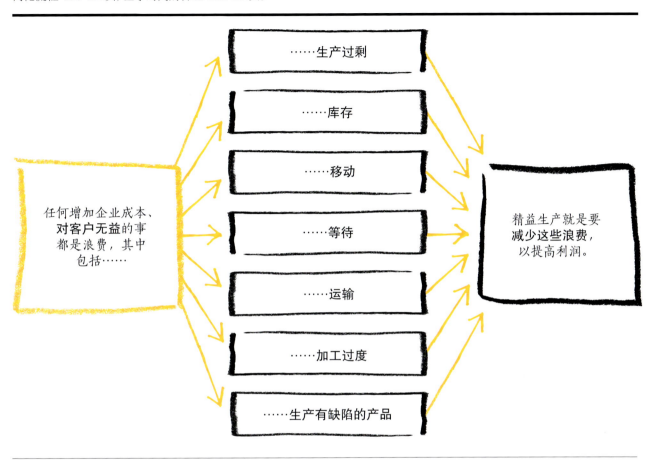

在密歇根州底特律市的荣格工厂。归国之后,丰田英二报告说,福特的大规模生产给他留下了深刻的印象——荣格工厂规模庞大,有自己的铁路、医院和消防部门。但同时,丰田英二认为荣格工厂处处存在浪费(Muda)。丰田英二和同事开始设计新的生产系统,目的是复制出福特的产量和规模经济,但要极大地减少浪费。

七种浪费

新乡重夫是一名日本工业工程师。20世纪70年代,他曾在丰田任职。他识别出了七种类型的浪费。

第一种浪费是生产过剩。传统制造商会在销售前生产大量的产品。企业首先根据自身的想法预测出产品需求,然后再生产它们希望出售的产品。这种制造体系的主要问题是:企业需要精确地预测需求。如果不能精确地预测需求,企业生产的产品就会堆积如山。

第二种浪费是库存。除了堆积如山的积压产品,制造商为了降低生产暂停的风险,还会囤积大量

的原材料和在制品。囤积大量原材料的目的是应对供应商无法交货,或者原材料有瑕疵而不能使用的突发情况。持有在制品或半成品,是为了防止生产线上的机器发生故障。为保证生产的持续性,生产流程应将这些情况考虑在内。然而,原材料和在制品的库存是一种浪费,因为这会增加仓储成本和人工成本。

第三种浪费是移动。有些企业的车间设计得并不合理,员工花费了时间,却没有增加产品价值,

持有库存会给企业带来成本，因为企业需要支付仓储费用和员工薪资。

例如从工厂的一个部门走到另一个部门去寻找工具，或是弯腰去捡零件。这种浪费延长了生产周期，生产周期的延长会降低生产率，反过来会增加单位劳动成本。

第四种浪费是等待。生产线上的机器协调不力、产生瓶颈，或者为生产不同的零件而重新设置机器，均会造成时间的浪费。

第五种浪费是运输。花费时间和金钱把在制品从一家工厂转移到另一家工厂，不太可能增加产品的附加值，因此也是一种浪费。

第六种浪费是加工过度。客户只会为产品的重要特性付钱。生产复杂、超出设计标准的产品会产生额外的成本，却不带来额外的收益，由此造成了极大的浪费。

最后一种浪费是生产有缺陷的产品。产品未达到设计标准，说明企业需要进一步检验生产流程，而产品必须返工，这也浪费了时间和资源。

除了上述七种类型的浪费，新乡重夫还指出了两个潜在的问题：不均衡（Mura）和负担过重（Muri）。Mura指的是流程不均衡，导致工作量分配不均；Muri指的是人员、团队或器械的负担过重。

精益战略

带着这些深刻见解，生产工程师大野耐一（Taiichi Ohno）开发出了"丰田生产系统"（TPS）。这种精益生产法通过减少投入、提高产出来减少生产流程中的浪费。制造商不必投入额外的劳动力、原材料或资本就能增加产出。企业也可以采用精益生产法，制造出质量更优、售价更高的产品。

采用精益生产法的企业通过及时生产（JIT）系统按照客户订单进行生产，消除了生产过剩和库

Muri、Mura和Muda这三个日语词是丰田生产系统提出的、应当避免的三个问题。Muri指的是个人、团队或器械的负担过重，这会造成低效；Mura指的是工作流程不平衡，这会导致供给瓶颈；Muda指的是系统中各个领域的浪费。

Muri
负担过重

Mura
不均衡

Muda
浪费

及时

及时生产系统消除了生产系统中的Muri、Mura和Muda。团队可随时得到所需的材料，从而避免了浪费。

存这两种类型的浪费。采用及时生产系统后，企业的产出不会变为库存，若客户没有下单，生产就会停止。因此，推动生产的是客户，而不是制造商。原材料和买入的零件也适用同样的原则。采用精益生产法的企业以最少的存货运转，其供应商需要按天甚至按小时交货。当零部件运送出现问题时，整个工厂会有陷入停顿的风险。因此，要使及时生产系统发挥效力，采用精益生产法的企业需要可靠、产品零缺陷的供应商。

备货时间

如果按订单生产产品，而不是靠库存来供给，那么备货时间（Lead Time，即从下单到向客户交货所需的时间）就会较长。这会引起客户的不满，进而导致销量下滑。因此，要使精益生产发挥效力，企业应缩短产品的生产周期。为了加快生产步伐，管理者应控制

移动、等待、运输方面的浪费。简单地说，企业可以重新设计车间和生产线，让员工拥有全套工具和零件来完成手头的工作。此外，在出现问题的地方配备更多的机械或人力，也能消除生产的瓶颈。

加工过度

要减少加工过度造成的浪费，即第六种浪费，采用精益生产法的企业应在产品设计阶段采用价值分析流程。企业可以借助价值分析找到产生成本但对客户毫无价值的产品特性。若能去掉这些特性，生产出更简单、更廉价的产品，那么利润率就会提高。与此同时，企业的收益并不会下降，因为去除的特性一开始就没有价值。

值得一提的是，经济型酒店的商业模式正是以价值分析为基础的，马来西亚的途念酒店便是一例。提供实惠的房间是途念酒店的宗旨。为此，客户认为不必要的、会拉高房间价格的服务设施，如空

对于生产线上的工人而言，如果所需的全部零件伸手可及，他们就会更有效率。花时间寻找零件会产生移动方面的浪费、增加企业的成本。

调和洗漱用品，都被设置成了可选的附加服务。途念只关注核心的品质，如客户十分重视的洁净与安全。

为了避免生产有缺陷的产品，即第七种浪费，采用精益生产法的企业应制造出高质量的产品。管理者应相信员工能找出质量下降的原因。为了解决问题，员工应有关闭生产线的权力。只有从源头上发现了问题并解决了问题，生产才能重新启动。

精益生产能够得到高品质的产品，从而降低成本。由于它从根源上解决了问题，企业对有缺陷的产品进行返工并使之达到标准所耗费的时间和金钱就会减少。■

我们要做的是检查时间表，从客户下单一直到收回现金的那刻。

——大野耐一

不管工人们移动了多少，都不意味着工作已经完成了。工作意味着取得了进展。

——大野耐一

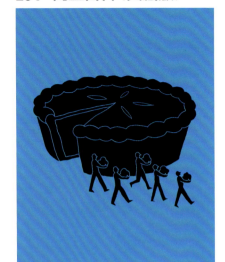

若蛋糕不够大，就做一个大蛋糕

满足需求

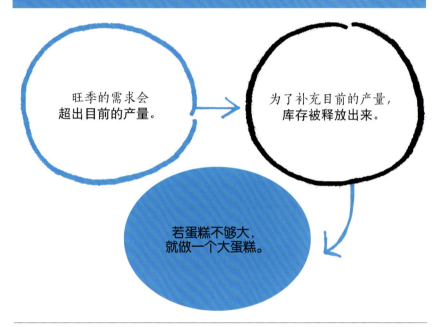

旺季的需求会超出目前的产量。

为了补充目前的产量，库存被释放出来。

若蛋糕不够大，就做一个大蛋糕。

企业的成功很大程度上取决于有效的库存管理。在大多数市场上，客户的需求一年中会发生很多变化。在旺季，企业生产的产品不足以满足客户的需求。如果企业无法根据需求来供给产品，那么潜在的客户就会转向其他供应商，企业产品的销量就会受损。一旦客户试用了竞争对手的产品，他们就有可能不再回头。哪怕供给问题得到解决，产品的销量也无法恢复到之前的水平，利润也会因此下降。

库存的类型

企业把库存当作一份保单——库存让企业能够应对销售的突然增加或是产出的突然下降等情况。为了生产最终产品所需的部件或者替换有缺陷的原料，制造商除了持有制成品库存，还要持有原材

参见: 运气（以及如何获得好运） 42页，成长的速度 44~45页，避免自满 194~201页，促销和奖励 271页，为什么要做广告？ 272~273页，预测 278~279页，精益生产 290~293页，简化流程 296~299页。

料库存。若供应商无法按时交货，原材料库存便能确保生产的持续性；若供应商不太可靠，企业更有必要持有原材料库存。企业也要持有在制品库存。一旦装配线上的机器发生故障，在制品库存就能保证生产照常进行。

库存管理

合理的库存管理能平衡产品的需求，使库存成本最小化。如果库存用光，企业就只能停止接单或延迟交货，从而增加失去回头客的风险。1993年，玩具制造商万代（Bandai）的恐龙战队玩偶大受欢迎，万代不得不在英国推出限购令，规定"每名客户只能购买一件"，直到生产能够跟上巨大的需求。

另一方面，企业过度谨慎，持有的库存太多，会带来不必要的成本：仓储空间价格不菲，并且需要员工进行管理。如果库存腐烂变质或在技术上过时，库存就会贬值。同样，库存还存在机会成本；库存占用的资金本可以赚取利息，或投资到别处。

库存管理的目标是使持有的库存恰能满足需求，使企业的成本最低。麦当劳就采用了名为迈极（Manugistics）的计算机程序来预测销售额，并确保在一周前定好正确数量的库存。

缓冲库存

大多数企业都持有缓冲库存，即超出当前所需数量的库存。补充库存需要花费时间，因此，在库存下降到缓冲水平之前，企业就会向供应商重新下单。备货时间（从下单到货物抵达的时间）越长，需要的缓冲库存就越多。如果

> 戴尔的库存管理让我们能以低廉的价格提供最新的产品，而我们的竞争对手则在奋力卖掉老产品。
> ——保罗·贝尔
> 戴尔公司前高管

需求稳定并且可以预测，企业对缓冲库存的需求就会减少。

网上企业可能不需要店面。然而，除非产品能够下载，否则，很多企业仍然需要实体的仓储设施，因此也有管理库存、持有缓冲库存的需求。■

过量的公共汽车模型及其他奥运主题模型没能售出。过度乐观造成的供给过度，导致零售门店出现了滞销的情况。

霍恩比（Hornby）

2012年伦敦奥运会耗费了近90亿英镑。英国政府为收回成本而出售了奥运特许商品的生产权。霍恩比买下了2012年官方玩具的生产权，包括伦敦出租车和公共汽车的Corgi模型、带奥运会会标的霍恩比火车模型等。

霍恩比的产品大多在中国和印度生产。不过，生产外包延长了霍恩比的备货时间：通过海运把货物从中国运到英国需要6个星期。霍恩比只得靠库存而非当前的产出向客户供货。因此，它必须预测好奥运商品的销售量。

预测的销售量被证明过于乐观了。霍恩比希望在奥运会期间赚取200万英镑，而其获得许可的合约成本为130万英镑。为了卖掉库存，霍恩比不得不降价80%，导致其利润率大大受损。

去掉不必要的步骤

简化流程

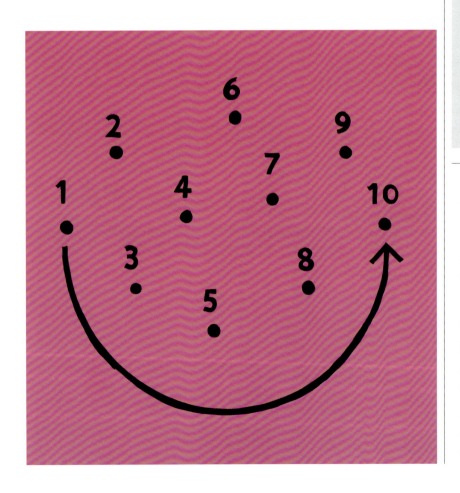

背景介绍

聚焦
简化流程

主要事件

公元前3世纪 罗马人开始批量制造灯具。他们没有靠手工制作，而是使用两件套模具进行制作。

18世纪30年代 美国政治家本杰明·富兰克林在《穷理查年鉴》一书中提到了工业界减少浪费的措施。

1760年 工业革命开始了，生产从手工生产转向了专业化的机械生产。

20世纪初 福特汽车的大规模生产和标准化引发了汽车生产革命。

2010年 美国发明家史蒂文·J. 佩利（Steven J. Paley）在《发明的艺术》一书中指出，靠增加复杂性来创新并不难，但简化会带来最优的结果。

企业提高利润的方式有多种：或增加收益，或降低成本，或二者兼用。如果能降低产品或服务的成本而不损害收益，那么总利润就会上升。降低成本的一个好办法是在不影响客户对产品质量认知的前提下去掉昂贵、非核心的步骤。因此，几个世纪以来，更直接也更合算的生产方法成了企业追求的目标。钢铁制造就是早期成功简化流程的一个例子。工业革命时期，建造桥梁、船舶、铁路需要大量的钢铁，但生产成本居高不下

参见： 在市场上脱颖而出 28~29页，创造力与发明 72~73页，摆脱思维的条条框框 88~89页，学习型组织 202~207页，价值链 216~217页，精益生产 290~293页，改善 302~309页。

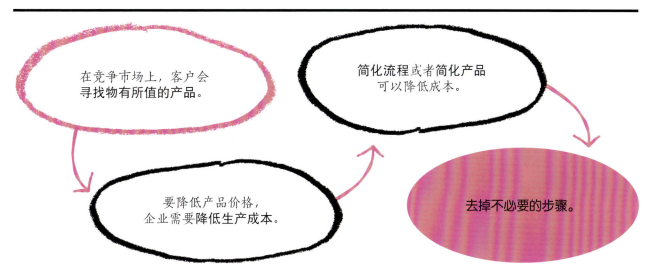

在竞争市场上，客户会寻找物有所值的产品。

简化流程或者简化产品可以降低成本。

要降低产品价格，企业需要降低生产成本。

去掉不必要的步骤。

导致钢铁的供给不足。在英国，自18世纪40年代以来，钢铁一直都需要在温度极高的熔炉中炼铸。少量的铁被装入小型黏土坩埚（耐热容器）中，并被放入熔炉里，几个小时之后，坩埚中的杂质被去除，便得到了钢。

简化流程

19世纪50年代，英国工程师亨利·贝塞麦（Henry Bessemer）简化了钢铁的生产工艺。他发明的"贝塞麦法"不需要坩埚。在生产过程中向铁中吹入空气，就能去除冶炼过程中加热铁所产生的杂质。"贝塞麦法"大大节省了燃料。结果是，冶炼钢铁的成本从每

亨利·贝塞麦的新式转炉引发了炼钢行业的革命。转炉提高了铁的温度，从而在氧化过程中去除了更多的杂质。

吨60英镑下降到了每吨7英镑。

在某些情况下，简化流程也意味着使用不同的原料。1964年，美国的詹姆士·沃森·亨得利（James Watson Hendry）发明了注塑成形技术。这套技术制造出的一次成形桌椅要比木质桌椅更廉价。

大规模生产

20世纪早期，亨利·福特对汽车制造的标准化改造引发了制造业的革命。在福特引入装配线之前，汽车由技术高超的工匠制造，且使用的零部件通常不是标准化的。这意味着工人们必须花时间调

试零部件才能进行组装。福特去掉了调试的阶段，设计出了世界上第一辆标准化汽车。1913年，使用标准化零部件的福特T型车实现了量产。

福特的第二项伟大创新是传送带。过去，技术工人必须在工厂里来回走动以取用原材料、零件和工具。有些工厂雇用工人把部分装配好的汽车从一个车间移动到另一个车间。福特认为，这些步骤并无必要，可以去掉。于是人力被移出了生产流程中，专业化的机械取而代之，其中就包括把任务传递给工人的传送带。每名工人只需要用同一套工具反复完成一项简单的工作即可。这样，浪费在寻找、捡拾、放置工具上的时间就节省了下来。

最后，福特放弃了产品的多样性。在海兰帕克生产的每辆福特

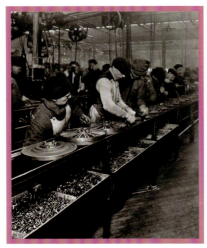

亨利·福特为T型车生产厂的装配线安装了传送带。工人们专攻一项任务，使用的一组工具也触手可及。

> 几乎所有的质量改进都是靠简化设计、制造、布局、流程和步骤来实现的。
>
> ——汤姆·彼得斯

T型车都是一模一样的。福特认为产品应该简单，这样可以加速生产。如此一来，各批次之间重新调试、清洁机器的时间都被节省了下来。标准化的产品也使得连续生产成为可能，生产一辆汽车的时间从12个小时降到了1.5个小时。福特决定撤掉生产物流中心的技术工人，这节省了时间，确保能以较低的成本生产汽车，进而降低价格，为T型车创造了一个大众市场。

定制生产

20世纪90年代，戴尔公司通过精简供应链实现了超高速增长。迈克尔·戴尔是戴尔公司的创始人，其商业模式的基础是获得超越竞争对手的成本优势。实现的办法有两个。第一个是戴尔公司专门出售客户定制的计算机。客户可以自己设计计算机，戴尔公司则根据客户的订单进行组装。戴尔公司的库存几乎为零，其生产完全由客户驱

动。这种及时生产方法主要的好处是，戴尔公司无须支付与仓储相关的成本。产品组装完成后，会被立即送到客户手中。

直接销售给客户

相比其他个人计算机供应商，戴尔公司实现成本优势的第二个方法是：产品不经过专业零售商，而是通过网络直接销售给客户。这意味着戴尔公司无须与第三方分享利润。若以400美元的价格销售一台计算机，那么戴尔公司就会得到400美元。免去零售商环节并未给戴尔公司的市场份额造成负面冲击。事实上，情况恰好相反。大多数客户都很欣赏根据个人喜好定制计算机的灵活性，以及送货上门的便捷性。商业模式的简化使戴尔公司降低了成本，提供了低于竞争对手的价格，赢得了市场份额。

戴尔公司向客户直接销售的模式取得了成功，这种模式也被其

> 简单比复杂更难：必须努力工作才能厘清思路。
>
> ——史蒂夫·乔布斯
> 苹果公司联合创始人（1955—2011）

他行业的企业所采用。1996年，亚马逊开始在网上销售书籍。由于省去了开店的必要，开店的成本便节省了下来。

然而从2000年开始，竞争烽烟再起，戴尔公司失去了原有的地位。很多企业抄袭了戴尔公司的创意，将计算机直接销售给客户。惠普等厂商则提高了生产流程的效率，使戴尔公司的价格优势荡然无存。苹果公司的复兴也蚕食了戴尔公司的市场份额。苹果公司生产的一系列产品迎合了不同的用户，同样允许用户对计算机的配置做一些调整。

简化服务

出售服务的企业同样希望去掉生产系统中不必要的步骤，以此来提高效率。有时候，要使企业生存下来，这些变革是必需的。在过去，很多个体食品店会雇用大量劳动力来采购新鲜食材并从头开始烹制。鉴于对廉价食品的需求日益增

戴尔计算机并不通过计算机零售商销售，而由戴尔公司直接向客户销售。去掉零售商的大胆举动，使戴尔公司可以提供低于竞争对手的价格。

长，一些连锁企业采用了更为简便的方法。它们提供的餐食在采购时就已预先备好了，客户下单后，只要在微波炉中加热即可。企业既不需要受过训练的厨师，也不需要花时间准备新鲜食材。由于省掉了这些步骤，企业在不损失利润的条件下，降低了成本，客户也以更实惠的价格得到了餐食。

然而，创新是有周期的。现烹食品市场的兴盛，迫使新式快餐连锁店也开始出售本店烹制的食物。在目前的环境下，企业纷纷简化流程、降低成本。但是，为客户降低价格、保持品质的企业，才最有可能生存下来。■

一切事物都应简单到极致，而不只是简单一点。
——阿尔伯特·爱因斯坦
德裔物理学家（1879–1955）

迈克尔·戴尔

迈克尔·戴尔于1965年出生在美国休斯敦市。戴尔是一名天生的企业家，他12岁时就靠买卖邮票赚得了第一笔收入。此外，他还出售过《休斯敦邮报》（现已停刊）的征订权。1983年，戴尔进入得克萨斯州的一所医学预科学院就读。不过，为了打理计算机生意，他很快就退学了。他将公司命名为"个人计算机有限公司"。两年后，戴尔在英国开设了第一家国际子公司。1998年，戴尔将公司更名成"戴尔计算机公司"，并通过上市筹集到了3000万美元。1992年，戴尔成为《财富》杂志500强公司中最年轻的CEO。2004年，戴尔辞去CEO一职，投身慈善事业。2007年，他回到戴尔公司，并在2013年将公司私有化。

主要作品

1999年 《戴尔式直销：引发行业革命的战略》

减少浪费所得的收益，好比矿场里挖到的黄金

朱兰式的理想生产

背景介绍

聚焦
减少浪费

主要事件

1931年 沃尔特·休哈特（Walter Shewhart）在《产品生产质量的经济控制》一书中，总结了他在质量控制方面的成果。

1969年 维也纳开设了斯比特劳（Spittelau）热力垃圾处理厂来焚化该市的垃圾。这家处理厂曾获设计大奖，它产生的电力用来为一家地方医院提供热水。

1994年 查尔斯·汉迪在《空雨衣》一书中预见了远程工作的兴起。通过远程工作，员工可以在家上班，节省了办公空间。

1999年 Salesforce.com和谷歌开发出了云计算。采用云计算的企业不需要昂贵的服务器便可存储数据。

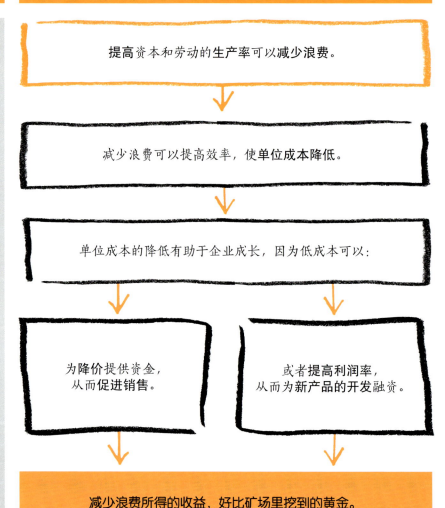

提高资本和劳动的生产率可以减少浪费。

减少浪费可以提高效率，使单位成本降低。

单位成本的降低有助于企业成长，因为低成本可以：

为降价提供资金，从而促进销售。

或者提高利润率，从而为新产品的开发融资。

减少浪费所得的收益，好比矿场里挖到的黄金。

参见：成长的速度 44~45页，价值链 216~217页，让客户喜欢 264~267页，精益生产 290~293页，简化流程 296~299页，改善 302~309页，优质销售 318~323页。

商业中的浪费既不能提高产出，也不能提高客户满意度，只会增加企业的成本。减少浪费节省下来的资金，可以提高企业的竞争力，帮助企业成长。

约瑟夫·朱兰生于罗马尼亚，幼年时移居美国。20世纪20年代，朱兰在西部电力公司任职，接受了统计抽样和质量控制方面的训练。后来，朱兰成了企业质量管理方面的专家。他认为，浪费是损害利润的因素之一。他敦促企业定期寻找机会、减少浪费。朱兰认为，最好的办法是改进产品质量、提高生产流程的可靠性。

减少浪费

企业产生浪费的原因颇多：投资昂贵的机械，但经常出现故障，无法达到所需的产出水平；生产的成品无法通过内部质量审核，因品质不佳而不能出售……如果能减少这些浪费，就可以提高产出，而不必雇用额外的工人、花费更多的资金，或购买额外的原材料和零部件。

朱兰认为，降低成本能帮助企业成长。若单位成本下降了，企业就可以降低销售价格，将低成本传递给客户。例如，一项减少浪费的措施使平均成本下降了10%，管理层就可以将销售价格降低10%，而利润率却不受影响。把销售价格降到竞争对手之下，企业就会轻松赢得市场份额。不仅如此，即使是在缺乏竞争的市场中，降价也会促进产品的销售。降价还能提高品牌的吸引力，帮助企业扩大目标市场。

利润的再投资

单位成本的降低有助于企业提高利润率。如果不把节省的资金传递给客户，企业便可以从目前的销售中获得更多的利润。减少浪费而产生的额外利润可以重新投给企业，以便增加销售、实现增长。对于减少浪费而节省下来的资金，一个有效的使用方式是为新的广告活动提供资金。

或者，企业可以将大部分利润重新投入到科学研究和新产品开发中。产品生命周期、技术进步、消费者口味变化的相关理论都认为，大多数产品在市场上的销售时间有限。如果上述投资得到了回报，融入新性能和优点的新一代产品，就会吸引客户，实现较高的销售额。■

在大众的这家工厂里，喷漆机器人的使用可以降低人工成本，并可植入程序使所用的油漆量最少。

大众（Volkswagen）

2012年，大众宣布，希望在2018年之前成为世界上最环保的汽车制造商。为此，大众开始减少生产流程中的浪费。

制造汽车时需要切割钢板制成底盘的部件。如果这一流程控制不力，昂贵的钢板就会变成废料而被浪费掉。通过购买新型切割机械、调整钢板尺寸、减少切割浪费，大众生产一辆汽车消耗的钢板量减少了15%。油漆车间则安装了高端的喷漆机器人，使生产一辆汽车所需的油漆量减少了一半。

这些节省措施使大众得以降低产品价格。例如2013年6月，高尔夫敞篷车的价格降低了约6650欧元。2013年5月，类似的降价措施使大众的全球销量增长了6%。

机器、设备和人应协同工作，以增加价值

改善

背景介绍

聚焦
提高效率

主要事件

1882年 苏格兰造船商威廉·丹尼兄弟有限公司成为首家通过意见箱向工人收集创意的企业。

1859年 英格兰自然学家查尔斯·达尔文（Charles Darwin）出版了《物种起源》。达尔文的进化理论认为，进化是一个渐进的过程。

1990年 麻省理工学院迈克尔·哈默教授的文章《再造：不是自动化而是重新开始》在《哈佛商业评论》上发表。该文认为，企业要保持领先地位，就必须定期重新设计生产方法。

1997年 全球改善协会（Kaizen Institute）的创始人今井正明（Masaaki Imai）撰写了《现场改善》一书。该书强调，若一线员工能提出持续改进的创意，则改善最为有效。

在日本，改善是个古老的概念，并已成为日本文化的一部分。在日常生活中，改善一词指的是提高或变得更好。在商业语境下，改善更像是一套哲学理论。按照改善的思维方式，企业应通过持续的改进过程努力提高效率。

大多数改善式的进步依靠的不是对新机械的投资，而是人员及其思想。员工可以利用改善思维，每年提出成百上千个提高企业效率的创意。单独来看，每个创意对生产率、整体效率只有很小的边际作用，但是，将这些创意汇集起来，就能产生强大的竞争优势。持续改进的想法应该来自四面八方——既来自管理者，也来自员工。

丰田的方式

20世纪60年代，汽车制造商丰田首次大规模应用改善，这也是著名的丰田生产系统（TPS）的一部分。设计TPS是为了减少Mura

（"浪费"的意思）。丰田认为，浪费员工才智也是Mura的一种体现。丰田英二希望员工除了盲目服从、努力工作，还有更多的贡献。在丰田，员工得到了重视和信任——企业期望车间工人解决与质量相关的问题，并提出新创意以提高效率。为了推进改善的发展，今井正明建立了全球改善协会。该机构指出，改善式计划的目标是让员工认识到他们有两份工作——做好

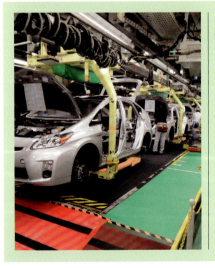

丰田

丰田汽车公司创立于1937年。当时，丰田只生产少数几种型号的汽车。丰田恪守创始人丰田喜一郎的商业训诫，其中包括"不断努力，创造像家一样温馨友好的工作环境"。

第二次世界大战之后，丰田遭遇金融危机，历史上首次裁员。1951年，丰田遵照改善的思想，推行了创新思想建议系统。这一举措加上"客户第一""质量第一"的原则，帮助丰田逐渐兴盛了起来。1957年，丰田向美国出口了第一辆汽车。

1962年，丰田管理层和工会签署联合声明，宣布二者的关系应建立在"相互信任和尊重"的基础上。

到1999年，丰田汽车在日本的产量达到了一亿辆。如今，持续改进和团队合作这两块基石，继续引导着丰田。

参见: 迈出第二步 43页, 改变与改造 52~57页, 提防好好先生 74~75页, 充分利用天赋 86~87页, 金钱是动力吗? 90~91页, 精益生产 290~293页。

本职工作, 然后找到提高工作效率的方法。

Gemba在日语中的意思是"实地"。在商业语境下, Gemba指的是创造附加值的场所。改善建立在这样的信念上: 生产线上的工人是实地专家, 他们了解问题所在, 因此, 大多数改善式的变革思想应来自生产线上的工人, 而不是管理层。因为分析、解决困难和异常情况通常在实地进行, 而不是在纸面上进行。改善思维强调, 员工是企业最重要的资源。

质量小组

如果让员工进行团队合作, 而不是单打独斗, 那么改善会更加有效。提出新创意和解决方案, 通常是拥有不同技术、资格、世界观的员工协同作用的结果。组成团队一起工作是质量小组的一部分。质量小组可以由一同工作的一群员工组成, 如同一条装配线上的工人, 也可以由公司不同部门的人员组成, 他们拥有不同的视角。例如, 工程师可以提供技术上的建议, 销售团队的成员可以从客户的角度, 为质量小组提供深刻的见解。

1964年, 丰田在位于日本丰田市的工厂成立了质量小组。质量小组定期会晤, 讨论生产线各个组成部分的问题。在每个工作日开始前, 员工都要带着积极的态度参加早会。在早会上, 员工对

质量问题及可能的解决方案展开讨论。"鱼骨图"是丰田的质量小组用以提出改善式创意的一个主要工具。"鱼骨图"用鱼骨的轮廓将问题的各个方面勾画出来, 借此找出解决方案。质量小组成员的建议被分成了六类: 人力（Manpower）、方法（Methods）、机器（Machines）、材料（Materials）、措施

（Measurement）和自然（Mother Nature, 即环境因素）。质量小组还用"5W"来评估问题产生的可能原因。"5W"代表了5个问题: 为何（Why）、何时（When）、何地（Where）、何人（Who）、何事（What）。

日本的企业并不想用金钱来奖励工人、回报他们的创意。为

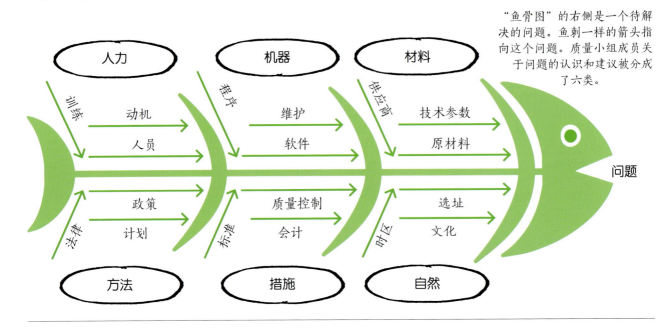

"鱼骨图"的右侧是一个待解决的问题。鱼刺一样的箭头指向这个问题。质量小组成员关于问题的认识和建议被分成了六类。

人力　训练　动机　人员

机器　程序　维护　软件

材料　供应商　技术参数　原材料

问题

方法　法律　政策　计划

措施　标准　质量控制　会计

自然　时区　选址　文化

了使改善发挥效力，员工提出建议时，必须有一种自豪感和成就感。新员工一入职就会被告知，企业希望他们提出建议，这是企业日常生活的一部分。接纳改善思想的企业会使工作丰富多彩，让员工动力十足，尽力贡献新的创意。动机理论的支持者（如弗雷德里克·赫茨伯格）认为：员工很乐意解决问题、做出决策，在工作中得到晋升机会，获得心智上的成长。因此，员工会乐意参与改善式的改进，财务奖励也并不是必需的。

赋权

给予员工权力，让他们做出与其工作、生活相关的决策，是管理者向员工赋权的一种方式。赋权的范围比授权的要广：授权只是允许员工完成一项特定任务；赋权则让员工自行决定要做什么、如何来

做。赋权对改善至关重要，因为它能让来自一线的好创意被直接采纳并实施。一旦接纳了改善的思想，好的创意和随后的改进就会源源不断——由于员工能观察到其解决方案的效果，因此每周都有新的创意涌现。

改善要发挥效力，需要这样的公司文化：管理层和员工彼此信任、忠诚并相互尊重。这可以避免改善不利的一面：在销售平平的市场上，员工提出提高生产率的创意会让他们工作不保。如果节省劳动力、降低成本的举措会使员工失去工作，那么员工就不会去讨论这些问题。在日本的很多企业，改善文化包含了管理层的一项承诺：工人们可以一直在企业工作。20世纪八九十年代的索尼便是如此。在经济下滑期间，为了保证利润、应对销量下降，大多数企业靠裁员来降低

成本。但索尼拒绝裁员，它认为裁员会切断信任的纽带，而信任是使改善发挥效力的必需要素。索尼联合创始人盛田昭夫曾说："对一名日本管理者而言，最重要的任务是与员工建立健康的关系，让公司有家一样的感觉，让员工与管理者共命运。"在经济景气的时期，索

如果把一切思考都留给管理层，那么公司将会一事无成。

——盛田昭夫
日本索尼公司创始人（1921-1999）

> 我们将努力创造条件，让人们秉持团队精神聚集在一起，尽情发挥他们技术上的能力。
> ——盛田昭夫

尼靠改善提高了生产率、增加了产出，并将公司的业务扩展到了新的市场。

改善的西进

日本汽车工业的日渐崛起，引发了美国的担忧。为此，1984年秋，麻省理工学院针对全球汽车产业开展了一项为期5年、耗资500万美元的研究。这项研究催生了一种看待生产的新方式、一个时髦词和一本畅销专著。这本畅销专著的书名是《改变世界的机器》，由詹姆斯·沃麦克（James Womack）、丹·琼斯（Dan Jones）和丹·鲁斯（Dan Roos）撰写。这项研究证实了美国汽车产业的担忧，日本汽车制造商处于领先地位，它们把每辆车的装配时间、存货数量、装配缺陷都降到了最低。该书把日本的成功归结为精益生产，它也是改善的一个重要组成部分。

读过《改变世界的机器》一书的管理者，都会努力将改善的思想融入商业模式中。改善的思想逐渐传入了北美和欧洲。罗孚汽车公司是最早接受改善思想的英国企业之一。当时，本田公司已经获得了

> 优秀的企业不会相信有优秀这回事——只有持续的改进和持续的变革。
> ——汤姆·彼得斯

罗孚20%的股份。在本田公司的领导下，罗孚汽车公司于1991年在长桥工厂引入了实地巡视的做法。为了寻找效率低下的环节，管理者、主管和装配线工人会沿着生产线仔细查看，至少每周一次，为问题找到解决方案。实地巡视的做法旨在消除管理者和工人之间的分歧，其背后的哲理是：管理者、主管和装配线工人应该一同学习、发现、指导、成长并做出改进。

改善在起效

玮致活（Wedgwood）是一家陶瓷公司，也是最早采用质量小组的英国企业之一。自1980年以来，代表公司不同部门的80个质量小组

与他人讨论问题是解决问题的一种有效方式。咨询企业其他部门的人士，会带来不同的观点和更广泛的选择。

每周会面一次。每个质量小组都得到了赋权，以找出自身的问题，然后花6个月时间来解决。质量小组设计的解决方案被呈报给管理层，大多数方案获得批准并立即得到实施。员工的积极性提高，生产率也有了提高。此外，员工的创意减少了生产过程中陶土和颜料的浪费，节省了成本。迪克·弗莱彻（Dick Fletcher）是玮致活质量小组的项目领导，他说，玮致活在质量小组上每花1英镑，成本就会下降3英镑。

印度的塔塔钢铁公司是另一家采用改善思想收到好效果的企业。塔塔钢铁公司提高了齿轮加工机械的生产率，提高了产出。

改善的对立面

企业流程再造（Business Pro-cess Re-engineering, BPR）是与改善截然不同的方法。BPR建立在偶尔出现但需要大量资本的投资项目基础上。这类项目的目的是使生产率上一个台阶、降低单位成本，或改进产品质量。与改善不同的是，使用BPR的企业不会定期进行小规模的改进。相反，BPR的目标是：每五年重新思考整套生产流程，使之更有效率，这通常是对危机的回应。企业一旦靠BPR追上竞争对手，接下来就会经历一段平稳期，直到另一场危机降临，使新一轮的BPR势在必行。

采用BPR的企业不会向员工征集创意、提高效率，而是会采纳管理者、有能力的咨询师的建议，员工相对被动：变革自上而下，通常伴随着大规模裁员。这是因为，为了提高效率，BPR会选择投资自

车间机器人的投资规模大、成本高，并且经常导致裁员。这种BPR活动会疏远员工。

动化生产系统，用资本代替劳动力。偏好改善的人们认为，相比不定期、更为激进的BPR，定期进行一些微小的改变是更好的选择。在竞争市场上，采用BPR的企业需要付出努力，才能跟上改善带来的温和但更为稳定的增长。采用BPR的企业并不能迅速赶上，因为开发、安装、测试新系统需要花时间；而采用改善思想的企业则一直在努力，将生产率提升到更高的水平。这类似于《伊索寓言》里龟兔赛跑的故事——跑得快的兔子耽搁了一会儿，就输给了慢慢爬行的乌龟。靠改善提高生产率的成本要低于靠BPR提高生产率的成本。改善的来源是人，员工的创意本质上是免费的，但新系统所需的新机械却价格不菲。

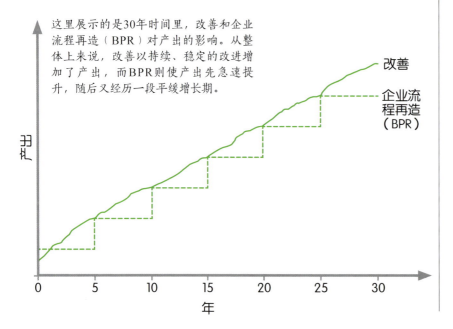

这里展示的是30年时间里，改善和企业流程再造（BPR）对产出的影响。从整体上来说，改善以持续、稳定的改进增加了产出，而BPR则使产出先急速提升，随后又经历一段平缓增长期。

改善

企业流程再造（BPR）

产出

年

改善总是有效的吗？

不过，某些企业的改善并未起到作用。倾向于专制领导风格的中层管理者和主管人员厌恶改善：他们喜欢独揽所有决策权，甚至抵制变革。拥有这种管理风格的人，不会将决策权交给车间的员工。如果管理者一直对员工的好创意视而不见，员工很快就会醒悟过来，不再提出建议。企业的管理者与员工的关系同样会影响改善的效果。一般而言，如果管理层和员工之间缺乏信任，改善取得成功的概率就会降低。员工会对改善不屑一顾，认为这只是管理层的诡计，目的是从他们身上索取更多的价值，而不给予任何报酬。

改善的前提是：没有哪种生产方法堪称完美，而采纳员工的建议总能够改进生产方法。果真如此吗？从逻辑上来说，企业会首先尝试用改善来解决主要的问题。有人认为，随着时间的推移，改善的好处会稳步减少，因为处理的新问题会是之前认为不太重要的问题。

风险的回报

技术和客户口味会发生变化。有时候，企业需要抛弃老产品和与老产品相关的、陈旧的生产方法，改用新的、激进的方法。偏好改善的企业会逃避激进的变革，选择不那么激烈的改变。这样做的风险是，企业会被更大胆的对手抛在后面。诺基亚便是如此。多年来，诺基亚沉浸于经典的"直板"手机带来的巨大成功中。此时，三星和苹果等竞争对手承担着巨大的风险，结果是它们在创新方面超过了诺基亚，取得了市场领先地位。■

《伊索寓言》中讲述了龟兔赛跑乌龟取胜的故事。乌龟缓慢爬行，到达了终点；兔子先是快跑，后来打了个盹。每日进行小规模调整的改善可被视作乌龟；而进行迅速、激进变革的BPR可被视作兔子。

乌龟体现出稳定的进步，这好比**改善**带来的结果。改善可能是赢得比赛的好办法。

兔子的过度自信导致它输掉了比赛，这好比BPR进行的大规模、**大胆的变革**，从长期来看它可能不那么有效。

学习和创新应齐头并进

实践想法，检验想法

背景介绍

聚焦
研究与开发

主要事件

18世纪90年代 法国大革命之后，法国政府与科学家克劳德·沙佩（Claude Chappe）共同开发了全国性的信号系统。

1806年 科学家兼工程师伊桑巴德·金德姆·布鲁内尔（Isambard Kingdom Brunel）诞生。后来他设计并制造了第一台螺旋桨动力船，开挖了第一条河下隧道。

1939—1945年 第二次世界大战期间，喷气式发动机、青霉素等药物的大规模生产以及输血都得到了发展。

1942年 奥地利经济学家约瑟夫·熊彼特使用"创造性破坏"一词来描述工业创新如何毁灭旧社会、创造新社会。

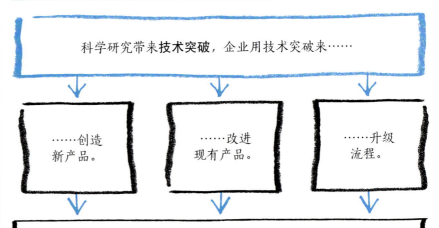

科学研究带来**技术突破**，企业用技术突破来……

……创造新产品。

……改进现有产品。

……升级流程。

为了**今后的创新**，企业必须**心甘情愿学习新技术**，学会驾驭新技术。

学习和创新应齐头并进。

研究和开发的工作被称作"研发"（Research and Development, R&D），其目的是产生新发现，或改进现有的产品和流程。有些企业依靠科学研究带来的技术突破来保持其在业内的领先地位，计算机软件和医药等领域的企业便是如此。另一些企业则通过研发来改进现有的产品。

填补空白

在某些情况下，市场研究能够找到市场空白，为研发指明方向。麦片制造商家乐氏（Kel

参见: 获得优势 32~39页, 改善 302~309页, 优质销售 318~323页, 计划报废 324~325页, 基于时间的管理 326~327页。

logg's)便是一例。市场研究显示,在英国,人们希望买到口味更甜、混有坚果的麦片,认为这有益于健康。为了满足这一需求,家乐氏要求其研发部门设计一款新的早餐麦片。于是,家乐氏香脆果仁玉米片应运而生,这款产品也一跃成为英国第二畅销的麦片。

然而,某些市场调研会把企业引向错误的方向。索尼的随身听就是个典型的例子。1978年,索尼的音频工程师木原信敏(Nobutoshi Kihara)发明了一款便携式音频卡带播放器。市场研究显示,Soundabout(随身听原型的名字)不会大卖,因为其目标受众认为听歌是一项社交活动,而非个人独处时的活动。好在索尼的联合创始人盛田昭夫没有理会这一结论,而是让研发部门继续开发。后来,随身听成为索尼最成功的产品之一。

> **不创新,必灭亡。**
> ——戴蒙·达林(Damon Darlin)
> 《纽约时报》商业版编辑(1956—)

频繁推出产品

全球化带来的激烈竞争、快速的技术进步缩短了许多产品的销售时间。在这种严酷的经营环境下,企业为了维持经营,需要提高发布新产品的频率。自满、缺乏创新的企业会被竞争对手超越。有人认为,不投资进行研发的管理者会把公司引向失败。

宝马等公司将周转资金的很大一部分都投到了研发上,此举的动机已经超出了自我保护的范畴。率先发布新产品的企业在竞争对手到来前可以获得丰厚的利润。此外,企业能尽早开始建立客户品牌忠诚度。在研发上投入不足、乐于模仿而非创新的企业,很难建立起强大的客户基础。

有效的研发不只是在技术突破上投入资金。盛田昭夫认为,将技术进步转换成产品会给客户带来价值和好处,这比技术突破本身更加重要。因此,组建跨学科团队进行研发十分必要。团队中还应包含营销代表,因为他们能理解客户的所思所想。■

全球定位系统(**GPS**)

绕地卫星能为各种地面或近地的GPS接收器提供时间和地点数据。

20世纪六七十年代,美国政府开发了全球定位系统技术,目的是使美国海军和空军获得潜艇和飞机的精确地理位置。

1983年,当时的美国总统里根决定向企业开放GPS,将之用于商业目的。很多企业看到了机会,开始为汽车驾驶者设计GPS卫星导航系统。

GPS是一项具有革命性、由技术驱动的创新。不过在实践中,大多数产品创新都是通过微调现有产品实现改进的。生产卫星导航系统的企业,如通腾公司(TomTom),通过研发,实现了渐进式而非革命性的产品开发。这些企业的目标是,每年推出价格更便宜、设计更合理、拥有新特性的新产品。

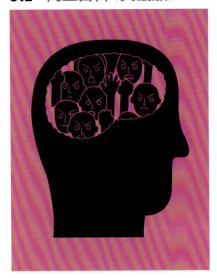

最挑剔的客户，是最好的老师

反馈与创新

背景介绍

聚焦
开放式创新

主要事件

2000年 斯蒂芬·考弗（Stephen Kaufer）创办了旅行网站到到网（Trip Advisor），使用户可以给酒店和餐馆打分。

2003年 组织理论家亨利·切萨布鲁夫（Henry Chesbrough）教授出版了《开放式创新：从技术中获利和创造价值的新规律》一书。他敦促企业敞开胸怀，利用内外部资源学习。

2009年 美国众筹网站Kickstarter成立，它鼓励个人为小规模商业项目投资。

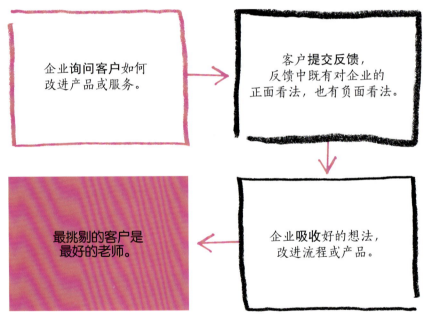

企业询问客户如何改进产品或服务。

客户提交反馈，反馈中既有对企业的正面看法，也有负面看法。

最挑剔的客户是最好的老师。

企业吸收好的想法，改进流程或产品。

过去，企业要求员工设计并开发新产品。相关知识和资料由企业内部的研发部门掌握，并作为秘密严密保守。这种做法被称作"封闭式创新"，它认为企业应该独自掌控知识产权的创造。最近，一种被称作"开放式创新"的做法出现了。其依据是，企业的产品开发不应太过保密，有时，企业的客户也会对产品开发流程做出有价值的贡献。

网上反馈

互联网极大地改变了企业获得客户反馈的方式。通过在线评级和网络评论，企业能够了解客户对

参见: 找到有利可图的利基 22~23页, 了解市场 234~241页, 让客户喜欢 264~267页, 为什么要做广告? 272~273页, 实践想法, 检验想法 310~311页, 从大数据中受益 316~317页。

产品的好恶。

苹果和微软等公司都采用了测试版软件来提升新产品的质量。在这个过程中, 软件开发工程师需要通过互联网预先发布新软件。一些对软件和程序感兴趣的客户便能够得到实测新产品的机会。他们会指出产品的瑕疵, 并给出可能的解决方案。软件开发工程师则有机会在软件发布之前做出改进, 提高新产品在市场上成功的概率。

众包

越来越多的人认为, 企业能够并且应该向客户学习。众包的兴起便是一例。众包是指企业从公众那里得到创意, 甚至为新产品融资(众筹)。众包有几种不同的类型。例如, 独立电影制片人可以通过众包项目为电影筹资。雪铁龙和日产等汽车制造商让购车者提出创意, 决定新款汽车应该融入哪些特性。雪铁龙通过Facebook来管理众包项目。人们可以免费加入名为C1 Connexion的Facebook小组, 为新产品的六个关键特性出谋划策, 其中包括车门的数量、车子内部的颜色以及设备的规格。雪铁龙兑现了承诺, 制造出了与C1 Connexion结果一致的车型。

采纳客户正负面的反馈有多重优点。最明显的优点是廉价。在很多情况下, 企业并不为众包者提出的想法和观点付费; 感兴趣的志愿者一般会免费提供反馈信息。即便需要用金钱来换取反馈信息, 数额也不会太大。采用众包来协助产品开发的企业还会认识到: 企业之外有不拿薪资的专家,

奥兹·奥斯本(Ozzy Osbourne)的官方网站发起了一项民意调查, 粉丝可以为奥斯本2007年的专辑《黑雨》选择下一支单曲。网站提供了三支备选曲目, 专辑主打歌《黑雨》胜出。

他们的思想和知识十分宝贵, 应当好好利用。∎

与客户接触越多, 情势就越明朗, 应该做什么也更容易决定。

——约翰·罗素(John Russell)
哈雷戴维森公司前总裁(1950-)

维基百科

2001年, 拉里·桑格(Larry Sanger)和吉米·威尔士(Jimmy Wales)采取众包的方式, 创建了在线百科全书维基(Wikipedia)。两名创始人并没有雇用撰稿人和主编, 而是让大众创造产品, 提交电子版的文章。

维基百科是一个开源项目, 只要能连入互联网, 人们就能撰写或修改条目。维基的经费来自支持者的捐款。很多支持者都认为, 维基百科比传统的百科全书更优越, 更新起来更迅速, 也更方便。维基百科将众包的概念发挥到了极致——客户创造了整个产品。

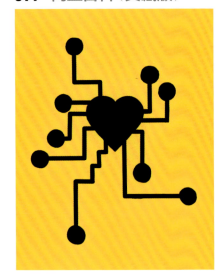

科技是变革的伟大引擎

正确的技术

背景介绍

聚焦
管理变革

主要事件

1822年 英格兰数学家查尔斯·巴比奇（Charles Babbage）设计了差分机，这是世界上第一台可编程的机械计算机。

1951年 英国食品制造商约瑟夫·里昂食品公司开始使用里昂电子办公室。这是第一台专为商业用途而设计的计算机——里昂食品公司用它来追踪销售数据。

1981年 美国微软公司开发了MS-DOS操作系统。

1998年 美国的银行和对冲基金设计出了用以买卖股票、债券衍生品和其他金融资产的电脑程序。这是高频交易的起源。

有了明确的目标和共同的愿景……

……新的IT系统就能增加收益、提高安全性、提振士气。

科技是变革的伟大引擎。

如今，如果没有某种形式的计算机系统，没有哪家企业能够生存下去。持续投资新的信息技术（IT）能够以之前无法想象的方式提升企业的水平。信息技术可以提高生产率、提升可靠性、降低人们犯错的概率。2013年，印度航空公司为了提高效率，开始采用新的电算化机组人员管理系统（CMS）。与手工系统相比，CMS能更高效地派遣飞行员和空乘人员。在此之前，人工系统使得某些机组人员的工作时间更长，而领取的薪资与他人一样。这导致机组成员之间产生了矛盾。而CMS能使管理层严密监控机组人员的调配，确保员工工

参见: 在市场上脱颖而出 28~31页，获得优势 32~39页，价值链 216~217页，预测 278~279页，改善 302~309页，反馈与创新 312~313页。

> 是人就会犯错——怪罪计算机更是人之常情。
> ——罗伯特·奥本
> 喜剧作家

作的分配更为均衡，消除了矛盾，提振了士气，对客户服务产生了积极影响，最终也增加了收益。印度航空公司还希望CMS能够帮助企业提升能力、遵守国际上对工作时数的严格规定、提高安全性。

然而，并不是所有的IT项目都获得了成功。2012年，美国投资银行摩根大通就因为新IT程序运行不畅而损失了60亿美元。而这款新程序研发的目的是帮助交易者评估持有金融衍生品的风险。

管理变革

鉴于此，如何才能管理好大型IT系统以取得进步呢？英国兰卡斯特大学2005年的一项研究表明，如果高管很清楚大型IT项目的研发目的，那么成功的概率就会增加。

很多国家的警车都配有自动车牌识别（ANPR）系统。该系统能够迅速识别可疑车辆，并立即将之拦截下来。

清晰的目标能帮助IT设计师开发出一套合适的系统，并使最终用户获益，而不必要的特性则会增加项目的成本，十有八九会使系统不那么适用。

2005年，澳大利亚出台了一项有关提高交警工作效率的计划，以使他们花更多的时间在路上，而不是待在办公室里。澳大利亚政府为警车配备了相对廉价的自动车牌识别（ANPR）摄像头。警车会将道路上收集到的实时信息发送给国家数据库——CrimTrac。这大大提高了出警效率，因为交警可以用CrimTrac识别被盗的车辆，或者没有缴纳税款的汽车，并将它们直接拖走。

成功的因素

新的IT系统需要参与各方有共同的愿景。接触客户的员工和一

> 一般来说，在实际运用时，软件系统经过使用并多次出错之后，才能很好地工作。
> ——戴维·帕纳斯（David Parnas）
> 加拿大软件工程师

线工人应该了解引入新的IT系统的原因，还应对系统的好处有清晰的认识，并且接受足够的培训。在某些企业，人们会抵制变革，这会导致新的系统无法发挥作用——因为员工害怕丢掉工作。为了解决这些问题，管理层应该开诚布公，说明引入新的系统的原因。■

没有大数据，就如荒山野岭盲人骑瞎马

从大数据中受益

背景介绍

聚焦
分析数据

主要事件

1995年 美国网景通信公司开发出了互联网Cookies。

1997年 NASA科学家迈克尔·考克斯（Michael Cox）和戴维·埃尔斯沃思（David Ellsworth）发明了术语"大数据"，用来描述超级计算机生成的海量信息。

2000年 宾夕法尼亚大学经济学教授弗朗西斯·X.迪博尔德（Francis X. Diebold）发表了题为《大数据：宏观经济计量和预测的动态因素模型》的文章。

2012年 奥巴马的团队靠大数据帮助奥巴马再次入主白宫。

2013年 爱德华·斯诺登（Edward Snowden）揭露，美国国家安全局得到授权，用大数据暗中监视美国公民。

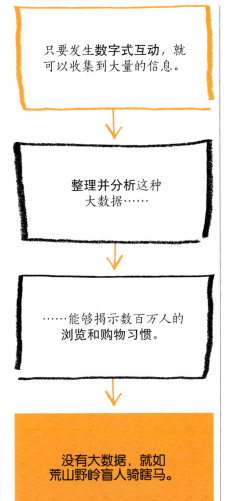

只要发生**数字式互动**，就可以收集到大量的信息。

整理并分析这种大数据……

……能够揭示数百万人的浏览和购物习惯。

没有大数据，就如荒山野岭盲人骑瞎马。

现今，企业和政府依照惯例，收集、存储、分析了大量的数据。这种大数据包括：在收银台刷卡时，通过信用卡和借记卡收集的销售数据，实际客户和潜在客户的网页浏览历史，从社交媒体上收集来的信息，从智能机、电子录像机、游戏机等联入互联网的个人设备上收集到的使用模式数据，等等。由于大数据规模庞大，用传统的数据库进行整理和存储价格不菲。

使用大数据

大数据可以用作市场研究，来帮助企业跟踪、定位客户，找到有利可图的市场空白。美国前进保险公司（Progressive Corp）就是利用大数据获益的一个例子。为了提高市场份额，前进保险公司规定，司机若在汽车的诊断接口安装一套设备，就可以减免一部分保费。这套设备可以记录司机驾车的习惯——车子的速度以及突然刹

参见: 找到有利可图的利基 22~23页,研究竞争 24~27页,获得优势 32~39页,预测 278~279页,正确的技术 314~315页。

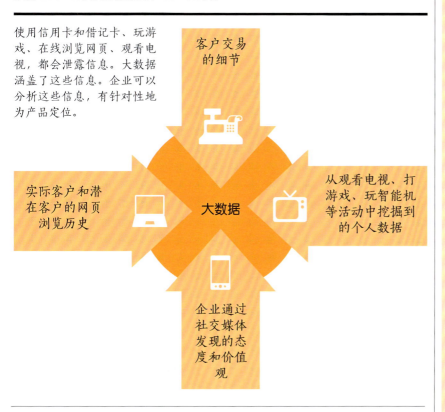

使用信用卡和借记卡、玩游戏、在线浏览网页、观看电视,都会泄露信息。大数据涵盖了这些信息。企业可以分析这些信息,有针对性地为产品定位。

客户交易的细节

实际客户和潜在客户的网页浏览历史

大数据

从观看电视、打游戏、玩智能机等活动中挖掘到的个人数据

企业通过社交媒体发现的态度和价值观

互联网Cookies

销售数据是大数据的一个典型例子。亚马逊每天都要搜集1.52亿名客户的浏览历史和购买数据。亚马逊用Cookies(保存在客户浏览器中的文本文件)来跟踪他们感兴趣的物品。亚马逊利用这些信息向客户推荐他们可能感兴趣的产品,以便为公司带来额外的销售额。

Cookies可以用来生成唯一的ID,这个ID会在客户的计算机硬件上存储姓名、地址和信用卡卡号等信息。如果客户再次浏览网站,那么,存储在客户计算机上的ID就会被发送给企业。这样,企业就能识别出客户,发出带有客户姓名的欢迎信息。有了ID,网络零售商就能迅速回忆起客户的地址和信用卡信息,加速交易进程,从而提高客户对网站的满意度。

车或加速的次数。收集到的数据通过GPS传输给前进保险公司以供分析。理论上,前进保险公司可以通过大数据挑选出市场上最有利可图的客户——他们的驾驶习惯良好,虽然他们支付了保费,但不太会提出较大的索赔额。

TiVo是一家制造数字视频录影机的美国企业,它用大数据创造了新的收益。TiVo盒子与互联网相连,因此,它能以相对低廉的成本收集到大量观众的电视观看习惯数据。TiVo会将这类数据卖给广告商。将收视数据与收银台条码扫描仪收集到的销售数字联系起来,就能评估电视广告活动的有效性。

产品开发

Netflix是美国的一家流媒体提供商,它用大数据推动了产品开发。2011年,Netflix在评估了3300万名订阅者的观看习惯后决定改编BBC的剧集《纸牌屋》。Netflix通过大数据了解到,花费一亿美元打造美国版的《纸牌屋》是明智的,因为原版的下载量巨大。剧集制作上的决策,如选择导演大卫·芬奇(David Fincher),也参考了大数据。由于BBC的《纸牌屋》的影迷喜欢观看凯文·史派西(Kevin Spacey)的电影,于是史派西被选为了主演。■

在分析数据前就提出理论,大错特错。
——阿瑟·柯南·道尔
(Arthur Conan Doyle)
英国作家和医生(1859–1930)

将产品送到客户手中——好产品会说话

优质销售

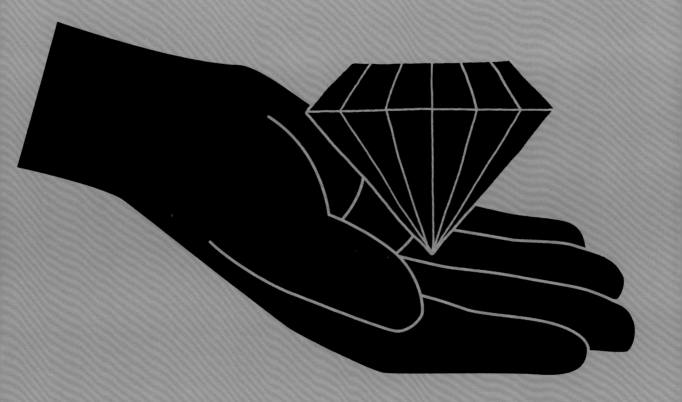

谚语云："品质好，卖得掉。"很多企业都相信，生产高品质的产品是吸引客户的最佳途径。把品质放在首位的企业认为，影响销售的其他因素，如促销、分销和价格，都没有产品本身来得重要。

乍一看，这种看法似乎并不合理。毕竟在某些市场上，低价是关键。以瑞安航空公司（Ryanair）为例，其低成本的商业模式是该公司的竞争优势，这使它能够向乘客收取低于竞争对手的费用。但对客户而言，很多低价的产品和服务只是虚假的实惠，若产品的品质不佳，客户还需要花额外的费用去维修或重新购置产品。

提高产品销量是提升收益的另一条途径。为此，有些企业会利用广告活动来抢占竞争对手的市场份额。然而，靠促销增加收益的问题是成本太高。以英国为例，2013年，一个30秒的电视广告的费用就高达5万英镑。

相比薄利多销的做法，提供高品质的产品也是一种选择。高品质战略的关键是向客户提供高标准的产品，以留住客户或吸引他们重复购买，这同样能提高企业的收益。

什么是品质？

要领会品质的作用，首先应了解"品质"一词的含义。在制造业背景下，高品质指的是企业能够提供可靠、耐用、满足或超出客户预期且没有瑕疵的产品。

高品质的产品会赢得客户的信任。高品质的汽车轮胎就是一例。与质量糟糕的汽车轮胎相比，高品质的汽车轮胎的胎面花纹更深，使得安装这种轮胎的汽车，在紧急情况或恶劣路况下也不容易打滑。在这些情况下，汽车轮胎的品质会造成车上人员生与死的差别。高品质的轮胎采用了比品质低的轮胎更耐用的橡胶材质，司机也不必

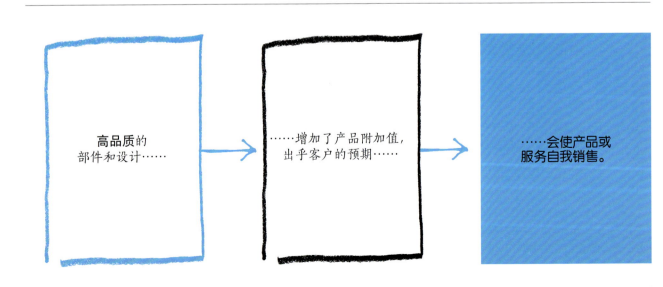

高品质的
部件和设计……

……增加了产品附加值，
出乎客户的预期……

……会使产品或
服务自我销售。

参见：找到有利可图的利基 22~23页，获得优势 32~39页，创业之初轻轻松松 62~63页，引领市场 166~169页，营销模式 232~233页，创立品牌 258~263页，满足需求 294~295页。

面对经常更换轮胎的麻烦。

高品质不仅仅是指使用优质的零部件。成就高品质的产品，设计也是关键。产品的设计能给客户带来新的好处，使他们愿意支付更高的费用。2011年，日本轮胎制造商普利司通轮胎公司推出了全新的安全轮胎。这款轮胎以一项创新性的设计为基础，使驾驶员能在爆胎后以80千米/小时的速度连续行驶1小时。这一新特性使驾驶员不必在路边更换爆掉的轮胎，可以抵达最近的汽修点进行更换。

企业会设法在产品中融入差异性，并利用这些特性来收取更高的费用。如果产品在其他方面（如功能）上与竞争对手的无异，那么，增加客户重视的特性就会带来价格溢价，使企业获得更多的收益。

> 企业的利润源于回头客，即会带朋友来的客户。
>
> ——威廉·爱德华兹·戴明

品质胜出

1946年，雅诗·兰黛（Estée Lauder）在纽约创立了雅诗兰黛化妆品公司，她奉行的便是"好品质，卖得掉"的哲学。在兰黛年幼时，母亲就孜孜不倦地教导她：皮肤暴露在阳光下会过早老化。年轻的兰黛铭记在心，并与身为化学家的舅舅一道研制出了润肤霜。与很多成功的企业家一样，兰黛打心

眼里相信人们需要她的产品。1935年，她开始出售首套护肤产品，其中包括高效全能精华乳、面膜膏、卸妆油和护肤乳液。

一开始，雅诗·兰黛并没有做广告。她认为，高品质的产品会自我销售。她依靠客户来宣传产品。客户会试用雅诗兰黛的化妆品，爱上它，并不断购买。不仅如此，客户还会把雅诗兰黛的产品推荐给朋友。兰黛将这种形式的促销称为"女性营销"。

近年来，韩国电子制造商三星同样采用了以品质为导向的做法，引起了巨大反响。三星并没有靠炫目的营销活动来创造竞争优势，相反，它靠的是吸引追求高品质胜过品牌形象的市场群体。

2013年4月，三星发布了Galaxy S4。这款手机的市场份额很快超越了市场领导者——苹果公司的iPhone。从技术上说，Galaxy S4比iPhone 5更先进。Galaxy S4的屏幕分辨率比iPhone 5的高，内置摄像头的功能和像素也超过了iPhone 5。不仅如此，根据英国消费者杂志《Which?》的研究，三星手机处理器的速度几乎是iPhone的两倍。

忠诚的客户会购买特定的品牌（即使产品属于模仿产品）。这样的客户对企业非常重要。高品质是能够激起信任、带来回头客的特性。

虽然有不少安卓手机的产品价格远低于三星产品的价格，但它们都没能夺走三星的市场份额。卓越的品质是三星Galaxy S4成功的关键。

品牌忠诚度

哪怕是廉价的产品，其品质也是个重要的卖点。品质有助于建立品牌忠诚度、吸引回头客。在快速消费品市场，制造商用优质的品质来保持并扩大客户基础。快速消费品指的是非耐用产品，如啤酒、牙膏、巧克力和早餐麦片等。人们会频繁购买快速消费品，并迅速将它们消费掉。人们每年都会定期购买快速消费品，因此，单件产品的成功也会带来巨大的销量。

厕纸是快速消费品的一个典型例子。根据美国厕纸制造商Charmin的研究，美国人每年购买的厕纸多达1260亿卷。厕纸市场如此庞大，即使只占市场份额的一小部分，也会带来数百万美元的收益。如果客户习惯反复购买同一品牌的特定产品，而不是在同类品牌之间变来变去，那么，这种品牌忠诚度将是非常宝贵的。

与劣质品牌相比，高品质的品牌更容易赢得客户的忠诚。例如，若Charmin厕纸比对手品牌的厕纸更柔软、更坚韧，客户就会反复购买Charmin厕纸，进而为企业带来更大的销量、更高的利润，而企业也会节省为吸引客户而产生的营销费用。

品质意味着适用。适用是由客户定义的。

——约瑟夫·朱兰
美国质量管理专家

服务与品质

提供超出客户预期的服务，是高品质的另一个指标。这会通过高效率、对客户担忧的迅速回应体现出来。苏黎世保险集团的经营活动遍及170多个国家，每月通过电话、信件和互联网与客户互动超过60万次。苏黎世保险集团积极寻求高品质的保险服务，希望成为客户、员工和股东心目中最佳的保险公司。它推出了iQuality计划，目的是提高员工对客户的关注度，进一步了解客户需求和期望的变化。公司会定期检查员工的工作质量，开展广泛的市场调研，以得到客户体验的反馈。

苏黎世保险集团还有一套应对客户投诉的规范。曾经有一些客户抱怨称，保单到期后，返还金支付得太慢。该公司采用"五个为什么"（5W）法后发现，这是因寄送申请资料延迟导致的。为此，公司采用了一套自动系统，在保单到

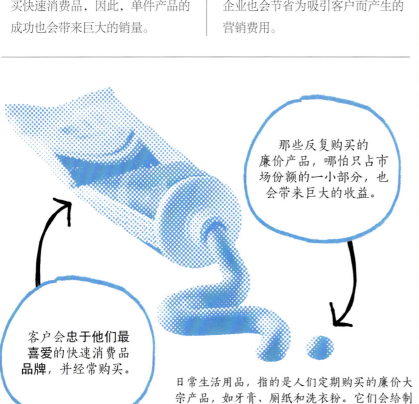

那些反复购买的廉价产品，哪怕只占市场份额的一小部分，也会带来巨大的收益。

客户会忠于他们最喜爱的快速消费品品牌，并经常购买。

日常生活用品，指的是人们定期购买的廉价大宗产品，如牙膏、厕纸和洗衣粉。它们会给制造商带来巨大的收益。

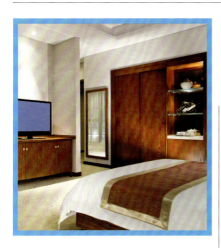

期前10天就寄出申请资料,一举减少了78%的投诉。苏黎世保险集团还多次获得服务大奖,其中包括依据25000份完整问卷评选出的两项"五星级服务奖"。

附加值

企业还可以通过提高产品的附加值来创造出高品质的产品。企业可以将新特性、创新性的功能、附加组件融入产品,吸引实际和潜在的客户,使他们受益。

在酒店行业,为了提高附加值,宜必思酒店承诺:酒店特别设计的床、床垫、羽绒被和枕头会使客户拥有更舒适的睡眠。而这些物品的成本则被挽留客源方面的改善、价格提高带来的额外收益抵消了。

在追求附加值方面,其他酒店更为大胆。针对高端客户,一些酒店为了提高附加值而重新定义了其核心职能。酒店出售的并不只是舒适的休息场所,它们还出售"体验",为客户提供一系列"惊喜",

附加值会给酒店客人带来惊喜。附加值可以是免费赠送的服务或产品。

即出乎客户意料、取悦客户的酒店服务,如提供高清电视、高端品牌沐浴液和洗发水、免费的香槟,以及可以带回家的免费拖鞋。

提高附加值是一场永恒的战役,因为"愉悦"很快会变成预料之中的事。如果酒店不能满足客户不断增加的需求,它就会败给竞争对手、丧失客源。成功的酒店会不断寻找成本适中的新"惊喜",让客户感到惊讶。理想的做法是,用低价的"惊喜"创造附加值,带来回头客,最终产生"健康"的利润。■

品质……并不是供应商强加的。品质是被客户觉察到,并且愿意为之付费的性质。
——彼得·德鲁克
美国管理学大师(1909-2005)

威廉·爱德华兹·戴明

威廉·爱德华兹·戴明于1900年出生在美国苏城。他先在怀俄明大学攻读物理学学士学位,后赴耶鲁大学攻读博士学位。完成学业之后,戴明进入贝尔电话公司工作。在那里,他成了质量控制改进小组的成员。

戴明的主要思想之一是:购入的原材料的品质比价格更重要,因为原材料的品质是决定制成品质量的一个主要因素。戴明据此认为,选择供应商不能只看价格。理想的情形是,企业应出于信任与某个供应商建立长期合作关系,这会使企业更容易获得高品质的原材料。

此外,戴明还相信,品质源于稳定如一的生产流程。

主要作品

1982年 《转危为安》
1993年 《新经济观》

更早得到更好的产品

计划报废

背景介绍

聚焦
保持销量

主要事件

1924—1939年　照明产品制造商欧司朗、飞利浦和通用电气组成企业联盟，禁止开发寿命超过1000小时的灯泡。

1932年　伯纳德·伦敦（Bernard London）撰写了一本名为《通过计划报废结束大萧条》的小册子。他敦促英国政府通过法律来限制产品的使用寿命，以此来增加需求。

1959年　大众批评竞争对手没有制造耐用的汽车。大众的宣传语是"我们不相信计划报废，我们不会为了改变而更换汽车"。

2013年　苹果公司宣布淘汰2007年推出的第一代iPhone。

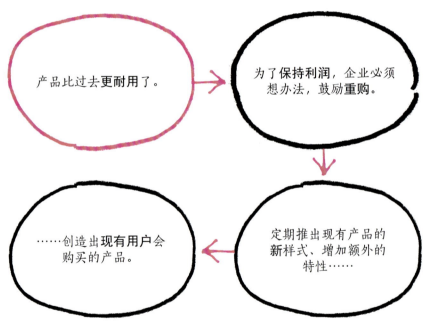

产品比过去更耐用了。

为了保持利润，企业必须想办法，鼓励重购。

定期推出现有产品的新样式、增加额外的特性……

……创造出现有用户会购买的产品。

无论何种形式的产品，经久耐用似乎是必不可少的特性。不过，有些制造商很清楚，他们生产的产品几年后就会过时。这能确保客户不断购买新产品。而重购产品，要么因为零部件磨损，要么因为它们被新产品超越了。

过去，灯泡、长袜等物品用不了多久就会损坏。而今，打印机墨盒、电池、大型家用电器的零件等产品，更换起来并不方便或是不便宜，而购买新产品则具有更大的吸引力。钢笔、剃须刀等产品变成了可抛弃式的——因为它们造价低廉、容易更换。

参见: 成长的速度 44~45页, 摆脱思维的条条框框 88~89页, 保护核心业务 170~171页, 商业中的道德 222页, "洗绿" 268~269页。

更新样式

美国工业设计师布鲁克斯·斯蒂文斯对"计划报废"的定义是:将"更早拥有更好产品的欲望"灌输给客户。计划报废战略最初由通用汽车公司提出。通用汽车公司认识到,技术进步会对未来的业绩造成负面影响。20世纪50年代,为了让驾驶员定期更换汽车,通用汽车公司每隔几年就会更新散热器护栅、后灯和车身。

过去的三十年中,随着技术的进步,汽车的耐用性和可靠性有了提高,如今生产的新车十分耐用。在正常使用的情况下,新车的引擎和变速器可以工作402000公里。若按日常使用计算,汽车的预期使用寿命超过十年。但如果驾驶员每十年才更换一辆汽车,那么,汽车制造商的销量肯定不会太高。

很多汽车制造商为了提高销量,开始实行计划报废战略。厂商

> 我相信身份的象征。
> ——布鲁克斯·斯蒂文斯
> 美国工业设计师 (1911–1995)

> 报废绝不是结束,它是开始。
> ——马歇尔·麦克卢汉
> (Marshall Mcluhan)
> 原创媒介理论家 (1911–1980)

会定期改装汽车,加快客户重购的速度。重新设计汽车针对的是在意身份的驾车者,他们会抛弃完好的旧车,购买最新的车型。

新特性

汽车制造商会采取多种战术劝说客户重购汽车。新车型会融入尖端技术,包括用于车内娱乐的触屏式多媒体控制系统,以及额外的安全系统,如偏离车道、可能发生碰撞时会发出警告的技术。

三星和苹果等电话制造商就采用定期报废来增加收益。它们劝说客户使用更新、更好的产品,替换掉仍然能使用的手机或平板电脑。在这个竞争激烈的市场上,快速创造计划报废的企业有更高的重购率,得到了回报。三星就采用这种战略,极大地提高了利润。2013年7月,三星宣布获得了创纪录的55亿英镑的利润,比上年增长了47%。

同一时期,苹果智能机在欧洲的市场份额从30.5%降到了25%。毫无疑问,这要部分归功于三星Galaxy S4的流行。这款手机的新特性S-Translator,使用户能够完成九种语言的互译,可以把语音转换成文字,或者把文字转换成语音。

身份焦虑

足球俱乐部也会采用定期报废的做法。每个赛季开始时,大多数俱乐部会发布两款以上的球衣供球迷选购。主客场的球衣被重新设计,与上一年有显著差异。这种计划报废利用了身份焦虑。球迷购买新球衣是为了与其他球迷打成一片,显示他们对俱乐部的忠诚,哪怕一年前购买的球衣看起来还跟新的一样。■

津巴布韦的孩子们身着的球衣由英格兰的一些足球队捐助。欧洲的球迷不会购买上一赛季的球衣,因为每个赛季的球衣样式都有变化。

时间就是金钱
基于时间的管理

背景介绍

聚焦
产品开发

主要事件

公元前5世纪 古希腊人认识到，在漫长的投资评估决策过程中，货币会贬值。为此，他们用现金流折现来反映货币贬值的数额。

1764年 发明家詹姆士·哈格里沃斯（James Hargreaves）发明了珍妮纺纱机。它使纺织工人一次纺出的棉纱由一卷增加到了八卷。

1994年 日产汽车老板克里斯·贝利斯（Chris Baylis）认为：要实现"最佳设计方案"，"同步工程"（Simultaneous Engineering）是最快捷、最有效的办法。

2001年 在美国的犹他州，软件开发人员就"敏捷软件开发方法"发表了宣言。

传统上，新产品按线性顺序开发出来，即从一个阶段转到另一个阶段。

↓

组成多学科团队，使产品设计的所有流程能同时完成。

↓

这减少了设计成本。

这使得开发更迅速了。

时间具有货币价值。举例来说，若员工花一个下午开会，没有从事生产，那么他们耗费的时间就会使企业损失金钱。由于开会，员工无法完成更有成效的工作，从而产生了"机会成本"。这是时间管理关注的典型情况。时间管理是对时间的使用进行评估，它与对原材料、日常经费的管理并没有什么区别。有了时间管理，企业能更有效地管理员工、收集真实成本的数据、通过缩短新产品开发和发布的时间来降低成本。

降低时间成本的一个办法是"同步工程"，即要求新产品开发所需的全套设计流程必须同时展

参见: 创造力与发明 72~73页, 利润与现金流 152~153页, 引领市场 166~169页, 价值链 216~217页, 精益生产 290~293页, 简化流程 296~299页, 关键路径分析 328~329页。

开, 而不能按线性顺序进行。这样, 新产品开发的时间可以减少几个月甚至几年。

比较各种方法

传统上, 企业的新产品开发按照线性顺序推进: 每个部门独立、依次参与设计, 一个部门完成之后, 将产品传递到下一个部门。按这种方法, 产品会在设计部门、工程部门和生产部门之间来回流动。

这种方法会因为产生错误而耗费时间。例如在设计新车时, 不同部门会按特定的顺序独立制造零部件。在样机测试阶段, 把各个子装配线组装到一起, 不能得到令人满意的结果。为了纠正某个环节的错误, 例如, 车子刚组装好, 就发现漂亮的座椅会引发可视性问题, 就必须将零部件退回到各个部门。

采用时间管理的制造商可以

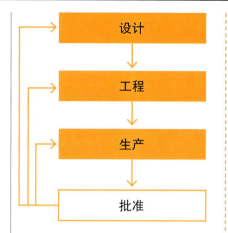

按线性顺序开发新产品, 样机或零部件会在各个部门之间来回移动。这耗费了时间、提高了成本。

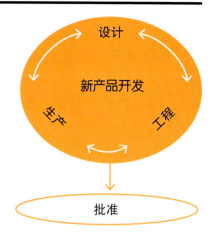

采用"同步工程"方法, 所有部门的代表组成一支跨学科团队, 他们一起工作, 共同解决新问题, 节省了时间和资金。

选择另一种方法: 从一开始, 就从各个部门抽调人员组成团队, 一起开发新产品。项目经理的作用至关重要。他们必须确保在开发过程的早期阶段, 跨学科的团队成员能就设计上的权衡达成一致。由于一次

性实现了设计上的完整统一而无须返工, 因此开发新产品所需的时间会大大缩短。

要使时间管理发挥效力, 企业雇用的员工必须灵活应变、掌握多种技能, 同时尊重他人的技能、重视他人的投入。流程的非线性设计意味着: 管理者必须做好准备, 采取较为灵活的组织架构, 建立可促进信任的文化。

时间管理使企业能够迅速应对市场和客户需求的变化; 同时, 它也为员工提供了更为自主、更富创意、更有成效的工作环境。■

敏捷软件开发方法

在软件行业, 客户的需求会迅速、反复地发生变化。开发人员必须找到更快、更好的管理办法。

2001年, 一群软件开发人员聚集在一起, 针对上述问题展开了讨论。他们的结论形成了"敏捷软件开发方法"(ASD)的基础。ASD认识到, 应将客户放在第一位, 满足他们不断变化的需求(甚至在开发的后期阶段), 为客户带来最大的竞争优

势。然而, ASD的创始人认识到, 只有当商界人士采用灵活、信任的方法, 每天与开发人员面对面会谈, 为他们提供所需的一切支持, 上述目标才能实现。加上对团队工作的定期反思, 自行组织起来的团队就会提出快捷、出色的设计方案。

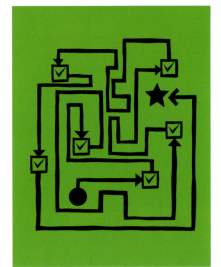

没有关键路径的项目，就像没有舵的船

关键路径分析

背景介绍

聚焦

规划步骤

主要事件

1814年 拿破仑侵略俄国失败，因为他的军队没有配备抵御寒冬的衣物。

1910年 美国机械工程师亨利·甘特发明了甘特图，它绘制出了完成项目所需的全部活动的开始日和结束日。

1959年 摩根·沃克（Morgan Walker）和詹姆斯·凯利（James Kelley）的开创性论文《关键路径的计划与安排》发表。

1997年 以色列物理学家艾利·高德拉特（Eliyahu Goldratt）撰写了《关键链》一书。高德拉特在书中告诫管理者，应创造"资源缓冲器"来应对不确定性。

一项优秀的战略计划应识别出完成项目所需的**全部活动**。

⬇

将这些活动按照**逻辑顺序**排列。

⬇

若有可能，可以在制订计划的**同时开展**各项活动，以便节省时间。

⬇

关键活动的延迟会导致项目停工而无法按时完成。应该**着重强调**这些活动。

⬇

没有关键路径的项目，就像没有舵的船。

为了减少实施复杂项目所花的时间，管理者通常会采用名为关键路径分析（Critical Path Analysis, CPA）的方法。CPA的发明者是数学家摩根·沃克和詹姆斯·凯利。1957年，化工企业杜邦首次采用CPA，以最节省成本的方式实施了关闭工厂的计划。杜

参见: 获得优势 32~39页,价值链 216~217页,精益生产 290~293页,简化流程 296~299页,基于时间的管理 326~327页。

这里所示的网络图针对的是一个为期二十天的项目。结点(圆圈)表示完成的时间,结点上方表示完成任务的时点,下方是必须完成任务、确保项目顺利进行的时点。任务B、D、G构成了关键路径,因为它们必须迅速完成;完成其他任务的时间则较为宽裕。

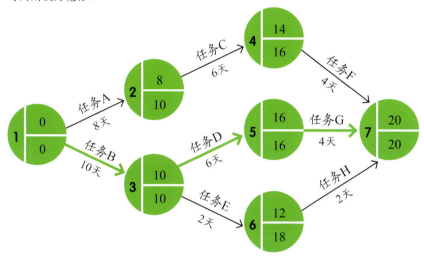

邦采纳了沃克和凯利的建议,使关闭工厂的成本减少了25%。20世纪60年代早期,美国航空航天局(NASA)采用关键路径分析在太空竞赛中打败了苏联。美国航空航天局依靠细致的项目安排,推进了宇宙飞船和火箭研发项目的实施。

规划工具

CPA是一种计划工具,它按照逻辑顺序绘制出项目的各个阶段,告诉人们开始某项活动之前需要完成哪些活动。它使各项活动得以同时进行,节省了时间。CPA还能识别出对项目至关重要的步骤——如果这些步骤发生延迟,整个项目就无法按期完工。

项目经理可以使用网络图直观地描绘上述信息。关键路径是网络图中最重要的部分,它显示了没有机动(空闲)时间的活动。如果这些活动发生延迟,管理层就需要采取行动,从有机动时间的活动那里调配额外的人力和机械。

节省时间和金钱

制造商可以使用CPA来制订新产品的发布计划。找到能够同时开展的任务可以减少开发所需的时间,从而使企业迅速将产品投放到市场上。提早完成项目同样可以降低成本。例如,企业可以用CPA减少耗费在昂贵机械上的时间。通过研究网络图,管理者能够预测出何时使用机械、使用多久。■

悉尼歌剧院

悉尼歌剧院是当代最杰出的建筑之一。同时,它也是个典型的例子,说明欠缺计划、管理不当会引发重大错误。1973年,这座享誉世界的演艺中心落成,但比最初的完工时间晚了十年,建设成本高达预算的14倍。

为了尽早向公众开放,政府下令歌剧院必须于1959年开工。而那时,丹麦设计师约恩·乌松(Jørn Utzon)的设计图还没有最终定稿。

过早开工建设的决定引发了一系列问题。例如,剧院最初使用的指挥台台柱不够坚固,无法支撑屋顶。更换这些台柱浪费了时间和金钱。不幸的是,乌松从一开始就受到了不公正的对待,人们没有怪罪糟糕的项目管理,反而将延迟和超支怪罪到了他的头上。

代表性建筑悉尼歌剧院虽然在建设期间遇到了不少困难,但它在工程和设计上取得了巨大的成功。

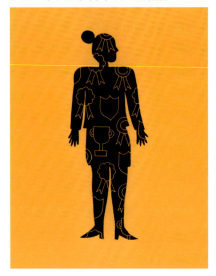

优中取优

标杆管理

背景介绍

聚焦
竞争优势

主要事件

公元前240年 古罗马人在暴风雨中俘获了迦太基人的一艘船。古罗马人根据这艘船的设计仿制出了新的船，并在阿戈斯战役中打败了迦太基人。

1819年 苏格兰实业家詹姆斯·芬利森（James Finlayson）在芬兰开设了一家纺织厂。该厂的生产方法以兰开夏的世界级棉纺工厂为蓝本。

1972年 荷兰的阿贾克斯俱乐部以"整体足球"的打法赢得了欧洲杯。由于采用整体打法，场外的运动员能够填补场上任何位置。后来，西班牙的巴塞罗那球队也靠"整体足球"的打法获得了巨大的成功。

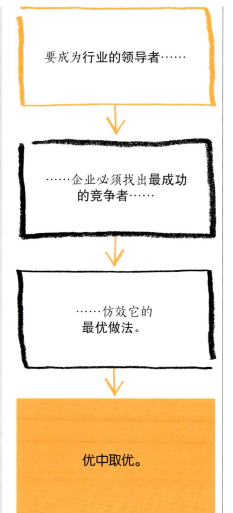

要成为行业的领导者……

……企业必须找出最成功的竞争者……

……仿效它的最优做法。

优中取优。

若企业表现得中规中矩、平淡无奇，就应该找到一些领域，让自己在竞争中脱颖而出。而通过标杆管理，企业可以比较其他企业与自身的表现，进而提高效率。标杆管理的目标是：找出行业的最优做法，然后借鉴过来。例如，为了找到最优的做法，企业可以向单位成本最低、客户满意度最高、交货时间最短的企业学习。接下来，企业应仔细评估竞争对手的做法，包括器材、培训和生产方法等因素。一旦了解了最优的做法，企业就可以借鉴过来，帮助自身改善业绩、成为行业的领导者。

节省成本

有些企业靠简单的试错法来提高效率。但是，试错法见效慢、成本高。而标杆管理的优点之一是，它能以相对廉价的方式改善业绩，因为重复其他企业犯下的错误代价高昂，并且毫无必要。一旦通过标杆管理找到了有效的办法，企

参见: 研究竞争 24~27页, 商业实践应不断演进 48~51页, 避免群体思维 114页, 忽略羊群行为 146~149页, 避免自满 194~201页, 简化流程 296~299页, 实践想法、检验想法 310~311页。

业就可以付诸实施, 迅速改善。相应的变革能够提升业绩, 迅速消除竞争力上的差距, 促使企业成为行业的领导者。此后, 企业可以定期重复标杆管理。

标杆管理的实践

20世纪80年代, 美国复印机制造商施乐就用标杆管理抢回了失去的市场份额。之前的十年间, 施乐败给了竞争对手佳能和理光, 不断流失客户。佳能和理光之所以得到了发展, 是因为它们品质不俗, 但价格比施乐要低。为了找到自身的缺点, 施乐购买了竞争对手的产品。施乐将产品拆解开后发现, 佳能和理光设计的机器采用的是数量较少的通用零件。设计上的简化, 让竞争对手获得了规模经济的好处, 而大量购买零部件, 也降低了运营成本, 使佳能和理光能够为客

> 标杆管理是一张清单, 它列出了其他公司实施过的创新性变革。
>
> ——约翰·兰利 (John Langley)
> 英国巴克莱银行前总裁

户提供低价的产品。对此, 施乐简化了设计, 将各类产品的部件通用率从20%提高到了70%。

施乐在美国的管理团队还访问了日本的复印机工厂, 进一步学习相关的生产方法。团队成员返回美国后, 立即将他们见到的多种生

产方法付诸实施。不仅如此, 标杆管理还让施乐提高了产品的可靠性。从1981年到1990年, 客户投诉次数降低了60%。同一时期, 施乐的制造成本下降了50%, 产品的价格则与日本企业持平, 使得利润得到了保障。

提高标准

政府机构也会采用标杆管理来改善绩效。从2000年到2009年, 经济合作与发展组织 (OECD) 在调查了65个国家的教育水平后认为, 芬兰在阅读方面和数学、科学领域的排名最高。每年都有来自世界各地的教师造访芬兰, 向芬兰学习教育方面的成功经验。■

法拉利的进站机械师有一套明确的指挥系统, 他们能在7秒钟内补充汽车燃料、更换四个轮胎。

跨行业的标杆管理

有些企业会向别的组织学习经验, 哪怕二者所处的市场截然不同。2005年, 伦敦奥蒙德街儿童医院的两名医生——阿兰·戈德曼 (Alan Goldman) 和马丁·埃利奥特 (Martin Elliot), 被一级方程式赛车中法拉利进站机械师的高效吸引了。

戈德曼和埃利奥特发现, 团队中只有一人发号施令, 这可以避免因讨论而浪费时间; 此外, 进站加油有一套标准

程序, 每名机械师专攻一项任务, 反复练习, 直到无懈可击。

戈德曼和埃利奥特采用了法拉利车队的做法, 改变了奥蒙德街儿童医院的工作安排: 清晰的工作描述让所有员工都了解其职责所在, 每个班次指派一名员工负责领导。结果是, 手术室和重症监护室之间因病人交接产生的差错减少了70%。

DIRECTORY

人名录

人 名 录

商业的目的是取得成功，这通常需要克服困难。从业者必须从一系列相关学科中获得深刻的思想，对人员、数字和系统有所了解。因此，许多重要思想家来自心理学、数学、工程学等领域并不令人惊讶。很多人都将理论变成了现实，建立了能不断发展、不断成长的大型企业。本书主要探讨了重要思想家的部分作品。本书涵盖的人物从工业设计师、理论家到鼓舞人心的领导者和管理学大师，都对商业环境产生了深远的影响。

理查德·布兰森
1950—

理查德·布兰森是维珍集团的创始人，他于1950年出生在英国的萨里。1969年，布兰森创立了唱片邮购公司维珍，后来它发展成为零售商店。1972年，布兰森建立了一家录音棚，开始建立自己的唱片品牌。维珍品牌已遍及多个领域——如今的维珍集团在全世界拥有数百家企业，旗下企业包括维珍航空公司、维珍电台和维珍银河航空公司。

参见：克服创业之初的困难 20~21页，创立品牌 258~265页，制造轰动 241~275页，移动商务 276~277页。

苏比尔·乔杜里
1967—

苏比尔·乔杜里是一名质量管理专家，他于1967年出生在孟加拉国的吉大港。乔杜里曾在卡哈拉格普尔的印度理工学院攻读航空工程学位，之后进入美国密歇根大学学习工业管理学。多个行业的咨询工作使他提出了LEO（Listen, Enrich, Optimize，即倾听、丰富、优化）解决方案，其著作《做冰激凌的人》则将LEO发扬光大。他认为，应让每个员工肩负起"高品质"的责任，个体的"高品质"会带来流程的"高品质"和企业的成功。

参见：优质销售 318~323页。

克莱顿·克里斯坦森
1952—2020

克莱顿·克里斯坦森是世界顶级管理思想家之一。他于1952年出生在美国的犹他州。1971年到1973年间，他在韩国担任传教士。返回美国之后，他曾在犹他州的杨百翰大学、英国的牛津大学学习经济学，后赴哈佛商学院攻读MBA和博士学位。在担任管理咨询师之余，他协助创办了公共政策智库Innosight。克里斯坦森现任哈佛商学院工商管理学教授。他著述颇多。他的第一部著作《创新者的窘境》便是一本全球畅销书。

参见：改变游戏规则 92~99页，危机管理 188~189页，避免自满 194~201页。

罗伯托·齐维塔
1936—2013

巴西传媒巨头罗伯托·齐维塔于1936年出生在意大利的米兰。出生后不久，他便随家人移居到了美国。十多年后，齐维塔举家返回巴西，其父亲在巴西创办了四月出版公司。齐维塔在美国多所大学修读了多个学位，涉猎的学科颇多，包括物理学、新闻学、经济学和社会学等。在《时代》和四月出版公司工作了一段时间后，齐维塔于1968年创办了巴西畅销周刊《Veja》。他的传媒公司和教育公司获得了极大的成功。据《福布斯》杂志估计，在他2013年去世时，其净资产高达49亿美元。

参见：鲁珀特·默多克 337页。

凯瑟琳·艾森哈特
1947—

斯坦福大学教授凯瑟琳·艾森哈特是一名杰出的战略专家，她对快速变化的市场和产业颇有研究。一开始，艾森哈特接受的是机械工程方面的训练（当时她在美国布朗大学学习），后来，她在斯坦福大学获得了计算机硕士和商学博士学位。她于1998年发表的著作《边缘竞争》（与肖娜·布朗合著）是一部经典之作。

参见：避免自满 194~201页，应对混沌 220~221页。

亨利·法约尔
1841—1925

亨利·法约尔于1841年出生在土耳其的伊斯坦布尔。法约尔曾在法国的圣艾蒂安矿业学校学习工程学，后来成为一名矿业工程师。他在技术问题及管理方面的创新方法，使他发展出了一套组织理论，改变了当时的观念。他是将工业企业组织概念化的第一人，在卓越经营方面做出了开创性的贡献。

参见：简化流程 296~299页，关键路径分析 328~329页。

比尔·盖茨
1955—

比尔·盖茨于1955年出生在美国的西雅图。其父亲是一名律师，其母亲在商界十分活跃。盖茨13岁时便与朋友保罗·艾伦一起开始为计算机编程。后来，艾伦成为微软公司的联合创始人。盖茨在哈佛大学修读了两年法学后决定退学。1975年，盖茨与艾伦联合创办了微软公司，并带领微软公司成长为一家全球大型企业。1994年，盖茨创办了威廉·H. 盖茨慈善基金，首笔捐款就达9400万美元。

参见：引领市场 166~169页，正确的技术 314~315页。

潘卡吉·盖马沃特
1959—

潘卡吉·盖马沃特出生在印度的焦特布尔。在美国居住了三十年之后，盖马沃特移居到了西班牙。盖马沃特年轻时就显示出了超凡的学术能力。他19岁时就被哈佛商学院录取为博士生，三年后便获得了博士学位。他曾在麦肯锡咨询公司短暂工作，之后他返回哈佛商学院，成为哈佛商学院有史以来最年轻的教授。盖马沃特是一名全球战略专家，他对全球化思想提出了质疑，认为企业应在"地方"和"全球"之间找到平衡。

参见：了解市场，234~241页。

舒曼特拉·高沙尔
1948—2004

舒曼特拉·高沙尔是一名组织学专家，他出生在印度的加尔各答。高沙尔曾在德里大学学习物理学，而后在印度石油公司担任经理一职。他在美国麻省理工学院和哈佛商学院同时获得了博士学位。1994年，他加盟伦敦商学院任战略管理教授。高沙尔撰写了12本专著，其中《跨越边界的管理》和《个性化公司》两本著作引发了管理学革命。

参见：组织文化 104~109页。

加里·哈默尔
1954—

加里·哈默尔是一名战略学家，他在美国的密歇根大学获得了博士学位，并于1983年起开始在伦敦商学院执教。十年之后，为了获得高科技企业的前沿实践经验，他在硅谷创办了一家咨询公司。哈默尔现任哈佛大学和牛津大学的访问教授。1995年，他与C. K. 普拉哈拉德合著了《竞争大未来》一书，向商界介绍了"核心能力"的概念。

参见：保护核心业务170~171页，C. K. 普拉哈拉德 338页。

约翰·H. 约翰逊
1918—2005

传媒巨头约翰·H. 约翰逊出生在美国阿肯色州，他的祖辈曾是奴隶。由于当地的高中不接受有色人种，约翰逊无法继续完成学业。举家搬迁到芝加哥之后，约翰逊在学业上大放异彩。后来他成为一名杂志社编辑。1942年，他抵押了母亲的家具，举债创办了一份关注黑人的杂志（后来更名为《黑人世界》）。1951年，他创办了《Jet》杂志。1982年，约翰逊因其在书籍和杂志出版、电视、电台和化妆品公司中持有的股份而成为第一位荣登《福布斯》"美国富豪四百强"榜单的非裔美国人。

参见：获得优势 32~39页，改变游戏规则92~99页。

约瑟夫·朱兰
1904—2008

约瑟夫·朱兰出生于罗马尼亚，8岁时举家移民至美国。朱兰在学业上表现优异，曾在学校四次跳级，并顺利获得电子工程学士学位。到1937年，他已是西部电力公司的工业总工程师，并被公司临时派遣到华盛顿，帮助提高"租借法案"的执行效率。此后，朱兰回到了学术界。1951年，他出版了管理学经典之作《质量控制手册》。

参见：精益生产 290~293页，优质销售318~323页。

英格瓦·坎普拉德
1926—2018

瑞典商人英格瓦·坎普拉德是家居零售商宜家（IKEA）的创始人。童年时期，坎普拉德就以经商为乐，他先是向邻里出售火柴，后来又改售文具。17岁时，因在校成绩不俗，他获得了父母的现金奖励，并用这笔钱开始经商。坎普拉德从逐户推销起步，后来又发展了邮购服务。1948年，他开始出售当地制造的家具，经营的规模也得以扩大。宜家以生产时髦而廉价的产品著称，它在多个国家拥有众多家门店。宜家的目标是：让财力有限的人也能像富人那样装点房屋。

参见：改变游戏规则 92~99页，精益生产 290~293页。

罗莎贝斯·莫斯·坎特
1943—

罗莎贝斯·莫斯·坎特是哈佛大学企业研究方面的教授，她出生在美国的克利夫兰。坎特获得社会学博士学位后决定以商学研究为业。坎特曾在哈佛大学和耶鲁大学任教，出版了多部商业管理技术方面的著作。其中，《公司男女》被奉为管理学批判研究的经典之作。

参见：组织文化 104~109页，多元化的价值115页。

菲利普·科特勒
1931—

菲利普·科特勒被誉为现代营销管理的创始人。科特勒于1931年出生在芝加哥。他曾在麻省理工学院攻读经济学博士学位，而后进入哈佛大学进行博士后研究。科特勒的贡献是：重新确立了营销在企业内部的地位，将营销从边缘化的位置拉到了较为核心的位置。他还将企业的重心从价格转移到了客户需求上。科特勒撰写了五十余部著作，其中就包括经典之作《营销管理》。

参见：营销模式232~233页，了解市场234~241页，市场营销组合280~283页。

约翰·科特
1947—

哈佛大学教授约翰·科特是领导力和变革方面的专家。他最初的专业是电子工程和计算机科学，后来，他在哈佛商学院获得了工商管理学博士学位。在《新闻周刊》杂志"领导力大师"排行中，科特位列第一。科特撰写了17本著作，其中包括畅销书《领导变革》。

参见：领导之道 68~69页，改变游戏规则 92~99页。

雅诗·兰黛
1908—2004

雅诗·兰黛于1908年出生在纽约，其父母都是犹太移民。她的舅舅是一名化学家，他教会兰黛如何制作美容产品。创办公司之前，兰黛曾在当地的美容店出售自制产品。1995年，雅诗兰黛公司的价值约为20亿英镑。

参见：优质销售 318~323页。

松下幸之助
1894—1989

松下幸之助是松下公司的创始人，他于1894年出生在日本的和歌山市。9岁时，由于家道中落，他被送往大阪市，成为一名学徒。1917年，22岁的松下幸之助创办了一家电插板制造厂。1918年，他创办了一家新企业，先是命名为"National"，后又更名为"Panasonic"。约翰·科特在

《松下领导艺术》一书中赞扬了松下幸之助的领导风格。

参见：领导之道 68~69页，约翰·科特336页。

埃尔顿·梅奥
1880—1949

埃尔顿·梅奥是澳大利亚管理学大师兼产业心理学家，他出生在阿德莱德市。梅奥曾在阿德莱德大学学习医学、哲学和心理学。他对产业工人骚乱的心理学原因的研究，使得他获得了美国哈佛商学院的邀请。在那里，他加入了一个团队，开展了著名的霍桑实验。霍桑实验表明，员工的绩效不仅受自身技能的影响，也受周围环境的影响。

参见：团队的价值 70~71页，金钱是动力吗？90~91页，改善302~309页。

罗莎莉雅·梅拉
1944—2013

罗莎莉雅·梅拉是服装连锁店Zara的联合创始人，她出生在西班牙的拉科鲁尼亚，父母都是工薪族。11岁时梅拉便辍学成为一名缝纫女工。13岁时，她进入一家服装店工作。服装店还雇用了一名年轻男子，名叫阿曼西奥·奥尔特加。二人于1966年结婚。9年之后，夫妇二人开设了第一家Zara商店，出售价格不高的高级服装。到2013年，Zara已拥有1700多家门店。梅拉被《福布斯》杂志誉为"全球最富有的白手起家女性"。

参见：获得优势 32~39页，改变与改造52~57页。

盛田昭夫
1921—1999

盛田昭夫是索尼的创始人之一。他很早就显示出了对数学的热爱，并曾在大阪帝国大学修读物理学。第二次世界大战期间，盛田昭夫因在海军军队服役而结识了井深大。后来，他与井深大联合创办了东京电讯工程公司。1958年，该公司更名为索尼。索尼生产了首台晶体管电视机和开创性的索尼随身听。盛田昭夫很早就在创办跨国企业上取得了成功：索尼是第一家在美国建厂的日本企业，也是第一家有美国人担任董事的企业。

参见：获得优势 32~39页，商业实践应不断演进 48~51页，改变游戏规则 92~99页。

鲁珀特·默多克
1931—

媒体大亨鲁珀特·默多克出生在澳大利亚的墨尔本。他曾就读于澳大利亚的一所寄宿学校，后赴英国牛津大学学习经济学。1952年，默多克返回澳大利亚接管了区域性报纸《阿德莱德新闻》的业务。默多克对报业的了解源于他在伦敦《每日快报》的学徒经历。通过大肆报道犯罪和丑闻，报纸的发行量显著提升；默多克用增加的收益收购了更多的报纸发行单位。1968—2000年，默多克逐渐建立起了全球大众媒体帝国。2012年，尽管默多克身陷报纸"窃听丑闻"，但他的公司仍报告了340亿美元的盈利。

参见：在市场上脱颖而出28~31

页，罗伯托·齐维塔 334页。

维尼特·纳亚尔
1962—

印度商人维尼特·纳亚尔出生在喜马拉雅山脚下的小镇潘特纳加。纳亚尔曾修读机械工程学学位，并在获得MBA学位后进入商界。2007年，纳亚尔出任HCL公司CEO。在HCL公司，他实践了颇受争议的"员工第一"方法，将标准的企业金字塔颠倒了过来。他在《员工第一，客户第二：颠覆管理的惯例》一书中详细地描述了这种创新方法。纳亚尔用这种方法使HCL成长为一家价值46亿美元的公司，其子公司遍布三十多个国家。

参见：组织团队和人才 80~85页，金钱是动力吗？90~91页。

亨利·雀巢
1841—1990

海因里希·雀巢（昵称"亨利"）出生在德国法兰克福。他曾受训成为药剂师。1833年，为了躲避当地的暴乱，雀巢在瑞士的沃韦定居下来并继续开展实验。19世纪60年代，雀巢开始生产由牛奶和小麦粉混合而成的婴儿食品。这种"乳面粉"（第一款婴儿配方奶粉）大受欢迎，雀巢也得以在英国、法国、德国和美国开设办事处和工厂，同时也收购了当地的一些企业。之后，雀巢发明了第一款牛奶巧克力和速溶咖啡。

参见：创造力与发明 72~73页，忽略羊群行为 146~149页。

英德拉·努伊

1955—

英德拉·努伊出生在印度的马德拉斯（现为金奈）。努伊先获得了印度管理学院的金融学和营销学硕士学位，后来又获得了耶鲁管理学院的硕士学位。担任了六年的战略咨询师之后，她加入摩托罗拉，担任战略总监。1994年，努伊出任百事公司首席战略官，这对百事在中国、印度以及中东地区的发展起到了关键作用。2006年，努伊出任百事CEO，并于2007年出任董事长。

参见： 平衡短期行为和长期行为190~191页。

大野耐一

1912—1990

大野耐一出生在中国的大连，他是一名自学成才的工程师，其远见和行事方法使丰田成为全球最大的汽车公司之一。1912年，大野耐一从学校毕业后直接进入了丰田，并将整个职业生涯都献给了丰田。他最为人所知的是他发明的"及时生产"系统，即在需要时才预定零件和产品，不持有大量的存货。为了适应不同的市场、减少浪费，他支持灵活的制造方法。他被誉为二十世纪生产方面的天才之一。

参见： 精益生产 290~293，满足需求 294~295。

皮埃尔·奥米迪亚

1967—

皮埃尔·奥米迪亚是eBay的创始人。他出生在法国巴黎，父母是意大利人。幼年时，他随家人移居美国。奥米迪亚曾在美国波士顿附近的塔夫斯大学学习计算机科学。毕业后，他进入苹果公司从事软件开发。1991年，他与人联合创办了一家企业，开始开发B2B电子商务软件。1994年，奥米迪亚离任，转而在一家移动通信公司任职。业余时间里，他继续探索针对客户的电子商务。1995年，他推出了拍卖网（Auction Web），即后来的eBay。2012年，eBay报告的收益高达140亿英镑。

参见： 创业之初轻轻松松 62~63页，改变游戏规则 92~99页。

汤姆·彼得斯

1942—

美国管理学权威汤姆·彼得斯出生于美国的巴尔的摩。他曾获康奈尔大学土木工程硕士学位，后来在斯坦福商学院获得了MBA和博士学位。1966—1970年，他随美国海军在越南服役，之后则在美国政府部门工作。1974—1981年，他曾在麦肯锡咨询公司担任咨询师，后来离职独立工作。彼得斯与罗伯特·沃特曼合著的《追求卓越》被认为是商学方面的经典之作。

参见： 应对混沌 220~221页。

C. K. 普拉哈拉德

1941—2010

C. K. 普拉哈拉德出生于印度。普拉哈拉德获得马德拉斯大学物理学学位之后，加入了美国联合碳化物公司，并在那里工作了四年（他认为这是他人生的转折点）。接着，他在印度管理学院攻读MBA，后赴哈佛商学院攻读博士学位。在成长为一名工商管理学教授的过程中，他也成长为一名著名的咨询师。他的建议曾使即将破产的飞利浦电子公司起死回生。普拉哈拉德出版了多本畅销书，其中包括与加里·哈默尔合著的《竞争大未来》。他被认为是全球顶尖的管理学思想家之一。

参见： 保护核心业务 170~171页，学习型组织 202~207页，加里·哈默 335页。

卡洛斯·斯利姆·埃卢

1940—

墨西哥商业巨头卡洛斯·斯利姆·埃卢出生于墨西哥城。他在墨西哥国立自治大学获得了土木工程学的学位。25岁时，埃卢创办了自己的公司，即卡索房地产公司。埃卢通过收购和精明的管理建起了大型企业集团——卡索集团。集团旗下的企业涉及食品、零售、建筑、采矿和烟草行业。随后，卡索积极进行国际并购，并与微软等公司建立了合作伙伴关系。2000年，卡索与微软合作推出了西班牙门户网站T1msn（现名为ProdigyMSN.com）。2013年3月，《福布斯》杂志将埃卢评为世界首富，其净资产高达730亿美元。

参见：有效的领导 78~79页，比尔·盖茨 335页。

艾尔弗雷德·斯隆
1875—1966

艾尔弗雷德·斯隆是一名开创性的实业家。20世纪早期，他彻底改变了企业的组织方式。斯隆出生在美国的纽黑文，曾在麻省理工学院学习电子工程。毕业后，斯隆进入了一家生产滚珠轴承的小型公司。24岁时，他成了公司总裁。此后4年的时间里，他让濒临破产的公司实现了6000万美元的年盈利。1923年，这家公司被通用汽车公司收购，斯隆继续担任公司总裁。他采用分散化的流程，将企业重新组织成了独立、自治的部门，此举也被很多公司仿效。他是将系统方法引入战略规划的第一人。斯隆还是一位著名的慈善家。1966年，他因心脏病发作去世，享年90岁。

参见：简化流程 296~299页，关键路径分析 328~329页。

布鲁克斯·斯蒂文斯
1911—1995

工业设计师布鲁克斯·斯蒂文斯出生在美国的密尔沃基。幼年时，斯蒂文斯罹患小儿麻痹症，长期卧床休养。期间，他用绘画来打发时间。后来，他进入美国康奈尔大学学习建筑学，随后创立了自己的家居设计公司。他认为，"计划报废"是工业设计的一项任务，工业设计应勾起消费者更早拥有更好产品的欲望。斯蒂文斯是20世纪最有影响力的工业设计师之一。

参见：计划报废 324~325页。

阿尔文·托夫勒
1928—2016

阿尔文·托夫勒是美国未来学家兼作家。他在美国纽约出生、成长，并接受了大学教育。遇见妻子海蒂之后，夫妇二人开展了多项合作研究，找出了当前和未来的社会转变。托夫勒在他最负盛名的著作《未来的冲击》一书中，对后工业时代的未来做了展望：企业外包劳动力，技术代替了工人，飞速的变革令人们无所适从。

参见：改变与改造 52~57页，关注未来市场244~249页，预测 278~279页。

王雪红
1958—

王雪红是一名企业家兼思想家。她出生在中国台湾，后被送往美国接受教育，曾在加州大学伯克利分校学习经济学。毕业后，王雪红进入一家计算机公司工作，笨重的机箱让她有了"缩小"计算机的念头。1979年，靠着这个想法，她与他人一同创办了科技公司HTC。王雪红还是一名热心的慈善家，她也因对技术趋势的深刻洞见而享有盛誉。

参见：创造力与发明 72~73页，正确的技术 314~315页。

杨元庆
1964—

杨元庆出生在中国安徽。在攻读计算机硕士学位期间，杨元庆曾在联想任销售人员。29岁时，他成为联想微机事业部的总经理，并在2009年出任联想CEO。杨元庆使联想这家传统公司变身为以绩效为导向，拥有多元化的员工、供应商网络和客户基础的企业。2012年和2013年，杨元庆因拿出自己的奖金分给公司员工而受到了广泛关注。

参见：有效的领导 78~79页，改变游戏规则 92~99页。

张欣
1965—

张欣成长于中国香港，十几岁时，为攒钱赴英国求学而在一家工厂打工。1992年，张欣获得剑桥大学硕士学位，随后进入投资银行界。1995年，她与丈夫联合创办了房地产开发公司SOHO中国，旨在为北京的新晋富豪提供高档房产。虽然SOHO中国未立即取得成功，但现在，它已成为中国规模最大、盈利最多的房地产企业之一。

参见：克服创业之初的困难20~21页。

术 语 表

收购 Acquisition
一家企业购买另一家企业的全部或
一部分。

作业成本法 Activity-Based Costing
会计上分析间接成本的一种方法，
用以确定哪项活动产生了哪些成
本。与传统的成本会计制相比，此
方法得到的成本分析更精确，因为
成本会计制首先度量直接成本，然
后再估计间接成本。

资产 Asset
企业拥有并且能为企业创造价值的
全部资源。

资产负债表 Balance Sheet
企业财务价值的总结，包括资产、
负债和权益，通常在会计年度末发
布。

破产 Bankruptcy
个体或者企业在法律上宣布无法偿
还债务。

标杆管理 Benchmarking
评价企业的一种方法，需要将企业
的绩效或业务活动与市场领先的业
务或企业进行比较。

董事会 Board
在商界，这个词指的是企业或组织
的董事会。董事会成员经选举或任
命产生，目的是监督企业的经营和
业绩。

品牌 Brand
可感知到的企业或产品"身份"，
使企业同竞争对手区分开来。品

牌涵盖了很多内容，包括：名称、设
计、标志、包装，以及更广义的、有
别于竞争对手的外部附属特征（如
有道德的交易、生产上的主动）。

金砖四国 BRIC Economies
指巴西、俄罗斯、印度、中国这四
个国家。BRIC分别为这四国英文
首字母。

预算 Budget
一项财务计划，它列出了经营部
门、项目或风险投资的所有计划开
支和收入。

牛市 Bull Market
一段时期的股票升值，会引发乐观
情绪和经济增长。

买断 Buy-Out
购买达到控股权数量的股票，以控
制企业。

资本 Capital
企业为获得收入而使用的货币和实
物资产（如机械和基础设施）。

卡特尔 Cartel
一些企业组成的团体。

现金流 Cash Flow
企业的现金收入和支出，是企业经
营活动的体现。

CEO
首席执行官的英文缩写，即一家公
司的最高管理者。CEO由董事会任
命，并向董事会报告。

封闭式创新 Closed Innovation
盛行于20世纪的一种思想，指的是
创新不应利用外部的知识、思想和
专业技能，而应局限于企业内部，
由企业员工进行。

串谋 Collusion
两个及以上的企业达成协议，约
定企业之间不得竞争，以便控制价
格。

商品 Commodity
能自由购买、销售、交易的任何产
品或服务。

比较优势 Comparative Advantage
企业能以低于竞争对手的成本生产
产品或服务的能力。

竞争优势 Competitive Advantage
企业超越对手的一种战略，可以通
过收取更低的价格或通过服务和产
品的差异化来同竞争对手区分开
来。

联合企业 Conglomerate
由两个及以上企业组成、进行跨领
域跨行业经营的公司。

公司 Corporation
由股东所有、能够开展业务的独立
法人。公司独立于雇员和股东而存
在，有自己的权利和责任；公司可
以举债、拥有资产，可以起诉他人
或者被他人起诉。

成本会计制 Cost Accounting
一种会计方法，首先度量直接成本，然后加上估计的间接成本，就能确定企业的成本。

成本领导 Cost Leadership
企业的一种战略，即在行业或市场上提供最廉价的产品或服务，以获得超越对手的竞争优势。

创造性会计 Creative Accounting
一种会计处理方法，即通过一系列会计技术，从正面或负面描述企业的财务状况。这种做法常被用来虚报利润。

信贷紧缩 Credit Crunch
银行体系中可获得的信贷突然减少，通常发生在一段时期的信贷泛滥之后。

众包 Crowdsourcing
通过互联网邀请大众来为企业出谋划策。与之最相近的概念是"众筹"，即通过互联网向个人投资者募集资本，为项目融资。

违约 Default
未能在约定的期限内偿还贷款。

赤字 Deficit
企业支出超过收益的一种财务状况。

需求 Demand
消费者购买一件产品或一项服务的欲望、意愿和能力。

差异化 Differentiation
企业在成本、特色或营销方面，将自己的产品或服务同竞争者的区分开来的一种战略。其目的是获得超越竞争者的竞争优势。

分销 Distribution
产品或服务通过渠道（如卖家、代理商）从生产者或制造商那里到达最终消费者或使用者那里的过程。

多元化 Diversification
最小化风险、提高收益的一种战略，将支出分摊给不同的经营部门或将产品分散到不同的市场甚至地理区域。

股利 Dividend
企业每年向股东支付的钱款，通常是利润的一部分。股利的多少通常由企业老板自行决定。

早期用户 Early Adopter
率先使用新产品或新技术的企业或客户。

电子商务 E-commerce
英文"Electronic Commerce"的缩略词，即企业和消费者通过互联网和电子系统销售、购买产品和服务。

情商 EQ
感知、控制、评价自身和他人情绪的能力。美国心理学家丹尼尔·戈尔曼注意到，企业领导者通常具有很高的情商。高情商会促进领导者的其他特征。

情感销售主张
Emotional Selling Proposition, ESP
一种营销战略，即在客户和品牌之间建立情感上的联系，以促使客户购买。

企业家 Entrepreneur
承担商业风险以获取利润的人。

股权 Equity
也译作"权益""股本"，指企业进行投资时所发行的股票的价值；股权也代表了对企业的部分或全部所有权。在会计上，企业或个人的股权（或净值）等于总资产减去总负债。

先行优势
First-mover Advantage
首家进入市场的企业所获得的优势。

固定成本 Fixed Cost
不随生产的产品或服务的数量而改变的成本，如租金或薪资。

预测 Forecasting
用过去的数据推测未来趋势，评估企业产品和服务的可能需求。

自由市场 Free Market
经济体的一种；个体和企业依据供给和需求进行生产决策，价格由市场决定。

群体思维 Groupthink
群体的一个"怪癖"，即群体成员认为达成一致意见比有效的决策更重要。

卫生因素 Hygiene Factors
若管理不当，会导致员工对工作产生不满的一系列因素，由美国心理学家弗雷德里克·赫茨伯格提出。另一套因素——动机因素则会提高工作满意度。

通货膨胀 Inflation
经济体中整体产品和服务价格的稳步上升。

利率 Interest Rate
借款人每年支付的利息除以借入资金总额所得的百分比。

存货 Inventory
在仓库或类似地点以存货形式持有的产品和原料。也可以指公司的总资产，包括原材料、半成品和制成品。

投资 Investment
在商业中，投资指的是购买企业债券或股票的活动。也可以指企业为提高经营业绩购入物品（如新工具）所产生的费用。

改善 Kaizen
日语词，意思是"好的改变"。在商业中，改善指为提高生产率而进行的持续改进。

杠杆 Leverage
企业或个人为经营活动融资而借入资金的程度。若高杠杆盛行，较高的负债会带来短期的繁荣，但随后常会引发崩溃。

杠杆收购 Leverage Buy-out
企业或个人组成的团体收购企业的行为，收购所用的大部分资金来自借款。

负债 Liability
企业对外部人士的财务义务，或外部人士对企业资产的求偿权利。

流动性 Liquidity
在不降低资产价值的条件下买卖资产的容易程度。现金是流动性最强的资产，因为其价值保持恒定。

长尾 Long Tail
由英国作家兼企业家克里斯·安德森生造出的一个词，指的是在需求曲线细"尾部"的利基产品的总销售额，比在需求曲线"头部"的畅销产品的更大。

市场 Market
购买产品或服务的消费者。也可以指买家和卖家交易产品的地点，如商店或网站。

营销 Marketing
针对客户或企业采取的可促进产品或服务销售的做法。有效的营销能够识别并预期到客户的需求，并对此做出响应。

市场领导者 Market Leader
市场份额最高的产品或企业。

合并 Merger
两家及以上的企业合并成一家独立、拥有新身份的企业。通常而言，合并的目的是增加股东价值，使之超过两家（或以上）企业的价值总和。

小微贷款 Micro Loan
针对企业家和小企业的小额贷款。

小微企业家 Micropreneur
创办、建立自有小企业的企业家，创业通常与带薪的工作同时进行。

移动商务 M-commerce
英文"Mobile Commerce"的缩写，即使用笔记本、智能机等移动设备开展网络商业交易。

垄断 Monopoly
市场上只有一家企业活跃的现象。垄断企业的产品多样化程度通常不高，由于缺乏竞争，垄断企业的产品可以按较高的价格出售。

利基市场 Niche Market
对主流供应商未能提供的产品或服务感兴趣的小众群体。

表外金融 Off-Balance-Sheet Finance
一种会计手段，不将某些负债或资产记录在企业的资产负债表上。

开放式创新 Open Innovation
其思想是利用企业外部的专业技能（一般通过社交媒体和互联网），来扩大企业的人才基础，进而提高企业对新产品和服务的洞察力。

营运利润率 Operating Margin
衡量赢利能力的指标，指企业的经营利润与收益之比。也译作"经营利润率"。

外包 Outsourcing
将企业内部特定的任务或功能承包给外部企业。

日常开支 Overhead
企业持续经营的成本，如场地的租金，也称作"运营成本"。

定位 Positioning
一种营销战略，用以确立品牌在市场上的独特位置。

私人有限公司 Private Limited Company
企业的一种形式，其成员具有有限责任，以其对企业的投资为限。公众不能购买或出售企业的股票。

产品组合 Product Portfolio
将一系列产品或经营部门整合到一起的战略。

利润 Profit
收益减去全部费用、税收、运营成本之后的剩余部分。

公共有限公司 Public Limited Company
公共有限公司和私人有限公司类似，其成员的负债以其对公司的投资额为限。公共有限公司的股票可在股票市场上交易，公众可进行买卖。

衰退 Recession
一段时期内经济区域总产出的降低。

储备金 Reserves
在商业上，指的是公司保留的作未来之用、未分配给股东的利润。

股权收益率
Return On Equity, ROE
衡量企业财务绩效的一个指标，是利润与股东权益之比。

投资回报率
Return On Investment, ROI
赚取的回报与投资到公司的总资金之比。

收益 Revenue
即企业在一段时间里赚得的收入。赚取的收益取决于售出产品的价格和数量。

风险 Risk
从投资的角度看，风险是与投资或资产相关的不确定性。例如，高风险的投资会产生高回报；但若投资失败，投资者会一无所有。运营风险指的是因为步骤、人员或系统的缺陷而导致失败的风险。

证券 Securities
市场上交易的一系列投资工具的统称，包括债券、期权和股票等。

影子银行 Shadow Bank
将资金借给企业的非银行金融机构。影子银行提供的服务与传统银行类似，但没有传统银行那样的监督和管理负担。

股份 Share
企业所有权的单位，代表的是股票的所有权。

股东 Shareholder
持有公司股票的个体或组织。英文也作Stockholder。

投机 Speculating
高风险的投资，可能产生高额收益，也有很高的产生巨额损失的风险。

创业企业 Start-up
已经或即将创立的企业。

股票 Stock
股东持有的公司股票。Stock一词也指企业存放在经营场所或仓库中、可供出售或分销的货物。

股票市场 Stock Market
买卖股票的场所。

供给 Supply
可以购买的产品或服务的数量。

供应链 Supply Chain
产品和服务在生产及分销中涉及的人员和流程。

过剩 Surplus
供给超过需求的部分。若生产的产品、服务或资源数量大于需求，就会产生过剩。

可持续性 Sustainability
企业确保所使用的资源能够再生或被取代的战略，例如，纸品制造商会种植树木。

协同效应 Synergy
两家公司或一家企业的两个部门合并后，预期会产生的结果。

接管 Takeover
一家企业购买或控制另一家企业。

理财职能 Treasury Function
依靠企业财务部（财务运营部门）实现流动性和企业现金流收入之间的最优平衡。它还包括利润创造、风险管理、计划和经营，以及股东关系等活动。

独特销售主张
Unique Selling Point, USP
企业将其产品同竞争对手的区别开来的营销战略。做法是，向客户提供竞争者没有或无法提供的东西。

风险资本 Venture Capital
在企业创业的早期阶段投入的资金。

病毒式营销 Viral Marketing
通过互联网或社交媒体推广产品或服务，可以迅速引起大量消费者的兴趣。

运营资本 Working Capital
用于企业日常经营的资本，是当前资产和当前负债之差。

原著索引

D

E

N

O

致 谢

Dorling Kindersley would like to thank Chris Westhorp for proofreading; Margaret McCormack for the index; Harish Aggarwal for jacket design; Alex Lloyd and Ankita Mukherjee for design assistance; and Alexandra Beeden, Henry Fry, and Miezan van Zyl for editorial assistance.

PICTURE CREDITS

The publisher would like to thank the following for their kind permission to reproduce their photographs:

(Key: a-above; b-below/bottom; c-centre; f-far; l-left; r-right; t-top)

21 Getty Images: Bloomberg (bl). **27 Getty Images:** Al Bello (tl). **30 Getty Images:** Bloomberg (bl). **35 Alamy Images:** DPA Picture Alliance (tl). **36 Corbis:** Bettmann (tl). **38 Corbis:** Lucidio Studio Inc. (bl). **39 Corbis:** Karen Moskowitz (bl). **41 Alamy Images:** Everett Collection Historical (bl). **43 Alamy Images:** Ashway (br). **45 NASA:** JPL-Caltech (tr). **47 Getty Images:** MN Chan (bl). **50 Corbis:** Jenny Lewis (bl). **56 Alamy Images:** Eddie Linssen (bl). **57 Corbis:** Bettmann (tr). **Getty Images:** Chung Sung-Jun (bl). **61 Getty Images:** Charles Eshelman (tl). **63 Corbis:** Kimberly White (tl). **69 Getty Images:** WireImage (tr). **71 Corbis:** Ann Kaplan (bl). **Getty Images:** View Pictures / UIG (tr). **73 Getty Images:** Dave M. Benett (tr). **75 Corbis:** Bettmann (bl); Jade / Blend Images (tr). **79 Corbis:** Catherine Cabrol (tl). **85 Getty Images:** Paul Taylor (br). **87 Corbis:** James Brittain (tl). Warren Bennis: (bl). **89 Getty Images:** Godong / UIG (tl). **94 Corbis:** Kim Kulish (bl). **95 Corbis:** David Cabrera / Arcaid (br). **97 Getty Images:** Bloomberg (b). **98 Getty Images:** Bloomberg (br). **101 Getty Images:** WireImage (tr). **102 Corbis:** Gonzalo Fuentes / Reuters (bl). **103 Corbis:** Porter Gifford (tr). **109 Getty Images:** Britt Erlanson (tl). **111 Getty Images:** Kris Connor (bl). **114 Corbis:** Arnd Wiegmann / Reuters (br). **121 Alamy Images:** Wavebreakmedia Ltd PH07 (br). **123 Getty Images:** Bloomberg (tr). **125 Getty Images:** AFP (tl). **127 Corbis:** The Gallery Collection (tl). **129 Getty Images:** Bloomberg (tl). **131 Corbis:** Martin Harvey (tl). **134 Alamy Images:** Everett Collection Historical (tr). **135 Getty Images:** Yawar Nazir (bl). **137 Alamy Images:** Islandstock (tl). **141 Getty Images:** Bloomberg (tl). **142 Corbis:** Monty Rakusen / Cultura (tr). **144 Getty Images:** Giuseppe Cacace (tl). **145 Corbis:** Endiaferon / Demotix (bl). **Getty Images:** Bloomberg (tr). **149 Corbis:** Brooks Kraft (tr). **Getty Images:** Phil Boorman (bl). **151 Corbis:** Roderick Chen / First Light (tl). **153 Corbis:** John Eveson / Frank Lane Picture Library (br). **154 Getty Images:** James Nielsen (cr). **157 Corbis:** Alan Levenson (tr). **Getty Images:** Bloomberg (bl). **159 akg-images:** (bl). **165 Corbis:** (bl). **167 Corbis:** Frank Moore Studio (tr). **168 Corbis:** George Grantham Bain (tl). **169 Corbis:** Tony Savino (bl). **171 Alamy Images:** Lilyana Vynogradova (tr). **174 Corbis:** James Leynse (bl). **175 Alamy Images:** Allan Cash Picture Library (br). **176 Corbis:** Juice Images (tl). **181 David Tenser:** (br). **183 Alamy Images:** Allstar Picture Library (bl). **Getty Images:** AFP (tr). **184 Getty Images:** Cavan Images (cr). **187 Corbis:** Bettmann (tr). **189 Corbis:** Leif Skoogfors (bl). **191 Getty Images:** WireImage / R. Born (bl). **197 Alamy Images:** SiliconValleyStock (bl). **198 Corbis:** Ocean (br). **199 Corbis:** Bettmann (tl). **200** Courtesy of **Victorinox,** Switzerland: (tl). **201 Alamy Images:** PhotoEdit (tc). **Corbis:** Brooks Kraft / Sygma (bl). **206 Alamy Images:** Brett Gardner (bl). **207 TopFoto.co.uk:** (bl). **209 Getty Images:** Tim Klein (bl). **211 Getty Images:** AFP (br). **214 Corbis:** Imagerie / The Food Passionates (br). **215 Getty Images:** Allan Baxter (tl). **217 Fotolia:** Africa Studio (br). **219 Dreamstime.com:** Adistock (tl). **220 Getty Images:** Diana Kraleva (bc). **222 Getty Images:** Image Source / Dan Bannister (br). **226 Alamy Images:** Newscast (tr). **233 Getty Images:** wdstock / E+ (cra). **237 Corbis:** Steve Smith (bl). **238 Alamy Images:** Ashley Cooper (tl). **239 Rex Features:** Everett Collection (br). **241 Getty Images:** Justin Sullivan (br). **247 Corbis:** Timothy Fadek (bl). **249 Corbis:** C. Devan (bl). **Getty Images:** Duane Howell (tr). **253 Science Photo Library:** Hank Morgan (crb). **255 Alamy Images:** Interfoto (bl); The Natural History Museum (bc). **Getty Images:** Bloomberg (tr). **261 Getty Images:** AFP / EADS (tr). **262 Corbis:** Colin McPherson (bl). **263 Corbis:** Brendan McDermid / Reuters (br). **265 Rex Features:** Daily Mail (bc). **266 Getty Images:** Marco Secchi (tr). **267 Corbis:** Fotodesign Holzhauser (bl). **270 Alamy Images:** Guatebrian (cb). **273 The Advertising Archives:** (tl). **277 Alamy Images:** Benedicte Desrus (br). **279 Getty Images:** Junko Kimura / Bloomberg (bl). **283 Corbis:** James Leynse (br). **289 Alamy Images:** Marc MacDonald (bl). **Corbis:** Alexander Demianchuk / Reuters (tr). **292 Alamy Images:** Chris Pearsall (tl). **293 Getty Images:** Gerenme / E+ (tc). **297 Getty Images:** Science & Society Picture Library (br). **298 Corbis:** Bettmann (bl). **299 Getty Images:** George Frey / Bloomberg (tl); Andrew Harrer / Bloomberg (tr). **301 Alamy Images:** CoverSpot (bl). **304 Getty Images:** Kurita Kaku / Gamma-Rapho (bl). **307 123RF.com:** Hongqi Zhang (bl). **308 Getty Images:** Peter Macdiarmid (tr). **311 Alamy Images:** World History Archive / Image Asset Management Ltd. (bl). **313 Getty Images:** Jo Hale (tr). **315 Corbis:** George Steinmetz (br). **321 Getty Images:** Buena Vista Images / Stockbyte (bl). **322 Alamy Images:** Photosindia Batch11 / PhotosIndia.com LLC (cb). **323 Corbis:** Catherine Karnow (tr). **Dreamstime.com:** Weixin Shen (tl). **325 Getty Images:** Tom Shaw / Allsport (br). **329 Dreamstime.com:** Mishkacz (br). **331 Alamy Images:** DPA Picture Alliance Archive (bl).

All other images © Dorling Kindersley

For more information see:
www.dkimages.com